D1670828

Schopenhauer – ein Philosoph wird neu gelesen. Ein Philosoph, ohne den weder Existenzphilosophie noch Psychoanalyse oder Postmoderne denkbar gewesen wären.

Arthur Schopenhauer ist im Jahre seines 200. Geburtstages endgültig aus dem Schatten seines Schülers Friedrich Nietzsche herausgetreten. Unübersehbar ist die Aktualität seiner philosophischen Diagnose der schlechtesten aller Welten.

Schopenhauers Metaphysik, gewonnen aus der Erfahrung des Leibes, der Differenz und des Unbewußten, ist nicht überholt, sondern bezeichnet künftige Möglichkeiten des Denkens.

Im Umkreis der Kritischen Theorie der Frankfurter Schule ist Schopenhauers Einfluß ebenso spürbar wie in den Entwürfen einer »Ethik des heilen Lebens«, wie sie die ökologische Debatte bestimmt.

Ein offenes Philosophieren mit Schopenhauer hat die Gegenwartsphilosophie erfaßt, deren wichtigste Neuerscheinungen in einem Rezensionsteil vorgestellt werden. Namhafte Autoren haben auch zu diesem Informationsteil beigetragen.

Der Herausgeber lehrt Philosophie in New York und ist Präsident der Internationalen Schopenhauer-Vereinigung. Er bereitet einen großen Schopenhauer-Kongreß zu Schopenhauers 200. Geburtsjahr vor, der im Mai 1988 in Hamburg stattfindet.

Schopenhauer-Studien 1 / 2

Passagen Verlag

Schopenhauers Aktualität
Ein Philosoph wird neu gelesen

Herausgegeben von
Wolfgang Schirmacher

Schopenhauer-Studien 1 / 2

Passagen Verlag

Schopenhauer-Studien 1/2

Jahrbuch der Internationalen Schopenhauer-Vereinigung

Herausgegeben von Wolfgang Schirmacher

Lektorat: Virginia Cutrufelli

Gedruckt mit Unterstützung des Philosophy and Technology Studies Center (Director: Carl Mitcham), Polytechnic University, New York

CIP-Titelaufnahme der Deutschen Bibliothek

Schopenhauers Aktualität : e. Philosoph wird neu gelesen / Wolfgang Schirmacher (Hrsg.). - 1. Aufl. - Wien : Passagen-Verl., 1988
(Schopenhauer-Studien ; 1/2)
ISBN 3-900767-08-4
NE: Schirmacher, Wolfgang [Hrsg.]; GT

Erste Auflage 1988

ISBN 3-900767-08-4

Inhalt

III. Schopenhauer und das Problem des Heiligen

IV. Diskussion

V. Philosophische Neuerscheinungen

Streiten mit Schopenhauer

Wer hat Angst vor Arthur Schopenhauer? Gewiß bloß die richtigen Leute. In einer Zeit zunehmender Vernunftkritik erlebt Schopenhauer gegenwärtig einen zweiten Frühling. Der wilde junge Denker, dessen Hauptwerk *Die Welt als Wille und Vorstellung* in der sächsischen Metropole Dresden entstand, wird ebenso gehört wie der böse alte Mann, der im bürgerlichen Frankfurt wie ein Einsiedler lebte und sich nur mit Durchreisenden unterhalten wollte. Schopenhauer ist ein postrationalistischer Denker aus Instinkt und brachte im Deutschen Idealismus die Vernunft des Leibes zu Gehör. Der Sprachkünstler hielt sich dabei weder an Denkverbote noch an Sprachregelungen und brach Tabus mit Lust. Daß wir intuitiv und praktisch alle philosophischen Wahrheiten schon kennen, hat Schopenhauer betont. Wir seien daher in der Lage, unsere Einsichten zu leben, anstatt sie lediglich zu lehren.

Doch zu hoffen sei nicht, daß die humanistischen Blütenträume reifen. Sexualität und Tod bestimmen unser Los, und unter uns armen Teufeln ist der Unterschied zwischen Tätern und Opfern nur ein zufälliger und zeitweiliger. Humanität sei nicht dadurch herbeizuzwingen, daß wir uns von den Leidenden und Ausgebeuteten abzusondern versuchen. Der oberflächlichen Lektüre entgeht leicht, daß Schopenhauers Philosophie trotz dieses dunklen Grundtons eine durchaus kämpferische und heitere Philosophie ist. »Jazzhauer is cool!« (Royce Froehlich) Keine Rede ist davon, einfach zu resignieren und den Mächten und Interessen der Welt freien Lauf zu lassen. Im Gegenteil, Widerstand – auch in scheinbar aussichtsloser Situation – bildet erst den Menschen heran. Humanität entsteht durch Neinsagen und in der Solidarität der Leidenden. Die linke Schopenhauer-Schule, wie sie in der *Kritischen Theorie* der Frankfurter Schule am ausgeprägtesten vorliegt, hat im kämpferischen Zug der Schopenhauerschen Lehre ihre Wurzel.

Schopenhauer ist keineswegs der Philosoph der Bankiers und Rechtsanwälte, der Ärzte und Politiker, auch wenn diese Berufszyniker sich mit Vorliebe auf ihn berufen. Diese Schopenhauer-Freunde bleiben bei Schopenhauers harscher Kritik am Menschen stehen, und verkürzen den konstruktiven Schopenhauer, seine Ethik des Nichtwollens, zur wohlfeilen »Lebensweisheit«. Solcher Opportunismus zerfällt zu nichts, sobald er mit der *Frage nach dem Heiligen*, die zum Kern der Ethik Schopenhauers führt, konfrontiert wird.

Am 22. Februar 1988 wird in aller Welt Schopenhauers 200. Geburtstag gefeiert. Der Kulturbetrieb läuft bereits auf Hochtouren. Schopenhauer hätte gewiß solch modische Aktualisierung abgelehnt, aber sich doch gefreut über jene Gegendenker, Querköpfe und subversive Geister, die Schopenhauer ehren, indem sie ihn kritisch weiterdenken. Dies geschieht jetzt auf einen *Jubiläumskongreß »Schopenhauer in unserer Zeit«*, zu dem die *Internatio-*

nale Schopenhauer-Vereinigung (ISV) nach Hamburg (24.-27. Mai 1988) eingeladen hat. Als »Forum für offenes Philosophieren« will die ISV zu einem *Streiten mit Schopenhauer* herausfordern, durchaus in einem doppelten Sinn verstanden. Der Streit »als Vater aller Dinge« (Heraklit) reicht in seinen Formen vom »liebenden Streit« der Theologen bis zum erbitterten Streit der Rechthaber. Schopenhauer-Orthodoxe bevorzugen den Scheinstreit, bei dem der Meister am Ende immer recht behält, während andere Schopenhauer gern gönnerhaft behandeln und ihn als »Vorläufer« (von Nietzsche, Freud, der Existenzphilosophie, der Postmoderne) einstufen. Schopenhauer gerecht wird jedoch nur der passionierte Streit, der vom Mitleiden angestiftet ist, und sich als Sympathie zeigt.

Wolfgang Schirmacher

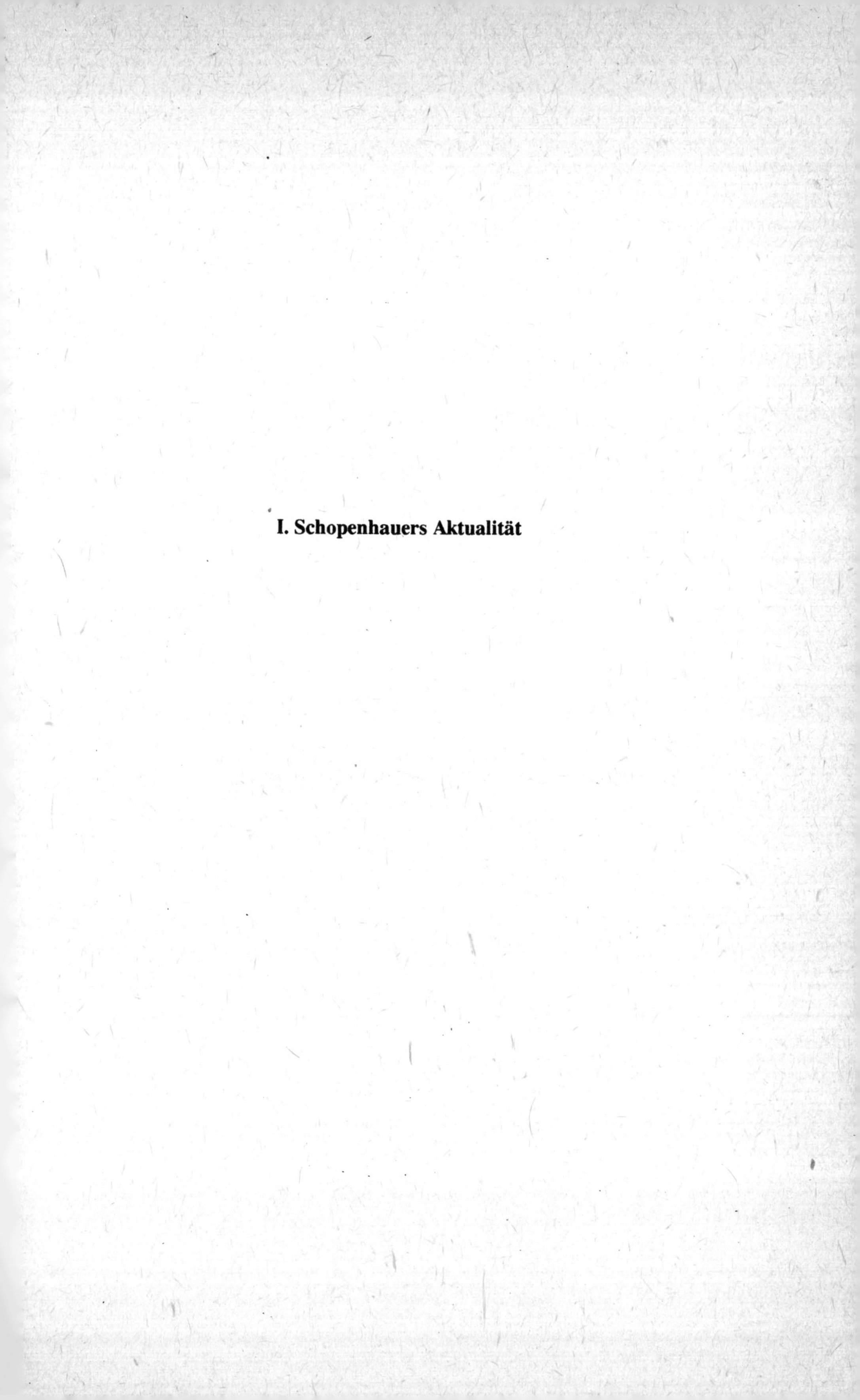

I. Schopenhauers Aktualität

Die achtfache Wurzel der Aktualität Schopenhauers

Reinhard Margreiter *(Imst)*

Zum Zeitpunkt einer dichten Abfolge von Gedenkjahren[1] Schopenhauers Aktualität zu behaupten, birgt die Gefahr in sich, forciert und feuilletonistisch zu wirken. Zweifellos haben es Gedenktage und Gedenkjahre in sich, eine gewisse Eigendynamik zu entwickeln und vom sachbezogenen Interesse an den Gedanken eines Denkers wegzuführen, hin zu Personenkult und Allerweltsgeplauder. Was immer auch nur im entferntesten an einem Gedenkjahrphilosophen Anlaß geben könnte, ihn zu aktualisieren, wird in der Regel von den Jüngern, die sich nicht immer in seinem Geiste, wohl aber in seinem Namen versammelt haben, mit allem Nachdruck aufgegriffen. Zumal bei Schopenhauer erscheint die Rede von seiner Aktualität nicht mehr originell, seit Max Horkheimer in seinem berühmten Aufsatz, der vor einem Vierteljahrhundert zum damals 100. Todestag des Philosophen erschien,[2] die Legitimität auch einer Schopenhauerschen Linken verkündete und dafür Pate stand, daß seither der Name Schopenhauer kaum noch eine ideologische Grenze markiert, an der sich konservative und fortschrittliche Geister ein für alle Male zu scheiden hätten. Wer also hier und heute Schopenhauers Aktualität behauptet, muß sich bewußt sein, ein inflationäres Wort zu gebrauchen, und er kann sich nicht ohne weiteres der Ironie jener Zeitgenossen entziehen, die an Hegels Diktum über gewisse Philosophiehistoriker erinnern: Diese nämlich würden »denselben alten Kohl immer wieder aufkochen und nach allen Seiten hin ausgeben [...], als ob der aufgewärmte neue Kohl neue und unerhörte Wahrheiten brächte und vornehmlich immer ›in jetziger Zeit‹ hauptsächlich zu beherzigen wäre«.[3]

Nun könnte man dieses Diktum zweifellos auch auf manche Hegel- oder andere Kongresse der Gegenwart anwenden, doch hier ist die Rede von Schopenhauer. Es sei also betont, daß es im folgenden nicht darum geht, Schopenhauer als Säulenheiligen zu feiern. Als solcher hat er sich übrigens selbst nur in gewissen Stunden der Eitelkeit verstanden. Als den kritischen und auch durchaus ironischen Denker, der er tatsächlich ist, mißachten wir ihn, wenn wir ihm nur in der Haltung von Gläubigen und feierlich Gedenkenden begegnen. Nur eine kritische Aneignung seines Denkens hält stand, sofern sich die Berufung darauf am Maßstab intellektueller Redlichkeit mißt. In einem Kulturkreis wie dem deutschen, in dem Kritik lange Zeit beargwöhnt und dafür Autoritätsglaube hoch im Kurs war, muß es vielleicht be-

---

1 1985: 125. Todestag. 1988: 200. Geburtstag.

2 M. Horkheimer: *Die Aktualität Schopenhauers*. in: *42. Schopenhauer-Jahrbuch* 1961, pp. 12-25.

3 Hegel: *Grundlinien der Philosophie des Rechts*. Vorrede. p. 13 (Bd. 7 der Suhrkamp Theorie-Werkausgabe).

tont werden: Schopenhauer ist kein homogenes Vorbild, kein sicherer Wegweiser, dem wir blind vertrauen dürften. Der politische Reaktionär, der verkrampfte Weiberfeind z.B. sind Seiten an ihm, die zwar nicht zu verabsolutieren, aber auch nicht unter den Tisch zu kehren sind. Was er aber für uns in sinnvoller Weise sein kann, ist: ein kompetenter Gesprächspartner aus der philosophischen Tradition, mit dem wir zuweilen besser und gründlicher als mit manchem lebenden Zeitgenossen die bewegenden Fragen des Hier und Heute zu erörtern imstande sind. Dieses Gespräch findet statt, wenn sich der Schopenhauer-Leser so, wie sich dieser Autor seinen Leser wünschte, nämlich als wacher Selbstdenker, auf den Text einläßt und ihn nach-, darüberhinaus- und dort, wo es geboten scheint, auch durchaus gegenliest.[4]

Nach diesen Einschränkungen oder, besser gesagt, grundsätzlichen Bedingungen der Auseinandersetzung will ich – natürlich ohne Anspruch auf Vollständigkeit – acht mir wichtig scheinende Aspekte nennen, unter denen Schopenhauers Philosophie als aktuell, als gegenwärtige geistige Herausforderung betrachtet werden kann. Dabei soll Aktualität gewissermaßen als Tiefenstruktur verstanden werden: als Bezug auf geschichtliche Gegenwart, die sich vermittelt weiß durch die philosophische Tradition und bestimmt durch die Zäsur, in der wir heute stehen und die wir formelhaft bezeichnen können als den Bruch zwischen Moderne und Postmoderne. Von den acht Aspekten sind vier eher formaler Natur, sie beziehen sich auf Art und Diktion des Schopenhauerschen Denkens, vier andere berühren inhaltliche Themen seiner Metaphysik und Phänomenologie der Lebenswelt. Sie lauten im einzelnen wie folgt:

1. sein doppelter philosophischer Diskurs, der akademische und Popularphilosophie parallelführt;
2. sein Insistieren auf Wahrheit, sein ›anti-ideologischer‹ Affekt;
3. der methodische Vorrang der Reflexion vor der Intuition;
4. seine Abkehr vom Eurozentrismus;
5. seine ontologisch fundierte, nicht mehr anthropozentrische Ethik;
6. sein Plädoyer für ein nicht-obskurantistisches, phänomengerechtes Verständnis von Mystik;
7. seine Ansätze zu einer kritischen Religionsphänomenologie;
8. seine eigenständige Behandlung des Problems der Dialektik.

I

In den letzten Jahren wurde viel von einer Legitimitätskrise der Philosophie gesprochen, wobei diese Krise einerseits inhaltlich verstanden wurde – im

4 Schopenhauer »verlangt ein Gegendenken, zu dem nur die wenigsten ohne Anstrengung fähig sind« (Wolfgang Schirmacher: *Einleitung*, in: idem (ed.): *Schopenhauer. Insel-Almanach auf das Jahr 1985*. Frankfurt / Main 1985, p. 9).

Zusammenhang mit dem Niedergang der Existenzphilosophie, dem Versanden der Kritischen Theorie durch den Dauerwind ungnädiger politischer Praxis, schließlich der weitgehenden Grundlagenrevision in der analytischen Philosophie –, andererseits institutionell. Zweifellos steht die Krise im Zeichen der allgemeinen Erfahrung von der Ohnmacht der Intellektuellen und damit einer Identitätskrise des sogenannten ›fünften Standes‹ angesichts der Pervertierung von Vernunft und Humanismus, die in der *Dialektik der Aufklärung* ihre Formel gefunden hat. In dieser Legitimitätskrise, die noch keineswegs beendet ist und gegenwärtig wohl am rückhaltlosesten im französischen Poststrukturalismus diskutiert wird, wird deutlich, daß der überkommene philosophisch-akademische Diskurs die Menschen, auf die er wirken könnte und möchte, nur ungenügend erreicht. In der Lebenswelt, die sie auf den Begriff zu bringen sucht, ist die Philosophie nahezu irrelevant. Die Menschen, denen sie zu einem angemessenen Welt- und Selbstverständnis verhelfen möchte, nehmen kaum Notiz von ihr. Wenn sie jedoch in größerer Zahl von ihr Notiz nehmen, dann meist in so vergröberter, verzerrter, mißverstandener Form, daß sowohl die Qualität inhaltlicher Fragestellungen als auch die Standards der Lösungsmethoden hoffnungslos absinken.

Daß ein und derselbe Philosoph sehr wohl in der Lage sein kann, einen doppelten philosophischen Diskurs zu führen und auf zwei Ebenen – esoterisch und exoterisch, akademisch und populär – dieselben Philosopheme zweimal darzustellen, beweist uns Schopenhauer, dessen Wirkung bekanntlich nicht über die Universitäten gegangen ist, sondern sich teilweise sogar gegen deren Vorbehalte durchgesetzt hat. Demgemäß waren seine ersten und vielfach auch seine späteren Anhänger Menschen aus den verschiedensten Gesellschafts- und Bildungsschichten. Bei entsprechender Durchlässigkeit beider Ebenen wäre dieser doppelte philosophische Diskurs die Voraussetzung dafür, eine Kommunikationsgemeinschaft denkender Menschen zu begründen, die aus den verschiedensten Bereichen von Leben, Arbeit und Kultur kommen und dabei, voneinander lernend, ihre spezifischen Erfahrungen einbringen. Es wäre das – im weiten und grundsätzlichen Sinn des Wortes, also nicht nur verstanden als Veranstaltung im innerwissenschaftlichen Betrieb – interdisziplinäre Gespräch. Daß der exoterische Diskurs die Inhalte manchmal vergröbert, muß hingenommen werden. Wer Schopenhauers *Parerga und Paralipomena* liest, wird es auch dann mit Gewinn tun, wenn er sich zur Aneignung der *Welt als Wille und Vorstellung* außerstande sieht.

Nicht mit Berufung auf Schopenhauer, jedoch auf die sogenannte Popularphilosophie in der deutschen Aufklärung, hat Walther Zimmerli, stellvertretend für eine Gruppe selbstkritischer Gegenwartsphilosophen, ein Programm entworfen, das ich hier kurz umreiße:[5] Er fordert einen »Abbau des Exo-

5 W. Zimmerli: *Arbeitsteilige Philosophie?*. in: Hermann Lübbe (ed.): *Wozu Philosophie?*. Berlin-New York 1978. pp. 181-212. Auf diesen Text beziehen sich die Zitate

terik-Defizits« in der Philosophie, das durch deren Einengung auf Wissenschaftstheorie entstanden und nunmehr abzuarbeiten sei. Philosophie solle in einen metaphilosophischen, d.h. die Totalität menschlicher Praxis regulativ umfassenden Verständnisrahmen gestellt werden, der die Bereiche Philosophie, Wissenschaft und Lebenswelt als »Systembündel«, die entsprechend interagieren, umspannen solle. Wobei Zimmerli eine Doppelperspektive postuliert: einerseits sollen diese Systembündel als selbständig, andererseits als aufeinander angewiesen betrachtet werden. Die Aufgabe der Philosophie bestehe vornehmlich darin, die Kluft zwischen Wissenschaft und Lebenswelt überbrücken zu helfen und ihrerseits eine Arbeitsteilung einzugehen zwischen Fach- und Popularphilosophie. Zwar wird die aggressive Gegnerschaft der aufklärerischen Popular- zur damaligen Schulphilosophie als unfruchtbar kritisiert, doch wird ihr Legitimation darin bescheinigt, daß sie in Zielpublikum, Inhalten und Darstellungsweisen sowie in der Aufarbeitung von »Restbeständen an konkreten Problemen« eigene Wege verfolgt.

Freilich glaube ich, zu Zimmerli zwei Anmerkungen machen zu müssen. Erstens: Was er als ›metaphilosophischen‹ Rahmen, in den Philosophie als ›Systembündel‹ einzufügen sei, bezeichnet, kann grundsätzlich kein Thema jenseits der Philosophie sein, sondern ist durchaus ihr eigenes. Zweitens: Zimmerli stellt die Notwendigkeit sowohl der Trennung wie des Zusammenspiels von Fach- und Popularphilosophie heraus. Dabei müßte, denke ich, die Interaktion stärker betont werden. Fachphilosophie wird sich eben als Spezialisierung, die nun einmal die sich leicht verselbständigende Tendenz methodischer Borniertheit, thematischer Selbstgenügsamkeit und terminologischen Wildwuchses in sich trägt, begreifen müssen, aber aus dieser Eigenreflexion immer wieder Konsequenzen ziehen und ihr sogenanntes Exoterik-Defizit verringern.

II

Den zweiten Aspekt der Aktualität Schopenhauers sehe ich in seinem radikalen Insistieren auf Wahrheit, somit in dem anti-ideologischen Affekt, von dem sein Denken getragen ist. Kein Philosoph betont so nachdrücklich wie er die Notwendigkeit, daß der sich um Weisheit Bemühende unabhängig sein muß von Brotgebern und Institutionen. Die unbedingte intellektuelle Redlichkeit ist es, die Nietzsche an ihm rühmt[6] und derentwillen er ihn seinen ›ersten und einzigen Erzieher‹ nennt. Freilich kann diese Redlichkeit kein stets unangefochtener Besitz sein und ist sie vielmehr eine regulative Norm. Naiv wäre es, jemals und auch bei Schopenhauer anzunehmen, ein Denken könne bis ins letzte frei sein von ideologischen Momenten, d.h. von Inten-

im Absatz.

6 Nietzsche: *Schopenhauer als Erzieher*. in: *Sämtliche Werke*. Kritische Studienausgabe. Bd. 1. München / Berlin / New York 1980. pp. 335-427.

tionen der Macht und des Interesses. Es ist aber gerade der immer stärker werdende Druck der verwalteten Welt, der Entfremdungsdruck ideologischer Anpassung und Nutznießung, der dialektischerweise immer dringender nach der Reaktion des Schopenhauerschen ›vitam impendere vero‹ verlangt. Nachdem wir einsichtigerweise darum wissen müssen, daß Ideologie nie restlos eliminierbar ist, sondern eine ständige Herausforderung unserer Redlichkeit bleibt, etwas stets aus der konkreten Situation heraus Abzuarbeitendes,[7] kann es nicht um den frommen Wunsch gehen, moralische Puristen werden zu wollen, wohl aber darum, daß wir die Spannung zwischen Konformitätsdruck und persönlichem Integritätsverlangen bewußt aufrecht erhalten und dem ersteren nur punktuell, nicht aber kontinuierlich erliegen.

Wenn also, wie gesagt, Schopenhauer in besonderer Weise die Unabhängigkeit von Brotgebern und Institutionen, aber auch die Abneigung gegen Personenkult und orthodoxe Heuchelei verkörpert, so sind dazu auch einschränkende Bemerkungen angebracht, bei denen es nicht darum geht, Schopenhauer zu denunzieren und ihm Inkonsequenzen nachzuweisen, sondern darum, reale Widersprüchlichkeiten offenzulegen und sich allgemein der Ambivalenz moralischer Forderungen und Haltungen in ihrem lebensweltlichen Kontext bewußt zu sein. Einmal ist zu sagen, daß Schopenhauer – zwar nicht nur, aber doch vornehmlich – von im Grunde konservativen Kleinbürgern rezipiert wurde und daß seine eigene sozialökonomische Existenz als Rentier zuweilen als Rechtfertigung für die bequeme, aber verlogene bürgerliche Ideologie des ›Nonkonformismus‹ verstanden wurde: für jenen harmlosen, den Schein gesellschaftlicher Pluralität und Freiheit akzeptierenden Individualismus, den die Mächtigen, die Gleichschalter, noch stets zu würdigen wußten. Doch ist unsere Gegenwart und sind auch die heutigen bürgerlichen Intellektuellen zweifellos gegenüber sozialen Fragen sensibler geworden, als es Schopenhauer selbst und die meisten Schopenhauerianer waren. Denn theoretische Weltverneinung und theoretisches All-Mitleid, die das Leiden zwar sehen und von ihm reden, die es aber allzu schnell und generell als metaphysisches Geschick alles Lebendigen akzeptieren und somit darauf verzichten, es planmäßig und großangelegt zu bekämpfen,[8] reichen nicht hin, der inneren Norm unseres Daseins zu entsprechen. Freilich ist Schopenhauers Pessimismus – und so hat ihn auch Horkheimer vornehmlich verstanden – eine heilsame Kur gegenüber jedem naiven Geschichtsoptimismus, der in seinem Wahn über Vernunft und Machbarkeit die Leiden nur

---

7 Zum Ideologieproblem cf. Kurt Lenk (ed.): *Ideologie. Ideologiekritik und Wissenssoziologie*. Darmstadt / Neuwied (8) 1978.

8 Hier liegt die entscheidende Schwierigkeit, die Konzeptionen von Schopenhauer und Marx auf einer gemeinsamen Ebene zu diskutieren. Cf. Hans Ebeling und Ludger Lütkehaus (ed.): *Schopenhauer und Marx. Philosophie des Elends - Elend der Philosophie?*. Frankfurt / Main (2) 1985.

vergrößert.[9] Doch bleibt die Frage offen, ob in diesem Punkt Schopenhauers intellektuelle Redlichkeit nicht doch noch einmal über sich selbst hinauszuheben wäre.

Auch Schopenhauers Kritik an den bestallten Universitätsprofessoren,[10] die – damals wie heute – vielfach ihre Windfahnen nach dem Interesse der Mächtigen ausrichten, dürfte, so erfrischend sie auch als Pamphlet zu lesen ist, sachlich notwendige Differenzierungen vermissen lassen. Ich meine damit, daß das Problem der ›Freiheit der Wissenschaft‹ zweispurig zu behandeln wäre: einmal dahingehend, sofern von dieser Freiheit und der Berechtigung ihrer Norm teilweise tatsächlich gesprochen werden kann, und zum anderen dahingehend, sofern sie, gesehen als Totalität, ein plumpes Ideologem darstellt, das den Druck der verwalteten Welt auch auf die Wissenschaft leugnet. Nur wenn Ideologie nicht als abstraktes Böses oder auch nur eben Überflüssiges mißverstanden, sondern als konkret abzuarbeitende lebensweltliche Realität begriffen wird, ist ihr Begriff und ist die Auseinandersetzung mit ihr sinnvoll. Schopenhauer bleibt, ungeachtet seiner Biographie als Rentier, jedoch trotz alledem ein glaubwürdiger Mahner gegen den Opportunismus in- und außerhalb der Philosophie,[11] ein Anreger dafür, institutionelle Gefahr zu reflektieren und charakterlicher Deformation zu begegnen. Er bleibt ein Mahner für Selbstbestimmung und Menschenwürde des Philosophen, der sich weder gezwungen noch freiwillig einer wie immer gearteten Orthodoxie unterordnen darf.

Was zuletzt noch den Personenkult betrifft, der stets mit Opportunismus und Orthodoxie vermählt ist und somit kein selbständiges Phänomen darstellt, so ist auch hier eine z.T. mangelnde Selbstkritik Schopenhauers einzuräumen, sah er doch im Geiste die Nachwelt ihm Denkmäler errichten und verspürte er doch z.B. darin eine große Genugtuung, daß irgendein Unbekannter irgendwo mit seinem, Schopenhauers, Namen auf den Lippen gestorben sei.[12] Um sich Schopenhauers im Grunde kritische und eindeutige Haltung authentisch anzueignen, ist es daher auch hier nötig, sein Denken gegen ihn selbst ins Feld zu führen. Es geht also um eine Geschmeidigkeit des Lesens, um eine Dialektik von Lesen und Gegenlesen, die auch für den

---

9 Eine parallele Konzeption zu Schopenhauer und Horkheimer findet sich bei Albert Camus: *Der Mensch in der Revolte*. Reinbek 1969.

10 Schopenhauer: *Ueber die Universitäts-Philosophie*. in: P I. pp. 155-218 (hier und im folgenden wird nach der Zürcher Ausgabe von A. Hübscher. Werke in zehn Bänden. Zürich 1977 zitiert).

11 Ein solcher Opportunismus wird ganz unverblümt gefordert bei H. Lübbe: *Wozu Philosophie? Aspekte einer ärgerlichen Frage*. in: idem (ed.): *Wozu Philosophie?*. pp. 127-147. Für Lübbe ist justament »die politische Philosophie des Berliner Hegel« ein Beispiel »produktiver Angepaßtheit der Theorie an die Vernunft der Verhältnisse« (p. 145).

12 Cf. Arthur Hübscher: *Schopenhauer. Biographie eines Weltbildes*. Stuttgart (2) 1967.

nächsten, dritten Aspekt der Aktualität Schopenhauers von Bedeutung ist: den methodischen Vorrang der Reflexion vor der Intuition.[13]

III

Daß der »Standpunkt der Reflexion, d.i. der vernünftigen Besinnung und redlichen Mittheilung«, Vorrang habe vor der Intuition – deren Priorität bei Fichte, Schelling, Hegel u.a. er als Standpunkt »der Inspiration, genannt intellektuelle Anschauung, oder auch absolutes Denken, beim rechten Namen jedoch Windbeutelei und Scharlatanerei« bezeichnet –, postuliert Schopenhauer schon zu Anfang im Hauptwerk.[14] Man kann es auch so formulieren: Vernunft solle mehr wiegen als Glauben, und jeder noch so erhebende Gedanke müsse zugunsten der intellektuellen Redlichkeit auch kritisch überprüft werden. Diese Reflexion steht nicht im Gegensatz zur Anschaulichkeit, zum empirischen Fundament der Metaphysik, und mit ihr meint Schopenhauer ganz und gar nicht ein Denken, das seine Begriffe höher stellen würde als deren Inhalte. Reflexion ist kein Selbstzweck. Sie ist nur das unentbehrliche Mittel des der Wahrheit ,verpflichteten Philosophierens gegenüber dem Obskurantismus.

Im Zeitalter der postmodernen ›Krise der Vernunft‹ scheint mir dieses Postulat vom Vorrang der Reflexion wichtig zu sein, obwohl und gerade weil es nicht darum geht, den überspannten neuzeitlichen Rationalismus mit Zähnen und Klauen zu verteidigen und – wie Habermas[15] – jene Bereiche der Lebenswelt, die rational nicht ohne weiteres zu vereinnahmen sind, als ›Irrationales‹ zu denunzieren. Doch scheint es in der postmodernen Diskussion vonnöten zu sein, in stets neuer Bemühung um die Authentizität des philosophischen Diskurses nicht nur der Tendenz zu blutleerer Abstraktion in blutleeren Begriffen, sondern in gleicher Weise auch der Tendenz eines allzu blinden und unkritischen Intuitionismus[16] Widerstand entgegenzusetzen. Denn zwar sind die generellen Verdikte über die Postmoderne, sie sei reiner

13 Mit dieser These stelle ich mich. freilich nur vordergründig, in Gegensatz zu Volker Spierling. der den »Grundzug der Philosophie Schopenhauers« im »Vorrang [...] der intuitiven gegenüber der diskursiven Erkenntnis« ausmacht (V. Spierling: *Erkenntnis und Natur*. in: idem (ed.): *Schopenhauer. Metaphysik der Natur*, München 1984. p. 24). Der vordergründige Gegensatz ergibt sich aus der Verschiedenheit im Kontext. Spierling weist auf den Ernst und die Konsequenz hin, mit der Schopenhauer die Themen seiner Philosophie verfolgt. Mir geht es im jetzigen Zusammenhang aber darum. daß Schopenhauer - bei allem Rekurs auf Intuition und Anschauung - doch pointiert auf die Relevanz der formal und methodisch angemessenen Behandlung der Inhalte hinweist. um so ihrer Vereinnahmung durch Obskurantismen zu begegnen.

14 W I. p. 17 (Vorrede zur zweiten Auflage).

15 Jürgen Habermas: *Der philosophische Diskurs der Moderne*. Frankfurt / Main 1985; idem: *Die neue Unübersichtlichkeit*. Frankfurt / Main 1985.

16 Cf. z. B. Claudio Hofmann: *Smog im Hirn. Von der notwendigen Aufhebung der herrschenden Wissenschaft*. Bensheim 1981.

Obskurantismus, höchst ungerecht, doch ist es offenkundig, daß die Postmoderne in ihrem Reisegepäck doch einiges mitführt, was eine durch ihre Dialektik hindurchgegangene Aufklärung nicht umhin kann, als wieder auflebenden Obskurantismus zu klassifizieren.

Nun können freilich gegenüber der Behauptung, Schopenhauer sei nicht Intuitions-, sondern Reflexionsphilosoph, Einwände vorgebracht werden, vor allem dahingehend, daß er ebenso wie die von ihm kritisierten Deutschen Idealisten die Kantische Transzendentalphilosophie spekulativ überschreitet und das Ding an sich inhaltlich als Wille bestimmt, somit einen reflexiven Grenzbegriff wieder in einen spekulativen Immanenzbegriff zurückverwandelt. Dabei ist jedoch zu berücksichtigen, daß Schopenhauer in seiner als induktiv zu bezeichnenden Metaphysik nicht vom Begriff, sondern von der anschaulichen Erfahrung ausgeht, und darüber hinaus, daß seine inhaltliche Bestimmung des Dinges an sich dieses keineswegs gänzlich in die Sphäre des Begriffs überzuführen behauptet. Der Wille gilt nur in relativem, nicht in absolutem Sinn als die Wirklichkeit des Dinges an sich.[17]

Wird das Problem des Verhältnisses von Reflexion und Intuition, von Begriff und Anschauung, von Spekulation und Empirie bei Schopenhauer angesprochen, so handelt es sich natürlich um ein Interpretationsproblem, das nicht allein mit deskriptiven Mitteln zu lösen ist, sondern auch hermeneutische Entscheidungen verlangt. Man kann, wie Hans Ebeling[18] es tut, Schopenhauers empirischen Ansatz herausarbeiten und dann feststellen, daß er ihn selbst nicht durchhält. Man kann also die Widersprüche aufweisen und festschreiben. Man kann aber auch, und das scheint mir der Sache angemessener zu sein, sich darüber Gedanken machen, wie es vielleicht eben durch den Zwang der Sache zu diesen Widersprüchen kommt, darüber, ob diese Widersprüchlichkeiten nicht vielleicht von vornherein im philosophischen Diskurs grundgelegt sind. Scheinen zwei Positionen gleichermaßen notwendig wie zueinander konträr – gibt es zwischen ihnen Spannung, Feindschaft, zugleich das Verlangen nach Komplementarität, Koexistenz, Synthese –, so stellt sich das in der Philosophie nicht unbekannte, unter dem Namen Dialektik geläufige, auch dem heutigen Denken noch immer akute Problem. Ich werde im achten Punkt darauf noch einmal zurückkommen.

Schopenhauers Postulat vom Vorrang der Reflexion ist aber, unbeschadet der Weise, in der er ihm selbst in seiner eigenen Philosophie entspricht, ein bleibender Aspekt seiner Aktualität. Der Vorrang ist methodisch gemeint, als eine Handregel des Denkens. Sie bedeutet vorerst keine inhaltlichen Restriktionen. Das wesentliche Element der Philosophie sei die Reflexion, das meint nicht, daß sie einzig oder vornehmlich den Begriff zu ihrem Gegenstand

17 W I. § 71 (Schlußparagraph des 4. Buches).

18 H. Ebeling: *Schopenhauer und die Theorie der Moderne*, in: idem: *Freiheit Gleichheit Sterblichkeit*, Stuttgart 1982.

habe, sondern nur, daß sie auf den Begriff als ihr Instrument, Welterfahrung klärend auszudrücken, nie und nimmer verzichten kann, will sie nicht etwas qualitativ Anderes werden als eben Philosophie: z.B. Theologie, Ideologie, reines Weltanschauungsdenken. Auf Schopenhauers z.T. höchst ungerechte Invektiven gegen Hegel, die in diesem Zusammenhang mit zu erörtern wären, muß hier freilich ebenfalls hingewiesen werden.[19]

IV

Viertens: Schopenhauer markiert in der europäischen Philosophie das Ende des Eurozentrismus. Was außerhalb Europas gedacht wird und wurde, ist nicht mehr bloß Gegenstand allenfalls exotischen Interesses, sondern wird als dialogfähig anerkannt. Damit antizipiert er das heute dringlich gewordene interkulturelle Gespräch, in dem die Angehörigen verschiedener Kulturkreise und -traditionen voneinander lernen, ohne ihre historisch gewachsene Identität aufzugeben. Schopenhauer ist kein Konvertit, den man mit Max Weber als ›Deserteur aus Europa‹ bezeichnen dürfte. Er versteht es vielmehr, im Fremden die eigenen Wurzeln wiederzufinden. Daher fasziniert ihn das indische Denken, da er dort mit seiner eigenen Philosophie weitgehend identische Grundeinsichten wiederfindet: die Einsichten in das strukturell unaufhebbare Unglück des menschlichen und tierischen Lebens, in die prinzipielle Gleichrangigkeit von Tier und Mensch, in ein nichtintellektuelles Realitätsprinzip und in die gleichwohl verbleibende Möglichkeit des Intellekts, dieses Prinzip zu verwinden und zu einer Harmonie des Daseins zu gelangen, und sei es – als Abschied vom Grenzstein neuzeitlichen Vernunftdenkens – durch Aufhebung dieses Daseins in ein mysteriöses ›relatives‹ Nichts (W I, p. 508). Schopenhauer stellt die Upanischaden in eine Reihe mit Platon und Kant[20] – es sind die geläufigen drei Quellen seiner Philosophie – und bezieht das indische Denken unmittelbar in sein eigenes ein. Es ist also keine äußerlich bleibende Adaptation.

Damit unternimmt er etwas im Ausgriff auf Außereuropäisches, was traditionsorientierter europäischer Philosophie in ihrem eigenen Rahmen längst geläufig war: er betrachtet und verwendet Philosophiegeschichte als das großangelegte historische Arsenal von Einstellungen, Methoden, Fragen und Lösungen, dessen Benutzung dem gegenwärtigen Denker vieles vereinfacht und erleichtert, sofern er es durch kluge Selektion vermeidet, sich enzy-

---

19 Eine sachlich fundierte Synopsis von Schopenhauer und Hegel ist noch immer ein Desiderat. Teilaspekte der Synopsis werden behandelt bei Wolfgang Weimer: *Schopenhauer und Hegels Logik. Einführung in eine noch ausstehende Kontroverse*, in: Jörg Salaquarda (ed.): *Schopenhauer*. Darmstadt 1985, pp. 314-347; Peter Engelmann: *Hegel und Schopenhauer*, in: W. Schirmacher (ed.): *Zeit der Ernte. Studien zum Stand der Schopenhauer-Forschung. Festschrift für Arthur Hübscher zum 85. Geburtstag*. Stuttgart-Bad Cannstatt 1982, pp. 240-247.

20 W I, p. 11 (Vorrede zur ersten Auflage).

klopädisch in der Fülle des Stoffs zu verlieren. Das Ende des Eurozentrismus ist heute nicht nur eine Forderung für die vergleichende Philosophiegeschichte. Es ergibt sich auch als aktuelle Forderung, wenn wir uns mit dem rezent beginnenden, aus der Dritten Welt aufkeimenden Gegen-Denken zur europäischen Zivilisation, das sich vor allem auf dem Feld der sogenannten praktischen Philosophie bewegt und das Problem des ›rechten Lebens‹ und damit der richtigen Lebensform thematisiert, auseinandersetzen.

Schon die historisch beinahe vollzogene Aufhebung der Pluralität bislang voneinander abgegrenzter Kultur- und Lebensräume der Völker, ihre Aufhebung in ein schicksalhaft mundanes Ganzes, nämlich die in drei strukturell komplementäre ›Welten‹ ausgefaltete Industriegesellschaft, zwingt uns heute grundsätzlich, unsere europäische Provinzialität aufzugeben. Zudem befindet sich diese zur mundanen Überformung geratene europäische Zivilisation – deren philosophisch-ideologischer Ausdruck das transzendentalphilosophisch und wissenschaftstheoretisch verengte neuzeitliche Denken ist – in der Sackgasse. Sie selbst ist zur Drohung des Holocids geworden, läßt ihre ›Weltwirtschaftsordnung‹ doch Millionen Menschen ganz unnötig verhungern, treibt sie doch durch ihre Ressourcenplünderung und ökologische Verantwortungslosigkeit die Zerstörung des Biotops Erde in atemberaubendem Tempo voran und inkludiert sie schließlich auch die – zumindest für den Augenblick noch ungleich gefährlichere – Atomrüstung mit ihren Overkillkapazitäten.

Wenn diese vom sogenannten Abendland historisch ausgegangene Lebensform einer ihre angeblichen humanen und rationalen Ziele haushoch verfehlenden Machbarkeit in einer bestimmten Wirklichkeitsauffassung gründet, die das europäische Denken repräsentiert, so müssen Korrekturen auch aus der Perspektive außereuropäischer Denkweisen mehr als willkommen sein. Vor allem praktische Einsichten in die Lebenswelt können hier gefunden werden, die das europäische Denken nur in Ansätzen entwickelt bzw. wieder vergessen oder nur verzerrt in die Vorstellung gehoben hat. Offenkundig ist, daß unsere Zivilisation den Harmonie-Telos des Menschen verfehlt. In allen ihren Gesellschaftsklassen, auch den sogenannten oberen, produziert sie die in rastloser vita activa befangenen Sklaven einer verfehlten Lebensform.[21] Das zentrale Phänomen des Todes wird schlicht verdrängt, die Zeit als Ereignis und das Sein als Gelassenheit nicht in den Blick genommen. Lebenstechnik, die Verwirklichung der Möglichkeiten unseres Weltvollzugs, bleibt unbegriffen.[22] Der Bezug postmodernen Philosophierens auf eine bestimmte Kulturwissenschaft, nämlich Ethnologie – und damit auf außereuropäisches Denken allgemein – ist damit in höchstem Maß gerechtfertigt. Ethnologie ist Wissenschaft menschlicher Lebensformen, ist Wissenschaft über die bisher

21 Zum Problem der Lebensform cf. Arno Baruzzi: *Alternative Lebensform?*, Freiburg-München 1985.

22 Zum Begriff Lebenstechnik cf. W. Schirmacher: *Technik und Gelassenheit. Zeitkritik nach Heidegger*. Freiburg-München 1983.

von der Gattung Mensch erprobten Möglichkeiten der Welt- und Selbstgestaltung. Sie verweist in ihrer Dimension als Anthropologie auf die primäre ontologische Situation des In-der-Welt-Seins und damit auf das Problem der – im folgenden Punkt angeführten – Ethik. Sie schärft aber auch den Blick für die unentfalteten und verschütteten Ansätze eines anderen Lebens, die sich in der eigenen, europäischen Tradition auffinden lassen.

V

Das menschliche Handeln, mit dem sich Ethik – sei es präskriptiv oder deskriptiv – beschäftigt, ist systematisch rückbezogen auf das Sein, das die schlechthinnige Totalität unserer Wirklichkeit umfaßt. Demnach sind auch die Normen des Handelns, so es welche gibt, Strukturen dieser Wirklichkeit und nichts ihr Fremdes. So es aber Spannungen gibt zwischen Norm und Faktizität des Handelns, so verweisen sie auf eine grundsätzliche Spannung und Widersprüchlichkeit, die im Sein selbst grundgelegt ist.

Damit aber ist noch nicht die Frage geklärt, ob es verbindliche Normen des Handelns gibt – sozusagen richtige, der Wahrheit des Seins angemessene, die sich von falschen und unangemessenen Normen unterscheiden ließen – und, wenn ja, wie und wo diese Normen begründet sind. Gott, das allgemeine Sittengesetz, die allgemeine Nützlichkeit, die blinde Kraft der Tradition, der rationale und humane Diskurs wurden in der Geschichte der Ethikbegründungen als Verbindlichkeiten genannt. Aber die Erfahrung des neuzeitlichen Denkens ist die Erfahrung seiner Bodenlosigkeit, die einerseits durch die intensive Suche nach methodischer Sicherheit stets verdrängt, andererseits durch deren erkannte Relativität nur um so deutlicher bewußt geworden ist. Die Suche nach dem sicheren und unbezweifelbaren Grund des Weltverhaltens zeigt letztlich nur das Bodenlose, den Abgrund der menschlichen Natur und somit – da wir ja den anthropomorphen Weltbezug nicht überspringen können – der Natur, der Wirklichkeit überhaupt. Wie ist mit diesem Abgrund sachgemäß umzugehen? Historismus, Pragmatismus, gar der lebensphilosophische Dezisionismus – Nietzsches ›Nihilismus der Tat‹ – sind keine wirklichen Antworten. Wir können uns nicht einfach selbstgefällig und behaglich eine Wohnung über dem Abgrund einrichten. Jede vorschnelle und unwahre Identität, die wir uns einbilden, wird durch ihn wieder zerstört, und er fordert uns auf, etwas zu werden, was wir bis jetzt nicht gewesen sind, etwas, worin wir dem Sachverhalt der Bodenlosigkeit, den wir registrieren müssen, authentisch entsprechen.

Was diese Forderung zur Selbstverwandlung angesichts des Abgrunds unseres Wesens noch verschärft, ist die im letzten Punkt schon angesprochene historische Situation: der drohende Holocid. Die in eine totale Dienstbar- und Verfügbarkeit für den Menschen gezwungene Welt der Tiere, Pflanzen, der biochemischen und zuletzt auch der anorganischen Strukturen ist auf der Kippe, gemeinsam mit ihrem am komplexesten ausgereiften – und offenkundig doch noch völlig unreifen – Evolutionsprodukt, dem Menschen, unterzugehen. Daß Ignoranten wie Karl Popper die Konturen der Apokalypse nicht wahrhaben wollen und diejenigen, die von ihr reden, unangemessenerweise in die Kategorie mittelalterlicher Weltflüchter stellen, gehört zum Szenarium dazu: Auf dem Boden des Vulkans wird eben noch getanzt, gewitzelt und bagatellisiert. Man ist nicht bereit, das neuzeitliche Prinzip der Machbarkeit – den Komplementärbegriff zur Bodenlosigkeits-Erfahrung – im Ernst zu überdenken, den Anthropozentrismus, der diese zuhöchst entfremdete und selbstmörderische Lebensform durchherrscht, zu verabschieden: nämlich die Gesinnung, daß alles Außermenschliche Feind oder Sklave, jedenfalls fremd und bedrohlich sei. Der große Seinszusammenhang, den wir doch immer wieder in den Augenblicken, da wir authentisch zu leben meinen, als die uns wesentliche, harmoniebestimmte Lebensweise erfahren und begreifen können, ist aus dem Blick geraten und wird, wenn er überhaupt wahrgenommen wird, als bloße psychische Projektion vergegenständlicht und mißverstanden.

Wo aber ist jener Grund des Handelns zu finden, der zugleich dem Wesen des Abgrunds entspricht, der also in sich widersprüchlich und doppelbödig ist? Schopenhauers doppelter Wirklichkeitsbegriff – der die Welt des principium individuationis, des sich in seinen Erscheinungen, die blind und egoistisch gegeneinander wüten, selbst zerfleischenden Willens, und die Welt des tat-twam-asi, in der sich die Einzelnen als Eines erkennen und zu friedlichen und solidarischen Handlungsweisen finden, gleichermaßen umfaßt – gibt hier einen Hinweis und beantwortet die Frage, warum es zwar einerseits verbindliche Normen gibt, die partiell auch durchaus befolgt werden, und warum andererseits der größere Teil des menschlichen Verhaltens ganz diesen Normen entgegengesetzt verläuft. Der doppelte Wirklichkeitsbegriff wirft auch Licht auf die Verklammerung authentischen und entfremdeten Verhaltens.

Von Bedeutung ist aber nicht nur Schopenhauers Aufweis, daß unsere Wirklichkeit in sich gedoppelt ist, sondern auch seine konkrete Bestimmung der zweiten, eigentlichen Dimension unseres Daseins als eine Welt jenseits des Satzes vom Grunde, der Zeit, der Individuation und des Todes. Diese Welt ist keine phantastische Konstruktion, kein Produkt bodenlosen Spekulierens, sondern eine reale Erfahrung, die übrigens auch ohne Philosophie gemacht werden kann. Diese Erfahrung ist Grund der Ethik, Fundament der verbindlichen Normen. Es ist etwas, schreibt Schopenhauer, »das wenig Nachdenken, noch weniger Abstraktion und Kombination erfordert, das, von der Verstandesbildung unabhängig, Jeden, auch den rohesten Menschen, anspreche, bloß auf anschaulicher Auffassung beruhe und unmittelbar aus der Realität der Dinge sich aufdringe« (E, p. 226). Daß diese Erfahrung eine Erfahrung sei und nicht bloß obskurantistische Rede, ist unter Umständen freilich eine Zumutung für das moderne Denken, das die Gefängnismauern seiner verhärteten Subjektivität und Gegenständlichkeit für die einzige, unübersteigbare Wirklichkeit hält.

Bei der Suche nach einer tragfähigen Ethik des technischen Zeitalters können, denke ich, bestimmte Momente der Schopenhauerschen Philosophie als Orientierungs- und Anknüpfungspunkte dienen. Seine Ethik erweist sich angesichts der konkreten Ohnmacht der konstruierenden und präskriptiven Vernunft als tragfähig, da sie sich einerseits als deskriptive Phänomenologie des tatsächlichen menschlichen Verhaltens bescheidet, andererseits aber auf eine ontologische Grundlage rekurriert, die in der mystischen Erfahrung des tat-twam-asi, der Einheit alles Lebendigen, aufleuchtet. Die Intuition der großen Identität aller Dinge – die Erfahrung einer zweiten, transgegenständlichen Daseinsweise des Individuums im es entgrenzenden Hen-kai-pan – ist inhaltliche Bestimmung der Ethik, Quelle der Solidarität im Leiden, aber auch systematischer Ausgang für eine jenseits des Machbarkeitsparadigmas angesiedelte ökologische Ethik, die nicht nur zum Mitmenschen, sondern auch zum Tier – für dessen Rechte Schopenhauer, damit ganz einsam unter abendländischen Philosophen, so vehement eintritt – und zur gesamten Natur eine neue, gelassene Lebensform des nichthierarchischen Miteinanders fordert. Schopenhauer aber überwindet nicht nur den Anthropozentrismus der älteren Ethik, sondern auch deren imperative, präskriptive Form, die sich auf Gott, die Vernunft oder eine positivistische Anerkennung der gegebenen Realität berief und insofern stets gewaltbestimmt war.

Allerdings blendet Schopenhauer – und hier ist ihm m.E. nicht zu folgen – durch einen ›kosmologischen Sprung‹ den Bereich der Sozietät weitgehend aus. Ich meine damit seine Absenz bei gesellschaftlichen und gesellschaftspolitischen Fragen. Auch ist nicht unbedingt seiner Verknüpfung des tat-twam-asi mit dem Pessimismus und der Abtötung des Willens zu folgen. Es gibt auch eine Solidarität jenseits thanatologischer Weisheit. Wichtig bleibt jedoch, daß seine Ethik ontologisch fundiert, somit »ontologische Ethik«[23] ist, daß sie also nicht im luftleeren Raum herumvernünftelt, sondern daß ihre Normen sich erst aus der Einsicht in das Sein des Seienden ergeben. Die Realität selbst, als recht begriffene, wird handlungsleitend. Diese Realität ist nicht auf den Menschen eingeschränkt, sondern von vornherein auch eine nicht- und außermenschliche. Sie umfaßt alles Wirkende, Lebendige, und dieses ist – freilich nicht schlechthin, sondern nur in gewisser Weise – eine Einheit, ein einziges Wesen. Und damit komme ich zum nächsten Punkt: zur Rehabilitierung der Mystik.

---

23 Zum Begriff ›ontologische Ethik‹ cf. W. Schirmacher: *Technik und Gelassenheit*, bes. pp. 45ff.

VI

Die mystische Grundüberzeugung vom Hen-kai-pan, vom großen Wesenszusammenhang aller Dinge, von der Relativität des Individuums, des Raumes und der Zeit sowie des Todes – diese Grundüberzeugung zieht sich als ein roter Faden nicht nur durch die Geschichte der Religionen, sondern ebenfalls – wie zuletzt Karl Albert[24] in einer großangelegten, wenngleich exemplarischen Übersicht gezeigt hat – durch die Geschichte des philosophischen Denkens, auch und gerade dann, wenn Philosophie sich der Mystik gegenüber abzugrenzen sucht. Eine pointierte – in Alberts Untersuchung nicht angeführte – Position nimmt beispielsweise Wittgenstein ein. Für ihn ist das Mystische die Realität jenseits des Sag- und Denkbaren, jene eigentliche vorsprachliche und nichtkognitive Realität, die sich bloß »zeigt«.[25] Obwohl Wittgenstein also – was freilich nur in Einschränkung aufs Frühwerk gilt – behauptet, daß über das Mystische nicht sinnvoll gesprochen, ja daß es schlechthin nicht gedacht werden könne (weil Denken und Sprechen, was freilich nicht unproblematisch ist, als deckungsgleich angenommen werden), anerkennt er es nicht bloß im Sinn einer beliebigen Größe der Lebenswelt, sondern eben als die Lebenswelt selbst, sofern diese sich den Kategorien des Denkens und Sprechens entzieht. Und Denken und Sprechen rührt nicht, wie die Metapher von der wegzuwerfenden Leiter am Schluß des *Tractatus* verdeutlicht, ans eigentliche Wesen der Welt. Es scheint mir nicht unangebracht, hier an die Analogie des Kantischen Dinges an sich zu denken, das unter dieser Perspektive – zumindest regulativ – als die Wirklichkeit der mystischen All-Einheit begriffen werden könnte.

Damit ergibt sich aber auch schon ein Einstieg in Schopenhauers Denken, das, freilich in kryptischer Weise, Wittgenstein stark beeinflußt haben dürfte.[26] Seine doppelte Bestimmung des Dinges an sich – als Wille und als dessen Verneinung – thematisiert den Sachgehalt der mystischen Erfahrung: Der in sich zerrissene, sich selbst zerfleischende, in die Vielheit der Erscheinungen aufgespaltene Wille ist im Grunde ein einziges Wesen. Der Intellekt, ursprünglich nur borniertes Werkzeug des blinden Willens, ist jedoch imstande, die in ihm angelegte Herr-Knecht-Dialektik zum Austrag zu bringen und sich gegenüber dem blinden Willen zu emanzipieren. Dies geschieht augenblickshaft im Bereich der Kunst, wenn die Ideen – die archetypischen, nicht abstrakten Verallgemeinerungen der konkret-einzelnen Dinge – als Strukturen einer zweiten, diesmal nicht mehr vom Leiden, sondern von

---

24 K. Albert: *Mystik und Philosophie*. Sankt Augustin 1986. Cf. insbesondere das Schopenhauer-Kapitel, pp. 173-182.

25 Wittgenstein: *Tractatus logico-philosophicus*. 6.5222.

26 Cf. Jerry S. Clegg: *Logical Mysticism and the Cultural Setting of Wittgenstein's ›Tractatus‹*, in: *59. Schopenhauer-Jahrbuch 1978*. pp. 29-47 (dt. Übers. in: J. Salaquarda (ed.): *Schopenhauer*. pp. 190-218); Allan Janik: *On Wittgenstein's Relationship to Schopenhauer*, in: W. Schirmacher (ed.): *Zeit der Ernte*. pp. 271-278.

Harmonie und zeitlosem Glück bestimmten Welt sichtbar werden. Hier nun könnte Schopenhauers ontologische Konzeption abgebrochen werden und stünde dennoch als in sich abgerundetes philosophisches Modell da. Aber Schopenhauer geht weiter und peilt in seiner Ethik schließlich die Wendung des Willens gegen sich selbst, seine Selbstauslöschung an. Der Eintritt in die Welt der Mystik, des tat-twam-asi, wie er sie konzipiert, ist zugleich der Eintritt in die Welt des Todes, da er das Leben durchgängig als Leiden und die Augenblicke des Glücks – von denen her Nietzsche das Dasein als Ganzes legitimieren möchte[27] – als bloße Täuschungen, nicht als reale Erlebnisse ansieht.

Die nichtorthodoxe Schopenhauer-Interpretation hat seit je betont, daß Schopenhauers Pessimismus überhaupt ausgeklammert werden kann, ohne die innere Konsistenz seiner Ontologie zu verstümmeln, und daß der Pessimismus, selbst wenn er grundsätzlich beibehalten wird, nicht mit jener beharrlichen Konsequenz wie bei Schopenhauer selbst auf die völlige Verneinung hinauslaufen muß. Wäre diese Verneinung radikal und widerspruchsfrei, käme Schopenhauers Anliegen – was mir aber nicht der Fall zu sein scheint – in Ulrich Horstmanns »Philosophie der Menschenflucht«[28] auf den Begriff. Aber gerade Schopenhauers Ablehnung des Selbstmords wie sein Insistieren auf Solidarität des Lebendigen untereinander macht deutlich, daß er davon ausgeht, das Leben sei eine Aufgabe, sei zu vollbringende Praxis, eine Herausforderung zu Bewährung und Selbstverwirklichung des Einzelnen, so daß eine Desertion, die ihr Heil in möglichst rascher und umfassender physischer Vernichtung sucht, sachlich unangemessen wäre. Schopenhauers Thanatologie muß also nicht, wie Horstmann meint, radikalisiert, sondern vielmehr eingeschränkt werden. Dann kann man aus seinem Werk durchaus eine »Anleitung zum gelassenen Existieren« herauslesen und ihn als »einzigartigen Vordenker der Postmoderne« betrachten,[29] der – ohne Illusionen über die allgemeine Vergänglichkeit, die mangelnde Machbarkeit des Glücks, ohne jegliche Verdrängung der Dimension des Todes – die Konturen einer gelassenen Lebensform zeichnet: einer Lebensform, die, wie Meister Eckhart es fordert, durch eine weitgehend harmonische, wenngleich nicht bruchlose Dialektik von vita activa und contemplativa bestimmt wird.

Obwohl aus seinem Werk, insbesondere dem handschriftlichen Nachlaß, eindeutig hervorgeht, daß für Schopenhauer das Thema der Philosophie – die rätselhafte Wirklichkeit des Weltvollzugs verstehend zu erfassen – identisch ist mit dem Thema der Mystik, muß abschließend nicht nur auf diesen

---

27 Cf. Verf.: *Allverneinung und Allbejahung. Der Grund des Willens bei Schopenhauer und Nietzsche*. in: *65. Schopenhauer-Jahrbuch 1984*. pp. 103-115.

28 U. Horstmann: *Das Untier. Konturen einer Philosophie der Menschenflucht*, Wien-Berlin 1983. bes. Kap. IX. pp. 45-50.

29 W. Schirmacher: *Einleitung*. in: idem (ed.): *Schopenhauer. Insel-Almanach 1985*, p. 12.

Aspekt der Rehabilitierung, sondern auch auf den Aspekt der methodischen Distanz verwiesen werden, den ich schon unter Punkt drei behandelt habe. Schopenhauer betont immer wieder, daß es hier um die Grenze der Philosophie gehe, nicht um ihr eigentliches Metier und daß – im Gegensatz zur allegorischen Sprache der Religion – die Wirklichkeitsdimension des tat-twam-asi, da nicht unterworfen dem Satz vom Grund, auch nicht gegenständlich faßbar sei. Dennoch erklärt er sie nicht, wie der frühe Wittgenstein, zur Dimension des prinzipiell nicht Sag- und Denkbaren. Sie bezeichnet eine Grenze zwar für unser Denken, nicht aber für unser Fühlen und Handeln. Daher steht sie nicht am Rande, sondern in der Mitte unseres Daseins. Und Philosophie hat die Aufgabe, die Kraft des Denkens zu entfalten und es bis an seine Grenzen zu führen, wo es anfängt, eine ›doppelte Sprache‹ zu sprechen[30] – in der sich gegenständliche und transgegenständliche Inhalte verzahnen – und in reine Praxis umschlägt. Wo diese reine Praxis beginnt – und sie findet offenkundig nur punktuell statt, in vergänglichen Augenblicken –, ist das Gebiet der Philosophie verlassen, ihr Ziel jedoch erreicht, ihr Antrieb befriedigt.

VII

Siebtens: Schopenhauers Aktualität für eine kritische Religionsphänomenologie.[31] Mit der heutigen ›Krise der Vernunft‹ verbindet sich eine Krise der Religionskritik. Diese ging – bei Hegel, Feuerbach, Marx, Nietzsche und Freud – von der Annahme aus, Religion sei ein defizienter Modus des philosophischen bzw. wissenschaftlichen Wissens (womit freilich auch noch Schopenhauer übereinstimmt), und sie werde durch fortschreitende Aufklärung gänzlich verschwinden bzw. nur in völlig unbedeutenden Nischen einer immer mehr vom rationalen Kalkül durchformten Lebenswelt weiterexistieren. Diese Geschichtskonzeption wurde nun durch die Dialektik der Aufklärung theoretisch und praktisch widerlegt, da eine konsequente Säkularisierung nicht stattgefunden hat und auch auf absehbare Zeit nicht stattfinden wird. Gerade dort, wo sie am radikalsten vorangetrieben wurde, wo Areligiosität und Atheismus staatlich und gesellschaftlich verordnet wurden, finden religiöse Renaissancen statt, und zwar aus durchaus einsichtigen Gründen. Als Beispiel können einige Länder des ›realen Sozialismus‹ angeführt werden. Einerseits bietet dort die Religionsgemeinschaft, auch wenn sie ihrerseits autoritär geführt wird, eine institutionelle Alternative gegenüber der

30 Der Ausdruck der für die Metaphysik schlechthin geltenden ›doppelten Sprache‹ wird hier von Derrida übernommen.

31 Zu den folgenden Ausführungen cf. Verf.: *Zur Aktualität der Religionskritik Schopenhauers*. in: W. L. Gombocz (ed.): *Religionsphilosophie*. Akten des 8. Internationalen Wittgenstein-Symposiums 1983. Teil 2. Wien 1984. pp. 66-69. – Die Monographie über dieses Thema von Alfred Schmidt konnte nicht mehr mit berücksichtigt werden: A. Schmidt: *Die Wahrheit im Gewande der Lüge. Schopenhauers Religionsphilosophie*. München 1986.

allgemeinen Gleichschaltung und wird so zum Refugium von Freiheiten und Aktivitäten, die sonst nicht möglich sind und natürlich mit Religion oft nur noch wenig zu tun haben. Andererseits, und dies gilt natürlich auch für pluralistische Gesellschaften, stehen Religionen stets mit sogenannten transzendenten Sinnangeboten bereit und bekommen neuen Auftrieb, wenn säkulare Sinnangebote, z.B. politischer Provenienz, sich wieder einmal totgelaufen haben. Diese Zählebigkeit und zumindest teilweise Regenerationsfähigkeit der Religion – die überdies auch jederzeit, in neuen Entwicklungsstadien der Kultur, sie nunmehr kompromittierende Formen abstreifen kann (z.B. Menschenopfer, Hexenglauben, dogmatischen Alleinvertretungsanspruch, restriktive Sexualmoral, Höllenvorstellung, Wunderglauben etc.) – hat die klassische Religionskritik nicht vorausgesehen. Sie hat die allgemeinen soziologischen Rahmenbedingungen und die psychosoziale »Funktion der Religion«[32] – die, wie Luhmann wohl richtig interpretiert, ein lebensweltlich konstitutives Transzendenzbedürfnis des Menschen abdeckt – nicht richtig eingeschätzt. Denn die von den Denkern des 19. Jahrhunderts erwartete Aufhebung der Religion in Philosophie und wiederum deren Aufhebung in eine veränderte, vernunftgemäße menschliche Praxis hat bekanntlich nicht stattgefunden.

So wie Schopenhauers Denken geeignet ist, Ansätze zu einem sachgerechten und nichtobskurantistischen Begriff der Mystik zu liefern, so auch dazu, einen Begriff von Religion zu gewinnen, der einerseits die Einsichten der aufklärerischen Religionskritik bewahrt, der aber andererseits deren Vernunftvertrauen als unhaltbaren Geschichtsoptimismus durchschaut und Religion nicht einzig und allein als defizienten Wissensmodus und Verhaltensmodus begreift, sondern auch als eine in bestimmten kulturellen Kontexten durchaus legitime Lebensform. Die Kontexte der Legitimation sind einerseits historisch: sie betreffen Zeiten, in denen Wissenschaft und Philosophie noch nicht existieren bzw. in den Anfängen stecken. Andererseits sind sie soziologisch und beziehen sich auf die Ungleichzeitigkeit der Entwicklung von Lebensweisen und Bedürfnissen in den verschiedenen Teilen auch der gegenwärtigen Gesellschaft. An der Möglichkeit einer generellen Aufhebung dieser Differenzierungen im Sinn postkapitalistischer Emanzipationsgleichheit darf mit gutem Grund gezweifelt werden, auch wenn sich manche Unterschiede sicher noch ausgleichen werden.

---

32 Niklas Luhmann: *Funktion der Religion*, Frankfurt / Main 1982. In diesem systemtheoretischen Ansatz wird als Religionsfunktion »die Transformation unbestimmbarer in bestimmbare Komplexität« (p. 20) behauptet. Weil die Totalität der Lebenswelt, und das sei das schlechthinnige Thema der Religion, aber selbst kein abgeschlossenes System bilden könne, da sie nur Ausgang für Systembildungen sei, handle es sich immer um ein »Zugleich von Bestimmtheit und Unbestimmbarkeit« (p. 36). So »leistet die Religion [...] zugleich ein Regenerieren von Unbestimmbarkeit, für die nur sie über adäquate Behandlungsmuster verfügt« (p. 37).

Zwar glaubt Schopenhauer fälschlicherweise, gleichermaßen wie die zuerst angeführten Religionskritiker, an ein historisches Ende der Religion zumindest in Europa, doch faßt er das Phänomen der Religion genauer und differenzierter und verbindet mit ihrem veranschlagten Ende keinerlei Heilserwartung. Er korrigiert also auch hier jenen offenkundig illusionären Geschichtsoptimismus, der sich am ausgeprägtesten bei Hegel findet, grundsätzlich aber auch noch bei Freud.

Elemente einer kritischen Religionsphänomenologie finden sich vor allem in Schopenhauers Überlegungen zu Herkunft, Motivation, Wahrheitsbezug und praktisch-ethischer Funktion der Religion, deren Existenz er hinreichend aus säkularer Sicht erklärt. Er rekurriert auf eine dreifache Motivation: auf das sogenannte ›metaphysische Bedürfnis‹ (das zwei Wege gehen kann, deren Ziel und Inhalt übereinstimmen können, die aber methodisch inkompatibel sind: den religiösen und den philosophischen), zweitens auf die ›moralische Anlage‹ des Menschen, die in der Intuition des tat-twam-asi gründet, und drittens auf die Grundgefühle Furcht und Hoffnung, die den Menschen als das wahrscheinlich weltoffenste aller Lebewesen dazu drängen, zum Zweck vororientierender Weltbewältigung die unbekannte Wirklichkeit als eine vorgeblich bekannte und berechenbare zu deuten und dort, wo Vernunft und Erfahrung vorderhand nicht hinreichen, auch imaginäre Größen anzusetzen. Diese drei Momente können als das ›anthropologische Motiv‹ der Religion bezeichnet werden.

Darüber hinaus stellt Schopenhauer für die Religion die Wahrheitsfrage und beantwortet diese im Rückgriff auf die seit der Antike bekannte allegorische Mythen- und Dogmendeutung. Philosophie und Religion haben nicht nur einen gemeinsamen Ursprung im metaphysischen Bedürfnis, sondern auch gemeinsame inhaltliche Thesen, die freilich verschieden ausgedrückt werden, nämlich sensu stricto / proprio (direkt) oder sensu allegorico (indirekt). Doch lehnt es Schopenhauer ab, im Stil Schleiermachers und der deutschen Idealisten eine vorschnelle Versöhnung von Glauben und Wissen zu feiern, und er lehnt sogar den Begriff Religionsphilosophie als contradictio in adjecto ab. So bleibt die Differenz von Religion und Philosophie, von Glauben und Wissen aufrecht. Es gibt zwischen beiden keine Versöhnung, sondern nur ein Entweder-Oder. Zwar ist der Philosophie, die ihrerseits religiöse Inhalte allegorisch ausdeutet und auf den Begriff bringt, gegebenenfalls möglich, die Religion freundlich zu behandeln, nicht aber umgekehrt. Die Religion, deren Wesenselement Mythos und Allegorie sind, kann deren Transformation in Philosopheme nicht hinnehmen, will sie sich nicht als etwas Eigenständiges aufgeben. Dafür macht Schopenhauer vornehmlich soziologische und politische Gründe verantwortlich, indem er eine modifizierte und recht einleuchtende Version der Theorie vom Pfaffentrug vorbringt und – in kaum weniger verhüllter Form als Marx – auf die Funktion der Religion als Unterdrückungsideologie hinweist.

In der Beurteilung der praktisch-ethischen Funktion von Religion nimmt er schließlich eine nicht eindeutige Haltung ein. In dieser Ambivalenz der Beurteilung spiegelt sich die Ambivalenz des Phänomens. Die Frage ist, inwieweit Religion wahrhafte Moral und inwieweit sie andererseits heiliggesprochene Unmoral vermittelt. Beides steht in Analogie zur Relation von allegorischer Wahrheit und blindem Aberglauben. In dem berühmten Dialog zwischen Demopheles und Philalethes[33] wird die Frage letztlich nicht beantwortet. Das Positivum an der Religion sei es, daß sie durch Autorität und Tradition und somit entlastet vom Zwang vernünftigen Argumentierens – durch das ohnehin immer nur ein geringer Teil der Menschen ansprechbar ist – moralische Haltung und Überzeugung vermittelt und so, was der Philosophie niemals möglich wäre, die Massen beeinflußt. Ihr Negativum aber sei eben der Verzicht auf kritisches Denken und je eigene Verantwortlichkeit, so daß sie sich mit Aberglauben und höchst unmoralischen Haltungen (Glaubenskriege, Intoleranz, Tierverachtung etc.) vermengt.

Man kann Schopenhauer vorwerfen, daß sein Religionsbegriff z.T. auf Momenten insistiert, die nicht zwangsläufig in jeder Religion vorkommen müssen, z.B. Dogma oder Autorität der Priester, doch ist daran zu erinnern, daß es keinen umfassenden essentiellen Religionsbegriff gibt[34] und daß dort, wo die besagten Momente real existieren, Schopenhauers Einsichten wohl kaum zu entkräften sind.

VIII

Nunmehr komme ich zum letzten Punkt: zum Thema der Widersprüche und wie Schopenhauer mit ihnen umgeht. Mehrere der bisher angeführten Punkte ließen schon erkennen, daß Schopenhauer kein Monist und damit auch kein Ursprungsphilosoph ist, sondern ein Dialektiker – freilich gänzlich anderer Art als Hegel[35] –, indem er Widersprüche, denen sein Denken begegnet, weder achselzuckend stehenläßt noch sie vorschnell zu falscher Synthese zwingt. Er versucht, die Widersprüche ernstzunehmen, sie auszutragen und vorsichtig aber doch ihre verborgene Einheit ausfindig zu machen. Er scheut sich nicht, die Ambivalenz von Phänomenen herauszustellen und gleichzeitig auf disparaten Ebenen zu denken. Dies hat ihm in der Rezeption von Anfang an – in weit höherem Maß, als es sachlich gerechtfertigt ist – den Ruf der Widersprüchlichkeit eingetragen. Die diesbezüglich überzeugendste Rekonstruktion des Schopenhauerschen Denkens liegt m.E. derzeit in den Arbeiten

---

33 P II. Kap. 15. pp. 359-397.

34 Cf. Wolfgang L. Gombocz: *Religionsphilosophie in Kirchberg*, in: idem (ed.): *Religionsphilosophie*. pp. 11-17. Nach dem Bestimmungsmuster der ›Familienähnlichkeit der Begriffe‹ bei Wittgenstein schlägt Gombocz ein Verfahren vor, das zuerst eine möglichst umfassende Liste von religiösen Elementen erstellt und dann »bei Vorliegen von Eigenschaftsbündeln« eine Religion als solche identifiziert (p. 14).

35 Zur Hegel-Schopenhauer-Synopse cf. Anm. 19.

von Volker Spierling[36] vor, der seinerseits allerdings den – freilich belasteten – Ausdruck Dialektik weitgehend vermeidet.

Schopenhauer selbst hat sich über Dialektik höchst abwertend geäußert, wofür vor allem seine Nachlaßschrift über »Eristische Dialektik«[37] zeugt. Allerdings hat Wolfgang Schirmacher in einem dieser Schrift gewidmeten Aufsatz[38] die Ansicht vertreten, Schopenhauer sei »als Kritiker an der Ausarbeitung der Dialektik«, die als das auch ihn tangierende »gemeinsame Erbe des Deutschen Idealismus« reklamiert wird, »sehr wohl beteiligt« und stelle »vermutlich ihr wichtigstes Korrektiv dar«.[39] Im folgenden halte ich mich jedoch an die Ausführungen Spierlings.

Das Problem dialektischer Vermittlung von Gegensätzen ist kein abgeschlossenes Kapitel in der Geschichte des Denkens. Es bleibt virulent und zeigt sich beispielsweise im heutigen Streit um die Beurteilung der evolutionären Erkenntnistheorie. Spierlings Ausgang ist die von Schopenhauer vermerkte »Antinomie in unserm Erkenntnißvermögen« (W I, §7, p. 61), die besagt, daß es zwei gleichermaßen notwendige, aber divergente Betrachtungsweisen des Intellekts gebe: eine subjektiv-transzendentale, dergemäß die Welt Produkt des menschlichen Geistes, und eine objektiv-realistische, dergemäß der Geist Produkt der Materie ist. Immer müsse man, schreibt Schopenhauer, »irgend etwas als gegeben ansehn, um davon auszugehen [...]. Ein solcher Ausgangspunkt des Philosophierens, ein solches einstweilen als gegeben Genommenes muß aber nachmals wieder kompensirt und gerechtfertigt werden [...]. Um nun also die hierin begangene Willkürlichkeit wieder auszugleichen und die Voraussetzungen zu rektificiren, muß man nachher den Standpunkt wechseln, und auf den entgegengesetzten treten, von welchem aus man nun das Anfangs als gegeben Genommene, in einem ergänzenden Philosophem, wieder ableitet [...]« (P II, § 27, p. 41).

Diese reflektierte »Methode des Standortwechsels«,[40] die eine »Idealismus

---

36 V. Spierling: *Schopenhauers transzendentalidealistisches Selbstmißverständnis. Prolegomena zu einer vergessenen Dialektik*. phil. Diss., München 1977; idem: *Die Drehwende der Moderne. Schopenhauer zwischen Skeptizismus und Dogmatismus*, in: idem (ed.): *Materialien zu Schopenhauers ›Die Welt als Wille und Vorstellung‹*, Frankfurt / Main 1984, pp. 14-83; cf. weiter die Einleitungen zur vierbändigen Neuausgabe der Berliner Vorlesungen Schopenhauers, München 1984-86 (*Erkenntnis und Erkenntnistheorie*, in: Bd. 1, pp. 15-34; *Erkenntnis und Natur*, in: Bd. 2, pp. 19-52; *Erkenntnis und Kunst*, in: Bd. 3, pp. 11-33; *Erkenntnis und Ethik*, in: Bd. 4, pp. 13-54).

37 Schopenhauer: *Der handschriftliche Nachlaß*. ed. A. Hübscher, München 1985 (Taschenbuchausgabe), cf. Bd. 3, pp. 666-695.

38 W. Schirmacher: *Schopenhauer als Kritiker der Dialektik*, in: idem (ed.): *Zeit der Ernte*, pp. 300-324.

39 Loc. cit., pp. 302f.

40 V. Spierling: *Die Drehwende der Moderne*, p. 57.

und Materialismus umgreifende Erfahrungstheorie der Balance«[41] intendiert – so daß es bei Schopenhauer »kein absolut Erstes mehr«[42] gibt und er auch nicht als Ursprungsphilosoph betrachtet werden kann –, sei, meint Spierling, in der Rezeption ignoriert oder als fahrlässige Widersprüchlichkeit mißdeutet worden. Gerade sie markiere aber »die wissenschaftstheoretische Aktualität seines Denkens«.[43] In Schopenhauers ›Kopernikanischer Drehwende‹, wie diese seine dialektische Denkfigur von Spierling bezeichnet wird, handle es sich um »ein offenes erkenntnistheoretisches Modell zur Vermeidung metaphysischer Letztaussagen wie zur Ermöglichung einer Metaphysik aus empirischen Erkenntnisquellen«.[44]

Schopenhauer vollziehe diese Drehwende auf drei Ebenen: auf der Ebene der Erkenntnistheorie (Dialektik von Subjekt und Objekt), der Metaphysik (Dialektik von subjektivem und objektivem Willen) und schließlich der Ethik (Dialektik von principium individuationis und tat-twam-asi). Auf dieser dritten Ebene aber, im Übergangsfeld von philosophischer Theorie und reiner Lebenspraxis, wo es um den möglichen oder unmöglichen Vollzug der Willensverneinung geht, konstatiert Spierling ein letztliches Scheitern der Drehwende. Denn die transgegenständliche Dimension unseres Daseins – die sich punktuell in der Ästhetik und als angeblich endgültiger Zustand in der Ethik der Verneinung zeigt – ist philosophisch nicht mehr einzuholen und zeigt sich dem Philosophen nur noch als Grenze. An ihr endet das Denken und somit auch die Dialektik.

Obwohl die von Spierling rekonstruierte Kopernikanische Drehwende »de[n] systematische[n] Dreh- und Angelpunkt, das Scharniergelenk seiner Philosophie«[45] darstellt, ist sie hermeneutische Interpolation, da bei Schopenhauer selbst »ein transzendentalidealistisches Selbstmißverständnis«[46] vorliegt. Er selbst versucht nämlich den Zirkel der von ihm aufgewiesenen und auch methodisch entfalteten Erkenntnisantinomie – »die eine paradoxe Struktur der Subjektivität offenlegt« und ein »für das menschliche Denken grundsätzliches methodisches Beziehungsdilemma« kennzeichnet[47] – durch Rekurs auf die Unterscheidung von Erscheinung und Ding an sich aufzulösen. Doch diese Auflösung weist Spierling als unhaltbar zurück. Der selbstdenkende Schopenhauer-Leser müsse an dieser wie gelegentlich auch an

41 Loc. cit., p. 53.

42 Loc. cit., p. 51.

43 Idem: *Erkenntnis und Erkenntnistheorie*, p. 26.

44 Ibid.

45 Idem: Erkenntnis und Ethik, p. 33.

46 Idem: *Die Drehwende der Moderne*, p. 53 (cf. auch Titel und Ausführungen der Dissertation, cf. Anm. 38).

47 Loc. cit., p. 52.

anderen Stellen – wie es in Anspielung auf Arthur Hübscher heißt[48] – »auch gegen den Strom seines eigenen Denkens denken«.[49]

Aufgrund ihres Untersuchungsgegenstandes, aber auch ihrer kritisch-aneignenden Haltung scheint mir Spierlings Rekonstruktion unter den gegenwärtigen Schopenhauer-Interpretationen von besonderer Bedeutung zu sein. Sie vollbringt die seltene Leistung, Schopenhauer weder in verständnisloser Weise zu kritisieren noch ihn einfach gläubig nachzuerzählen, sondern ihn kritisch-hermeneutisch aufzunehmen und fruchtbar weiterzudenken. Dieses produktive Weiterdenken Schopenhauers hat andernorts noch kaum stattgefunden. So wichtig die philologische und rezeptionshistorische Aufarbeitung des Schopenhauerschen Werkes auch sein mag, sie verliert doch ihre Relevanz, wenn sie sich nicht gleichzeitig an den Ernst und an die Inhalte des eigenen philosophischen Fragens bindet. Die wirklich aktuelle Auseinandersetzung mit Schopenhauer kann demnach nicht durch äußere Anlässe bedingt sein, etwa durch das Interesse institutionalisierter Denkmalpflege oder die Zufälligkeit und Willkür akademischer Beschäftigung. Sie kann nur bedingt sein durch die Sache des Denkens: durch die je konkrete Forderung, Wirklichkeit zu erfahren, auf den Begriff zu bringen und diesen Begriff erneut an die Erfahrung rückzubinden.

Damit bin ich mit meiner Aufzählung der acht mir hauptsächlich wichtig erscheinenden Aspekte der gegenwärtigen Aktualität Schopenhauers am Ende. Sie ließen sich möglicherweise noch vermehren. Die angeführten Aspekte wurden im wesentlichen auch nicht systematisch ausgeführt, sondern nur mehr oder minder kurz thematisch angerissen. Ihre Topologie ist nicht einheitlich, sie verweisen z.T. auf kategorial recht unterschiedliche Problemstellungen. Doch es war nicht das Ziel dieser Ausführungen, ein kohärentes Gesamtbild zu entwerfen, sondern nur, assoziativ darüber zu sprechen, welche Lektüre-Strategien der gegenwärtige Schopenhauer-Leser sinnvollerweise verfolgen kann.

---

48 A. Hübscher: *Denker gegen den Strom. Schopenhauer: gestern-heute-morgen*, (2) Bonn 1982.

49 V. Spierling: *Erkenntnis und Erkenntnistheorie*. p. 18.

Schopenhauer als Anreger eines offenen Philosophierens

Wim van Dooren *(Utrecht)*

Wozu brauchen wir heute noch einen Philosophen aus der Vergangenheit bei der Lösung unserer Probleme? Steht er nicht viel zu weit weg von uns? Geben wir uns nicht umsonst Mühe bei Gedenkfeiern aller Art, die Aktualität eines bestimmten Philosophen nachzuweisen? Und ist es oft nicht bloß reiner Zufall, wer gerade Mode wird und in die Scheinwerfer der publizistischen Öffentlichkeit tritt? Das Jahr 1988 naht heran, und dann wird alle Welt sich bemühen, Schopenhauers Aktualität zu preisen. Doch zu fragen wäre: Kann Schopenhauer noch unser »Erzieher« (Nietzsche) oder zumindest unser Anreger sein?

In weiten Kreisen ist Schopenhauer als Schriftsteller bekannt und geschätzt, und darf besonders im deutschsprachigen Raum als popularisierender Philosoph gelten, dem wir zahlreiche Denkanstöße verdanken. Welcher Intellektuelle hat nicht seinen Schopenhauer im geerbten Goldband, im handlichen Dünndruck oder als Kassette im Regal stehen? Drei grundverschiedene Beispiele: Der Dichter Thomas Bernhard las sehr früh im Arbeitszimmer seines Großvaters *Die Welt als Wille und Vorstellung* und lernte daraus, daß man nie die Wahrheit sagen und die menschliche Existenz überwinden kann. Der Philosoph Ludwig Wittgenstein seinerseits zitierte schon 1916 in seinen Tagebüchern Schopenhauer, bevor er andere Philosophen studiert hatte. Bis in den *Traktatus* hinein ist Schopenhauers großer Einfluß spürbar. Als Beispiel für Schopenhauers Wirkung im Ausland ist Marcel Proust zu nennen, der in *Le temps retrouvé* die Arbeit des Künstlers schopenhauerisch sieht als das Auffinden des Eigenwillens unter der Oberfläche der Erfahrung. Gemeinsam ist den drei genannten Autoren, daß sie Schopenhauer nicht auf dem Umweg über die Philosophiegeschichte kennenlernten. Ganz spontan gestaltete sich sein Einfluß.

Einen anderen Zugang zu seiner Philosophie bietet Schopenhauers Selbststilisierung zum bewußten Außenseiter. Vielen Leuten, denen die offizielle Philosophie zuwider war, fanden in Schopenhauer einen Bundesgenossen. In den Niederlanden zum Beispiel bewunderten viele um die Jahrhundertwende die polemischen Angriffe Schopenhauers, vor allem diejenigen gegen die traditionelle Religion. In Freidenkerzirkeln wurde Schopenhauer intensiv gelesen und übersetzt. Von den herrschenden Kreisen wurde er dagegen scharf angegriffen: der Leidener Philosoph Bolland, ein konservativer Hegelianer wie aus dem Bilderbuch, warf Schopenhauer vor, er habe alles Wertvolle in seinem Denken anderen Philosophen entnommen und dennoch auf diese geschimpft. Dennoch mußte auch Bolland einräumen, daß Schopenhauer stilbildend gewirkt habe.

Aber es sind nicht nur die kritischen Außenseiter, die Zuflucht bei Schopenhauer suchen. Wer unzufrieden ist mit den vorherrschenden und schwer verständlichen Systemen in der Philosophie, findet in Schopenhauer eine Alternative. Die deutsche »Schopenhauer-Gesellschaft« in Frankfurt bietet ein treffliches Beispiel für eine gegen den Strom schwimmende, freireligiös gefärbte Popularphilosophie und Moral. Ein solcher Einfluß appelliert an das Gefühl der Minderwertigkeit und des Ressentiments und ist nicht ohne ideologische Gefahr. Ein kurioses (und ziemlich harmloses) Beispiel hierfür bot ein holländischer Faschist, der im Jahre 1938 Beethoven und Schopenhauer »die zwei ausgewanderten Holländer« nannte. Im selben Jubiläumsjahr veranstalteten die deutschen Nationalsozialisten eine »Reichsfeier« zu Ehren des 150. Geburtstags Schopenhauers in Danzig, um ihn als »heroischen Menschen« für sich zu reklamieren. Rassisten und Apartheidbefürworter haben sich auf Schopenhauer berufen, der freilich für solche »Gefolgschaft« nicht verantwortlich gemacht werden kann. Aber solche unerwünschte »Schopenhauer-Freunde« sind bis zu einem gewissen Grad Nebenfolgen des von Schopenhauers Philosophie ausgehenden Appells an Alternative und Außenseiter.

Lesen wir Schopenhauer gründlich, so kommt ein anderes Bild von ihm zum Vorschein. Seine Stellung in der Philosophiegeschichte ist zweifellos gesichert. Aber inwiefern hat er uns heute noch etwas zu sagen? Obwohl Schopenhauer kein Philosoph unserer Zeit ist (und auch nicht so behandelt werden sollte), hat er sich mit vielen erst heute aktuell gewordenen Fragen beschäftigt und einige einleuchtende Antworten gegeben. Daraus läßt sich auch das Interesse des gegenwärtigen Lesers erklären, der sich in Schopenhauers Philosophie »irgendwie zu Hause« fühlt. An einigen Punkten soll dieses Interesse konkretisiert werden. Vor allem ist ein pessimistisches und irrationales Weltgefühl zu nennen, das sich, wie es schon bei Schopenhauer der Fall war, vom Fernen Osten inspirieren läßt. Hinzu kommen ein gründliches Mißtrauen in das Funktionieren der Vernunft sowie der Versuch, hinter die Vernunft und in die Tiefe der Welt zu schauen. Die Psychoanalyse, die metaphysisch auf Schopenhauers Philosophie gegründet ist, leistet hier gute Dienste: unter der Oberfläche der Ratio liegt der versteckte Grund von Ich und Welt – und es ist zumeist nicht gut und schön, was hervorkommt. Es ist die Redlichkeit Schopenhauers, nicht die Vernünftigkeit, die uns hier anspricht, wie schon Nietzsche unterstrich.

Mit seinem Denken hat Schopenhauer das Verhältnis von Philosophie und Leben in Frage gestellt. Wie ehrlich und redlich hat er sich selber seiner philosophischen Theorie gegenüber verhalten? Einerseits fürchtet er sich nicht vor möglichen Konsequenzen, andererseits lebte er trotz aller Weltverneinung eine bürgerliche Existenz. Moral predigen war leicht für ihn, aber er räumte ein, daß wie ein Heiliger zu leben, für ihn nicht verwirklichbar sei. Auch in seinem Philosophieverständnis ist ein Bruch zu vermerken.

Schopenhauers Systembedürfnis bringt Aphorismen hervor und stellt das systematische Philosophieren selbst in Frage. Mehr noch als Nietzsche wird Schopenhauer aphoristisch rezipiert, man liest und zitiert die gelungene Formulierung.

Schopenhauers Kunstphilosophie kommt – stärker als die analogen Theorien Schellings und Hegels – einem heutigen Bedürfnis nach einer ästhetischen Theorie entgegen. Bildende Kunst und vor allem Musik finden sich von Schopenhauer als ausgezeichnete Erkenntnisweisen verstanden. Mehr denn je wird gegenwärtig nach einer Begründung und Legitimierung des Schöpferischen gesucht. Schopenhauer bietet einen Ansatzpunkt dazu. Besonders stark wirkt auch bis heute nach, daß Schopenhauers Philosophie Themen behandelt, die tabuisiert waren und sind: Selbstmord und Tod, Sexualität und Humanität, Egoismus und Mitleid. Dennoch bleibt die Frage offen, ob Schopenhauer noch etwas Wesentliches zu unseren Problemen beizutragen hat. In Holland jedenfalls ist das Interesse an Schopenhauer eher historisch: Weiterbauen auf der Schopenhauerschen Grundlage scheint unmöglich; bekämpfen und diskutieren hat dann keinen Zweck mehr. Was uns bleibt, ist so lediglich, die von Schopenhauer aufgegriffene Themen selber anzugehen und neue Antworten zu finden. Eine solche Wirkung eines Philosophen sollte nicht gering eingeschätzt werden. Schopenhauer wird damit zum konkreten Symbol eines gegenwärtigen offenen Philosophierens, das sich gleichermaßen von oberflächlicher Esoterik wie undurchdachter Popularisierung fernhält.

Offenes Philosophieren beruft sich nicht auf veraltete Problemlösungen, sondern läßt sich von alten Themen zu neuen Antworten inspirieren. Schopenhauer wirkt dabei sehr anregend, was die Wahl der Themen angeht und die Weise ihrer Darstellung. Denn Philosophie ist alles andere als Esoterik; die Fachgelehrten haben kein Monopol auf das Denken. Schopenhauer als bewußter Außenseiter innerhalb der akademischen Philosophie lehrt uns, wie gerade dort das Philosophieren am fruchtbarsten ist und weiterwirkt, wo Stil und Status der offiziellen Philosophie keine Rolle mehr spielen. Jeder ist Philosoph, der auf seine eigene Situation reflektiert! Selbstverständlich soll man sich dabei nicht im umgekehrten Sinn isolieren und von den Ergebnissen der akademischen Philosophie abschotten. Auch hier kann Schopenhauer Vorbild sein: er hat sich, auf seine Weise, eingehend mit Kant und Hegel beschäftigt. Denn die Gefahr besteht, daß aus der Distanz zur offiziellen Philosophie eine neue, in sich geschlossene Philosophie entsteht. Wenn jeder Philosoph ist – sind dann alle Kriterien in bezug auf Niveau und Wert einer Philosophie untergegangen? Wie sollte man dann noch zwischen Philosophie und »Unphilosophie«, dem trüben Gebräu der Stammtischmeinungen, unterscheiden können?

Offenes Philosophieren verhält sich anderen Standpunkten gegenüber aufgeschlossen und schließt sich nicht ab. Dies ist ein wichtiges Kriterium für authentisches Philosophieren. Ein anderes Kennzeichen ist die Weise, in der »fremde Philosophien« in das eigene Denken aufgenommen werden. Es ist nur wenigen Genies gegeben, aufs Neue anzufangen – andere haben weiterzubauen oder tiefer zu graben und gehen dabei von vorhandenen Standpunkten aus. Falls Schopenhauer ohne Platon seine Thesen über Kunst aufgestellt hätte, so wäre seine Philosophie um Bedeutendes ärmer gewesen, auch wenn Schopenhauer Platons Ideen nun in einem gänzlich anderen Sinn aufnimmt. Von den großen Vorgängern läßt sich lernen, welche Themen für das eigene Philosophieren lohnend sind. Was Schopenhauer betrifft, so sind es Fragen der Moral und der Kunst, die von ihm angeregt werden. Ein heutiger Pessimist kann sich von Schopenhauer sagen lassen, daß man scroll vorurteilsfrei über den Selbstmord nachdenken soll und ihn nicht als logische Konsequenz eines Pessimismus verstehen muß. Dabei stellt sich auch die Frage, inwieweit der Philosophie auch eine therapeutische Funktion zukommt. Im Hinblick auf die Kunst läßt sich von Schopenhauer aus besonders über deren gesellschaftliche und individuelle Rolle nachdenken – ist die Kunst Motiv oder Quietiv? Zusammenfassend sei betont, daß es nicht die Lösungen früherer oder jetziger Philosophen sind, sondern deren Probleme, die uns zu einem eigenen und offenen Philosophieren herausfordern.

Seeing Through the principium individuationis

Metaphysics and Morality

David Cartwright *(Wisconsin)*

Du bist am Ende – was du bist.
Setz' dir Perücken auf von Millionen Locken,
Setz' deinen Fuß auf ellenhohe Socken:
Du bleibst doch immer, was du bist.
Goethe, *Faust I*, 1806-1809

In his *Nachlaß*, Arthur Schopenhauer raised the following rhetorical question: »Which metaphysics connects so exactly with its moral philosophy as mine?« It was not without considerable pride that he asserted in *Über den Willen in der Natur* that »I could have entitled my metaphysics ›Ethics‹ with much better right than Spinoza [...]«.[1] Indeed, the answer he thought so obvious to his rhetorical question is »none.« Whether this answer is correct or not is of some scholarly interest and, as such, has importance for the scholar. There is something of practical importance, moreover, to the assertion grammatically masked in his question. This practical importance should generate a practical interest in Schopenhauer's philosophy in both scholar and nonscholar alike. For it is within the very coalescence of his metaphysics of the unified will and his ethics of compassion that Schopenhauer's texts read in a provocative present tense, revealing, if not truth, some direction toward it, as well as some accounts of the obstacles which prevent its emergence. In this paper I will discuss the connection Schopenhauer drew between his metaphysics and ethics, detailing some of the challenges his ethical-metaphysical world view presents for both anthropocentrism and logocentrism.

But before I begin, a word. It is not necessary to believe everything a philosopher asserted, or even believe some of his or her most characteristic doctrines, in order to appreciate, gain intellectual nourishment, and practical guidance for his or her texts. If it were otherwise, I doubt that many of us would trouble with the struggle to understand philosophical writings. While there may be any number of good reasons for engaging in the systematic study of the texts of a particular philosopher, some of the best reasons for undertaking this struggle concern the insights, hints, proddings, and directions towards the truth which result from this activity. Rather than providing a rigorous critical analysis of Schopenhauer's metaphysics and ethics as my analytical training counsels, I will only highlight and sketch some of the insights involved in elements of his ethical-metaphysical

1 Schopenhauer: *Über den Willen in der Natur* in Schopenhauer, *Sämtliche Werke*, ed. A. Hübscher (Wiesbaden: F. A. Brockhaus. 1972). Vol. 4. p. 141 (my translation).

world view. Consequently I will not be concerned with what I believe are his errors, e.g., his sexism, theories of resignation and salvation, his doctrine of the unalterability of character, his discussion concerning the guilt of being, and many of his remarks concerning the value of suffering and life itself. The threads I develop out of his texts may unravel some of these theses, but they are also woven into the fabric of his text. My experiment will succeed if my reading of Schopenhauer's texts flashes insights into the reader's reading of my Schopenhauer and if my questions provoke answers from those who see more clearly than I.

In order to proceed, it is necessary to provide a brief gloss of Schopenhauer's metaphysics. As a metaphysical monist, Schopenhauer described ultimate reality as a unitary thing-in-itself; an insatiable, without goal, striving force which he denoted as the »will« or »will-to-live.«[2] Everything in the empirically given world, the phenomenal world or world as representation, was characterized by Schopenhauer as the ontologisation of the metaphysical will, i.e., each individual member of the world as representation, from the most nondescript lump of clay to the most sophisticated human being is described as a spacio-temporal objectification of the will. Space and time, his *»principium individuationis,«* account for the possibility of the plurality of the homogeneous will; »only through them [space and time] and in them is plurality of the homogeneous possible.«[3] As will, each phenomenal entity manifests the constantly striving nature of the will.

It is within the context of the world as representation, the bounds of the *principium individuationis*, that it begins to make sense to discuss morality, although, as we shall see, ultimately we must return to Schopenhauer's metaphysics to discuss his ethics. Schopenhauer's ethics begins with the description of ethical phenomena which he attempts to trace back to their sources. The concept »good« (*gut*) denotes *»the fitness or suitableness of an object to any definite effort of the will,«* while both the concepts »bad« (*schlecht*) and »evil« (*böse*) refer to objects not suitable or agreeable to any effort of the will.[4] Actions possessing moral worth, actions such as

---

2 Schopenhauer argued that since the will always wills life [*was der Wille will immer das Leben ist*] it is a mere redundancy to say the will-to-live [*der Wille zum Leben*] instead of the will [*der Wille*]. Schopenhauer would have been more precise, however, if he had used the »will to be« instead of the »will-to-live«, since non-living entities are coequal substantiations of the will. Cf. Schopenhauer: *The World as Will and Representation*, trans. E. F. J. Payne (New York: Dover Publications, Inc., 1969). Vol. I, p. 275 [2:324]. The bracketed number following each reference to English-language translation of Schopenhauer will be to the volume and page number of Schopenhauer: *Sämtliche Werke*, op. cit.

3 Schopenhauer: *The World as Will and Representation*. Vol. I, p. 331 [2:391].

4 Ibid., p. 360 [2:424]. In the same passage. Schopenhauer distinguished between the terms »bad« and »evil« by the types of objects the words denoted. »Bad« is applied to beings without knowledge, while »evil« is applied to beings with knowledge (animals and humans) which thwart our willing.

voluntary justice (*freiwillige Gerechtigkeit*), pure philanthropy (*reine Menschenliebe*) and genuine magnanimity (*wirklicher Edelmuth*) have as their source compassion (*Mitleid*). Morally bad actions and unjust actions have their basis in either egoism or malice.[5]

The incentives of compassion and egoism, as well as the attitudes, disposition, and behavior of good or evil persons exhibit metaphysical dimensions and display a form of practical knowledge that Schopenhauer attempted to carry to the abstract level of philosophical explanation. Schopenhauer characterized compassion as a conative emotion which involved a desire for another's well-being.[6] The experience of compassion involved »the immediate participation, independent of all ulterior consideration [*der ganz unmittelbaren, von allen anderweitigen Rücksichten unabhängigen Theilnahme*], primarily in the suffering of another.«[7] Since compassionate agents experience another's suffering as normally they experience their own, they act towards it as they do their own, i.e., they try to relieve or eliminate it. Because Schopenhauer believed that all well-being, happiness, or pleasure is negative, the mere absence of misfortune, unhappiness, or pain, he also believed that the attempt to relieve or eliminate another's misfortune is, in other words, just the attempt to secure another's well-being.[8]

Schopenhauer called compassion »the great mystery of ethics« and »the primary phenomenon of ethics« [*ethischen Urphänomens*] – that which explains everything within the domain of moral conduct and whose explanation must be rendered metaphysically.[9] His metaphysical explanation of compassion is centered squarely in his monism of the will. That is, what

5 An egoistic action, one performed out of an individual's desire to promote his or her well-being is, according to Schopenhauer, morally indifferent (*moralisch indifferent*) and, consequently, lacks moral worth. However, they are judged either good or evil depending on how they effect others, i. e., if they are agreeable or disagreeable to the willful efforts of others. Malicious actions, those performed out of an individual's desire to secure another's misfortune, are morally reprehensible (*moralisch verwerflich*), cf. *On the Basis of Morality*, trans. E. F. J. Payne (Indianapolis: The Bobbs-Merrill Co., Inc., 1965), p. 145 [4:210]. An unjust or wrong (*unrecht*) action, in Schopenhauer's view, involves the imposition of one person's will upon another, contrary to the will of that person. A just or right (*recht*) action is simply one that is not unjust, cf. *The World as Will and Representation*, Vol. I, p. 334-37 [2:393-96].

6 Cf. Schopenhauer, *On the Basis of Morality*, op. cit., p. 145 [4:210].

7 Ibid., p. 144 [4:208].

8 Cf. ibid., p. 146 [4:210].

9 Ibid., p. 144, 199 [4:209,260]. Compassion does not explain all moral phenomena or all phenomena from a moral point of view. Consequently I use »moral« here in the sense of »good«. This is the sense in which Schopenhauer must refer to compassion as an *Urphänomen* since it cannot be the source of evil and the description of morally bad or evil phenomena as »lacking compassion« or »not arising from« compassion has little, if any, explanatory value. In this sense we could call egoism and malice (*Bosheit*) the *Urphänomene* of morally indifferent, wrong, and evil phenomena.

makes it possible for us to have compassion, and experience another's suffering immediately just as we do our own, is that the gulf of separation between individuals is only apparent; in reality, we are one and the same will. Thus the very possibility of compassion as described by Schopenhauer immediately connects his ethics to his metaphysics. There is, however, a more important connection between his metaphysics and ethics, one which more clearly brings into prominence the ethical-metaphysical nature of human conduct. This is found in his discussion of individuals possessing either a good (*gut*) or evil (*böse*) character.

Good persons are those »whose character induces them generally not to hinder another's efforts of will as such, but rather to promote them, and who are consistently helpful, benevolent, friendly, and are called *good*, on account of this relation of their mode of conduct to the will of others in general.«[10] In promoting another's good, the good character is viewed by Schopenhauer as making »less of a distinction than do the rest (other humans) between himself [or herself] and others.«[11] The friendly and benevolent behavior of good persons, their practical activity, is not accidentally connected to its results. Rather, it is intentional and motivated by their deep disposition to compassionate the suffering of another. That is, compassion involves the cognition of the unity of being, and the good person translates this knowledge into action. He or she sees through the *principium individuationis*, and recognizes that »the in-itself of his own phenomenon is also that of others, namely the will-to-live which constitutes the inner nature of everything, and lives in all; in fact, he recognizes that this extends even to the animals and to the whole of nature; he will not cause suffering even to animals.«[12]

Thus Schopenhauer attributed the »deepest knowledge« (*tiefste Erkenntniß*) and »the highest wisdom« (*höchste Weisheit*)[13] to the good person, »[a] living knowledge expressing itself in deed and conduct«.[14] The evil person, on the other hand, lacks this insight and lives within the veil of maya and under the delusion of the *principium individuationis*, and his or her actions exhibit this perspective. As Schopenhauer wrote, »[B]eing vicious, loveless, egoistic is nothing other than denying [his metaphysics] through deed.«[15] The real world for the evil individual is the world of space and time. Everything other than this individual is viewed as foreign and non-ego. The natural egoism common to all individuals obtains hyperinflated importance in

10 *The World as Will and Representation*, Vol. I, p. 360 [2:426].

11 *On the Basis of Morality*, p. 204 [4:265].

12 *The World as Will and Representation*, Vol. I, p. 372 [2:440].

13 *On the Basis of Morality*, p. 210 [4:270].

14 *The World as Will and Representation*, Vol. I, p. 285 [2:336].

15 *Der handschriftliche Nachlaß*, Vol. III, p. 504 (my translation).

evil characters such that others are treated as if they were not real. That is, the pain, sorrow, misfortune, and projects of others count for nothing in this individual's rush for crude and simple self-service. The behavior and perspective of the evil individual embodies in the practical realm the theoretical attitude expressed in what Schopenhauer called »theoretical egoism,« the solipsistic view that all phenomena outside our individual will are mere phantoms.[16] But even phantoms can check one's aspirations, and the attitudes towards others become »primarily hostile; thus the keynote of his disposition is hatred, spitefulness, suspicion, envy, and delight at the sight of another's distress [*Schadenfreude*].«[17] The self-importance of the evil character rises to such monstrous heights that this type of individual would rather see the entire world disappear than to perish him or herself.[18]

Thus Schopenhauer's metaphysics and ethics coalesce in a positive way within the especial cognition of compassionate agents, and their practical wisdom becomes manifest in their attitudes, demeanor and behavior. Evil individuals under the spell of a heightened egoism operate within the veil of maya, the *principium individuationis*, and, thus, in another world. Consequently, the merely phenomenal viewpoint of the evil character manifests itself in both conduct and countenance. Philosophy, Schopenhauer believed, takes what is given at hand and explains it by expressing the inner nature of the phenomenon in concepts, the feeble language of our faculty of reason.[19] In his description of what he believed the most serious and significant »given«, human conduct, Schopenhauer attempted to elucidate the good from the bad, the just from the unjust, by looking at the motivation grounds of behavior we denote by these terms. To provide a final significance to his ethical exposition it was necessary for Schopenhauer to detail the possibility of compassion metaphysically, while supplementing his analysis of egoism metaphysically by accounting for this as our »chief and fundamental incentive« and then by explaining the behavior of self-obsessed individuals as displaying a particular metaphysical delusion.[20]

The ultimate synthesis of the ethical-metaphysical duality of the conduct of good and evil persons found in Schopenhauer's philosophy serves to emphasize his *Aktualität*. It does this in a number of ways, each of which provides directions towards alternative ways of being and doing. The basis of Schopenhauer's metaphysical-ethical depiction of conduct is discovered in the primacy of his homogenization of being and, consequently, his ethics

16 *The World as Will and Representation*, Vol. I. p. 104 [2:124].

17 *On the Basis of Morality*, p. 211 [4:272].

18 Cf. ibid., p. 132 [4:197].

19 Cf. *The World as Will and Representation*, Vol. I, p. 271 [2:319].

20 *On the Basis of Morality*, p. 131 [4:196]. I have neglected to discuss Schopenhauer's metaphysical explanation of egoism as our common attitude because of its obviousness and to emphasize the ethical dimensions of his account of egoism.

which defines human conduct within this unity. What Schopenhauer does is to present a *Weltanschauung* which rejects egoism, but even more deeply, anthropocentrism and logocentrism. This is implied by his emphasis on the connectiveness of being which places humans not simply in the natural course of the evolution of the phenomenal world, but in the more serious claim that there is no real difference between human and human, human and nonhuman animal, and the animal and nonanimal. The truth of *tat twam asi* applies to everything in the phenomenal realm. From this perspective, not only is the hubris of the human mitigated by the sight of the will which flashes through the glance of »lower« animals, it is felt pulsing in the ground trod beneath his or her foot; »for the thing-in-itself, the will-to-live, exists whole and undivided in every being, even in the tiniest; it is present as completely as in all that ever were, are, and will be, taken together.«[21]

The same perspective challenges logocentrism. Schopenhauer's voluntarism already places reason and its artifacts subordinate to the will. The subordination of reason and logic is augmented in his description of the form of cognition which realizes the unity of being. Compassion is a feeling and, within the experience of another's suffering, provides the compassionate agent with the »intuitively apprehended, immediate knowledge of the world and its inner nature [*intuitiv aufgefaßten, unmittelbaren Erkenntiß der Welt und ihres Wesens...*]«.[22] This cognition is neither discursive nor reached through the mediation of concepts. And although he believed that philosophy could capture in concepts the intuitive knowledge gained in compassion, he also sees this as feeble compared to the efficacy of the practical wisdom demonstrated in the conduct of good persons. So he contended that »moral excellence stands higher than all theoretical wisdom; the latter is always only a patchwork which reaches the goal by the slow path of inferences and conclusion, whereas the former attains the goal all at once. Whoever is morally noble reveals by his actions the deepest knowledge, the highest wisdom, however much he lacks in intellectual genius.«[23]

Within the scope of his ethical theory, the denial of anthropocentrism and logocentrism is continued. Schopenhauer's fundamental moral incentive, compassion, immediately expands the realm of moral considerability beyond the human animal. In this regard he was among the first major Western philosophers to give nonhuman animals moral status. He even claimed »that whoever is cruel to animals cannot be a good person.«[24] Although sentience is the natural moral boundary Schopenhauer consciously constructed in his

---

21 Schopenhauer. *Parerga and Paralipomena*. trans. E. F. J. Payne (Oxford: Clarendon Press. 1974). Vol. II, p. 221 [6:236].

22 *The World as Will and Representation*. Vol. I. p. 383 [2:453].

23 *On the Basis of Morality*. p. 210 [4:270].

24 Ibid.. p. 179 [4:242].

moral philosophy, since compassion is detailed as extending only towards suffering, the dictates of his ethical-metaphysical perspective ontologically expand past the bounds of the sentient. For it is not suffering per se, or the type of suffering displayed by animals, that unites them with humans. Rather, it is the »I« in everything which unites – and that includes the organic nonanimal and the inorganic as well. Thus Schopenhauer's moral philosophy transcends sentiensocentrism and entails that all entities have moral status and deserve moral considerability. Everything, after all, is an »I once more«.[25]

Logocentrism is also annulled within a Schopenhauerian ethos. The moral incentive of compassion does not rest on education, command, dogma, concepts, or language. It contains no abstract principles *a priori* to watch-dog behavior and separate those who understand the logic of the language and those who do not. There are no testings of maximum and subsumption of descriptions of possible action under rules of proper behavior. Nor does it demand knowing the sum total of preference satisfactions necessary to produce the good. Thus it avoids both formalism and legalism. The highlight of this ethics is the enlightened deed which reflects our basic unity, and the *ne plus ultra* of his system is the will well disposed through its seeing through the *principium individuationis*.

Some Concluding Questions

How does one translate Schopenhauer's ethical-metaphysical description of existence into practical, everyday human existence? There is Schopenhauer's famous counsel – »resign, deny the will-to-live.« He then recommends traditional self-forgetting and self-mortifying practices of asceticism to abolish the will. Thus one overcomes both anthropocentrism and logocentrism. I have not followed him in his argument that the moral goodness displayed by the compassionate person reaches greater significance in the noninvolvement of the resigned ascetic. Nor do I believe his claim that the source of compassionate involvement with others is the source of resignation.[26] The meaning of this has always appeared to me negative – not to be phenomenally involved – and, thus, grossly unfair to the phenomenal world. There must be other lessons for the phenomenal world in his philosophy. For example, he made the human the model of the macrocosm. This is a form of anthropocentrism choking itself, since it entailed denying any special privilege to any unique function, ability, faculty, or characteristic of the human (except for the mysterious capacity of the enlightened human

25 Ibid.. p. 211 [4:272].

26 Cf. *The World as Will and Representation*. Vol. I. p. 378 [2:447]. This common source for both compassion and the denial of the will-to-live is the enlightenment gained by seeing through the *principium individuationis* [*Durchschauen des principii individuationis*].

intellect to silence the metaphysical will). If this move negates the pretensions of *anthropos*, how does *anthropos* act without pretension? What would this be like? Indeed, how does one resolve the conflicts of the phenomenal world without living it? How does a morally sensitive individual live in a world in which everything has moral considerability and is perceived to be »I once more?« In a world in which »Each carnivorous animal is the living grave of thousands and thousands of living things [where] to live and to murder is one with it. [Where] its mere self-preservation is a series of the tortured death of other beings since *ce meilleur des mondes possibles* in which one being devours the other.«[27] How does a new way of being and doing emerge from Schopenhauer's philosophy in a world full of will, in which all its suns and galaxies remain something? We know his negative answers to these questions and how they are framed. What are his positive replies?

27 *Der handschriftliche Nachlaß*, Vol. III, p. 190 (my translation).

Leib und Bewußtsein

Schopenhauers Anregungen zu einer aktuellen Diskussion

Wolfgang Weimer *(Düsseldorf)*

> Dem Subjekt des Erkennens, welches durch seine Identität mit dem Leibe als Individuum auftritt, ist dieser Leib auf zwei ganz verschiedene Weisen gegeben: ein Mal als Vorstellung in verständiger Anschauung, als Objekt unter Objekten, und den Gesetzen dieser unterworfen; sodann aber auch zugleich auf eine ganz andere Weise, nämlich als jenes Jedem unmittelbar Bekannte, welches das Wort *Wille* bezeichnet. (W I 119)[1]

I

Daß ein wissenschaftliches Thema aktuell ist, dafür bildet das Ausmaß der Bücherproduktion zu ihm einen guten Indikator. Traut man ihm, dann muß man das Thema »Leib und Bewußtsein« als *sehr* aktuell bezeichnen, denn die Zahl der Neuerscheinungen, die sich mit dieser Frage befassen, ist gewaltig.[2]

Die Gründe für dieses Interesse sind vielfältig; nur zwei möchte ich nennen:

Die empirische Erforschung des Gehirns und seiner Funktionsweise macht große Fortschritte, und parallel zu diesen Entdeckungen gewinnt die künstliche Intelligenz in ihrem Verhältnis zum menschlichen Denken eine enorme Bedeutung in unserer Gesellschaft. Das Verständnis von Intelligenz, Geisteskrankheiten und psychosomatischen Erkrankungen sowie die Einsatzmöglichkeiten von Computern und deren Grenze – sie alle hängen von den Resultaten dieser Forschungen ab.

Auf der anderen Seite nimmt in letzter Zeit – aus welchen Gründen auch immer – das Interesse an weniger funktional-technischen, eher metaphysisch-religiösen Fragen zu. Und auch hier kommt der Beziehung von Leib und Bewußtsein eine zentrale Rolle zu, nämlich bei der Diskussion um das Leben nach dem Tode. Gleich, ob man dabei an Auferstehung im christlichen oder Reinkarnation im asiatischen Sinne denkt, ist es entscheidend, daß das

---

1 Die von mir benutzten Ausgaben der philosophischen Klassiker sowie die dabei verwendeten Abkürzungen werden im Anhang aufgeschlüsselt.

2 Nur eine kleine Auswahl aus den Neuerscheinungen: H. Benesch: *Der Ursprung des Geistes*. Stuttgart 1977; überarbeitete Taschenbuchausgabe München 1980; M. Bunge: *Das Leib-Seele-Problem*. Tübingen 1984; J.-P. Changeux: *Der neuronale Mensch*. Reinbek 1984; J. E. Charon: *Der Geist der Materie*. Wien / Hamburg 1979; J. C. Eccles / D. N. Robinson: *Das Wunder des Menschseins - Gehirn und Geist*. München / Zürich 1985; A. Gierer: *Die Physik, das Leben und die Seele*. München / Zürich 1985; M. Hunt: *Das Universum in uns*. München / Zürich 1984; K. R. Popper / J. C. Eccles: *Das Ich und sein Gehirn*. München / Zürich 1982; R. M. Restak: *Geist, Gehirn und Psyche*. Frankfurt / Main 1981; J. Seifert: *Das Leib-Seele-Problem in der gegenwärtigen philosophischen Diskussion*. Darmstadt 1979; G. R. Taylor: *Die Geburt des Geistes*. Frankfurt / Main 1982; als Taschenbuchausgabe Frankfurt / Main 1985.

Bewußtsein als der überlebende Teil des Menschen sich im Tode vom verwesenden Leib lösen kann. Bildet der Körper – um ein altes Bild zu verwenden – einen Käfig, in dem das Bewußtsein wie ein Vogel gefangen ist, dann mag der Tod die Käfigtür öffnen und der Vogel unbeschadet fliegen, wohin es ihn treibt: in die Gefilde der Ewigkeit oder in einen anderen Käfig. Verhalten sich Leib und Bewußtsein hingegen wie Holz und Feuer zueinander,[3] dann ist es schlecht bestellt um das Bewußtsein (Feuer) nach dem Zerfall des Körpers (Holz).

Man darf also hoffen, mit einer Klärung dieser Frage eine ganze Reihe von Problemen zu lösen, von Sackgassen der Forschung zu vermeiden und zu einem praktisch bedeutsamen Modell zu gelangen. Daß Schopenhauers Gedanken in dieser modernen Diskussion so gut wie keine Rolle spielen, versteht sich beinahe von selbst angesichts der notorischen Tatsache, daß das Interesse an ihm weitestgehend auf einige philosophierende Laien sowie eine Handvoll Außenseiter »vom Fach« beschränkt ist. Widmet Popper ihm noch eine Handvoll Randbemerkungen,[4] so bleibt er bei anderen, selbst bei belesenen Autoren, gänzlich in der Versenkung.

Dabei könnte ich kaum einen Bereich angeben, in dem Schopenhauer erstaunlichere, klügere und fruchtbarere Gedanken entwickelt hätte als diesen der Bestimmung des Verhältnisses von Leib und Bewußtsein.

II

Das Problem, präzise formuliert, lautet:

Es gibt die materielle, direkt oder indirekt (mittels Meßapparaturen) sinnlich wahrnehmbare Welt – das Objektive, die Gegenstände. Zu dieser materiellen Welt gehört der Leib als deren Teilmenge, nämlich dasjenige, was ein lebendiges Individuum als Bestandteil der Welt ausmacht. Eine Teilmenge dieser Teilmenge, also einen Bestandteil des Leibes, bildet das Gehirn als ein wesentliches, für das Leben des Leibes in der sinnlich-materiellen Welt unverzichtbares Organ.

Auf der anderen Seite existiert das Bewußtsein als Vorstellung eines Subjekts von Objekten in dreifacher Weise:

---

3 Dies eine schöne Metapher aus einem lesenswerten, zu wenig bekannten Werk: Feuerbach I 189f.

4 Cf. Popper / Eccles, loc. cit., pp. 97, 115, 212, 243, 249 und 255; dabei bleibt Popper erkennbar ohne jedes zureichende Verständnis für einen integralen Bestandteil der schopenhauerschen Philosophie, nämlich den Idealismus. Unter dessen Berücksichtigung würde sich eine radikale Kritik der biologischen Evolutionstheorie ergeben, welche Schopenhauer - noch ohne Kenntnis dieser modernen Theorie - vorzüglich antizipiert (W I 32 u. a.), während Popper ganz im unkritischen Bann der Biologie bleibt (loc. cit., pp. 118ff und 249).

- als Subjekt von Objekten in der genannten, sinnlich wahrnehmbaren Welt (Bewußtsein materieller Gegenstände),
- als Subjekt ideeller Objekte wie Normen, mathematische Entitäten usw. (Bewußtsein geistiger Gegenstände) und
- als Subjekt, welches sich seiner selbst bewußt ist – die Vorstellung des Menschen von sich selbst (Bewußtsein vom eigenen Bewußtsein).

Geht man von diesen Definitionen der Begriffe ›Leib‹ und ›Bewußtsein‹ aus, dann lautet die Frage, wie sich dieser Leib und dieses Bewußtsein zueinander verhalten.

Soweit ich sehe, sind darauf im Prinzip nicht mehr als fünf Antworten möglich.[5] Ich werde sie zunächst kurz kennzeichnen und benennen. Die dabei verwendeten Bezeichnungen orientieren sich stärker an der ursprünglichen Wortbedeutung als an dem Sinn, in welchem sie bei den meisten Autoren gebraucht werden.[6] Meine Bezeichnungen sind also nicht deckungsgleich mit denen anderer Untersuchungen.

Die ersten beiden Theorien gehen von einer gemeinsamen Grundannahme aus: daß nämlich Leib und Bewußtsein unterschieden seien, als zwei prinzipiell eigenständige Entitäten. Ich nenne diese Grundannahme ›*Dualismus*‹.

Hierzu gehören folgende zwei Modelle:

1. Leib und Bewußtsein werden zwar als grundsätzlich unterschiedene Entitäten mit eigenständiger Existenz anerkannt, sind aber nicht so verschieden, daß sie ohne gegenseitige Einflußnahme existierten. Vielmehr besteht zwischen beiden Elementen eine Wechselwirkung, der sie zwar nicht ihre Existenz, aber doch wichtige Teile ihrer Essenz, Veränderung und Entwicklung eingeschlossen, verdanken. Sucht man eine Analogie dafür, so könnte man an Mann und Frau in der Ehe oder an das chinesische Yin und Yang denken. Diese Theorie heißt meist und auch bei mir ›*Interaktionismus*‹.
2. Radikaler kann man Leib und Bewußtsein als Seinsarten ansehen, die hinsichtlich ihrer Existenz und ihrer näheren Bestimmtheit derart unabhängig und wesensfremd sind, daß keinerlei Verbindung existiert, ja eine solche nicht einmal denkbar ist. Da auch diese merkwürdige Theorie zugestehen muß, daß Leib und Bewußtsein sich, wenngleich selbständig und unabhängig, dennoch (warum auch immer) parallel entwickeln, nenne ich sie ›*Parallelismus*‹.

---

5 Die mir bekannten Autoren, welche eine andere Einteilung vertreten (Eccles / Robinson, loc. cit., pp. 58ff; Bunge, loc. cit., pp. 8 und 16), orientieren sich dabei eher empirisch, nämlich an der zuweilen verwirrenden Vielfalt tatsächlich vertretener Ansichten, während ich eine logisch abgeleitete Systematik versuche.

6 Der ist übrigens z. T. sehr unterschiedlich!

Den beiden dualistischen Modellen stehen drei andere gegenüber, die – auf verschiedene Weise – bemüht sind, eine Einheit in scheinbar zwei Phänomenen zu sehen. Die dabei leitende Grundannahme soll ›*Monismus*‹ heißen.

Die drei zu ihm gehörigen Theorien sind:

3. Der materielle Leib einschließlich des Gehirns bestimmt das Bewußtsein hinsichtlich seiner Existenz und Essenz. Materie produziert in gewissen komplexen Strukturen, wie sie sich im Gehirn vorfinden, Bewußtsein. Im Einklang mit der üblichen Bezeichnung soll dies ›*Materialismus*‹ heißen.

4. Die Bestimmungs- und Produktionsrichtung kann man sich auch umgekehrt denken: Bewußtsein bringt seine Gegenstände (Objekte) hervor als dasjenige, dessen es sich bewußt ist (Objekte der Vorstellung). Einer dieser Gegenstände ist der Leib als die sinnliche Wahrnehmbarkeit der eigenen Existenz. Nicht der Leib bestimmt das Bewußtsein – wie im Materialismus –, sondern das Bewußtsein bestimmt den Leib: der ›*Idealismus*‹.

5. Schließlich kann man Leib und Bewußtsein als ein und dasselbe Seiende auffassen und ihre unbestreitbare, schon in den Begriffen ausgedrückte Unterschiedenheit auf eine unterschiedliche Wahrnehmungsweise zurückführen: Mit den äußeren Sinnen (Gesicht, Gehör, Getast usw.) nehme ich (unter anderem) mich als meinen physischen Leib wahr; mit dem inneren Sinn erlebe ich meine Bewußtseinszustände (Lust, Schmerz, Reflexion usw.) – und zwar so, daß ein und dasselbe Ereignis, z.B. eine Verbrennung meiner Hand, auf zwei Arten wahrgenommen wird: als Brandblase und als Schmerz. Diese Auffassung soll ›*Identitätstheorie*‹ heißen.

Ich gehe davon aus, daß mit diesen fünf Theorien alle logischen Möglichkeiten, das Verhältnis zweier Elemente zueinander zu bestimmen, erfaßt sind. Eventuelle weitere Möglichkeiten müßten Differenzierungen oder Verbindungen dieser fünf sein. Auch können die Argumentationen, mit denen man zu einer dieser Theorien gelangt, sehr unterschiedlich sein, so daß in der Realität mehr als fünf Konzeptionen auftreten mögen. Die genannten fünf Theorien sind somit als *Grund*typen anzusehen.

Meine These lautet nun, daß nicht die im Alltagsverstand sowie bei Psychologen und vielen Medizinern populärste Theorie des Interaktionismus (1), auch nicht der bei den Neurophysiologen meistverbreitete Materialismus (3) die stärksten Argumente für sich haben und einer logischen Analyse am besten standhalten, sondern eine spezifische Verbindung von Idealismus (4) und Identitätstheorie (5), die sehr selten vertreten wird, aber der Ansicht Schopenhauers weitgehend entspricht.

Als Erklärung für den bemerkenswerten Umstand, daß (auch) hier das Populäre nicht das Richtige ist, vertrete ich die Ansicht, daß hierfür ein in

Entdeckungsphasen nicht seltener, philosophiearmer Empirie-Fetischismus verantwortlich ist, welcher logische Prüfung und rationale Kontrolle der Theoriebildung sträflich vernachlässigt. Die auf strikte Objektivität gedrillten Forscher sind Subjekte, die sich selber vergessen; und daß sie sich selber vergessen, verdanken sie den Scheuklappen einer segmentären Logik.

III

Nunmehr möchte ich die einzelnen, im vorigen Kapitel kurz vorgestellten Theorien nacheinander auf ihre Stärken und Schwächen hin überprüfen.

ad 1.: Interaktionismus

Ohne Zweifel gibt es einige auf den ersten Blick einleuchtende Argumente, welche für dessen Annahme sprechen:

Eine Fülle von Phänomenen belegt eine Abhängigkeit physischer von psychischen und psychischer von physischen Zuständen, und zwar ohne einen erkennbaren Primat der einen oder der anderen Seite, welcher für den Materialismus bzw. den Idealismus spräche. So hat z.B. die chemische Veränderung, welche der Konsum einer Droge im Gehirn bewirkt, Bewußtseinsveränderungen zur Folge; Verletzungen bestimmter Gehirnpartien führen zu genau entsprechenden Einschränkungen mentaler Fähigkeiten; und selbst durch bewußt und gezielt durchgeführte Gehirnoperationen kann Bewußtsein gesteuert werden.[7] Umgekehrt bewirken bestimmte psychische Zustände wie Depressionen, Streß usw. auf die Dauer physische Beeinträchtigungen. Die Möglichkeiten der Medizin und Neurobiologie, psychischen Ereignisabläufen physische Veränderungen zuzuordnen, ja geradezu eine Topologie des Gehirns in Relation zu bestimmten mentalen Fähigkeiten zu erstellen, sind enorm gewachsen.[8]

Weiterhin weisen die parallele Evolution von geistigen Fähigkeiten und Gehirn sowie die Analogie der neuronalen und mentalen Unterschiede zwischen Tier und Mensch in dieselbe Richtung. Man wird auch behaupten können, daß der Interaktionismus ein in der Praxis halbwegs funktionsfähiges Modell zur Erklärung und Behandlung zumindest eines Teils der physischen und psychischen Krankheiten darstellt, mithin durch praktische Erfolge bestätigt wird. Und welches Modell vermöchte solche Erfolge besser verständlich zu machen?

---

7 Cf. Th. Löbsack: *Die manipulierte Seele*. Düsseldorf / Wien 1967; als Taschenbuch München 1971. sowie E. R. Koch: *Chirurgie der Seele*. Stuttgart 1976; als Taschenbuch Frankfurt / Main 1978.

8 Cf. Popper / Eccles, loc. cit., pp. 359ff. Restak. loc. cit., pp. 29ff und Taylor, loc. cit., pp. 197ff: die Grenzen dieser Möglichkeit hebt hervor Gierer, loc. cit., pp. 249ff.

Doch hier muß bereits eine erste Kritik ansetzen. Der Umstand, daß den Praktikern wie auch vielen Theoretikern ein besseres Modell unbekannt ist, besagt keineswegs, daß es ein solches Modell nicht gibt. Bedenkt man die meist völlig unterbleibende Auseinandersetzung mit den Modellen 4 und 5, besagt dieser Umstand als Argument für den Interaktionismus, logisch gesehen, gar nichts, allenfalls etwas über den philosophischen Bildungsstand der so Argumentierenden.

Untersucht man – die Bewährung in der Praxis einmal zugestanden – die Weise, in der die Phänomene im Sinne des Interaktionismus interpretiert werden, so zeigt sich, daß seine scheinbare Stärke in Wahrheit eine große Schwäche darstellt: die augenfällige Beziehung zwischen physischen und psychischen Zuständen.

Der Interaktionismus gesteht ja zu, daß es sich dabei um zwei grundsätzlich verschiedene Seinsebenen objektiv-materieller und subjektiv-immaterieller Natur handelt, denen auch ganz andersartige Prädikate zuzuordnen sind: nämlich einmal Prädikate zur Bezeichnung von mit den äußeren Sinnen wahrnehmbaren Objekten (wie Gewicht, Ausdehnung, molekulare Struktur usw.), ein andermal Prädikate zur Bezeichnung von subjektiven Bewußtseinszuständen, die lediglich innerlich erlebbar sind (wie Intensität, Abstraktheit, Logik usw.). Es wäre ja völlig sinnlos, etwa von einem Gefühl wie von einem bestimmten Segment des Gehirns sagen zu wollen, es sei 150 g schwer und habe ein Volumen von 100 cm^3, während umgekehrt eine Gehirnpartie nicht schmerzlich, plausibel o.ä. sein kann.

Wohlgemerkt: diese Anerkennung eines prinzipiellen Unterschiedes zwischen zwei Existenzweisen *scheint* einen Vorzug des Interaktionismus z.B. gegenüber dem Materialismus zu bedeuten und wird entsprechend auch als Argument benutzt.[9]

Ein solches Argument besitzt jedoch einen ganz tückischen Pferdefuß, und zwar die Frage, wie beschaffen denn die Kausalität (welche der Interaktionismus ja annehmen muß) zwischen diesen beiden Seinsebenen sein soll.

Das gängige und hier vorschnell herangezogene Kausalitätsgesetz beschreibt ja lediglich Zusammenhänge auf *einer* der beiden Ebenen – normalerweise der physischen, also Beziehungen zwischen materiellen Objekten.[10] Diese Lokalisierung auf derselben Ebene ist Bedingung dafür, daß überhaupt der Vorgang des Einwirkens verständlich wird, wenn nämlich Gleichartiges auf Gleichartiges wirkt. Dabei ist es gleichgültig, ob man sich (materialistisch) auf die physische Ebene beschränkt, also etwa Stoß und Bewegung, Energiezufuhr und Erwärmung beschreibt, oder ob man auch (als Gesetz der Motivation) an kausale Beziehungen zwischen mentalen Zuständen denkt, wie

9 Cf. Popper / Eccles, loc. cit., pp. 78ff.

10 So Bunge, loc. cit., pp. 25ff und 107ff, dem ich dieses Argument verdanke.

etwa ein Gefühl eine Absicht hervorrufen kann. In beiden Fällen besteht der Kausalnexus zwischen physischer Ursache und physischer Wirkung *oder* zwischen psychischer Ursache und psychischer Wirkung.

Der Interaktionismus setzt aber etwas ganz anderes voraus: physische Ursachen für psychische Wirkungen oder psychische Ursachen für physische Wirkungen.

Mann kann sich das darin liegende Problem auf eine triviale Weise deutlich machen: Wie soll man es verstehen, daß ein immaterielles Gespenst mit materiellen Ketten klirren, materielle Türen öffnen könnte? Vermittelst welcher Art von Kraft sollte ein derartiger Übergang stattfinden? Da es sich wohl um zwei energetische Systeme handelt, zwischen denen ein Energieaustausch sich ereignen soll, müßte es sich um eine Verletzung des Energieerhaltungssatzes handeln.[11]

Zwar mag man leichthin die Existenz einer solchen mysteriösen Kraft postulieren, und es ist ja auch nicht a priori ausgeschlossen, daß eine derartige psychisch-physische Kausalität tatsächlich existiert (wie es ja auch nicht gänzlich unmöglich ist, daß Gespenster existieren, die Türen öffnen), aber es fällt doch ins Auge, daß hier um einer liebgewordenen Theorie willen schwierige, kaum nachweisbare Aussagen flott hervorgezaubert werden. Wie ein Eingeständnis dieser Problematik wirkt es, wenn der Interaktionismus – wie üblich – eine solche Kausalität schweigend, ohne theoretische Erörterung voraussetzt. Entweder wird hier eine Schwierigkeit gar nicht gesehen, oder sie soll verdeckt werden, weil sie geeignet ist, die Theorie in Frage zu stellen.

Damit zusammenhängend fallen beim Interaktionismus bzw. seinen Vertretern gewisse wissenschaftstheoretische Schwächen ins Auge, die im Falle Poppers[12] einen bemerkenswerten Verstoß gegen eigene, andernorts[13] formulierte Prinzipien darstellen: Interaktionisten hüten sich wohlweislich davor, präzise Gesetzeshypothesen über regelmäßige Zusammenhänge zwischen Ereignissen beider Ebenen zu formulieren, weil solche ›Zusammenhänge‹ empirisch zwar von Fall zu Fall, bestenfalls häufig beobachtet werden, aber eben nicht regelmäßig, nicht gesetzmäßig – und auch dies in einer vorschnellen Gleichsetzung von post hoc und propter hoc: eine Aufeinanderfolge, auch eine häufigere, ist noch keine Kausalbeziehung.

Wer einen Zusammenhang zwischen Streß und Magengeschwüren behauptet, wird nicht so weit gehen zu behaupten, daß bestimmte Streß-Erlebnisse *immer* zu Magengeschwüren führten. Hoffentlich fragt niemand nach,

11 Cf. Bunge. loc. cit.. pp. 26f.

12 Cf. Popper / Eccles. loc. cit.. pp. 61ff.

13 *Logik der Forschung*. Tübingen 8. Aufl. 1984. pp. 31ff.

schließlich klingt doch alles so plausibel. Und überhaupt: finde erstmal ein besseres Modell, nicht wahr?

Zwar können unleugbare Unregelmäßigkeiten durch (unterstellte!) komplizierte, multifaktorielle Kausalbeziehungen ›erklärt‹ werden, aber eine solche Unbestimmtheit in der Gesetzmäßigkeit versperrt den Weg zu einer eindeutigen experimentellen Überprüfung (Falsifizierungsversuch) der Hypothese.

Die Interaktionisten vertreten also im Prinzip einen Zusammenhang, dessen Existenz nicht in einer empirisch kontrollierbaren Weise formuliert wird. Tritt dann bei gegebener (z.B. physischer) Ursache die erwartete (z.B. psychische) Wirkung nicht ein, so wird dies nicht als Falsifizierung der Hypothese gewertet, sondern als durch zusätzliche, allerdings nur vermutete Ursachen (sog. Störfaktoren) erklärbar behauptet – eine beliebte Methode, sich gegen Kritik zu immunisieren.[14]

Die Hypothese des Interaktionismus erweist sich so als unüberprüfbare, nicht falsifizierbare, schon gar nicht verifizierbare und damit – nach den gängigen wissenschaftstheoretischen Kriterien – unwissenschaftliche Aussage.

Einzelne Bestätigungen, wie sie der Interaktionismus in der Praxis hervorhebt, sind schon in sich wenig beweiskräftig (weil zeitliche Aufeinanderfolge mit kausaler Auseinanderfolge verwechselt wird), und sie können schon gar nicht die *Allgemein*gültigkeit der Theorie erweisen. Die Frage, ob die Phänomene nicht ebenso gut oder gar besser durch ein anderes Modell, deren es ja nicht wenige gibt, verständlich gemacht werden können, bleibt ohnehin außen vor.[15] Empirische Bestätigungen sind in aller Regel nicht eindeutig theoriespezifisch – sie können in den einen wie den anderen Ansatz passen.

Mit seinen zwei Seins- und Erklärungsebenen verstößt der Interaktionismus zudem gegen das zwar bloß methodisch-regulative (also nicht beweiskräftige), aber doch altehrwürdige Ökonomieprinzip[16] »Pluralitas non est ponenda sine necessitate«, was hier bedeutet, daß bei mehreren konkurrierenden, gleich häufig funktionierenden Theorien derjenigen der Vorzug zu geben ist, welche mit weniger Erklärungsprinzipien auskommt.

Gesteht man schließlich zu, daß eine Kausalbeziehung zwischen der psychischen und der physischen Ebene den Energieerhaltungssatz verletzt, dann verstößt der Interaktionismus obendrein gegen ein allgemein akzeptiertes (so problematisch das auch sein mag) Naturgesetz.

---

14 Cf. die grundlegende Arbeit von I. Lakatos: *Falsifikation und die Methodologie wissenschaftlicher Forschungsprogramme*, in: I. Lakatos / A. Musgrave (ed.): *Kritik und Erkenntnisfortschritt*. Braunschweig 1974, pp. 89ff, spez. das schöne Beispiel pp. 98f.

15 Dies gilt nicht für Popper / Eccles, loc. cit., und Eccles, loc. cit., die sich redlich, aber m. E. unzureichend mit anderen Modellen auseinandersetzen.

16 ›Ockhams Rasiermesser‹.

Faßt man nun die Bedenken gegen den Interaktionismus zusammen, so muß gesagt werden, daß er eine sehr problematische, nicht explizierte (parapsychische? telekinetische?) Kausalbeziehung voraussetzt sowie gegen bestimmte wissenschaftstheoretische Kriterien verstößt, deren Geltung zwar nicht über jeden Zweifel erhaben ist, gegen die der Interaktionismus aber im Grunde gar nicht verstoßen *will* und die nicht leichtfertig einer bedenkenlosen Theoriemystik, die sich den Teufel um präzise Überprüfungen kümmert, geopfert werden sollten.

Abschließend sei erneut darauf hingewiesen, daß die eingangs erwähnten augenscheinlichen Belege für den Interaktionismus lediglich empirischer Natur ohne jede logische Analyse sind und die Frage, ob es nicht andere Modelle gibt, in welche sich die Phänomene gleichermaßen oder besser einfügen, völlig offen lassen.

Das nächstliegende, erstbeste Modell ist nicht zwangsläufig dasjenige, das einer genaueren Analyse am besten standhält. Ungeachtet aller Bestätigungen aus dem ersten Augenschein läßt der Interaktionismus die entscheidenden Fragen unbeantwortet.

ad 2.: Parallelismus

Die Stärke des Parallelismus besteht in den Schwächen des Interaktionismus. Gleichwohl kann man nicht gerade behaupten, daß der Parallelismus populär wäre. Vielmehr ist er eine Position der Verzweiflung, denn er reagiert auf die vorgefundenen Schwierigkeiten des ersten Modells, keine Brücke zwischen den beiden so unterschiedlichen Seinsebenen schlagen zu können, verabsolutiert den Unterschied und kämpft einen verzweifelten Kampf mit den sich daraus ergebenden Konsequenzen.

Die Räumlichkeit und Materialität des Physischen einerseits, die Unräumlichkeit und Immaterialität des Seelisch-Psychischen andererseits können – beachtet man sie strikt und ohne die Perspektive einer sie verbindenden Theorie – zu der Annahme führen, es gebe eben eine solche Brücke nicht.

Werden Bewußtsein und sinnlich wahrnehmbare, objektive Welt unterschiedlich definiert (und das ist nicht leicht zu umgehen), dann muß der Gedanke ernsthaft geprüft werden, ob nicht dieser Unterschied eine Kausalbeziehung zwischen ihnen unmöglich, ja geradezu logisch undenkbar macht und sie daher beziehungslos zueinander existieren.

So konstatiert Kant, daß zwischen der sinnlich wahrnehmbaren Welt (mundus sensibilis) und zumindest dem nichtempirischen Teil des Bewußtseins sowie allem, was ihm zugänglich ist, (mundus intelligibilis) kein Kausalnexus besteht, ja ein Zusammenhang zwischen ihnen überhaupt zu den Rätseln des Denkens gehört.[17]

Und man kann, wie Leibniz es tut, um die eingangs erwähnten Phänomene paralleler Entwicklung usw. beider Bereiche ungeachtet der Trennung verständlich zu machen, eine sich Gott verdankende »prästabilierte Harmonie« postulieren:

> Nach diesem System wirken die Körper so, als ob es (was eigentlich unmöglich ist) gar keine Seelen gäbe; und die Seelen wirken, als ob es gar *keine* Körper gäbe; und alle beide tun so, als ob eines das andere beeinflußte.[18]

Eine solche Position, so skurril sie zunächst erscheint, hat doch insofern eine gewisse Plausibilität, als die zuvor erwähnten unterschiedlichen Prädikate beider Bereiche[19] so unterschiedlich sind, daß eine Beziehung (Kausalität) zwischen ihnen schwer oder überhaupt nicht vorstellbar ist. Und daher kann in der Tat gesagt werden, die Stärke des Parallelismus sei die Schwäche des Interaktionismus. Und umgekehrt liegt die Schwäche des Parallelismus dort, wo der Interaktionismus auf den ersten Blick seine Stärke besitzt: nämlich in den zahlreichen Phänomenen der Übereinstimmung und Entsprechung von physischem und psychischem Bereich.

Zur Erklärung dieser Übereinstimmung muß der Parallelismus auf Verlegenheitshypothesen wie einen immer wieder die Parallelität bewirkenden Gott zurückgreifen oder auf eine Erklärung überhaupt verzichten. Beides trägt zu deutlich den Stempel der Verzweiflung, als daß man sich damit zufriedengeben könnte – insbesondere angesichts einer wissenschaftlichen Entwicklung, welche gerade die Entsprechungen beider Bereiche in immer neuen und präziseren Details herausarbeitet.

Da natürlich diese Probleme des Parallelismus die Schwächen des Interaktionismus nicht kompensieren, ist Ausschau zu halten nach einem anderen, besseren Modell, welches die starke Seite des Interaktionismus aufnimmt, ohne in seine Fehler zu verfallen, welche allein dem Parallelismus den Anschein der Plausibilität zu geben vermögen. Zu überprüfende Modelle dieser Art gibt es – wie dargestellt – nicht weniger als drei, die aber nun allesamt zu einem anderen Typus, nämlich dem monistischen, gehören.

---

17 Z. B. GrzMdS BA 105ff; daß Kant dennoch, wenngleich unbewiesenermaßen, BA 111 behauptet, daß »die Verstandeswelt den Grund der Sinnenwelt [...] enthält«, zeigt, wie wenig auch ihn die Kluft ruhen läßt.

18 *Monadologie* § 81; cf. *Theodizee*, Vorrede pp. 22ff.

19 Cf. p. 7.

ad 3.: Materialismus

Die materialistische Konzeption begegnet in verschiedenen Varianten,[20] und zwar zum einen diejenigen mit der Tendenz, das Bewußtsein in irgendeiner Weise als Wirkung mit dem physischen Leib als Ursache in Verbindung zu bringen (etwa: Bewußtsein als ›Epiphänomen‹),[21] zum anderen diejenigen, welche dazu neigen, Aussagen über Bewußtsein als unwissenschaftlich abzulehnen (Behaviorismus) oder es darauf zu reduzieren, Funktion bzw. Eigenschaft einer auf eine bestimmte Weise strukturierten Materie zu sein. Mit diesen Differenzierungen haben weder die Stärken noch die Schwächen des Materialismus etwas zu tun, weshalb ich sie ohne weiteres zu einer Theorie zusammengefaßt habe. Entscheidend ist der Ausgang von der objektiv meß- und wahrnehmbaren materiellen Welt.

Was spricht für den Materialismus?

Zunächst dies, daß weder die Probleme des Interaktionismus noch die des Dualismus hier auftreten – jedenfalls dann nicht, wenn sorgfältig darauf geachtet wird, daß das Bewußtsein keine eigene Seinsform bildet, sondern ontologisch der Ebene des Physischen zugehört.

Zudem passen sämtliche eingangs genannten empirischen Phänomene ohne Schwierigkeiten in dieses Modell, d.h. bei Annahme seiner Geltung müßte die empirische Realität genau so aussehen, wie sie tatsächlich aussieht. Das ist nicht verwunderlich, denn ›Realität‹ meint hier gerade die empirisch wahrnehmbare, objektive, physische Wirklichkeit; und daß allein sie existiert, macht ja gerade die Grundannahme des Materialismus aus. Man wird also keine Schwierigkeiten von dieser Seite her erwarten dürfen.

Zwanglos erklärt dieser Umstand auch die große Popularität des Materialismus bei empirisch-objektiv arbeitenden Forschern. Aber der Materialismus ist – als wissenschaftlich-philosophische Konzeption – keine theoriefreie Beschreibung empirischer Realität (was wohl auch gar nicht möglich ist), und seine Probleme beginnen dort, wo abstraktere, gar wissenschaftsmethodische und logische Überlegungen einsetzen.[22] Natürlich beansprucht der Materialismus, eine wissenschaftliche und logisch widerspruchsfreie[23] Theorie zu sein – ja nirgends werden derlei im Grunde nichtmaterielle Kriterien höher gehalten als im naturwissenschaftlichen Materialismus.

Jedoch handelt sich der Materialismus als ausschließlich empirisch fundierte Theorie sämtliche klassischen Einwände gegen den Empirismus seit Humes

20 Eine Übersicht gibt Bunge, loc. cit., pp. 6ff.

21 Hierin liegt noch ein Rest von Dualismus.

22 Interessant sind die aus der naturwissenschaftlichen Begrifflichkeit entwickelten Einwände, wie sie Popper in Popper / Eccles, loc. cit., pp. 21ff entwickelt.

23 Im Prinzip gilt dies auch für den sog. Dialektischen Materialismus, dessen Dialektik eher aus Antagonismen als logischen Widersprüchen besteht.

und Kants – oder, wenn man genauer sein will: seit Platons – Zeiten ein. Einige wichtige seien genannt:

(a) Empirie bzw. Erfahrung ergibt keinerlei Allgemeingültigkeit;[24] selbst Poppers Behauptung, man könne Gesetzeshypothesen zwar nicht verifizieren, aber doch empirisch falsifizieren,[25] läßt sich nicht halten. Alle Gesetzeshypothesen (d.h. Aussagen in allgemeingültiger Form) und Wahrscheinlichkeitsaussagen, die über das jeweilige, unmittelbar beobachtbare Einzelphänomen hinausgehen, bleiben prinzipiell unüberprüfbare Aussagen, die sich in der Praxis mehr oder weniger gut bewähren, nie aber beweisen oder widerlegen lassen können.[26] Dem Materialismus wie jedem rein empirisch vorgehenden Verfahren verschließt sich jede wie auch immer legitimierbare Allgemeingültigkeit – und zwar für jede einzelne Theorie (etwa die über das Verhältnis von Leib und Bewußtsein) wie auch für die Grundannahme (daß alles Sein materiell sei). Uneingeschränkt gilt dies auch für den Dialektischen Materialismus, wenn er sich empirisch-pragmatisch (durch die Arbeit) ›bewähren‹ will.

(b) Ein analoger Einwand existiert hinsichtlich dessen, was die Voraussetzung jeder Gesetzesaussage bildet, nämlich die Definition aller in der Aussage verwendeten Begriffe. Die Definition dessen, was unter einem bestimmten Phänomen (z.B. dem Gehirn) zu verstehen ist, kann – wenn empirisch gebildet – nur das beschreiben, was gesehen, gemessen usw. wird (das Problem, daß eine solche Beschreibung zwangsläufig auf bereits vorhandene Begriffe zurückgreifen muß, einmal beiseitegestellt[27]); gesehen und gemessen werden kann aber immer nur das Einzelne, Konkrete – nie das Allgemeine, Abstrakte. Mithin sind auf bloß empirischem Wege allenfalls Aussagen des Typs ›Dies ist ein Gehirn‹, nicht aber des Typs ›Ein Gehirn ist das und das‹ möglich. Definitionsverfahren konventionalistischen Typs (›Unter Gehirn verstehen wir das und das‹) wären bereits nicht mehr bloß empirisch, sondern müßten als Voraussetzungen zumindest jeder wissenschaftlichen Empirie angesehen werden (das Problem, in welcher Sprache, mit welchen wie definierten Begriffen derlei Konventionen erfolgen sollten, ebenfalls beiseitegestellt).

Bereits in diesem Bereich des Begründens präzise definierter, allgemeingültiger Aussagen sehe ich einen Berg von Schwierigkeiten, deren Existenz eigentlich nur demjenigen Forscher verborgen bleiben kann, der in nonchalanter Verachtung methodisch-theoretischer Fragen auf seinem Maul-

---

24 Cf. Hume: *Eine Untersuchung über den menschlichen Verstand*, p. 45; idem: *Ein Traktat über die menschliche Natur*, pp. 220ff ; Kant, KrV B 1ff.

25 Cf. Popper: *Logik der Forschung*, loc. cit., pp. 47ff.

26 Cf. Lakatos, loc. cit., pp. 96ff.

27 Hieran läßt sich die These knüpfen, daß es theoriefreie Beobachtungssätze gar nicht geben kann: cf. Popper: *Logik der Forschung*, loc. cit., pp. 60ff sowie Lakatos, loc. cit., pp. 96ff.

wurfshügel der Praxis hockt. Jedoch der eigentliche, systematisch noch bedeutsamere Einwand steht noch aus, und er bewegt sich nicht auf der Ebene wissenschaftlicher Methodik, sondern derjenigen der Logik: Ist der Materialismus logisch widerspruchsfrei?

Ich meine: keineswegs! Und ich werde dies im folgenden Abschnitt, bei der Behandlung des konkurrierenden Idealismus, zu zeigen versuchen.

Sollte sich der Verdacht einer inneren Widersprüchlichkeit bei gleichzeitig doch beanspruchter Widerspruchsfreiheit bewahrheiten, dann wäre gegenüber dem Materialismus einer Theorie der Vorzug zu geben, welche die Mängel von Interaktionismus und Dualismus vermeidet, den Phänomenen gerecht wird *und* auf einer methodisch sowie logisch einwandfreien Grundlage ruht. Eine derartige Theorie wird nun allmählich herauszuarbeiten sein.

ad 4.: Idealismus

Allen Spielarten des Idealismus ist die Grundaussage gemeinsam, daß nämlich die materielle Realität, den Leib eingeschlossen, die Vorstellung bzw. das Wahrnehmungsobjekt eines wahrnehmenden, vorstellenden Subjekts ist;[28] der Bezug des Subjekts zu einem ihm scheinbar äußeren, fremden Objekt ist in Wahrheit kein Fremd-, sondern ein Binnenbezug im Modus eines vom Subjekt, vom Bewußtsein gesetzten (als seiend vorgestellten) Fremdbezugs. Da dies das kontradiktorische Gegenteil der materialistischen Grundüberzeugung darstellt, muß jeder Beweis für den Idealismus als Widerlegung des Materialismus angesehen werden. Die philosophisch entscheidende Kritik des Materialismus soll mithin hier, in der Darlegung des Idealismus, erbracht werden.

Der Idealist weist zunächst darauf hin, daß die erwähnte empirische Verifizierbarkeit von Einzelaussagen über die materielle Realität – fragwürdig genug, aber vom Materialismus als seine stärkste Stütze angeführt – sich *nicht* auf die Grundthese des Materialismus erstreckt, und zwar nicht nur deshalb nicht, weil es sich dabei um eine (empirisch gar nicht beweisbare) Allaussage handelt, sondern aus einem anderen Grund: Die These, daß Materie Bewußtsein bestimmt bzw. sogar in einer spezifischen Modifikation ist, schließt ein, daß Materie unabhängig von Bewußtsein existiert – z.B. zeitlich früher als dieses, indem sich im Prozeß der Evolution aus anorganischer Materie zunächst organische und schließlich bewußte Materie entwickelt haben soll. Diese bewußtseinsunabhängige Existenz von Materie ist aber nun – und dies stellt das erste Argument des Idealismus dar – empirisch nicht nachweisbar, und zwar grundsätzlich nicht. Empirie ist Erfahrung, Erfahrung ist ein Akt des Bewußtseins, ›Wahrnehmung‹ genannt und ohne Bewußtsein

28 Der Buddhismus, welcher von einer Scheinexistenz des Ich (Selbst, Subjekt) ausgeht, kennt eine idealistische Variante, derzufolge weder Vorstellender noch Vorgestelltes, sondern nur Vorstellungen existieren.

nicht denkbar. Gleichgültig, ob ich sehe, höre, taste, oder mittels eines Gerätes messe (d.h. Meßzahlen sehe, akustische Signale höre usw.) – es sind all dies Vorgänge, welche als Wahrnehmungen im Bewußtsein ablaufen und sich daher nur auf solche Gegenstände erstrecken, die Objekte für ein Bewußtsein, für ein Subjekt sind,[29] nicht aber auf ›Objekte‹, die gar nicht Ob-jekte (Gegen-stände) sind, mithin nicht korrelativ zu einem Subjekt, dem sie entgegenstehen, sondern bewußtseinsunabhängig existieren sollen.

Die Frage, ob Objekte an ein Subjekt als eine Bedingung ihrer Wahrnehmung oder als eine Bedingung ihrer Existenz gebunden sind (ob ›Dinge an sich‹ nicht wahrnehmbar oder nicht existent sind), kann dabei vorläufig außer Betracht bleiben. Entscheidend ist hier nur die Unmöglichkeit, die vom Materialismus behaupteten bewußtseinsunabhängig existierenden Gegenstände als solche wahrnehmen, d.h. empirisch verifizieren zu können; sie bleiben eine pure Behauptung.

Wenn Bertrand Russell schreibt:

> Wir müssen zugeben, daß wir die Existenz dieser anderen Dinge niemals strikt *beweisen* können. Aus der Annahme, daß die Welt nur aus mir selber, aus meinen Gedanken, Gefühlen und Empfindungen besteht, und daß alles andere bloße Einbildung ist, folgt kein logischer Widerspruch,[30]

dann beinhaltet diese Aussage nicht nur das Eingeständnis der genannten Unmöglichkeit, sondern obendrein die Bestätigung, daß der Idealismus logisch widerspruchsfrei sei (nebst der Unterstellung, daß durch ihn die Dinge zu bloßen Einbildungen und Phantasien depotenziert würden – ein beliebtes Mißverständnis). Selbstverständlich nimmt Russell aber an, daß die Widerspruchsfreiheit ebenso für den Materialismus gelte, weshalb zwischen beiden Weltanschauungen kein direkter Beweis und keine Widerlegung stattfinden könne, sondern lediglich Gesichtspunkte wissenschaftlicher Ökonomie entscheiden könnten.[31]

Trifft dies zu? Ist der Materialismus widerspruchsfrei explizierbar? Nun, als Theorie stellt der Materialismus ein System von Aussagen dar – Aussagen, die aus begrifflich artikulierten Vorstellungen des Bewußtseins bestehen. Insofern kann seine fundamentale These folgendermaßen formuliert werden: ›Ich habe die Vorstellung, daß Dinge unabhängig von meiner Vorstellung existieren‹.

Um in dieser These *keinen* Widerspruch zu sehen, muß man offenkundig die Vorstellungs*abhängigkeit* (›Ich habe die Vorstellung...‹) auf die Wahrneh-

---

29 Cf. z. B. Schopenhauer W I 3ff und 32f.

30 Russell: *Probleme der Philosophie*. Frankfurt / Main 1967, p. 22; cf. loc. cit., p. 14.

31 Cf. Russell, loc. cit., pp. 22ff und 35ff.

mung und Wahrnehmbarkeit, die Vorstellungs*unabhängigkeit* hingegen auf die Existenz dieser Dinge beziehen, obgleich zugestanden werden muß (s.o.), daß diese Existenz nicht unabhängig von der Wahrnehmung festgestellt werden kann;[32] nur dadurch läßt sich eine zunächst ins Auge springende Widersprüchlichkeit vermeiden. Will man als Idealist auch diese problematische, unbeweisbare Möglichkeit, daß die Dinge unabhängig von unserer Vorstellung existieren *könnten*, auch wenn wir außerstande sind, dies zu beweisen, noch widerlegen, dann muß man zeigen, daß die gemeinten Dinge, die Gegenstände der Wahrnehmung, eben *nicht* unabhängig von dieser Wahrnehmung durch ein Subjekt existieren, vielmehr durch diese konstituiert werden und anders nicht einmal denkbar sind. Dies zu zeigen, ist der Idealismus seit Kant bemüht. Für Schopenhauer stellt dies ein Ziel dar, das er seit seiner Dissertation erreicht zu haben glaubt und als Basis seiner Philosophie ansieht.[33] Gelingt der Versuch, kann also nicht in der für ein letztes Refugium des Materialismus erforderlichen Weise zwischen Existenz (esse) und Vorgestelltwerden (percipi) unterschieden werden – gilt demnach vielmehr Berkeleys These »esse est percipi«,[34] dann erweist sich, daß der Materialismus keine widerspruchsfreie Position darstellt – das würde ihn für jede gängige Wissenschaftstheorie definitiv diskreditieren.[35] Der erforderliche Nachweis soll nun geführt werden, allerdings in einer Weise, die um einer umfassenden Absicherung willen auch solche Argumente und Aspekte einbezieht, die Schopenhauer selbst nicht erwähnt.

Als Ausgang wähle ich einen Beispielsatz, der einen wahrgenommenen Vorgang beschreibt, also sich den Anschein gibt, Inhalt und Wahrheit der Erfahrung eines bewußtseinsunabhängig ablaufenden Vorgangs zu verdanken. Daß eine solche Realitätsebene mit der Wahrnehmung gar nicht zu erreichen ist, kann bereits vorausgesetzt werden, wenngleich die Analyse es erneut zeigen wird; entscheidend soll hier nun sein, daß sämtliche Dinge, von denen die Rede ist und überhaupt die Rede sein kann, hinsichtlich ihrer Existenz und Essenz sich dem vorstellenden, denkenden, sprechenden Subjekt verdanken – auf daß deutlich werde, daß Wahrnehmung kein passives Aufnehmen unabhängig existierender Dinge, sondern ein Schaffen, Konstituieren von Dingen ist. Der Satz soll lauten: ›Das Auto rollt bergabwärts, weil der Fahrer vergessen hat, die Handbremse anzuziehen.‹

32 Cf. Russell. loc. cit., pp. 37ff.

33 Schopenhauers Kritik des Idealismus (W I 15ff) bezieht sich auf eine bestimmte, noch zu behandelnde Variante (Fichte). cf. W II 3ff.

34 *Prinzipien der menschlichen Erkenntnis*. p. 26.

35 In dem Aufsatz *Schopenhauer und Hegels Logik* (in: J. Salaquarda (ed.): *Schopenhauer - Wege der Forschung*. Darmstadt 1985. pp. 314ff) habe ich darauf hingewiesen. daß es durchaus möglich und u.U. sogar sinnvoll ist, eine nicht widerspruchsfreie Erkenntnistheorie zu vertreten und daß Hegel sie in der Tat vertritt; aber eine solche Position mündet nur in einen modifizierten Idealismus des absoluten Geistes. nicht in eine Wiederbelebung des Materialismus.

Die Frage dazu soll lauten: Wem verdanken sich Inhalt und Wahrheit einer solchen Erkenntnis, wenn nicht bewußtseinsunabhängigen Dingen?

Die strukturellen Bestandteile des Satzes seien:

(a) Semantik, d.h. die Bedeutung der in ihm verwendeten Begriffe;

(b) Grammatik, d.h. die Regeln, nach denen diese Begriffe zu einem Satz verbunden sind;

(c) Logik, d.h. die Regeln, nach denen das Denken die Gedanken unabhängig von der jeweiligen, spezifischen Sprache verbindet;

(d) Kausalität, insofern der Satz eine Erklärung für das Abwärtsrollen des Wagens enthält, und zwar Kausalität in zweifacher Weise: als Kausal*gesetz* (daß nämlich *jedes* Ereignis Wirkung mindestens einer zureichenden Ursache ist) und als *konkrete* Kausalbeziehung (daß dieses Ereignis Wirkung einer bestimmten Ursache ist);

(e) Gegenständlichkeit von Dingen, über die etwas ausgesagt wird: die implizite Voraussetzung, daß Auto, Handbremse, Berg, Straße usw. äußere Objekte im Unterschied etwa zum subjektiven Vorgang des Wahrnehmens sind;

(f) Raum, d.h. die räumliche Struktur und Ordnung der wahrgenommenen Gegenstände (das Auseinander);

(g) Zeit, d.h. die zeitliche Struktur, speziell das Nacheinander des Ablaufs;

(h) Wahrnehmungsinhalt, d.h. die den Prädikaten der Substantive im Satz entsprechenden Eigenschaften der Objekte, z.B. die Farbe des Autos, die Härte seines Metalls usw.

Der Aufzählung der Strukturelemente soll nun deren Einzelanalyse folgen:

zu (a): Daß dieser abwärtsrollende Gegenstand ›Auto‹ heißt, das in ihm sitzende Wesen ›Fahrer‹ usw., ist zweifelsfrei keine Eigenschaft einer bewußtseinsunabhängigen Realität, ja es ist nicht einmal Bestandteil der konkreten Wahrnehmung des Ereignisses. Die sprachlichen Regeln, was ich wie zu nennen habe, müssen mir unabhängig von der konkreten Wahrnehmung bekannt sein; weiß ich es nicht, so muß ich auf allgemeinere Begriffe (z.B. ›Dies ist irgendein Ding‹), ebenfalls vorher bekannt, oder auf Namen, die ad hoc erfunden (nicht vorgefunden!) werden, ausweichen.

zu (b): Ebensowenig kann es Bestimmung bewußtseinsunabhängig existierender, wahrnehmend vorgefundener Dinge sein, daß der Satz, welcher den wahrgenommenen Vorgang beschreibt, ›Das Auto rollt bergabwärts‹ zu lauten hat, nicht aber ›Abwärts Berg rollen Auto die‹. Mit den grammatischen Regeln verhält es sich analog zur Bedeutung des Vokabulars. Allenfalls könnte von Grammatik und Semantik behauptet werden, daß sie früher einmal gelernt, also empirisch vermittelt und sedimentierte Erfahrung seien.

Wie immer es um diese offene Frage nach dem apriorischen oder aposteriorischen Erwerb von Sprache bestellt sein mag[36] – es wird doch niemand so weit gehen wollen zu behaupten, Grammatik und Semantik bildeten eine bewußtseinsunabhängige Realität ab.[37]

zu (c): Es gehört zu den ältesten Erkenntnissen abendländischer Philosophie, daß oberste logische Regeln (die Axiome, denen zufolge z.B. das Auto nicht gleichzeitig rollen und nicht rollen kann) Bedingungen jeder möglichen Erfahrung sind und schon insofern, aber auch wegen ihrer Allgemeingültigkeit nicht der Erfahrung, also erst recht nicht einer empirischen Abbildung bewußtseinsunabhängiger Realität entstammen können, sondern a priori gelten.[38]

zu (d): Was zunächst das Kausal*gesetz* angeht, so kann es ebenfalls wegen seiner Allgemeingültigkeit (›*Jedes* Ereignis ist Wirkung mindestens einer zureichenden Ursache‹) nicht aus (einzelnen) Erfahrungen abgezogen sein bzw. gerechtfertigt werden – auch dies eine philosophiehistorisch recht alte[39] und plausible Einsicht, selbst wenn über die Frage, woher denn seine Kenntnis und Geltung stammen, ja *ob* es überhaupt als Gesetz gilt, ernstzunehmende Meinungsverschiedenheiten bestehen.[40] Eine ganz andere Frage ist die, woher wir unsere Kenntnis *konkreter* Ursachen nehmen (›Welche Ursache hat dieses Ereignis hier?‹); nicht immer werden diese beiden Probleme gehörig auseinandergehalten.

Es ist verblüffend, daß wir auch diese ganz alltägliche Aussage darüber, welches die Ursache eines einzelnen, anscheinend ganz handfesten sinnlichen Sachverhaltes sei, nicht der Erfahrung dieses Sachverhaltes verdanken und auch gar nicht verdanken können.[41] Denn: Ursachen sind nicht sinnlich wahrnehmbar. Bezogen auf den Beispielsatz, wird sofort deutlich, daß – isoliert man einmal die Frage der Kausalität von den übrigen hier analy-

---

36 Die hartnäckigen Empiristen sind an Kants Unterscheidung von ›anheben mit der Erfahrung‹ und ›entspringen aus der Erfahrung‹ (KrV B 1f) zu erinnern. Eine gewisse Bedingtheit durch Erfahrungen ist also nicht gleichbedeutend mit inhaltlicher Ableitbarkeit.

37 Interessanterweise stimmen die Exponenten extremer Auffassungen, Chomsky und Whorf, gerade in dieser Hinsicht überein: daß Sprache nicht eine empirisch vorgefundene Realität abbildet. Cf. N. Chomsky: *Kartesianische Linguistik*. Tübingen 1972; sowie B. L. Whorf: *Sprache - Denken - Wirklichkeit*. Reinbek 1963.

38 Cf. Platon: *Phaidon* 74 a ff (die Entdeckung des Apriori).

39 Cf. Anm. 24: diese Erkenntnis geht auf Hume zurück, und Kant nimmt sie auf.

40 Viele neuere, von der Quantenphysik ausgehende Untersuchungen befassen sich damit. Erinnert sei an die schon etwas betagte, aber verdienstvolle Arbeit von J. E. Heyde: *Entwertung der Kausalität?* Stuttgart 2. Aufl. 1962.

41 Cf. Anm. 24: auch diese Einsicht stammt von Hume.

sierten Strukturen – empirisch wahrgenommen wird bloß die Aufeinanderfolge zweier oder mehrerer Ereignisse: Erst sieht man die Handbremse, dann das rollende Auto. Sollte die Wahrnehmungsreihenfolge umgekehrt sein, dann rekonstruiert das Denken nachträglich die ›richtige‹ zeitliche Abfolge in der Realität. Die Verknüpfung beider aufeinanderfolgender Ereignisse jedoch wird weder vorher noch nachher noch während, mithin gar nicht wahrgenommen. Man kann sich dies noch deutlicher machen an Fällen, in denen unmittelbar klar ist, daß mehrere Sachverhalte als Ursache möglich sind (z.B. Kopfschmerzen oder Allergie). Die Erschließung der Ursache erfolgt dann durch eine logische Verknüpfung mehrerer Überlegungen, etwa in der folgenden Art:

Os.: Unter gleichen Umständen ruft die gleiche Ursache immer die gleiche Wirkung hervor.

Us.: In allen beobachteten Fällen folgte auf A B.

Ss.: Also ist für das gleiche Folgeereignis B die gleiche Voraussetzung A ursächlich verantwortlich.

An diesem Syllogismus fällt vieles auf: Der Obersatz ist problematisch und sicherlich nicht empirisch gewonnen (Allaussage!); der Untersatz bezieht sich auf eine beschränkte Zahl von Fällen, über die im Schlußsatz implizit (gemeint ist ja: immer) hinausgegangen wird; falls überhaupt die Empirie eine wesentliche Rolle im Syllogismus spielt, dann in diesem Untersatz, der jedoch keine Aussage über eine Kausalbeziehung enthält; der Schluß ist formal nicht korrekt, insofern Obersatz und Untersatz nicht ausschließen, daß in bestimmten Fällen eine andere Voraussetzung als A für B verantwortlich sein könnte – es kommen für das Eintreten von B alle *möglichen* Ursachen in Frage.

Wieviel einfacher wäre die Welt, wenn man das Hervorbringen einer Wirkung durch eine Ursache unmittelbar beobachten statt bloß auf eine dermaßen fragwürdige Weise erschließen könnte!

Die Ursache ist – so könnte man vielleicht sagen – ein Konstrukt, das aus einer apriorischen Regel (Kausalgesetz) sowie der Vermutung seiner spezifischen Konkretisierung im Einzelfall besteht, und zwar mit einem hohen Unsicherheitsfaktor in jedem Einzelfall.

zu (e): Eine noch schwierigere Frage ist die der Gegenständlichkeit, also der Umstand, daß dem wahrnehmenden Subjekt je einzelne Substanzen mit bestimmten Attributen als äußere Objekte erscheinen.

Man kann an der Gegenständlichkeit zwei Aspekte unterscheiden: ihre Substantialität (die sie zu einem Etwas als Träger von Eigenschaften macht) und ihre Gegen-ständlichkeit (die sie zu Ob-jekten, die dem Subjekt gegenüberstehen, macht).

Die Gewißheit von der Existenz solcher zweifach charakterisierter Gegenstände scheint sich unumstößlich einer erfahrenen, vorgegebenen Realität zu verdanken, und zwar sowohl grundsätzlich (daß es sie überhaupt gibt) wie auch konkret (daß hier und jetzt einer existiert). Dennoch ist dem nicht so.

Nehmen wir das Beispiel eines Tisches, so ist dieser zunächst bestimmt durch gewisse Empfindungsqualitäten: er ist hart, flach, eckig, kühl, hell usw.;[42] dies bedeutet aber nichts weiter als: so fühlt, sieht usw. es das wahrnehmende Subjekt. Als solche sind diese Qualitäten subjektiv, nämlich Inhalt eines Empfindungsvorgangs. Aber der Tisch, dem alle diese Prädikate zukommen, der mithin hart, flach usw. *ist* – woher weiß ich von dem? Kann ich ihn unabhängig von diesen Prädikaten oder anders als durch sie, also objektiv wahrnehmen? Offenkundig nicht, denn mit den genannten Eigenschaften ist das, was das Subjekt wahrnimmt, inhaltlich bereits erschöpft; nichts weiter als sie ›findet das Subjekt vor‹, ›sind ihm gegeben‹. Der Gegenstand Tisch ist nur eine Zusammenfassung dieser Prädikate bzw. eine Auswahl aller Wahrnehmungsprädikate und ihre Zuordnung zu einem einzelnen Träger. Dies ist daran zu erkennen, daß der Tisch eben nicht im Unterschied zu diesen Prädikaten wahrnehmbar ist – er ist nur durch sie, nur in ihnen, nur ein Komplex solcher Prädikate.

Wendet man ein: ›aber es ist doch selbstverständlich, daß, wo ich hart, flach usw. wahrnehme, etwas existieren muß, das hart, flach usw. ist!‹, so artikuliert man damit eine Gewißheit, die sich weder grundsätzlich noch konkret der Wahrnehmung verdankt. Die scheinbare Selbstverständlichkeit, daß dort, wo Eigenschaften vorliegen, doch auch ein Träger dieser Eigenschaften (jemand / etwas, der / das sie hat) existieren müsse,[43] speist sich – wie immer, wenn Gewißheit, Allgemeingültigkeit usw. ins Spiel kommen – aus einer ganz anderen Quelle als der Erfahrung.

Zu diskutieren, welche Quelle das ist, kann hier nicht meine Aufgabe sein. Ein Hinweis immerhin: zunächst von Nietzsche[44] und später von Whorf[45] stammt der Gedanke, daß der Beziehung von Substanz und Akzidenz (Eigenschaft) in der Realität die Beziehung von Subjekt und Prädikat auf sprachlicher Ebene entspricht und daß sich in einem bestimmten Sprachkomplex, dem indoeuropäischen, die Regel findet: kein Prädikat ohne Subjekt bzw. Substantiv. Die Feststellung ›ist hart, ist flach usw.‹ erfordert ein X, ein Substantiv, das hart, flach usw. ist – eben: ›Der Tisch ist hart, flach usw.‹ Andernfalls – und das ist entscheidend – bildet die Information keinen grammatisch vollständigen Satz. Da Sprache und Denken in einem notorisch

42 Cf. J. Locke: *Über den menschlichen Verstand*, pp. 129ff.

43 Philosophiehistorisch leitet sich diese Unterscheidung von Aristoteles her: *Metaphysik* 1026 a ff und *Kategorien* 1 bff.

44 WzM Zf. 481ff.

45 Whorf. loc. cit., pp. 13ff.

engen Zusammenhang stehen, ist es gut denkbar, daß die Gewißheit unseres Denkens sich nicht logisch von selbst versteht, sondern aus einer grammatischen Regel herleitet. Eine wichtige Bestätigung dieser Annahme besteht in der Existenz substantivarmer oder gar -freier Sprachen,[46] wobei in der für die Sprecher dieser Sprachen seienden Realität in einer für uns Europäer kaum nachvollziehbaren, sprachlich auch kaum artikulierbaren[47] Weise substantielle Gegenstände fehlen.[48]

Auch wenn zugestanden werden muß, daß sich für diese Kritik der Substantialität keine Anhaltspunkte im Denken Schopenhauers finden (der überhaupt die Frage der Substantialität zugunsten der Kausalität stark vernachlässigt), so vermag Schopenhauer doch für den zweiten Aspekt, den der Gegenständlichkeit, wichtige Anregungen zu liefern.[49]

Wie bereits gezeigt, besteht eine unmittelbare Gewißheit lediglich für das Haben von Vorstellungen: Ich sehe, fühle etwas, das ich ›Tisch‹ nenne. Klammert man den Tatbestand, daß dieses ›Tisch‹ bereits ein Konstrukt aus verschiedenen Wahrnehmungsinhalten darstellt, hier einmal aus, dann bleibt immer noch die Frage, wie die Vorstellung (dieses subjektive ›Ich habe die Vorstellung von...‹) zur notwendigen Vorstellung eines eigentlichen Gegenstandes (mit ganz unreflektiertem, quasi selbstverständlichem Übergang) wird, d.h. wie die Überzeugung entsteht, es bei dieser subjektiven Vorstellung von etwas mit der Repräsentation, ja Abbildung eines gegebenen Äußeren zu tun zu haben. Unmittelbar und zweifelsfrei gewiß ist *dies* nicht mehr, wie man an Träumen, Halluzinationen usw. erkennen kann, in denen diese Annahme sich als fehlerhaft erweist.

Aus der unmittelbaren Gewißheit des Gegebenseins von Vorstellungen wird offenbar ein *Schluß* gezogen, der diese Vorstellungen als Abbilder von Urbildern auffaßt – von Urbildern, die dem Abbild transzendent, eben äußere Gegen-stände sind.

Was ermöglicht diesen Schluß? Was rechtfertigt ihn? Schopenhauer weist mit Recht darauf hin,[50] daß uns hierfür ein – in unserem Zusammenhang bereits eingeführtes – Gesetz zur Verfügung steht, nämlich das der Kausalität. Ihm zufolge muß der Umstand, daß ich eine Vorstellung von etwas habe, eine Ursache besitzen. Da ich diese Ursache (dafür, daß ich jetzt dies und nichts anderes vorstelle) nicht in mir finde und ich jetzt hier auch nichts anderes vorstellen *kann*, unterstelle ich dafür die Existenz eines äußeren, subjekt-

46 Nietzsche (JGB Zf. 20) nennt die ural-altaischen Sprachen, Whorf, loc. cit., pp. 13ff die der Hopi und vor allem. pp. 42ff. die der Nootka-Indianer.

47 Grammatisch ist zumindest ein substantivierter Infinitiv erforderlich.

48 Es sei erwähnt. daß diese Überlegungen buddhistische Lehren von den Dharmas und der Kritik des Ich (als *das* Subjekt) bestätigen.

49 Vor allem G 51ff.

50 G 51ff.

unabhängigen Gegen-standes. Diese Annahme, daß sich dort *vor mir* ein Tisch befindet, liefert mir eine leichte und zufriedenstellende Erklärung dafür, daß ich jetzt und hier einen Tisch vorstelle.

Insofern dieser Schluß, d.h. die Anwendung dieses Gesetzes, die *Voraussetzung* dafür bildet, daß ich Gegenstände als Gegen-stände vorstelle (andernfalls sie lediglich den Charakter von Phantasiegebilden hätten), verdankt sich die Gegenständlichkeit nicht der (passiven) Erfahrung einer subjektunabhängigen Realität, also der Abbildung der Wirklichkeit; vielmehr muß diese Realität, wie sie sich in der Wahrnehmung darbietet, als konstituierende Leistung des Subjekts verstanden werden. Denn was die Voraussetzung jeder Erfahrung ist, kann nicht der Erfahrung entstammen.

Erneut behält also die als Rezeption verstandene Auffassung des Materialismus von der Erkenntnis unrecht gegenüber dem Idealismus, der sie als Konstitution begreift.

zu (f) und (g): Vergleichsweise leicht fällt die Einsicht, daß Raum und Zeit nicht die Abbildung bewußtseinsunabhängiger Realität, sondern vom Subjekt geleistete Ordnungsstrukturen bei der Wahrnehmung von Realität darstellen.[51]

Es ist sogar die Frage, ob überhaupt jemand ernstlich behaupten kann, Raum und Zeit würden als solche wahrgenommen, selbst wenn jemand die Ansicht vertreten mag, sie seien Eigenschaften einer bewußtseinsunabhängigen Realität. Es ist freilich nicht sinnvoll, dieses ohne jenes zu behaupten, da dann ohne Rekurs auf die Wahrnehmbarkeit von Raum und Zeit erklärt werden müßte, wie das Subjekt von ihnen erfährt.

Auch wer nicht einsehen mag, daß er keine Zeit, sondern Veränderungen *in der Zeit* (etwa das Vorrücken des Uhrzeigers), keinen Raum, sondern Gegenstände *im Raum* (etwa Markierungen auf der Meßlatte) wahrnimmt,[52] muß sich mit Kants Argumenten auseinandersetzen, die insgesamt darauf hinauslaufen, daß das, was die Voraussetzung der Erfahrung von Gegenständen ist, nicht Resultat solcher Erfahrung sein kann. Denn gäbe es die Vorstellungsformen von Raum und Zeit nicht schon vor jeder Erfahrung im Subjekt, so wäre keine Erfahrung von (äußeren) Objekten möglich, durch die sie ihm bekannt werden könnten.

Es ist hierbei an den erwähnten Schluß vom subjektiven Vorstellungsbild in mir zum Objekt als dessen Ursache außer mir zu erinnern. Ich muß den Gegenstand außer mir in den Raum projizieren, um anschließend seine Entfernung von mir, seine Ausdehnung usw. wahrnehmen zu können.

---

51 Kant liefert hierfür KrV A 22ff / B 37ff eine ganze Reihe hervorragender Argumente.

52 Es wäre eventuell möglich, Raum und Zeit als eben diese Wahrnehmbarkeiten zu definieren, was jedoch nicht vor Kants Argumenten schützt.

zu (h): Es bleibt, wenn man all die genannten Aspekte als Strukturen bzw. Formen jeder Erkenntnis von Gegenständen und aller Urteile über sie zusammenfaßt, ein Rest, den man als Vorstellungs- oder Wahrnehmungs*inhalt* bezeichnen kann. Damit ist die Faktizität bestimmter Prädikate, das Gegebensein subjektiver Empfindungen mit qualitativer Bestimmtheit zu verstehen, deren Verarbeitung zur Gegenstandserkenntnis durch die genannten Formen geleistet wird.

Was immer es mit diesem ›Rest‹ auf sich haben mag – da von ihm Räumlichkeit und Gegenständlichkeit abzuziehen sind, muß es sich um Vorgänge im Subjekt handeln, deren Gegebensein nicht im Sinne des Materialismus auf bewußtseinsunabhängig existierende äußere Gegenstände und deren empirischen Eindruck zurückgeführt werden kann.

Immerhin stellt dieser Faktizitätsrest ein eigenes Problem jeder idealistischen Philosophie dar, das unterschiedliche Systeme unterschiedlich zu lösen trachten[53] – in keinem Falle jedoch läßt sich daraus eine grundsätzliche Ablehnung des Idealismus ableiten, denn logisch stellt selbst dieser Rest eine in keiner Erkenntnis als selbständige Entität präsente *Rekonstruktion* dar, die vermöge einer Subtraktion aller formalen Bestimmtheiten von Gegenständen durch das Bewußtsein als Hypothese aufgestellt und reflektiert wird: Selbst dieser ›Rest‹ ist ein Gedanke des Subjekts.

In einer vergleichsweise langen Analyse ist nunmehr herausgearbeitet worden, daß der Idealismus eine unvergleichlich stärkere, vor allem: logisch fundiertere Position darstellt als die zuvor behandelten Modelle.

Abgesehen von dieser logischen Plausibilität werden auch die übrigen Kriterien zur Überprüfung der Geltung einer Theorie berührt (wenngleich sie gegenüber der Logizität einen geringeren Stellenwert besitzen dürften). Die Übereinstimmung mit empirischen Phänomenen, die Überprüfbarkeit durch sie, die Vereinbarkeit mit allgemein anerkannten wissenschaftlichen Resultaten sind nun einer Reflexion zu unterziehen. Nachdem Empirie als solche sowie Wissenschaft als solche sich als Leistungen des Bewußtseins, nicht als passive Abbildung und allenfalls Abstrahierung bewußtseinsunabhängiger Gegebenheiten erwiesen haben: als Arbeit an einer bewußtseins*abhängigen* Realität, wird man schwerlich dem Leib eine bewußtseinsunabhängige, gar bewußtseinsproduzierende Realität zusprechen können.

Alle Phänomene und Experimente, alle wissenschaftlichen Theorien sind nunmehr als Theorien des Subjekts über Objekte für das Subjekt zu reinterpretieren – eine insgesamt voluminöse Aufgabe, von der hier nur soviel zu

53 Bekannt sind Kants ›Dinge, an sich selbst betrachtet‹, Fichtes ›Anstoß‹, Schopenhauers ›Wille als Ding an sich‹ sowie Hegels ›Zufall‹ (als Grenze logischer Deduzierbarkeit im System des absoluten Wissens). Auch die Faktizität des ›Daß von Realität‹ beim späten Schelling wäre hier zu nennen.

leisten ist, als der Leib verstanden werden soll als Inhalt und Objekt von Vorstellung, als Bewußt-sein.

Welcher Art diese Vorstellung ist, wie sie zustandekommt und warum sie erfolgt, wirft eine Reihe von Fragen auf, deren Diskussion zu jeder Theorie des Verhältnisses von Leib und Bewußtsein gehört, die nicht hinter die Einsichten des Idealismus zurückfallen will.

Dabei möchte ich mich auf zwei wesentliche Varianten des Idealismus beschränken:

– Gemäß J. G. Fichte verdankt das Ich (Subjekt, Bewußtsein) seine Existenz seiner eigenen Tathandlung (in Fichtes Terminologie: es ›setzt sich‹, d.h. stellt sich als seiend vor und *ist* dadurch); es vermag dies aber nur unter den Bedingungen einer Beziehung auf sich selbst *durch Abgrenzung* von anderem (Nicht-Ich). Diese Abgrenzung erfolgt notwendig durch die Setzung sog. Sphären, nämlich einerseits derjenigen der Anschauung (Ich – Du – Es), andererseits derjenigen freier Handlungen (dessen, was ich will bzw. soll – wogegen die Anschauung als gebundene, vom Gefühl der Notwendigkeit begleitete Handlung verstanden wird). Eine wesentliche Rolle im Verhältnis dieser beiden Sphären von Anschauung und Handlung, Notwendigkeit und Freiheit spielt der *Leib* als eine beide Sphären verbindende Zwischensphäre, denn der Leib ist (Selbst-)Anschauung des Ich in räumlicher Ausdehnung (die Weise, in welcher das Ich sich selbst wahrnimmt, insofern zur Sphäre der Notwendigkeit gehörig), zugleich aber auch Medium der freien Handlungen des Ich (die Weise, in welcher das Ich seine freien Handlungen in der anderen Sphäre umsetzt, insofern zur Sphäre der Freiheit gehörig). Beides ließe sich z.B. in dem Urteil formulieren: ›Ich sehe meinen Arm, wie ich ihn bewege.‹

Auf diese Art spielt der Leib laut Fichte eine zentrale, vermittelnde Rolle bei der Selbstsetzung des Ich, d.h. in der Konstituierung von Bewußtsein durch Bewußtsein.[54]

– Schopenhauer lehnt diese Konzeption Fichtes mit einem gravierenden logischen Einwand ab. Dieser Einwand richtet sich gegen die Auffassung von der Entstehung des Ich vermöge einer Produktion durch sich. Der Inhalt des Einwandes besteht in dem, was gegen jede Selbstschöpfung, jede causa sui zu sagen ist: daß sie nämlich das Abzuleitende, das zu Schaffende bereits als Ableitenden, als Schaffenden voraussetzt. Näher gesehen verwendet Fichte als Ableitungsprinzipien Entitäten und Strukturen (Ich, Handlung, Setzung, Kausalität), die allererst Resultat der Ableitung, deren Ergebnis

54 Die ausführlichste Formulierung von Fichtes Leib-Theorie findet sich in der *Grundlage des Naturrechts nach Principien der Wissenschaftslehre* (1796), §§ 1ff, spez. 5ff (SW III 1ff).

sein sollen. Daraus zieht Schopenhauer den an Kant orientierten[55] Schluß, daß das Bewußtsein sich selbst zwar beschreiben mag (einschließlich seiner Strukturen, d.h. des formalen Vorgehens seiner Tätigkeit), nicht hingegen sich selbst *erklären* kann. Die Frage, warum das Bewußtsein ist und warum es so ist, wie es ist, kann mithin nicht beantwortet werden, so daß man sich darauf zu beschränken hat, was es ist.[56]

Als Konsequenz daraus ist der Anspruch der idealistischen Philosophie nicht nur allgemein, sondern auch hinsichtlich der Frage nach dem Verhältnis von Bewußtsein und Leib auf die Herausarbeitung der Faktizitäten und deren Struktur zu reduzieren. Mit anderen Worten: Die philosophische Forschung (natürlich erst recht die empirische) kann analysieren und zeigen, daß sich das Bewußtsein in einer ganz bestimmten Weise zum Leib verhält. Warum es das tut, warum es sich leiblich vorstellt, ist nicht zu beantworten, stellt vielmehr eine unhinterfragbare Faktizität und Voraussetzung alles Fragens dar.

Lediglich die zweite, schopenhauersche Variante des Idealismus möchte ich hier vertreten. Sie vermeidet nicht nur – als idealistische – die logischen Probleme der anderen bisher behandelten Modelle, sondern sie umgeht auch einen neuerlichen, bei Fichte auftretenden Widerspruch der Selbstsetzung.[57]

Ich möchte sogar noch einen Schritt weitergehen und die bei Schopenhauer letztlich unentschiedene Frage, von welchem Subjekt der Idealismus überhaupt redet, deutlich beantworten. Es ist ja die Frage, ob das Subjekt, welches als Bedingung jeder Objektivität gedacht werden muß und für welches die Welt ist, das *Prinzip* der Subjektivität in jedem einzelnen Individuum oder ein *einziges Individuum* ist, von dem allein ich selbst ausgehen kann und muß: nämlich ich selbst. Von letzterem muß hier die Rede sein, denn nur ich selbst bin unerläßliche Bedingung aller meiner Vorstellungen, deren Summe *meine Welt* ist.

Die Welt der anderen, die anderen Subjekte selbst, von denen ich rede und mit denen ich reden kann, sind doch allesamt Bestandteile dieser meiner Welt, die ich mir (in Analogie zu mir) vorstelle. Setze ich sie als mir gleich seiend, als Subjekte wie ich (aus welchen Gründen auch immer, und die Kritiker des Solipsismus werden nicht müde, solche Gründe beizubringen), so bin und bleibe doch ich es, der sie so ansieht. Daß ich mir mich nicht alleine vorstellen (denken) kann, ändert nicht das mindeste daran, daß ich

55 Am deutlichsten KrV A 341ff / B 399ff. spez. B 422.

56 Cf. z. B. HN I 171 und 193. HN II pp. 352ff. G 140ff sowie W I 5 und 15f.

57 Cf. Anm. 35: die dort angedeutete Möglichkeit. auf die Widerspruchsfreiheit zu verzichten. läßt vielleicht auch die causa sui zu. Dies würde den Bereich der philosophischen Forschung auch hinsichtlich des Verhältnisses von Leib und Bewußtsein erweitern - jedoch m. E. ohne die folgenden. restringierten Ausführungen. zu widerlegen. denn ein derartiges Modell widerlegt nicht mehr.

mir mich als in Gemeinschaft mit anderen *vorstelle* – und zwar ich als Individuum; es berührt nicht den Primat meines individuellen Ich für all mein Denken und Tun, was immer dessen Inhalt sein mag. Daß es andere Menschen gibt, denen es ebenso geht, glaube *ich*.[58]

So spreche ich jetzt und im folgenden darüber, wie sich mein Leib zu meinem Bewußtsein verhält; und ich stelle mir vor (möglichst logisch), wie sich dies bei anderen verhält (nämlich so wie bei mir). Dabei will ich mir des Umstandes bewußt bleiben, daß mein eigener Leib und mein eigenes Bewußtsein eine ganz ausgezeichnete Bedeutung für mich besitzen – ungeachtet des Eingeständnisses, daß sich dies *meiner Ansicht nach* für die übrigen Menschen genauso verhält.

Um dieses Verhältnis von Leib und Bewußtsein nun näher zu bestimmen, kann und sollte der Idealismus auf ein weiteres, allerdings verwandtes und logisch unbedenkliches Modell zurückgreifen: die Identitätstheorie. Und so verfährt auch Schopenhauer.

ad 5.: Identitätstheorie

In Aufnahme der idealistischen Reflexion wird zugegeben, daß jedes Phänomen ein Bewußtseinsphänomen ist; jede Realität ist abhängig von einem sie vorstellenden Subjekt, ist Objekt nur für dieses Subjekt.

Das Bewußtsein differenziert sich in zwei Bewußtseinssphären:

(a) den zeitlich bestimmten Selbstbezug und

(b) den räumlich und zeitlich bestimmten Außen- bzw. Fremdbezug.

Der Leib – diese These kann von Fichte übernommen werden – bildet die Verbindung zweier Sphären, das Bindeglied zwischen ihnen.

Der Selbstbezug (a) kann reflexiv (als Denken) oder intuitiv (als Selbstwahrnehmung in Freude und Schmerz, Trieben usw.) erfolgen; der Fremdbezug, auf äußere Dinge und Menschen gerichtet (b), vollzieht sich ebenfalls begrifflich-abstrakt oder anschaulich (durch Sinnesorgane).

Dabei tritt die spezifische Möglichkeit auf, daß ich mich selbst durch die Organe äußerer Wahrnehmung beobachte, indem ich mir z.B. meine Hand, deren Zustand bei einer Verletzung ich fühle, zugleich ansehe. Ich kann mich also mittels eines Außenbezugs auf mich selbst beziehen, und die These der Identitätstheorie lautet, daß in diesem Falle der Selbstbezug in der Selbstanschauung (a) und der durch die Außenbeziehung (b) vermittelte Selbstbezug sich auf denselben Gegenstand und dieselben Modifikationen an

58 Ich hoffe, in absehbarer Zeit zu diesem Solipsismus-Problem im Ausgang von Schopenhauer eine Untersuchung vorlegen zu können, welche auch den legendären transzendentalpragmatischen Einwand (›Ich‹ ist ein sprachlicher Begriff, und Sprache ist nur denkbar in einem System gleichartiger Sprecher.) berücksichtigen soll.

ihm beziehen. Dieser Gegenstand heißt insgesamt Leib, und seine Veränderungen sind in der genannten Weise zweifach wahrnehmbar: innerlich als Vorgang in mir in der Zeit und äußerlich als Vorgang an mir in Raum und Zeit.

Schopenhauer beschreibt dies so:

> Der Willensakt und die Aktion des Leibes sind nicht zwei objektiv erkannte verschiedene Zustände, die das Band der Kausalität verknüpft, stehn nicht im Verhältniß der Ursache und Wirkung; sondern sie sind Eines und das Selbe, nur auf zwei gänzlich verschiedene Weisen gegeben: ein Mal ganz unmittelbar und ein Mal in der Anschauung für den Verstand. Die Aktion des Leibes ist nichts Anderes, als der objektivirte, d.h. in die Anschauung getretene Akt des Willens.[59]

In analoger Weise heißt es bei G. Th. Fechner:

> Es sind im Grunde nur dieselben Prozesse, die von der einen Seite als leiblich organische, von der andern als geistige, psychische aufgefaßt werden können. Als leibliche Prozesse stellen sie sich jemandem dar, der, außerhalb dieser Prozesse selbst stehend, dieselben ansieht, oder aus Gesehenem unter Form des äußerlich Wahrnehmbaren erschließt, wie der Anatom, Physiolog, Physiker tut; ein solcher mag es anfangen, wie er will, er wird nicht das Geringste von psychischen Erscheinungen im andern direkt wahrzunehmen vermögen. Dagegen stellen sich diese Prozesse wieder als psychische dar, als Gemeingefühle, Sinnesempfindungen, Vorstellungen, Bestrebungen u.s.w., sofern eine Selbstgewahrung in diesen Prozessen stattfindet.[60]

Wie Schopenhauer hebt auch Fechner hervor, daß zwischen den beiden Ebenen keine Kausalität, sondern eben Identität existiert: »Nur eine gedankenvolle Bewegung vermag wieder eine gedankenvolle Bewegung zu erzeugen; also fließt nach uns nicht Geist aus Materie«.[61] Auf diesen Umstand weist auch eine moderne Darstellung hin:

> Dieses Prinzip soll als eine Gesetzmäßigkeit verstanden werden, aber nicht als eine kausale Gesetzmäßigkeit zwischen dem Phänomenalen und dem Physisch-Körperlichen, sondern als eine Gleichzeitigkeitsgesetzmäßigkeit.[62]

59 W I 119.

60 Zend-Avesta II 135.

61 Loc. cit., II 133.

62 Y. Reenpää: *Über das Körper-Seele-Problem*; in: H.-G. Gadamer / Paul Vogler (ed.): *Neue Anthropologie, Bd. 5: Psychologische Anthropologie*. Stuttgart / München 1973,

Der hier betonte Gesichtspunkt ist für das Modell 5 von größter Wichtigkeit: Da die beiden Ebenen des Physischen und des Psychischen nur zwei Seiten ein und desselben Ereignisses darstellen, besteht zwischen ihnen die Beziehung der Identität (oder, wegen der Verschiedenheit der Seiten, etwas schwächer: des »simultanen Isomorphismus«[63]), nicht aber die der Kausalität. Dies drückt sich u.a. dadurch aus, daß die Ereignisse der einen Ebene (z.B. die Bildung der Brandblase an der Hand) und die der anderen Ebene (z.B. die Schmerzempfindung in der Hand) *zeitgleich* (simultan) verlaufen, nicht hingegen nacheinander, wie es sich bei der Beziehung von Ursache und Wirkung verhalten müßte.

Man kann sich diesen Sachverhalt mit folgendem Modell verdeutlichen:

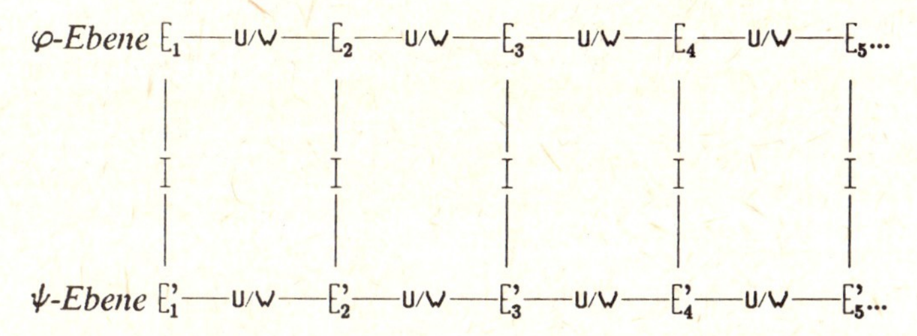

Dabei bedeutet:

φ-Ebene: physisch-materielle Ebene äußerer Gegenstände;
ψ-Ebene: psychisch-geistige Ebene subjektiven Erlebens;
E_1 ff bzw. E'_1 ff: Ereignisabfolge;
U/W: Beziehung von Ursache und Wirkung;
I: Identität der Sache bei verschiedener Betrachtungsweise.

Diese Theorie impliziert mithin, daß psychische Ereignisse nicht durch physische erklärt werden können, ebensowenig physische durch psychische. Dadurch vor allem unterscheidet sich dieses Modell vom Interaktionismus sowie von dem, was Psychosomatiker und Popularmediziner gern tun, indem Magengeschwüre aus Streß und Reizbarkeit aus Bluthochdruck erklärt werden. Dies genau bedeutet eine Verwechslung beider Ebenen und eine Fehldeutung der Beziehung zwischen ihnen. Die Erklärungen müssen (und können!) vielmehr nur auf jeweils einer Ebene erfolgen, weil man sich andernfalls in einem diffusen Kausalitätsbegriff verliert und dem Einwand des Idealismus gegen eine bewußtseinsunabhängige Entität verfällt.

Welche Argumente sprechen für die Identitätstheorie?

1. Dieses Modell kann die Phänomene der Korrelativität von Leib und Bewußtsein verständlich machen, ohne den Schwierigkeiten des Interaktionismus oder Materialismus zu erliegen:

---

p. 39.

63 Loc. cit.. p. 21.

- des Interaktionismus nicht, weil keine Kausalität zwischen materiellem Leib und Bewußtsein auftritt, sondern die Identität der Objekte bei verschiedenen Vorstellungsmodi: Selbst- und Außenbezug; zudem tritt die materialistische Komponente des Interaktionismus (die prinzipiell eigenständige Realität des Leibes) nicht auf;
- des Materialismus nicht, weil auch die materiellen Ereignisse im Sinne des Idealismus als Vorstellungsobjekte verstanden werden können; Idealismus und Identitätstheorie sind miteinander vereinbar.[64]

2. Dieses Modell entspricht mithin allen logischen und erkenntnistheoretischen Voraussetzungen.

3. Der Grundsatz der Wissenschaftsökonomie, die Erklärungsprinzipien zu minimalisieren, wird zumindest insofern erfüllt, als grundsätzlich die Beschränkung der Forschung in der Erklärung von Ereignissen auf eine der beiden Ebenen möglich ist, auch wenn dies eine in vielen Fällen gefährliche Reduktion des Gesamtphänomens bedeutet. Es können materielle Vorgänge rein materiell erklärt werden, sofern Materie als Objektivität von Vorstellungen verstanden wird. Gefährlich ist eine solche Reduktion vor allem in der medizinischen Praxis, da ja die materiell-leiblichen Vorgänge vom Patienten auch subjektiv erlebt werden.

Auf der anderen Seite beinhaltet die idealistische Identitätstheorie freilich auch einige Probleme, die z.T. der Reflexion und Forschung bedürfen:

1. Das Modell deckt sich nicht immer mit sog. anerkannten Resultaten der (Natur-)Wissenschaften, indem z.B. die Erklärung des Leibes und seiner Organe im Sinne der biologischen Evolutionstheorie[65] zu einem logisch zirkulären Unterfangen gerät, wie es Schopenhauer sehr schön und ironisch beschreibt:

> Am konsequentesten und am weitesten durchzuführen ist das objektive Verfahren, wenn es als eigentlicher Materialismus auftritt. Dieser setzt die Materie, und Zeit und Raum mit ihr, als schlechthin bestehend, und überspringt die Beziehung auf das Subjekt, in welcher dies Alles doch allein daist. Er ergreift ferner das Gesetz der Kausalität zum Leitfaden, an dem er fortschreiten will, es nehmend als an sich bestehende Ordnung der Dinge, veritas aeterna; folglich den Verstand überspringend, in welchem und für welchen allein Kausalität ist. Nun sucht er den ersten, einfachsten Zustand der Materie zu finden, und dann aus ihm alle andern zu entwickeln, aufsteigend vom bloßen Mechanismus zum Chemismus,

64 So tun es ja z. B. Schopenhauer und Fechner.

65 Dies gilt - nebenbei gesagt - auch für die sog. Evolutionäre Erkenntnistheorie, wie sie Jean Piaget und Gerhard Vollmer vertreten. Cf. z. B. J. Piaget: *Einführung in die genetische Erkenntnistheorie*. Frankfurt / Main 1973.

> zur Polarität, Vegetation, Animalität: und gesetzt, dies gelänge, so wäre das letzte Glied der Kette die thierische Sensibilität, das Erkennen: welches folglich jetzt als eine bloße Modifikation der Materie, ein durch Kausalität herbeigeführter Zustand derselben, aufträte. Wären wir nun dem Materialismus, mit anschaulichen Vorstellungen, bis dahin gefolgt; so würden wir, auf seinem Gipfel mit ihm angelangt, eine plötzliche Anwandlung des unauslöschlichen Lachens der Olympier spüren, indem wir, wie aus einem Traum erwachend, mit einem Male inne würden, daß sein letztes, so mühsam herbeigeführtes Resultat, das Erkennen, schon beim allerersten Ausgangspunkt, der bloßen Materie, als unumgängliche Bedingung vorausgesetzt war, und wir mit ihm zwar die Materie zu denken uns eingebildet, in der That aber nichts Anderes als das die Materie vorstellende Subjekt, das sie sehende Auge, die sie fühlende Hand, den sie erkennenden Verstand gedacht hätten. So enthüllte sich unerwartet die enorme petitio principii: denn plötzlich zeigte sich das letzte Glied als den Anhaltspunkt, an welchem schon das erste hieng, die Kette als Kreis; und der Materialist gliche dem Freiherrn von Münchhausen, der, zu Pferde im Wasser schwimmend, mit den Beinen das Pferd, sich selbst aber an seinem nach Vorne übergeschlagenen Zopf in die Höhe zieht.[66]

Man möchte es so vielen hochqualifizierten Forschern in ihr Stammbuch schreiben! Und wie leicht können sich auch hinter ›allgemein anerkannten‹ wissenschaftliche Resultaten ganz hausbackene Vorurteile verbergen! Sofern das ›allgemein Anerkannte‹ (eine Möchtegern-Allgemeinheit ohnehin) nicht identisch mit dem Wahren ist, wird man diesem Bedenken gelassen begegnen können. Weit gewichtiger ist das folgende Problem:

2. Es ist anscheinend gemäß der Identitätstheorie erforderlich, daß jeder Körperfunktion eine psychische entspricht. Es müßte sich dann zu jedem materiellen Vorgang ein analoger Bewußtseinszustand angeben lassen (und umgekehrt). Abgesehen davon, daß die topologische Zuordnung von mentalen und physischen Zuständen im Gehirn noch bei weitem nicht so fortgeschritten ist, daß man etwa eine physische Entsprechung im Gehirn für den Gedanken einer bestimmten Zahl, eines moralischen Ideals usw. angeben könnte (falls das überhaupt jemals möglich sein wird!), ist schwer zu sagen, welches subjektiv-psychische Erlebnis z.B. dem Wachsen der Haare oder der Fingernägel entsprechen sollte. Zwar bemüht sich der Idealismus seit Fichte und Schopenhauer[67] um eine Theorie *unbewußter* Vorstellungen, was in der

66 W I 32.

67 Bei Fichte sind es alle diejenigen Setzungen des Ich, die als Setzungen erst der philosophischen Reflexion durchsichtig werden (z. B. SW I 91, spez. die Anmerkung): bei Schopenhauer ist es das Theorem vom »Primat des Willens im Selbstbewußtseyn« als eines *blinden* Willens (cf. W II 224ff).

modernen Psychoanalyse aufgenommen wird; jedoch gerät man dadurch in mancherlei Schwierigkeiten, von denen die eines logischen Widerspruchs (unbewußtes Bewußtsein, Vorstellungen ohne Vorstellung) die größte, gewichtigste sein dürfte.

Immerhin spricht von den Fakten her einiges für ein solches Phänomen, wenn etwa ein Ereignis eigens in Erinnerung gerufen werden muß, das mir vorher ›entfallen‹ (d.h. nicht mehr bewußt), aber doch ›irgendwie‹ im Bewußtsein vorhanden (›gespeichert‹) war. Möglicherweise hilft hier eine Berücksichtigung der bereits eingeführten Differenzierung im Selbstbezug, nämlich zwischen intuitivem und reflexivem Selbstbezug. Diese Differenzierung müßte zu einer Konzeption erweitert werden, in welcher das ›bloße Bewußtsein‹ (intuitiv) unterschieden wird von dem, dessen ich mir auch reflexiv bewußt bin. Das Bewußtsein im zweiten, engeren Sinne würde dann – je nach Sachverhalt – erinnernd oder in philosophischer Reflexion erworben: so wie ich im Prozeß einer Erinnerung rekonstruiere bzw. postuliere, daß das Erinnerte vorher wohl ›gespeichert‹ gewesen sein muß.

3. Da die idealistische Identitätstheorie heute nicht sonderlich populär, nicht einmal sehr bekannt ist, steht eine Bewährung in der Praxis noch weitgehend aus. Phänomene wie die sog. Geistheilung (nachdem man Ernstzunehmendes von Scharlatanerie geschieden hat) und der Placebo-Effekt,[68] gewöhnlich schnell von den Interaktionisten für sich verbucht, wären neu zu reflektieren. Die Erklärung eines leiblichen Vorgangs auf der φ-Ebene und analog eines mentalen Vorgangs auf der ψ-Ebene zu liefern, bemüht man sich selten, da ja zwei scheinbar funktionsfähige Modelle mit dem Interaktionismus und dem Materialismus – für jeden Forscher-Geschmack das Passende – zu Verfügung stehen, deren Bewährung in der konkreten Praxis (sofern man logische und philosophische Erwägungen außen vor läßt) durchaus nicht schlecht ist. Wissenschaftlicher Konsens und z.T. sogar die Umgangssprache (wer würde nicht leichthin seine Magengeschwüre mit Streß erklären?) leisten dem Vorschub. Der Praktiker müßte sich bei der Interpretation seiner Untersuchungen gegen den Strom gängiger Theorie stemmen, ohne dies mit unmittelbar besseren praktischen Erfolgen belohnt zu sehen.

Ganz gewichtig ist der Umstand, daß die Identitätstheorie als solche empirisch-experimentell gar nicht zu verifizieren bzw. zu falsifizieren ist, sofern sich das Experiment nur auf der physischen Ebene bewegt, wie es naturwissenschaftliche Experimente gemeinhin tun. Um die Relation der physischen zur psychischen Dimension zu untersuchen, muß logischerweise die bloß physische Dimension verlassen werden, ohne daß dies eine Verbes-

---

68 Dieser Effekt geht erheblich weiter, als meist angenommen - zum Unbehagen der Forscher; cf. B. Etzler: *Der Schein, der nicht trügt*; in: Die Zeit Nr. 41 vom 3.10.1986.

serung der physischen Erklärung (die ja durchaus autark, wenngleich einseitig ist) zur Folge hätte.

Die Probleme der praktischen Bewährung des Modells liegen also nicht allein in der mangelnden Motivation der Forscher, sich darum zu bemühen.

Obendrein legt das Modell in der Praxis eine interdisziplinäre Kooperation zwischen Philosophie, Psychologie, Physik und Chemie nahe, wie sie heute – auch dank souveräner Elfenbeintürmelei vieler Philosophen – selten besteht.[69]

Insgesamt ist daher zum Konzept der idealistischen Identitätstheorie zu sagen, daß es logischer ist als die übrigen, prinzipiell auch praktisch zu bewähren, jedoch ein größeres Maß an Anstrengungen erfordert, um seine Plausibilität und Praktikabilität auch im konkreten Fall zu bewähren. Diese Anstrengungen würden freilich einen größeren Bekanntheitsgrad erfordern, so daß geradezu ein Teufelskreis auftritt. Das Modell kann seine Logizität und Praktikabilität nicht unter Beweis stellen, weil es zu unbekannt ist; andererseits wird es kaum bekannter werden, solange seine Logizität und Praktikabilität nicht genauer untersucht und diskutiert werden.

Die Auspizien stehen schlecht!

IV

Es fällt mir nicht leicht, die möglichen Konsequenzen einer Übernahme dieses Modells abzuschätzen. Die frühere Abwertung des Materiell-Leiblichen ist einer Überbewertung gewichen (Apparatemedizin, Liebe als Sexualtechnik, Orientierung an materiellem Besitz usw.) – bei gleichzeitiger Dominanz einer wissenschaftstheoretisch noch in den Kinderschuhen steckenden Spielart der Psychologie, der Psychoanalyse.[70] Ob die immer stärker zutage tretenden Unsicherheiten durch die neueste Mode eines diffusen Spiritualität, durch Übernahme halbverdauter Asiatica mittels geschäftstüchtiger Gurus behoben werden können, möchte ich bezweifeln.

Möglicherweise kann das hier vorgelegte, weitgehend an Schopenhauer ausgerichtete Leib-Seele-Modell vor den Fehlern des Materialismus bewähren, ohne auf ein solides logisch-wissenschaftstheoretisches Fundament zu verzichten.

Die uralten und zugleich neumodischen Vorstellungen über ewiges Leben und

69 Dies ist zweifellos die erfreulichste Seite an dem von Popper und Eccles unternommenen Versuch.

70 Cf. M. Perrez: *Ist die Psychoanalyse eine Wissenschaft?* Bern / Stuttgart / Wien 2. Aufl. 1979, sowie V. Gadenne: *Theorie und Erfahrung in der psychologischen Forschung*. Tübingen 1984.

Wiedergeburt[71] dürften – zumindest in der gängigen Form einer *individuellen* Fortexistenz – freilich nur schwer damit vereinbar oder auch nur überhaupt haltbar sein: denn *mein* Bewußtsein ist nicht von *meinem* Leib trennbar wie der Vogel vom Käfig.

Zwar ist ›jenseits‹ meiner Existenz im Hier und Jetzt etwas ganz anderes (nec taliter nec aliter, sed totaliter aliter) ›denkbar‹, aber es ist nicht logisch, dies mit einer Kontinuität meiner als einer konkret bestimmten Identität, die ja in einer leiblich-seelischen Identität besteht, in Verbindung zu bringen. Es wäre dies ein ›Zustand‹, über den lediglich via negativa gesprochen werden kann, was zahlreiche religiöse Vorstellungen – vor allem die des Gerichts, der ausgleichenden Gerechtigkeit im Jenseits, einer auf Drohung und Versprechungen fürs Jenseits basierenden Moralität, aber auch die eines allmählichen Sich-Höherarbeitens in der Stufenfolge der Existenzen – obsolet macht.

Die Möglichkeit, in dieser und in manchen anderen Richtungen weiter nachzudenken, dokumentiert einen der fruchtbarsten Ansatzpunkte für eine Aktualisierung der Philosophie Arthur Schopenhauers.

Anders ausgedrückt: die Einbeziehung der Gedanken Schopenhauers in die gegenwärtige Diskussion würde auch und gerade in diesem Falle einen Fortschritt bedeuten. Dieser Fortschritt läge nicht nur im abstrakt-wissenschaftlichen, sondern – das bezeugt der Verfasser – auch im konkret-existentiellen Feld.

Verwendete klassische Texte, Editionen und Abkürzungen:

Aristoteles	*Kategorien* übersetzt, mit einer Einleitung und erklärenden Anmerkungen versehen von Eugen Rolfes. 2. Aufl. Hamburg 1925, Neuausgabe 1958.
	Metaphysik in der Übersetzung von Hermann Bonitz, gr.-dt., mit Einleitung und Kommentar ed. Horst Seidl. 2 Bde. Hamburg 1978.
Berkeley	*Prinzipien der menschlichen Erkenntnis.* Nach der Übersetzung von Friedrich Überweg, mit Einleitung, Anmerkungen und Register ed. Alfred Klemmt. Hamburg 1957.
Fechner	*Zend Avesta I / II oder Über die Dinge des Himmels und des Jenseits*, 2 Bde. Hamburg / Leipzig ³1906.
Feuerbach	*Werke* in sechs Bänden, ed. Erich Thies. Frankfurt / Main 175 ff.
Fichte	*Sämtliche Werke* ed. Immanuel Hermann Fichte, 11 Bde. Bonn 1834 / 35 und Berlin 1845 / 46, Nachdruck Berlin 1971.
Hume	*Ein Traktat über die menschliche Natur.* Deutsch und mit Anmerkungen von Theodor Lipps. Mit einer Einführung ed. Reinhard Brandt. Hamburg 1973.
	Eine Untersuchung über den menschlichen Verstand, ed. Raoul Richter. Nachdruck Hamburg 1964.
Kant	*Werke*, ed. Wilhelm Weischedel, 6 Bde., Darmstadt ²1966.

71 Zwar ist der Buddhismus auch mit diesem Volksglauben im Bewußtsein vieler seiner Vertreter eine Synthese eingegangen, aber es lohnt den Hinweis, daß Buddha (bzw. das, was uns unter seinem Namen überliefert ist) sich derlei Überzeugungen bewußt enthält: cf. *Die Reden Gotamo Buddhas*, übertragen von K. E. Neumann, Bd. 1 (Mittlere Sammlung). Zürich / Wien 1956, pp. 463ff.

	Kritik der reinen Vernunft [KrV] (Bd. 2 der Weischedel-Ausgabe).
	Grundlegung zur Metaphysik der Sitten [GrzMdS] (Bd. 4 der Weischedel-Ausgabe).
Leibniz	*Monadologie* mit Einführung und Anmerkungen ed. Herbert Herring. Hamburg 1956, Nachdruck 1969.
	Theodizee Übersetzung von Artur Buchenau, einführender Essay von Morris Stockhammer. Hamburg 1968.
Locke	Über den menschlichen Verstand, übersetzt von C. Winckler. Überarbeitete Ausgabe Hamburg 1968, Nachdruck 1976.
Nietzsche	*Jenseits von Gut und Böse* [JGB]. Mit einem Nachwort von Alfred Baeumler. Stuttgart [10]1976.
	Der Wille zur Macht [WzM], ausgewählt und geordnet von Peter Gast unter Mitwirkung von Elisabeth Förster-Nietzsche. Mit einem Nachwort von Alfred Baeumler. Stuttgart 1964.
Schopenhauer	*Sämtliche Werke*, ed. Arthur Hübscher, 7 Bde. Wiesbaden [3]1972.
	Über die vierfache Wurzel des Satzes vom zureichenden Grunde [G], 2. Aufl. 1847 (Bd. 1 der Hübscher-Ausgabe).
	Die Welt als Wille und Vorstellung [W I / II], 2 Bde. (Bde. 2 und 3 der Hübscher-Ausgabe).
	Der handschriftliche Nachlaß [HN I-V], ed. Arthur Hübscher, 5 Bde. Frankfurt / M. 1966 ff.

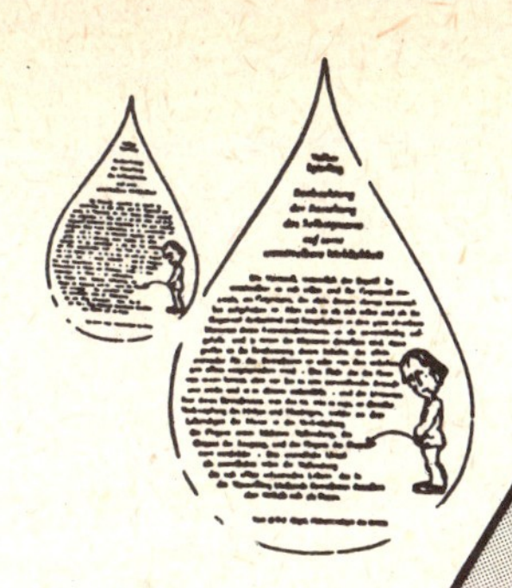

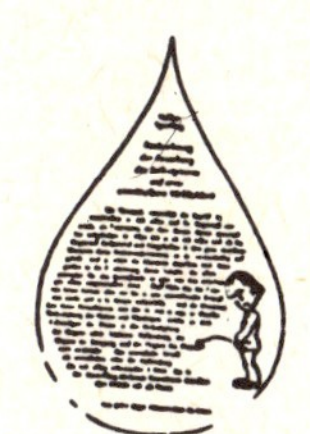

Volker
Spierling

*Beobachtung
der Beziehung
des Selbstpissens
auf seine
unmittelbare Wirklichkeit*

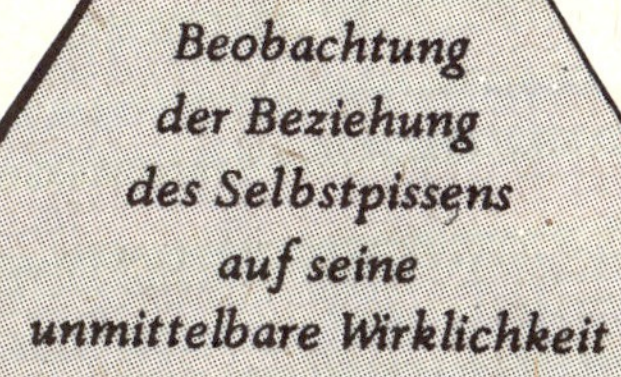

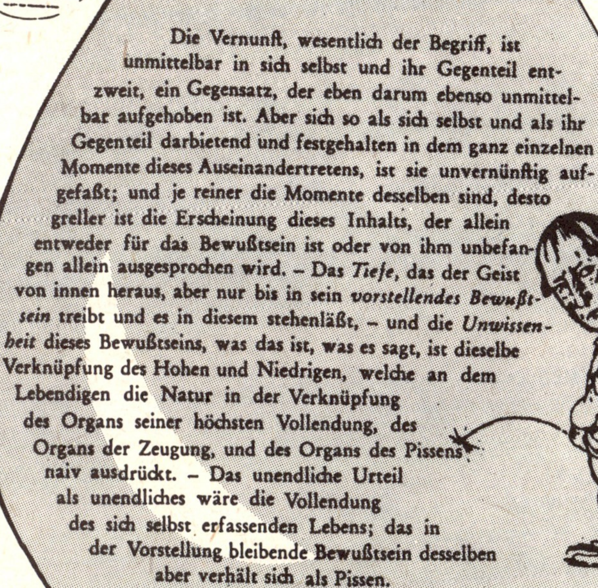

Die Vernunft, wesentlich der Begriff, ist unmittelbar in sich selbst und ihr Gegenteil entzweit, ein Gegensatz, der eben darum ebenso unmittelbar aufgehoben ist. Aber sich so als sich selbst und als ihr Gegenteil darbietend und festgehalten in dem ganz einzelnen Momente dieses Auseinandertretens, ist sie unvernünftig aufgefaßt; und je reiner die Momente desselben sind, desto greller ist die Erscheinung dieses Inhalts, der allein entweder für das Bewußtsein ist oder von ihm unbefangen allein ausgesprochen wird. – Das *Tiefe*, das der Geist von innen heraus, aber nur bis in sein *vorstellendes Bewußtsein* treibt und es in diesem stehenläßt, – und die *Unwissenheit* dieses Bewußtseins, was das ist, was es sagt, ist dieselbe Verknüpfung des Hohen und Niedrigen, welche an dem Lebendigen die Natur in der Verknüpfung des Organs seiner höchsten Vollendung, des Organs der Zeugung, und des Organs des Pissens naiv ausdrückt. – Das unendliche Urteil als unendliches wäre die Vollendung des sich selbst erfassenden Lebens; das in der Vorstellung bleibende Bewußtsein desselben aber verhält sich als Pissen.

Text: G.W.F. Hegel, *Phänomenologie des Geistes*

Schopenhauer küßt völlig frei seinen Willen
Die Musik als Ort der Wahrheitsfindung

Dorothée Jansen *(Düsseldorf)*

Als klein Arthur im Alter von vier Jahren in der Badewanne saß und das erste Mal bewußt sein erregtes Glied betrachtete, sprach er:

> Nanu, wer ist denn das? Mein schönes Kind, Dir will ich immer dienen, Dich meinen Willen nennen!

Mein lieber Arthur, Du staunst, fragst Dich, woher ich wisse...

> Die Genitalien sind viel mehr als irgend ein anderes äußeres Glied des Leibes bloß dem Willen und gar nicht der Erkenntnis unterworfen [...] Diesem allen zufolge sind die Genitalien der eigentliche Brennpunkt des Willens [...][1]

Dieser kleine Wille (wahrscheinlich war es eher ein großer) muß Dich recht stark hin- und hergeworfen haben, mal wolltest Du ihn loswerden, aber dann hattest Du wohl wieder Sehnsucht nach ihm.

Eine kleine Kostprobe dieser Kämpfe hast Du uns ja in Deiner Ästhetik gewährt.

Aufbauend auf dem Antagonismus von Welt als Wille und Welt als Vorstellung behauptest Du, daß in der künstlerischen Weltanschauung, nachdem das Subjekt – als Repräsentant der Welt als Vorstellung – seinen eigenen Willen aufgegeben hat, die Welt der Ideen und in der Musik die Welt des Willens geschaut wird. Hatte die Welt als Vorstellung die Welt des Willens negiert (da wolltest Du Deinem Willen also nicht mehr dienen), so finden diese beiden gegensätzlichen Welten in der Welt der intuitiven Erkenntnis / der Welt der Kunst ihre Vereinigung. Wille und Vorstellung sind auf einer höheren Ebene versöhnt.

Da mag sich wohl Dein Kopf – als Repräsentant der Welt als Vorstellung – ganz langsam zu Deinem Willen begeben haben, ihn zärtlich und befreit geküßt haben und als Produkt dieser Verschmelzung ist uns Deine Ästhetik – Dein narzißtisch erzeugtes Kind – geschenkt worden.

Wahrscheinlich hast Du – wie es auch andere Menschen zu tun pflegen – bei diesem sich hingebenden Kusse – leise gesummt in Deiner Badewanne, vielleicht war aus einem Nebenraum ein Lied zu hören, vielleicht klingelten vor Freude Deine Ohren. Ähnliches wird Dich jedenfalls dazu gebracht

1 Schopenhauer: *Die Welt als Wille und Vorstellung I/2*, ed. A. Hübscher, Zürich 1977, p. 412.

haben, in der Musik diese Vereinigung der beiden feindlichen Welten am besten ausgeführt zu sehen.

In der Musik werden nicht nur Vorstellung und Wille vereinigt, die Musik ist das perfekteste »Abbild des Willens selbst«,[2] sie spricht von lauter »Wohl und Wehe«.[3]

Da Dein Wille ein höchst erotisches Stengelchen war, so muß demnach die Musik höchst erotisch sein.

So bemühen sich ein gewisser Herr Döpfner und ein Herr Garms in ihrem Werk *Erotik in der Musik*,[4] zu zeigen:

> Musik war noch nie Selbstzweck. Immer war sie das mithin sinnlichste Ausdrucksmittel für die Gefühle des Menschen.[5]
>
> [D]as Wesen der Höhepunktsgestaltung läßt sich nahezu in jeder Komposition nachvollziehen.[6]

Auch Dein Freund Nietzsche behauptet ja:

> Musik ist auch noch eine Art Kindermachen.[7]

Nun muß in der Wand zu Deinem Badezimmer ein Loch gewesen sein und just in dem Moment, wo Du völlig befreit Deinen Willen geküßt hast, muß Dich jemand dabei beobachtet haben. Ein Musiker ist's wohl gewesen, der spät, erst 1960, das Gesehene zu einer neuen Musikrichtung erklärte, benannt »das Freie Küssen«, in unseren amerikanisierten Zeiten empfiehlt es sich, die amerikanische Übersetzung gleich mitzuliefern: »Free Jazz«.

So schuf dieser Musiker – Ornette Coleman nannte er sich – eine Musik genau nach Deinem Geschmacke, lieber Arthur.[8] Aufgrund des Einflusses des Blues in seine Musikrichtung war es eine höchst erotische Musik, vor allem in ihren Soli erlebten die Musiker wahre Ekstasen der Lust; es wurde gestöhnt, geschrien, geächzt, manch einer spielte nackt auf der Bühne; daß das Saxophon aufgrund seiner so wunderschönen Form so hohe Bedeutung in dieser Musik erlangte, mag auch nicht zufällig sein.

Man war spontan, alles wurde zum Instrument erkoren: Gartenschläuche, Teller, Babyrasseln, Luftballons etc., und all dies war Musik. Da gab es nicht mehr die Diktatur des einen Rhythmus', viele Rhythmen waren erlaubt,

---

2 Ibid. I/1. p. 324.

3 Schopenhauer: *Parerga und Paralipomena II/2*. ed. Hübscher, Zürich 1977, p. 473.

4 M. O. Döpfner & Thomas Garms: *Erotik in der Musik*. Frankfurt / Main 1986.

5 Ibid.. p. 17.

6 Ibid.. p. 40.

7 Friedrich Nietzsche: *Der Wille zur Macht*. Stuttgart 1964. p. 536.

8 Joachim E. Berendt: *Das Jazzbuch*. Frankfurt / Main 1971.

jeder spielte recht frei, was ihm der Wille eingab, keine eingehende wohlgeordnete Melodie, so daß die Musik nicht notiert werden konnte und nicht wiederholbar war – ein rechtes Chaos also, ganz so chaotisch wie Dein Wille, lieber Arthur.

Das war Musik, wie Du sie liebtest.

Ja, aber halt, unterliegst Du da nicht einem Zweifel?

Gewiß gewiß, Deinen befreiten Kuß in Deiner Badewanne vermag diese Musik recht gut auszudrücken, aber war denn mit Deinem Willen nicht doch noch etwas anderes gemeint, darf ich diese von Dir eingeführte metaphysische Größe einfach auf ein Körperteil reduzieren (obwohl Du, lieber Arthur, das selber getan hast)?

Nein nein, Dein erregter Wille war schließlich nur Repräsentant der Welt des Willens, der Wille selber liegt hinter den Dingen, ganz verborgen, muß kontemplativ erfahren werden, er ist die Wahrheit dieser Welt, das Ding an sich.

Tja, die Verwirrung ist da groß, wo ist Dein kleiner Wille, und wo ist der große?

Ist nun der Free Jazz Ausdruck Deines Willens, oder doch des Wesens dieser Welt?

Was ist denn nur das Wesen dieser Welt, was ist die große Wahrheit?

Ich habe mit dem Freund gesprochen, der damals Dich gesehen durch das kleine Loch. Er sagte mir, von Wahrheit wisse er nichts, jedoch von Eros viel; wollte ich die Wahrheit finden, einen Gott oder den Willen selber, so möge ich mein Glück doch anderwärts versuchen; er selber mache keine Musik, die sich zu Inhalten, erst recht nicht metaphysischer Art, verpflichten soll.

Da stand ich denn, was nun, was tun?

Mein lieber Arthur, sollte ich Deiner Wahrheit glauben, zumal auch andere Musik als Darstellung metaphysischer Allgewalten verstehen?

Ein anderer Herr, der auch, wie ich, nicht Musiker, sondern stets in Kontakt mit diesen, Herr Berendt, wenn ich mich recht entsinne, meint sogar, da alles Musik produziere: die Pflanzen, die Fische, da alles nach musikalischen Gesetzen geordnet sei, da die Musik in vielen Mythen hoch gelobt, sei sie das Wesen dieser Welt, ruft ganz emphatisch aus: »Nada Brahma – Die Welt ist Klang«.[9]

---

9 Joachim E. Berendt: *Nada Brahma: Die Welt ist Klang*. Frankfurt / Main 1983.

Ein junger Kollege namens Hans Cousto behauptet in »Die kosmische Oktave«,[10] daß, wenn man die Erdrotation in Frequenzen ausdrückt, man die Frequenz des Tones C erhält; Musik als Ausdruck der Gesetze dieser Welt.

Das sind recht hohe Ansprüche an die Musik.

Musik als Ort der Wahrheitsfindung, die Wahrheit selbst oder als Ausdruck der Wahrheit dieser Welt.

Ich bleibe verdutzt und frage mich, ob die Musik damit nicht überfordert ist, warum soll sie als letzte einen Sinn enthalten und vermitteln?

Ja, lieber Arthur, der Fragen viele, die Wahrheit, die Du gefunden hast, vermag ich nicht zu finden, aber vielleicht fehlt mir eben doch ein ganz entscheidendes Körperteil...

---

10 Hans Cousto: *Die kosmische Oktave*, Essen 1984.

Über die Bedeutung der Beziehung zu Schopenhauer in Nietzsches Kritik der Demokratie

Georges Goedert *(Luxemburg)*

Die Frage nach der Bedeutung der Beziehung zu Schopenhauer in Nietzsches Kritik der Demokratie muß eigentlich eine doppelte sein. Einerseits möchten wir erkennen, in welchem Maße diese Kritik durch die Gegnerschaft zu Schopenhauer mitbeeinflußt sein mochte, was uns hauptsächlich dazu veranlaßt, zu erforschen, inwieweit Nietzsches Strategie gegen die demokratischen Werte auch eine Auseinandersetzung mit Schopenhauer impliziert. Es wird andererseits aber auch nötig sein, zu klären, inwiefern umgekehrt gerade Nietzsches antidemokratische Grundeinstellung sein Verhältnis zu Schopenhauer mitbelasten konnte.

Als von ganz entscheidender Bedeutung für Nietzsches Denken muß die Tatsache gewertet werden, daß es sich an der Philosophie Schopenhauers entzündete. In Leipzig empfing der damals eben einundzwanzig Gewordene die Botschaft des Hauptwerks, der *Welt als Wille und Vorstellung*, wie eine übernatürliche Offenbarung.

Man sollte nicht unterlassen, diese erste Begegnung auch auf ihre existentielle Bedeutung hin zu hinterfragen. Dies muß nämlich zu der Einsicht führen, daß Nietzsche bei Schopenhauer entdeckte, was er während dieser Zeit in sich selbst trug: die Metaphysik der Willensverneinung erschien ihm als ein grandioses Spiegelbild seiner eigenen pessimistischen Einstellung zur Welt und zum Menschen.

Schopenhauer ist der einzige Philosoph, dessen Gesamtwerk Nietzsche gelesen hatte. Sein Einfluß reicht hinein bis in die letzten Schriften des Jahres 1888 und ist insbesondere überall dort spürbar, wo Kritik geübt wird an den herkömmlichen Werten oder von neuen Wertvorstellungen die Rede ist. So mußte auch bei der ersten Begegnung das religiös-ethische Moment, natürlich in seiner pessimistischen Gestaltung, den Ausschlag gegeben haben, was an und für sich nicht erstaunlich ist, da einerseits Schopenhauers anscheinend gänzlich irreligiöse Lehren schon zu seinen Lebzeiten als eine neue Religion aufgefaßt wurden, der man die Fähigkeit zuschrieb, das Vakuum aufzufüllen, welches wegen des sich abschwächenden Christentums im Entstehen war, und andererseits Nietzsche zu diesem Zeitpunkt eine noch verhältnismäßig unproblematische Beziehung zur christlichen Religion und zur herkömmlichen Moral zu haben schien.

Nach ein paar Jahren wich die anfängliche Begeisterung jedoch nach und nach einer sich steigernden Ablehnung, die aber niemals zur völligen Verleugnung werden sollte.

Obgleich die dritte *Unzeitgemäße – Schopenhauer als Erzieher* (1874) – an und für sich noch eine Huldigungsschrift darstellt, darf sie nicht vergessen lassen, daß die drei Jahre vorher entstandene *Geburt der Tragödie aus dem Geiste der Musik* einen tragischen, aber zugleich lebensbejahenden Pessimismus bekundet, welcher der schopenhauerschen Willensverneinung diametral entgegengesetzt ist. Bei den starken Menschen wird die Erfahrung des Leidens nicht zum Quietiv des Willens, sondern dient der dionysischen Bejahung alles Lebendigen, die sowohl Voraussetzung als auch Erfüllung jeglichen höheren Menschentums bedeutet.

Wenn wir nun spezieller die Frage nach der Bedeutung Schopenhauers für Nietzsches sozialphilosophische Vorstellungen aufwerfen, insbesondere für seine Kritik der Demokratie, dann rückt unweigerlich auch die christliche Thematik in den Mittelpunkt des Blickfeldes. Behauptet Nietzsche doch, die demokratische Bewegung mache die »Erbschaft der christlichen«[1]. Jedenfalls stellt er hier eine enge Verwandtschaft fest, was sich hauptsächlich auch darin zeigt, daß die drei Gesichtspunkte, die nach ihm die christliche Moral bestimmen, für die demokratischen Wertvorstellungen ebenfalls prägend sind.

Es handelt sich dabei an erster Stelle um die Perspektive des Herdentieres, welche insbesondere durch die Mittelmäßigkeit gekennzeichnet wird. Das Christentum wird bezeichnet als »eine *Entnatürlichung* der Heerden-Thier-Moral«, und umgekehrt die Demokratie als »das *vernatürlichte* Christenthum«. Hiermit wird hingewiesen auf die Widernatürlichkeit im Christentum und zugleich auf die Tatsache, daß das Herdentier fürs erste eigentlich im Rahmen der Natürlichkeit, d.h. des von der Natur direkt Gewollten, seinen Platz hat. Die Demokratisierung sei eine »natürlichere Gestalt« der Herdentier-Moral.[2]

Hinzu kommt die stark durch das Ressentiment geprägte Sklavenperspektive. Die christliche Lehre wird wesentlich als »Sklaven-Moral« dargestellt. Die Juden, »jenes priesterliche Volk des Ressentiment par exellence«[3], hätten dank dem Christentum den Sieg über die vornehmen Römer davongetragen. Jesus selbst sei frei vom Ressentiment gewesen, jedoch habe der Abfall von

---

1 JGB 202. KSA 5. p. 125. Alle Nietzsche-Zitate sind der *Kritischen Studienausgabe* sämtlicher Werke (KSA) und sämtlicher Briefe (KSB) entnommen, die auf der Grundlage der *Kritischen Gesamtausgabe* bei Walter de Gruyter im Deutschen Taschenbuch Verlag erschienen ist. Die Schopenhauer-Zitate entstammen der in Wiesbaden erscheinenden Brockhaus-Ausgabe (nach der ersten, von Julius Frauenstädt besorgten Gesamtausgabe, neu bearbeitet und ed. Arthur Hübscher). Wir haben jeweils die originale Rechtschreibung berücksichtigt. In den Anmerkungen haben wir die gebräuchlichen Siglen angewandt. Für Schopenhauer: W I (*Die Welt als Wille und Vorstellung*, Bd. I); P II (*Parerga und Paralipomena*, Bd. II). Für Nietzsche: MA I (*Menschliches, Allzumenschliches*, Bd. I); Za (*Also sprach Zarathustra*); JGB (*Jenseits von Gut und Böse*); GM (*Zur Genealogie der Moral*); GD (*Götzen-Dämmerung*); AC (*Der Antichrist*); EH (*Ecce homo*).

2 *Nachgelassene Fragmente*, Herbst 1887, 10(77). KSA 12, p. 499f.

3 GM 16. KSA 5, p. 286.

ihm bereits bei seinen Jüngern begonnen, speziell bei Paulus, der die Botschaft des Gekreuzigten für die Stillung seiner Rachsucht ausnutzte. Und Nietzsche meint, ein letzter Sieg Judäas über das klassische Ideal sei durch die Französische Revolution errungen worden. Somit wäre also auch hier noch das aus dem Judentum stammende und sich unter christlichen Erscheinungsformen auswirkende Ressentiment fruchtbar gewesen. Das hieße auch, daß der aus der Französischen Revolution hervorgegangene Demokratismus von diesem Ressentiment bestimmt sei.

Schließlich müssen wir auch die der Krankheit, dem Verfall und der Entartung, kurz der Schwäche entstammende Perspektive erwähnen. Nietzsche erörtert sie weitgehend im Hinblick auf die christlichen Werte, besonders im *Antichrist* und überhaupt in den Schriften des Jahres 1888, in denen er nunmehr mit Vorliebe den Begriff »décadence« verwendet. Diese Perspektive deckt sich vielfach mit derjenigen des Sklaven, darf aber nicht ohne weiteres als identisch mit ihr angesehen werden. Der Sklave ist nämlich als solcher weder krank noch entartet.

Dasselbe gilt in erweitertem Maße für das Herdentier. Dennoch stellt der demokratische Mensch auch ein Symptom für Schwäche und Verfall dar. Er benimmt sich zahm und friedlich, zieht das Gehorchen dem Befehlen vor, verlangt nach Schonung und schätzt die Annehmlichkeiten eines anspruchslosen Alltags. »Die europäische ›Demokratie‹«, so Nietzsche, »ist zum kleinsten Theil eine Entfesselung von Faulheiten, von Müdigkeiten, von *Schwächen*«.[4] Darüber hinaus hätten die aus der Französischen Revolution hervorgegangenen »modernen Ideen«, unter ihnen selbst der Glaube an die Vernunft und den Fortschritt, weitgehend einen nihilistischen Charakter, und nach Nietzsche ist der Nihilismus, natürlich soweit es sich dabei um die passive Art desselben handelt, am Ende der durch ein Abnehmen der Kräfte sich entwickelnde Hang zum Nichts.

Welches ist aber nun das Christentum, das Nietzsche hinterfragt und allmählich zum Objekt breiter und manchmal vehementer Auseinandersetzungen macht? Hier tut eine klare Antwort not.

Es handelt sich im wesentlichen um diejenige Deutung, die Schopenhauer in der *Welt als Wille und Vorstellung* zwecks Bestätigung seiner eigenen pessimistischen Philosophie, d.h. besonders seiner willensverneinenden Moral entwickelt hat. Dieses schopenhauersche Bild des Christentums stimmt aber noch lange nicht problemlos überein mit den aus christlichem Selbstverständnis entstandenen Darstellungen. Mit Theodor Steinbüchel dürfen wir

4 *Nachgelassene Fragmente*, April-Juni 1885. 34(165). KSA 11, p. 476.

hier von »Schopenhauers neubuddhistische[r] Mißdeutung der christlichen Moral und des christlichen Weltverständnisses« sprechen.[5]

Bezeichnend in diesem Zusammenhang ist ein Brief an Carl von Gersdorff vom April 1866, wo Nietzsche, eine Predigt kommentierend, die er gehört hat, erklärt, man müsse »nur consequent sein und sagen, ›die wahren Inder sind Christen‹«.[6] Besonders deutlich aber ist eine Stelle in *Menschliches, Allzumenschliches*, wo wir lernen, daß »die ganze mittelalterliche christliche Weltbetrachtung und Mensch-Empfindung noch einmal in Schopenhauer's Lehre, trotz der längst errungenen Vernichtung aller christlichen Dogmen, eine Auferstehung feiern« konnte; er, Nietzsche, glaube, »dass es jetzt Niemandem so leicht gelingen möchte, ohne Schopenhauer's Beihülfe dem Christenthum und seinen asiatischen Verwandten Gerechtigkeit widerfahren zu lassen«.[7] Nietzsche hat bis zuletzt nie ernsthaft gefragt, in welchem Maße dieses von Schopenhauer dargestellte Christentum als authentisch zu betrachten sei. Noch im *Antichrist* nennt er das Christentum »die Religion des *Mitleidens*«[8], und in *Ecce homo* »diese Religion gewordne *Verneinung des Willens zum Leben*«.[9]

Von ganz besonderer Bedeutung ist hier seine Identifikation der christlichen Liebe mit dem Mitleid. Sie führt natürlich auf Schopenhauer zurück, der in der *Welt als Wille und Vorstellung* behauptet: »Alle Liebe (αγαπη, *caritas*) ist Mitleid«.[10] Auch heißt es, zu bedenken, welch zentralen Platz das Mitleid in Schopenhauers Hauptwerk und mehr noch in der Schrift *Über die Grundlage der Moral* einnimmt. Die Auswirkung hiervon auf Nietzsche, auch auf seine politische Philosophie, ist nicht zu verkennen und darf keineswegs unterschätzt werden. Das Mitleid finden wir somit vor in drei Perspektiven, die in seinem Werk bestimmend sind für die Genealogie sowohl der christlichen als auch der demokratischen Wertvorstellungen. Es gilt als Eigenschaft oder Tugend bei den Herdentieren, weiterhin bei den Sklaven, und ebenfalls bei den Kranken und den Entarteten. Nietzsche führt es auf vielerlei Beweggründe zurück, die egoistischer, ja sogar boshafter Natur sind, und bei denen es sich in der Hauptsache handelt um Selbstbehauptung, Selbstverteidigung oder Aggression. Letztere ist speziell bezeichnend für die Sklaven-Perspektive; sie erfährt ihre Konkretisierung im Ressentiment.

Dagegen ist das Mitleid den vornehmen Menschen fast gänzlich fremd, jedenfalls unter dieser Prägung. Sie üben es höchstens gegenüber den

5 Theodor Steinbüchel: *Nietzsche. eine christliche Besinnung*, Deutsche Verlagsanstalt, Stuttgart 1946. p. 27.

6 KSB 2. p. 122.

7 MA I.26. KSA 2. p. 47.

8 AC 7. KSA 6. p. 172.

9 EH. *Der Fall Wagner* 2. KSA 6. p. 359.

10 W I. p. 443.

Schwachen, den Niedrigen. Solche Menschen seien »eben stolz darauf, nicht zum Mitleiden gemacht zu sein«.[11]

Der Schluß drängt sich hier geradezu auf, Nietzsche habe die »Brüderlichkeit« in der Losung der Französischen Revolution als Mitleid diagnostiziert.[12] Dies wäre ein wichtiger Grund, anzunehmen, daß in seiner Ablehnung Schopenhauers und ebenfalls in seiner Feindschaft gegen das Christentum gerade gesellschaftspolitische Erwägungen und Denkansätze eine wesentliche Rolle gespielt haben.

Dagegen ist es andererseits sicherlich nicht falsch, zu behaupten, wir fänden in Nietzsches zahlreichen antidemokratischen Darbietungen meistenteils so oder so auch seine Kritik an Schopenhauer und am Christentum wieder, bis hinein in die Lehre Zarathustras, die weitgehend als eine Semiotik politischer Philosophie betrachtet werden darf.

Sicher ist, daß Nietzsche sich sorgte und ängstigte um die Zukunft der Menschheit, daß er insbesondere im politischen Uniformieren und Nivellieren die Gefahr der Verflachung und Verkleinerung des Menschen sah. Hinzu kommt, daß er sich bereits sehr früh mit gesellschaftspolitischen Fragen beschäftigte. Wenn er auch im Oktober an Erwin Rohde schreibt, er sei »kein ζωον πολιτικον« und habe »gegen derartige Dinge eine Stachelschweinnatur«,[13] dann heißt das für uns nur, ausgedrückt in einer demselben Brief entnommenen Formulierung, daß er das »Getreibe politischer Interessen« meidet, nicht aber, daß er kein Interesse habe für die politischen Strömungen seiner Zeit.

Abgesehen davon, daß der für seine weiteren Ausführungen über die Demokratie so bedeutsame Dualismus von Stärke und Schwäche bereits in der *Geburt der Tragödie* voll zum Tragen gelangt, enthält die *Der griechische Staat* betitelte *Vorrede* aus dem Jahre 1872 die »Wahrheit«, von der Nietzsche zugibt, sie klinge grausam, »daß *zum Wesen einer Kultur das Sklaventhum gehöre*«. Der Begriff »Kultur« beschränkt sich hier wesentlich auf die künstlerische Tätigkeit, was jedoch total nebensächlich erscheinen muß im Vergleich zu Aussagen wie dieser: »Das Elend der mühsam lebenden Menschen muß noch gesteigert werden, um einer geringen Zahl olympischer Menschen die Produktion der Kunstwelt zu ermöglichen.«[14]

Das Verfechten dieser Behauptung kann angesehen werden als die eigentliche Eröffnung der Feindseligkeiten gegen die Demokratie und zugleich als

11 JGB 260. KSA 5. p. 210.

12 Cf. hierzu insbesondere: JGB 202. KSA 5. p. 125: *Nachgelassene Fragmente*, Juni-Juli 1885. 37(8). KSA 11. p. 581: *Nachgelassene Fragmente*. Herbst 1887. 9(145). KSA 12. p. 419.

13 KSB 2. p. 331.

14 *Nachgelassene Schriften: Fünf Vorreden. Der griechische Staat*, KSA 1, p. 767.

indirekte Kampfansage gegen das Christentum.[15] Ihre Begründung weist deutlich zurück auf Schopenhauer, sofern zum Ausdruck kommt, die Macht sei immer böse. Später wird Nietzsche das Böse in den Kern des Werdens verlegen, indem als Grundprinzip aufstellt, alles Leben, auch das schwache, sei Wille zur Macht. Bereits hier zeigt sich deutlich die genaue Eigenart des ambivalenten Charakters seiner Beziehung zu Schopenhauer. Es kommt nämlich nicht selten vor, daß Grundaspekte in Schopenhauers Denken ihm gerade dazu dienen, Positionen aufzubauen, welche diesem diametral entgegengesetzt sind.

Nietzsche befürwortet eine aristokratische Gesellschaftsordnung, was jedoch nicht heißt, seine Philosophie sei reaktionär. Er tritt keineswegs ein für die Restauration vergangener Herrschaftsverhältnisse, sondern hofft auf »*neue Philosophen*« – er nennt sie auch »Befehlshaber« und »Führer« –, die mittels einer »Umwertung der Werte« die geistigen Voraussetzungen für die Entstehung einer neuen Elite schaffen werden. Es sei dies die Hoffnung derjenigen, »denen die demokratische Bewegung nicht bloss als eine Verfalls-Form der politischen Organisation, sondern als Verfalls-, nämlich Verkleinerungs-Form des Menschen gilt, als seine Vermittelmässigung und Werth-Erniedrigung«[16]. Andererseits heißt es auch, daß »jede Erhöhung des Typus ›Mensch‹ das Werk einer aristokratischen Gesellschaft sei«[17]. Beide Vorstellungen ergänzen sich gegenseitig: Nietzsche nimmt eine Wechselbeziehung an zwischen Individuum und Gesellschaft, was in diesem Falle heißt, daß, falls es gelingen sollte, bei einer Reihe Menschen, die dafür die nötigen Voraussetzungen haben, eine Erhöhung zu bewirken, diese auch die ihnen angemessenen Institutionen schaffen, d.h. diejenige gesellschaftliche und politische Ordnung, die imstande ist, von sich aus die Starken für die Erhaltung und Weiterentwicklung ihrer Kräfte zu unterstützen.

---

15 Es gibt im Nachlaß noch eine frühere Textstelle, welche diesen Gedanken bereits beinhaltet. Cf. das *Fragment einer erweiterten Form der ›Geburt der Tragödie‹* aus den ersten Wochen des Jahres 1871. Hier lesen wir u.a.: »Denn die Natur ist auch, wo sie das Schönste zu erschaffen angestrengt ist, etwas Entsetzliches. Diesem ihren Wesen ist es gemäß, daß die Triumphzüge der *Kultur* nur einer unglaublich geringen Minderheit von bevorzugten Sterblichen zu Gute kommen, daß dagegen der *Sklavendienst* der großen Masse eine Nothwendigkeit ist, wenn es wirklich zu einer rechten Werdelust der Kunst kommen soll« (*Nachgelassene Fragmente*, Anfang 1871, 10(1). KSA 7. p. 336). Überhaupt fällt in diesem Bruchstück die sozialphilosophische Prägung auf, die bekanntlich in der endgültigen Fassung der *Geburt der Tragödie* so gut wie keine Rolle mehr spielt. Jedenfalls ist der hier vorliegende Versuch Nietzsches von großer Wichtigkeit, nicht nur wegen seines Inhaltes, sondern vor allem weil er dazu beiträgt, uns auf sein früheres Interesse für gesellschaftspolitische Fragen aufmerksam zu machen. Es sieht so aus, als hätte die rein ästhetisch-ontologische Problematik hier nicht genügt, weshalb er dann ausholen wollte zu politischen Fragen, die hierzu wenigstens eine bedeutsame Ergänzung hätten bilden können.

16 JGB 203. KSA 5, p. 126.

17 JGB 257. KSA 5, p. 205.

Dagegen verlange der schwache Mensch nach einer demokratischen Gesellschaftsform, und es wird auch umgekehrt gezeigt, daß diese die Abschwächung und Verkleinerung des einzelnen vorantreibt, wie es heißt, »diese Verthierung des Menschen zum Zwergthiere der gleichen Rechte und Ansprüche« ermöglicht.[18] Die Gewährung gleicher Rechte macht gleicher, und je gleicher die Menschen untereinander werden, desto größer wird ihre Forderung nach gleichen Rechten, ja selbst nach Erfüllung gleicher Ansprüche. Nietzsche – dies sei gesagt ohne die Absicht, den von ihm vertretenen Antidemokratismus zu billigen, – hat die Schattenseiten des aktuellen Wohlfahrtsstaates, der heutigen Anspruchsgesellschaft, vorausgeahnt.

Er tritt entschieden ein für die Ungleichheit, überzeugt, daß »der Typus ›Mensch‹« sich nur dank einer aristokratischen Ordnung verbessern könne. Die naturbedingte Ungleichheit soll nach ihm nicht nur erhalten, sondern vermehrt werden. Dies geschieht nur in einer Gesellschaft, die sich auszeichnet durch den Glauben »an eine lange Leiter der Rangordnung und Werthverschiedenheit von Mensch zu Mensch» und «Sklaverei in irgendeinem Sinne nöthig hat«. Hieraus ergibt sich nämlich das für Nietzsche so wichtige »*Pathos der Distanz*«, ein rein soziologisches Phänomen zuerst, dann aber vor allem ein psychologisches, sofern eine im Hinblick auf den Übermenschen unerläßliche geistige Entwicklung hierbei ausgelöst wird. Indem »innerhalb der Seele selbst« das »Verlangen nach immer neuer Distanz-Erweiterung« erzeugt wird,[19] entsteht die Kette von Selbstüberwindungen, über die Zarathustra ja so gerne spricht, und ohne welche die Verwirklichung höheren Menschentums nicht in Frage kommt.

Eine gesunde Aristokratie fühlt sich nicht als Funktion des Gemeinwesens, sondern als »dessen *Sinn* und höchste Rechtfertigung«. Sie muß den »Grundglaube[n]« hegen, die Gesellschaft sei für sie da, und nicht umgekehrt sie für die Gesellschaft. Letztere soll ihr als »Unterbau und Gerüst« dienen. Infolgedessen nehme sie »mit gutem Gewissen das Opfer einer Unzahl Menschen« hin, »welche *um ihretwillen* zu unvollständigen Menschen, zu Sklaven, zu Werkzeugen herabgedrückt und vermindert werden müssen«.[20] Diese Textstelle aus *Jenseits von Gut und Böse* ist leider nicht die einzige bei Nietzsche, die in der Optik eines humanistischen und humanitären Demokratie-Verständnisses geradezu unerträglich wirken muß.

Das Korrelat dazu ist natürlich die Bekämpfung des Demokratismus in all seinen Schattierungen. Liberalismus, Sozialismus, Anarchismus geraten, auf unterschiedliche Weise allerdings, unter Beschuß. Im Paragraphen 202 von *Jenseits von Gut und Böse* beispielsweise ist zuerst einmal die Rede von dem

18 JGB 203. KSA 5, p. 127f.

19 JGB 257. KSA 5, p. 205.

20 JGB 257. KSA 5, p. 206f.

»immer unverhülltere[n] Zähnefletschen der Anarchisten-Hunde«.[21] Der Anarchismus wird in einer Notiz des Nachlasses angesehen als »bloß ein *Agitationsmittel des Socialism*«.[22] Dann wird gesprochen von den »friedlich arbeitsamen Demokraten und Revolutions-Ideologen«,[23] womit eigentlich, infolge ihres Sieges durch die Französische Revolution, die liberale Bourgeoisie gemeint sein müßte. Die Benennung »liberal« oder »Liberalismus« kommt bei Nietzsche jedoch nur selten vor. Dennoch lesen wir zum Beispiel in der *Götzen-Dämmerung*: »Liberalismus: auf deutsch *Heerden-Verthierung* [...]. Die Völker, die Etwas werth waren, werth *wurden*, wurden dies nie unter liberalen Institutionen«.[24] Besonders heftig und beleidigend sind aber die Äußerungen gegen die Sozialisten, die hier »tölpelhafte[..] Philosophaster[..] und Bruderschafts-Schwärmer[..]« genannt werden.[25]

Alle drei Gruppierungen seien »Eins im zähen Widerstande gegen jeden Sonder-Anspruch, jedes Sonder-Recht und Vorrecht«.[26] Hier geht es explizit nicht nur um die Gleichheit der zivilen und der politischen Rechte, sondern ebenfalls um die Erfüllung gleicher Ansprüche. Und gerade daraus läßt sich erklären, weshalb Nietzsche es an vielen Stellen ganz besonders auf den Sozialismus abgesehen hat, nicht minder leidenschaftlich übrigens als auf das Christentum, wobei er ja auch das Evangelium »die *typische Socialisten-Lehre*« nennt.[27]

In Zusammenhang mit seiner Kritik des Liberalismus sei noch bemerkt, daß er hauptsächlich auch den mit dem Glauben an den technischen und den wirtschaftlichen Fortschritt verbundenen und überhaupt für die Modernität charakteristischen Optimismus radikal ablehnte. Hat er nicht bei Schopenhauer insbesondere die grundsätzlich pessimistische Ausrichtung stets bewundert, selbst wenn sein eigener Pessimismus prinzipiell anderer Natur ist, d.h. nicht willensverneinend, sondern, obgleich tragisch, dennoch auf dionysische Art lebensbejahend?

Bereits in *Menschliches, Allzumenschliches* heißt es, die Forderung nach Gleichheit sei keineswegs »der Ausfluss der Gerechtigkeit, sondern der Begehrlichkeit«.[28] Diese »Begehrlichkeit« erhält in der Folge ihre nähere Bestimmung, und zwar wird eine Vielzahl von Beweggründen allmählich herausgestellt, die zu der hier schon erwähnten dreifachen Perspektive gehören: den Schwachen und Entarteten fehlt es an Mut und Kraft sowohl

---

21 JGB 202, KSA 5, p. 125.

22 *Nachgelassene Fragmente*, Herbst 1887, 10(82), KSA 12, p. 503.

23 JGB 202, KSA 5, p. 125.

24 GD, *Streifzüge eines Unzeitgemässen* 38, KSA 6, p. 139.

25 JGB 202, KSA 5, p. 125.

26 Ibid.

27 *Nachgelassene Fragmente*, November 1887 bis März 1888, 11(379), KSA 13, p. 178.

28 MA I, 451, KSA 2, p. 293.

für die aktive Ungleichheit als auch für die passive; ähnlich verhält es sich mit dem Herdentier, dessen Moral aus einem auf Furchtsamkeit basierenden Nützlichkeitsdenken besteht; und die Sklaven ihrerseits sind in der Hauptsache darauf bedacht, die Privilegien der Mächtigen abzuschaffen, um somit ihren Rachedurst zu stillen. Nach Nietzsche kommen diese Motivationen in unterschiedlichem Ausmaße und in verschiedenartigen Zusammensetzungen in den einzelnen konkreten politischen Bestrebungen zum Tragen.

Dabei pocht er allerdings besonders eindringlich auf das Ressentiment, als dessen Produkt er die Französische Revolution betrachtet, was ihn folgerichtig dazu veranlaßt, von ihr als vom Beginn des »letzten grossen Sklaven-Aufstandes« zu sprechen.[29] Die Lehre von der Gleichheit nennt er die »›moderne[..] Idee‹ par excellence«, und er meint, es gebe »kein giftigeres Gift«: sie scheine nämlich von der Gerechtigkeit selbst gepredigt, während sie das Ende der Gerechtigkeit bedeute. Seine Losung kann nur lauten: »Den Gleichen Gleiches, den Ungleichen Ungleiches«.[30] Ungleiches dürfe niemals gleichgemacht werden. Das ist Nietzsches eigene, durch seine Liebe zum Übermenschen geprägte Auffassung der Gerechtigkeit: die höheren Menschen, die vom Leben Bervorteilten müssen Sonderrechte genießen, damit die zur »Erhöhung des Typus ›Mensch‹« unerläßliche Rangordnung in der Gesellschaft gefördert werde. Auch hier finden wir die Wechselseitigkeit in der Beziehung zwischen Einzelmensch und Gesellschaftsform wieder, in diesem Fall zwischen individueller Ungleichheit und aristokratischer Ordnung.

Bestimmend für den demokratischen Gerechtigkeitsbegriff wäre folglich an erster Stelle die Aggression der Sklaven, also der Benachteiligten, der Schlechtweggekommenen – Nietzsche nennt sie »die Vergewaltigten, Gedrückten, Leidenden, Unfreien, Ihrer-selbst-Ungewissen und Müden«.[31] Und wenn Zarathustra versucht, die Verstecke der Taranteln ans Licht zu bringen, d.h. die eigentlichen Triebfedern im Verhalten der »Prediger der Gleichheit« zu entlarven, entdeckt er Rachsucht, Eifersucht, Neid, Dünkel und Tyrannengelüste.[32]

Daß es eine Beziehung geben kann zwischen der Rachsucht und einer bestimmten Konzeption der Gerechtigkeit, hat Nietzsche übrigens bei Eugen Dühring lesen können. In der Tat beschäftigte er sich 1875 eingehend mit dem zehn Jahre vorher erschienenen *Wert des Lebens* dieses, man muß schon sagen, widerlichen Antisemiten und Haßpredigers, gegen den, nebenbei bemerkt, Friedrich Engels polemische Aufsätze verfaßt hatte, die später unter dem ironischen Titel *Herrn Eugen Dührings Umwälzung der Wissenschaft* veröffentlicht wurden. Es ist anzunehmen, Nietzsche hatte im Laufe

29 JGB 46. KSA 2. p. 293.

30 GD. *Streifzüge eines Unzeitgemässen* 48. KSA 6. p. 150.

31 JGB 260. KSA 5. p.211.

32 Za II. *Von den Taranteln*. KSA 4. p. 128f.

der Jahre die Mehrzahl der Schriften Dührings gelesen, und man darf den Einfluß, der sich hieraus für sein Denken ergab, auf keinen Fall vertuschen.[33] Als besonders sympathisch ist zu erachten, daß er in der 1875 verfaßten und im Nachlaß enthaltenen kritischen Betrachtung über den *Wert des Lebens* gleich zu Beginn die Selbstbezeichnung Dührings als des »›entschiedensten Antagonisten‹ Schopenhauers« erwähnt.[34] Natürlich gibt es kaum einen krasseren Gegensatz zu Schopenhauers Mitleids-Ethik als die Ableitung moralischer Wertsetzungen aus der Rachsucht. Auch ist hier ziemlich leicht festzustellen, daß Nietzsche die Lektüre Dührings zu diesem Zeitpunkt dazu benutzte, sein Verhältnis zu Schopenhauer zu überprüfen. Wenn er auch später Dühring beschimpft und ihn einen »Rache-Apostel« nennt,[35] so darf dies keinesfalls darüber hinwegtäuschen, daß er viel von ihm übernommen hat, speziell für seine Kritik Schopenhauers und des Christentums, sowie für seine engstens mit dieser verbundene Bekämpfung der Demokratie.

Nun rückt aber für uns besonders die Aufgabe in den Vordergrund, nach Schopenhauers Auffassung von der Gleichheit der Menschen zu fragen und deren Konsequenzen für seine Rechtslehre zu untersuchen. Dies sollte anschließend erlauben, die Beziehung zwischen Nietzsches Kritik der demokratischen Werte und seiner Ablehnung der Anschauungen Schopenhauers über Recht und Gerechtigkeit näher zu bestimmen.

Nietzsche erkannte richtig, daß die demokratische Gerechtigkeit sich weitgehend auf die christliche Lehre von der Gleichheit der Seelen stützt. Für ihn ist jedoch die »Gleichheit der Menschen« die »größte[..] aller Lügen«,[36] da er eben ausgeht von einer fundamentalen natürlichen Ungleichheit. Er nennt die »*Gleichheit der Seelen vor Gott*« einen »verrückte[n] Begriff«[37] und spricht auch von der »Seelen-Gleichheits-Lüge«.[38] Gerade in diesem Zusammenhang mußte aber gleichfalls Schopenhauers Philosophie des Mitleids für ihn zu einer wahren Herausforderung werden, da nach ihr die Menschen »an sich« nicht nur gleich, sondern sogar eins sind. Die Vielheit der Individuen gehört hier ja zur Welt als Vorstellung, der keine eigentliche metaphysische Realität zukommt. »An sich« ist jeder von uns identisch mit dem einen Weltwillen, der in allen lebenden Wesen auf die Weise pulsiert, in der er sich in unserem Selbstbewußtsein nur uns selber offenbart. Es ist

---

33 Cf. u.a. Ernst Jünnemann: *Friedrich Nietzsche - Ein Stück Juden- und Irrenfrage*, veröffentlicht von H. Reinhardt: in: *Dühring und Nietzsche*, Dritte Folge der gemeinverständlichen Einführungsschriften zu Eugen Dührings reformatorischen Denkergebnissen. O. R. Reisland, Leipzig 1931.

34 *Nachgelassene Fragmente*, Sommer 1975. 9(1). KSA 8, p. 131.

35 GM III.14 KSA 5, p. 370.

36 *Nachgelassene Fragmente*. Juni bis Juli 1885. 37(14). KSA 11, p. 589.

37 *Nachgelassene Fragmente*, Frühjahr 1888. 15(30) 2. KSA 13, p. 424.

38 AC 43. KSA 6. p. 218.

dies das Durchschauen des *principii individuationis*, das Zerreißen des Schleiers der Maya, die Einsicht in das »tat twam asi«. Sie bricht als Mitleid hervor, denn, indem wir uns mit dem Leiden unserer Mitmenschen identifizieren, es also als unser eigenes erkennen, leiden wir in ihnen mit. Wir wissen, daß gemäß der Schrift *Über die Grundlage der Moral* auf diesem Mitleid jede echte Tugend, jedes uneigennützige Handeln basiert.

Zwei Bemerkungen drängen sich jetzt geradezu auf. Erstens müßte man einsehen, daß diese Lehre immerhin verschieden ist von der christlichen, als deren Verdeutlichung sie dennoch sowohl von Schopenhauer selber als auch von Nietzsche betrachtet wurde. Besonders der Begriff eines persönlichen Gottes sowie die Darstellung des Einzelmenschen als Person lassen eine Identifikation des Christentums mit Schopenhauers Philosophie nicht so leicht zu. Zweitens müßten wir auch angesichts der schopenhauerschen These vom Einssein der Menschen »an sich« und der sich daraus ergebenden Gleichheit, ebenso wie gegenüber dem Mitleid, in unserer Annahme bestärkt werden, daß nicht nur die Kritik an Schopenhauer Nietzsches Bewertung der Demokratie grundlegend mitprägte, sondern daß es gerade auch umgekehrt Nietzsches elitäre gesellschaftspolitische Vorstellungen waren, die seine Ablehnung Schopenhauers, und in diesem Zusammenhang gleichfalls des Christentums intensivierten.

Ein kurzer Einblick in die schopenhauersche Rechtslehre müßte uns jetzt dazu verhelfen, die zusätzliche Beweisführung zu liefern. Darin besitzt das Recht einen essentiell moralischen Charakter und ist das gleiche für alle infolge des metaphysischen Einsseins der Menschen »an sich«. In dem für uns so wichtigen, mit dem Titel *Zur Rechtslehre und Politik* versehenen Kapitel 9 des zweiten Bandes der *Parerga und Paralipomena* lesen wir: »Obgleich die Kräfte der Menschen ungleich sind, so sind doch ihre Rechte gleich; weil diese nicht auf den Kräften beruhen, sondern, wegen der moralischen Natur des Rechts, darauf, daß in Jedem der selbe Wille zum Leben, auf der gleichen Stufe seiner Objektivation, sich darstellt«.[39]

Daß eine solche Lehre für den Demokratismus von größtem Nutzen sein kann, liegt auf der Hand. Daran ändert auch die Tatsache nichts, daß Schopenhauer von Gleichheit nur in bezug auf das »ursprüngliche[..] und abstrakte[..] Recht[..]« spricht, »welches der Mensch als Mensch hat«, und an derselben Stelle fortfährt: »Das Eigenthum, wie auch die Ehre, welche Jeder, mittelst seiner Kräfte, sich erwirbt, richtet sich nach dem Maaße und der Art dieser Kräfte und giebt dann seinem Rechte eine weitere Sphäre: hier hört also die Gleichheit auf. Der hierin besser Ausgestattete, oder Thäti-

39 P II. p. 257.

gere, erweitert, durch größern Erwerb, nicht sein Recht, sondern nur die Zahl der Dinge, auf die es sich erstreckt.«[40]

Wir stellen also fest, daß die Ungleichheit der Verdienste nichts an der wesentlichen Gleichheit der Rechte zu ändern vermag. Schopenhauer meint auch, »daß die große Heerde des Menschengechlechts [...] der Führer, Leiter und Berather« bedürfe; hierbei werden aufgezählt »die Richter, Regierer, Heerführer, Beamte, Priester, Aerzte, Gelehrte, Philosophen«, und es wird die Ansicht geäußert, es sei »natürlich und der Billigkeit gemäß«, daß diese »mehr besitzen und genießen müssen«.[41] Mit dieser Erweiterung in der Applikation der Rechte wird aber der fundamentalen Gleichheit des moralischen Rechts nicht der geringste Abbruch getan.

Der Begriff Recht ist nach Schopenhauer die Negation des Unrechts – letzteres ist der eigentlich positive Begriff – und umfaßt demgemäß sämtliche Handlungen, die nicht den fremden Willen verneinen, um dadurch den eigenen stärker bejahen zu können. Er bezieht sich also ausschließlich auf ein Tun, nicht auf ein Erleiden, da letzteres keine Äußerung des Willens ist und dieser allein das Objekt der moralischen Betrachtung bildet. Die reine Rechtslehre ist folglich ein Kapitel der Moral, und Schopenhauer zieht dementsprechend die Bezeichnung »moralisches Recht« dem Namen »Naturrecht« vor. Demgegenüber vollzieht die Staatslehre, oder die positive Gesetzgebung – der Staat ist nämlich das Instrument der Aufrechterhaltung des positiven Rechts –, eine Umkehrung: falls wir nicht Unrecht erleiden wollen, haben wir das Recht, nicht zu dulden, daß andere unseren Willen verneinen zugunsten der Bejahung ihres eigenen. Der Rechtsbegriff wird so vom Erleiden her bestimmt, nicht vom Tun. Deshalb gehört die Staatslehre auch nicht direkterweise zur Moral: der juridische Standpunkt ist verschieden von dem moralischen, was aber nicht heißt unabhängig, denn die staatliche Gesetzgebung wird eigentlich erst zum positiven Recht, wenn sie im Einklang steht mit dem moralischen Recht. Andernfalls ist sie die Begründung eines positiven Unrechts, und der Staat, der sie erläßt, kann nicht als moralisch zuverlässig anerkannt werden. »Die reine Rechtslehre«, so Schopenhauer, »oder das Naturrecht, besser moralisches Recht, liegt, obwohl immer durch Umkehrung, jeder rechtlichen positiven Gesetzgebung zum Grunde, wie die reine Mathematik jedem Zweige der angewandten«.[42]

Also müßte die positive Gesetzgebung, um nicht zu positivem Unrecht zu führen, sozusagen »angewandte« Moral sein. Schopenhauer zeigt sich allerdings skeptisch hinsichtlich der Erfüllung dieser Bedingung. »Eine Staatsverfassung«, so meint er, »in welcher bloß das abstrakte Recht sich verkörperte, wäre eine vortreffliche Sache für andere Wesen, als die Menschen

40 Ibid.

41 P II. p. 264.

42 W I. p. 409.

sind«. Das Wort Demokratie gebraucht er nirgends, und er spricht nur in ein paar seltenen Fällen von Republik. Der Versuch, »das ganz unversetzte, reine, abstrakte Recht herrschen zu lassen«,[43] hat seines Erachtens in den Vereinigten Staaten von Nordamerika nicht zum Erfolg geführt, weniger noch in dessen Nachahmungen in Mexiko, Guatemala, Kolumbien und Peru.

Er selbst bevorzugt die monarchische Regierungsform als »die dem Menschen natürliche«[44] und bekennt sich zur konstitutionellen Monarchie. Er meint sogar, daß »das Recht, wenn es in der wirklichen Welt Fuß fassen und sogar herrschen soll, eines geringen Zusatzes von Willkür und Gewalt nothwendig bedürfe«.[45] In dem allem darf man keinen eigentlichen Widerspruch sehen, da Schopenhauers Moral keine Sollvorschriften enthält und er überdies der Ansicht ist, die meisten Menschen seien eben nicht tugendhaft, sondern egoistisch und boshaft.

Auch die Wunschvorstellung sollte nicht übergangen werden, die zum Ausdruck kommt, wenn er meint, die einzige Lösung des Problems betreffend die beste Verfassungsform »wäre die Despotie der Weisen und Edelen einer ächten Aristokratie, eines ächten Adels, erzielt auf dem *Wege der Generation*, durch Vermählung der edelmüthigsten Männer mit den klügsten und geistreichsten Weibern«.[46] Diese Textstelle hat mit Sicherheit Nietzsche zu inspirieren vermocht. Abgesehen jedoch davon, daß infolge der allen Aussagen Schopenhauers letztlich zugrunde liegenden Willensmetaphysik auch hier nicht die Rede sein kann von einer Ungleichheit hinsichtlich des moralischen Rechts, wird klar zu erkennen gegeben, daß es sich um einen utopischen Plan handelt. Bei Nietzsche dagegen bleibt es nicht bei der bloßen Wunschvorstellung, wenn er beispielsweise im Nachlaß über die Möglichkeit der Entstehung »von internationalen Geschlechts-Verbänden« spricht, die »sich die Aufgabe setzen, eine Herren-Rasse heraufzuzüchten«.[47]

Andererseits konnte es jedenfalls seinem Scharfsinn und hellseherischen Blick für politische Zustände der Gegenwart und der Zukunft nicht entgehen, daß Schopenhauers Rechtslehre mitsamt der sie tragenden Moral in Wahrheit demokratischer Natur sei und sich durchaus eigne zur Förderung demokratischer Zielsetzungen. Die Gleichheit der zivilen und der politischen Rechte muß schließlich angesehen werden als die logische Konsequenz des moralischen Rechts. Hieran ändert die Tatsache nichts, daß Schopenhauer selbst, unter dem Einfluß seiner Zeit, die Verwirklichung einer dementsprechenden politischen Ordnung, d.h. einer demokratischen, noch nicht ernsthaft ins Auge zu fassen vermochte.

---

43 P II, p. 269.

44 P II. p. 271.

45 P II. p. 268.

46 P II. p. 273.

47 *Nachgelassene Fragmente*. Herbst 1885 - Herbst 1886, 2(57), KSA 12, p. 87.

Und denkt man seine Philosophie durch bis in die letzten, von ihm selbst noch nicht zur Sprache gebrachten Folgen, dann gelangt man sogar zu dem Schluß, daß letztlich selbst die Erfüllung gleicher Ansprüche, oder zumindest die Schaffung eines korrekten sozialen Ausgleichs, in seiner Auffassung von Gerechtigkeit impliziert ist. Nach ihm heißt ja gerecht sein, nie in der Bejahung des eigenen Willens bis zur Verneinung des sich in einem anderen Menschen darstellenden Willens gehen. Gemäß der *Welt als Wille und Vorstellung* ist dies eine bloße Negation des Bösen, die ihren innersten Ursprung hat in einem gewissen Grad des Durchschauens des *principii individuationis*, und zwar in dem des Nicht-Unrechttuns, d.h. des Nichtverletzens. Im Wesen unseres Mitmenschen erkennen wir unser eigenes und verletzen es deswegen nicht. Diese Identifikation erreicht ihren Höhepunkt im Mitleid, wobei zu bemerken ist, daß die Schrift *Über die Grundlage der Moral* einen wichtigen Schritt weiter macht, indem sie die Gerechtigkeit, ebenso wie die tätige Liebe, als ein Produkt des Mitleids behandelt.

Wenn wir uns nun auch noch das soziale Elend des vorigen Jahrhunderts vergegenwärtigen und dabei bedenken, daß Mitleid sich schließlich naturgemäß am Anblick des Leidens entzündet, dann erkennen wir erst recht, daß Schopenhauers Philosophie die Fähigkeit besitzt, nicht nur die politische Gerechtigkeit, sondern auch die soziale zu legitimieren.

Auch sollten wir jetzt eigentlich besser die Hartnäckigkeit verstehen, mit der Nietzsche immer wieder auf das Thema des Mitleids zurückkommt. Ist es in der Tat nicht seine Kritik des schopenhauerschen Mitleids gewesen, welche die Weichen stellte für seinen teils als Entwertung, teils als »Umwertung« der herkömmlichen Werte auftretenden Immoralismus, und läßt diese Spur sich nicht sogar verfolgen bis zu der im Glauben an die ewige Wiederkunft aufs höchste gesteigerten Lebensbejahung, bis zu den polemischen Auswüchsen des *Antichrist* und, was für uns ja so wichtig ist, bis hinein in seine Kritik der demokratischen Werte? Nietzsches aristokratische Denkmodelle haben hier mit Sicherheit entscheidend mitgewirkt.

Mit dem Mitleid bekämpft er nämlich hauptsächlich auch die Wurzel der schopenhauerschen Gerechtigkeit. Hinzu kommt, daß er, infolge der von ihm nie in Frage gestellten Deutung des Christentums bei Schopenhauer, diese Mitleidsethik in einer weltweiten Verbreitung wiedererkennen konnte, ein Faktum, das sicherlich mitentscheidend war für seine Bekämpfung der christlichen Werte. Und letzten Endes gibt es in dieser Moral auch noch, wie übrigens gleicherweise in der christlichen, den Anspruch auf universale Geltung, den Nietzsche nicht nur als ein Symptom der Schwäche diagnostiziert, sondern auch wiederum als eine Gefahr für die höheren Menschen. Er spricht von den »*gleichmachenden, gleichstellenden* Tugenden«.[48]

---

48 *Nachgelassene Fragmente*. Juni - Juli 1885. 37(14). KSA 11. p. 589.

Fest steht jedenfalls auch, daß, sofern Nietzsche sich hier von Schopenhauer inspirieren läßt, sich für ihn auf die Demokratie der Schatten des passiven Nihilismus senkt. »Mitleiden«, sagt er, »überredet zum *Nichts*!«[49] Nicht minder klar ist jedoch, daß seine Sozialphilosophie in ihrer Gesamtheit, ganz im Gegensatz zu Schopenhauer, jedem wahrhaft demokratisch denkenden Menschen unmenschlich vorkommen muß.

Um am Schluß noch auf unsere anfangs gestellten Fragen zurückzukommen, möchten wir nur noch kurz die Wechselbeziehung betonen, die zum Ausdruck gelangt, wenn wir behaupten, daß die Kritik an Schopenhauer mit Sicherheit Nietzsches Antidemokratismus mitprägte, und andererseits die Ansicht äußern, es gebe solide Gründe dafür, anzunehmen, daß sein aristokratisches Grundkonzept von Beginn an bei seiner Ablehnung Schopenhauers in weitem Ausmaße mitbestimmend war, wobei die Polemik gegen das Christentum sowohl mitbeeinflußt werden mußte als auch in beiderlei Richtung eine Art Katalysator bilden konnte.

---

49 AC 7. KSA 6. p. 173.

Eine kolossale Mystifikation, hohlster, sinnleerster, gedankenlosester Wortkram, frevelhafter Mißbrauch der Sprache, aus der Luft gegriffen, ein Monstrum, eine bloße Parodie des scholastischen Realismus und Spinozismus, Unsinn, als bodenloser Tiefsinn erscheinend, Albernheit, Altweiber- und Rockenphilosophie, unsinnigster Gallimathias, der jemals, wenigstens außer dem Tollhause, gehört wurde, aller Menschenvernunft Hohn sprechender Gallimathias, Unsinnslehre, Unsinnsschmiererei,

Volker Spierling

Beleidigung, davon 3/4 bar und 1/4 aberwitzige Einfälle

Inzwischen gehört zu den Dingen, die Plato uns aufbinden möchte, auch dieses, daß, mittelst Anwendung jener Methode, die Sophisten und andere Narren sich so in aller Gelassenheit hätten vom Sokrates darthun lassen, daß sie es sind. Daran ist nicht zu denken; sondern etwan beim letzten Viertel des Wegs, oder überhaupt sobald sie merkten wo es hinaus sollte, hätten sie, durch Abspringen, oder Leugnen des vorher Gesagten, oder absichtliche Mißverständnisse, und was noch sonst für Schliche und Schikanen die rechthaberische Unredlichkeit instinktmäßig anwendet, dem Sokrates sein künstlich angelegtes Spiel verdorben und sein Netz zerrissen; oder aber sie wären so grob und beleidigend geworden, daß er bei Zeiten seine Haut in Sicherheit zu bringen rathsam gefunden haben würde. Denn, wie sollte nicht auch den Sophisten das Mittel bekannt gewesen seyn, durch welches Jeder sich Jedem gleich setzen und selbst die größte intellektuelle Ungleichheit augenblicklich ausgleichen kann: es ist die Beleidigung. Zu dieser fühlt daher die niedrige Natur eine sogar instinktive Aufforderung, sobald sie geistige Ueberlegenheit zu spüren anfängt.

Letzter Kunstgriff.
Wenn man merkt daß der Gegner überlegen ist und man Unrecht behalten wird; so werde man persönlich, beleidigend, grob.

Texte: A. Schopenhauer, *Parerga und Paralipomena; Eristische Dialektik*

Denker wider den Strich

Ludwig Marcuse – Ein Aufklärer im Geiste Schopenhauers

Wilfried Wenzel *(Frankfurt)*

In seinem Buch *Philosophie des Un-Glücks* mit dem Untertitel *Pessimismus – ein Stadium der Reife* proklamiert der am 2. August 1971 in München gestorbene Ludwig Marcuse:

> Schopenhauers Stimme ging durch die Riesenwälle, mit denen ein falscher Friede philosophisch ummauert war. Es wird sich herausstellen, daß die Revolution, die so viel beredet wird, nicht in Luther und Rousseau und in Marx ihren Ursprung nahm, sondern in denen, die lauter und faszinierender das Leid nicht mehr verschwiegen. Der kleinliche, ängstliche und jähzornige deutsche Bourgeois, der Buddha europäisierte, war ein Prometheus, als er die Not in die Leere ausschrie.[1]

In der Tat hat die Philosophie Schopenhauers alle kritischen Denker nach ihm außerordentlich nachhaltig beeindruckt. Schopenhauer sah im Wesen hinter den Erscheinungen einen blinden, sich verstrickenden Willen und Drang, der zwischen andauerndem Schmerz des Mangels und unbefriedigender Ruhe sich blindlings bewegt. Diesem »Willen« sind wir ausgeliefert und mit dieser fatalen Daseinssituation müssen wir fertig werden, das heißt wir müssen sie erkennen und allen Äußerungen dieses Willens kritisch begegnen.

Ludwig Marcuse war kein Lebensverächter, wohl aber, wie Schopenhauer, ein militanter Streiter gegen Dummheit, Demagogie, Trägheit und Schematismus des Denkens.

Gezeigt werden soll zunächst wie sehr der junge Marcuse von Georg Simmel (1858-1918) beeinflußt wurde, einem Denker, der charakteristisch für die vor dem ersten Weltkrieg sich ankündigende »Lebensphilosophie« ist.

Simmel war wie Marcuse Jude und daher nicht »respektabel« für die orthodoxen »Kathederphilosophen«. Was bei Schopenhauer eine glückliche Konstellation zuwege brachte – Verbindung von besonderen Lebensumständen, Mut eines Individualisten und philosophische Begabung: summiert zur Einsicht der Notwendigkeit, Non-Konformist zu sein, – das wurde vielen Juden schon mit in die Wiege gelegt, auch wenn sie in einem emanzipierten Hause groß geworden sind. Worin das begründet ist und welche »Gefahren« dadurch dem »christlich-abendländischen« Denken drohen: das soll in einem weiteren einleitenden Abschnitt erörtert werden. Im Hauptteil stehen dann Marcuses mannigfaltige Fragen im Mittelpunkt: was Aufklärung sein kann

1 Ludwig Marcuse: *Philosophie des Un-Glücks. Pessimismus - ein Stadium der Reife*, Zürich 1981, p. 45.

und sollte, was sie nicht ist, wovor er sich stets in acht zu nehmen versuchte und vor allem, was von den herrschenden Theorien und Praktiken zu halten ist, die sich sehr aufklärerisch geben und sich daher auch großen Zulaufs erfreuen.

Marcuse hält sich so eng wie möglich an Schopenhauer und an dessen Grundprämisse: Die Philosophie habe vom Willen zum Leben auszugehen.[2] Doch er trennt sich von ihm, was die Verneinung dieses Lebenswillens angeht. Für Marcuse war der »Wille zum Leben« *die* Energiequelle schlechthin, auch für ein aufklärerisches Wirken. Er entschied sich für ein lustbetontes Dasein und entwarf neben einer »dritten Aufklärung« auch ein »viertes Menschenbild«. Er wollte, daß von Vorurteilen und Tabuvorstellungen befreite Menschen, die auch das »Factum brutum«, das Am-Leben-hängen, anerkennen, bescheiden, in kleinen Schritten die Übel angehen. Mit Lebensverneinung und mit Schopenhauers Idealbild des »Heiligen« konnte er sich nicht befreunden: »Schopenhauer wollte weder die Änderung noch den Selbstmord; es blieb nichts übrig, als alles beim Alten zu lassen. Er schob in die Stelle, die logisch für den Selbstmörder bestimmt war, den Heiligen, der nicht leben und nicht sterben kann. Viele windgeschützte Meditierer, mit und ohne Bart, wurden im zwanzigsten Jahrhundert seine bescheidenen Nachfolger.«[3]

Ludwig Marcuse[4] wurde am 8. Februar 1894 in Berlin geboren, studierte nach dem Abitur Philosophie und Literatur in Berlin, Freiburg und wieder Berlin, war Soldat in den Jahren 1914/15 und promovierte 1917 bei Ernst Troeltsch, seinem väterlichen Freund und Förderer, mit der Dissertation: *Die Individualität als Wert und die Philosophie Friedrich Nietzsches*.

Bis 1923 wirkte Marcuse dann als Dozent am Philosophischen Seminar der Universität Berlin. Troeltsch bot ihm die Habilitation an. »Nur wandte ich ein«, so berichtet er, »ich bin kein Diplomat und ängstige mich vor der akademischen Kamorra. Der vitale Bajuvar erwiderte: ›die überlassen Sie mir‹. Dann starb er in seinem 58. Jahr, an seiner ersten Krankheit«. Marcuse fährt fort: »Was wird man, wenn man nicht gelernt hat zu gehorchen? Freier Schriftsteller! So frei war ich bis zu meinem 39. Jahr, als ich so frei war, Deutschland verlassen zu müssen.«[5]

1925-1929 hatte er zuvor als Feuilleton-Redakteur des »Frankfurter Generalanzeigers« in Frankfurt am Main gearbeitet und sich 1929 mit Erna

---

2 Cf. Arthur Schopenhauer: *Sämtliche Werke*, ed. A. Hübscher, Wiesbaden 3. Aufl. 1972. *Die Welt als Wille und Vorstellung, Bd. II* (W II). p. 410.

3 *Philosophie des Un-Glücks*, loc. cit., p. 228.

4 Nicht zu verwechseln mit dem vier Jahre jüngeren Herbert Marcuse, einem der Mitbegründer des »Sozialphilosophischen Instituts« in Frankfurt am Main.

5 Marcuse: *Amerikanisches Philosophieren. Pragmatisten, Pluralisten, Tragiker*, Hamburg 1959. p. 165.

(Sascha) Reich verbunden. Sie waren im Römer getraut worden. Als Ludwig Marcuse 1923 sein Philosophiestudium an der Friedrich-Wilhelm-Universität zu Berlin begann, wurden seine »Illusionen über die Philosophie« zunächst enttäuscht. Er schildert: »An der Wand des Lehrsaals von Carl Stumpf, dem berühmten Psychologen, hingen Tafeln, die das Ohrlabyrinth zeigten, überlebensgroß. Und der Philosoph Alois Riehl teilte uns mit, daß die Marburger Neu-Kantianer behaupteten, das Buch, das er gerade vorzeige, existiere gar nicht. Das war alles überwältigend komisch.« So sang der junge Studiosus traurig den Vers mit: »Die Philosophie gilt hier nicht viel, man rottet sie aus mit Stumpf und Riehl.«[6]

Doch so leicht ist der philosophische Eros nicht auszurotten. Marcuse fand zwei Philosophen, die miteinander nichts gemein hatten – nur dies, daß sie seiner Vorstellung von Philosophie entsprachen. Es waren Georg Simmel und Adolf Lasson. Lasson, ein überzeugter, kämpferischer Hegelianer über achtzig, überzeugte aber Marcuse nicht, außer, daß »hier auf Leben und Tod philosophiert wurde«.[7]

Bedeutsamer für ihn wurde Georg Simmel. »Simmel betete ganz unekstatisch das *Leben* an, das nun Gottes Thron einnahm und auch den Thron eines philosophischen Systems, indem er die ›Wunder der vollsinnlichen Wirklichkeit‹ durchdachte [...]. Seine Denklust manifestierte sich, indem er vom unmittelbar Einzelnen, dem individuell Gegebenen, das Senkblei ›in die Schicht der letzten geistigen Bedeutsamkeit‹ schickte.«[8] Erkennen ist somit für Simmel nicht nur ein Abbilden, dessen Relativität in der Subjektivität liegt, sondern es ist auch Gestalten, ein produktiver Art und schöpferisches Formen.

Man kann sich gut vorstellen, wie dieser glühende Lebensphilosoph auf den jungen Marcuse gewirkt haben mag, für den »Philosophie immer Menschen-, nicht Ideengeschichte« war. »Ich glaube an die Macht des Vorbildes«, bekennt er in seinen Lebenserinnerungen *Mein Zwanzigstes Jahrhundert*,

> des ganz individuellen und sehr sterblichen Ideals; an den beispielgebenden Einzelnen, den man in früheren Zeiten einen Helden nannte. Ich glaube, daß man in unseren Zeiten sich der Pflicht, musterhaft zu sein, entzieht mit der Ausrede, es gilt den Führern zu entgehen und die Institutionen zu verbessern. Man soll das nur tun; doch werden sie niemand zur Selbständigkeit erziehen, zum Mut, zu denken, was man denkt, zu fühlen, was man fühlt, zu wollen, was man will. Der beste Weg zum Selbst ist die Faszina-

6 Marcuse: *Mein zwanzigstes Jahrhundert. Auf dem Wege zu einer Autobiographie.* München 1960. p. 24.

7 Ibid., p. 26.

8 Marcuse: *Aus den Papieren eines bejahrten Philosophiestudenten*. München 1964, pp. 208f (im folgenden als *Papieren* zitiert).

tion durch ein anderes Selbst; die lebende Illustration, wie einer sich traut, Er zu sein. [...] Im Zwanzigsten Jahrhundert benutzt man die gute Gelegenheit, mit den Ver-Führern die Führer aus der Welt zu schaffen und zu verhindern, daß sie auf die Welt kommen [...]. Als ich Simmel denken sah und denken hörte, begann ich – nicht ein Gelehrter zu werden, sondern ein Denkender. Simmel belastete nie (selbst nicht mit Wissenswertem); er setzte im Hörer Prozesse in Bewegung, die mich zum ersten Mal fühlen ließen, was Freiheit ist: unkontrolliertes Sich Bewußtwerden, man hat keine Ahnung, wohin es noch führen wird. An der äußersten Kante des Katheders stehend, mit einem spitzen Bleistift sich in irgendeine Unzulänglichkeit einbohrend, von Rembrandt und Stefan George und dem Geld und der Ästhetik des Henkels sprechend, setzte der zarte, behende, mausfarbene Mann etwas in Gang, was nie wieder zum Stillstand kam und eine der Seligkeiten ist: das grenzenlose Fort und Fort des Einsehens – auch in das, was es mit dem Einsehen auf sich hat. Er war mein Sokrates. Er gab nicht Lösungen, sondern einen Antrieb, der sich als Perpetuum erwies. Er war im Sinne geistiger Beweglichkeit und Unruhe der philosophischste Philosoph, den ich getroffen habe. Und wenn ich noch etwas hinzufügen sollte, was ich ihm verdanke – er vermachte mir das »Vielleicht«, »Wahrscheinlich«, den Enthusiasmus gegen die Sicherheit.[9]

Aber nicht nur die Person beeindruckte Marcuse:

> Seine Weltanschauung war, wie sich ein philosophisches Wörterbuch ausdrückt, zunächst extremer, dann gemilderter Relativismus. Die Universität Heidelberg soll ihn 1908 wegen dieser anrüchigen Haltung nicht berufen haben. In einem Brief an Max Weber schrieb der durchgefallene Kandidat, daß er destruktiv und negativ sei. Er war es, nach den herrschenden Maßstäben. Er hatte eine nicht-respektable Herkunft: Nietzsche [...] und außerdem Abraham.[10]

Im Vergleich mit Nietzsche schätze Simmel Schopenhauer viel höher ein. Er sagt: »Schopenhauer ist unzweifelhaft der größere Philosoph. Er besitzt die geheimnisvolle Beziehung zum Absoluten der Dinge [...], die Leidenschaft für das Ganze der Welt [...], das Sichstrecken des subjektiven Lebens bis zum Boden des Daseins«.[11] Simmel und Marcuse waren Juden. Das galt als «nicht-respektable Herkunft». Daß diese Herkunft in Wahrheit eine hervorragende Voraussetzung sein kann für eine aufklärerisch-kritische Grundeinstellung, das möchte ich jetzt zu beschreiben versuchen.

9 *Mein zwanzigstes Jahrhundert*, loc. cit., pp. 25f.

10 *Papieren*, loc. cit., pp. 210f.

11 Georg Simmel: *Schopenhauer und Nietzsche*, Leipzig 1907, pp. 88f.

Das A und O der alttestamentarischen Theologie ist der Glaube an die bildlose und gestaltlose Einheit Gottes. Dieses Absolute soll weder in Gedanken gefaßt noch in Bildnissen oder Gestalten vorgestellt, (Ex., 20,4) also nicht festgelegt werden. Hingegen ist die Befolgung der göttlichen Gesetze und die Erfüllung des Willens Gottes unabdingbar. Die antiken und heidnischen Mythen mußten daher zerstört werden und damit angefangen, entwickelte sich kritischer Geist und abwägender Gerechtigkeitssinn in Jahrtausenden zur Höchstform. Vereinfacht ausgedrückt: die Juden mußten von Anfang ihrer biblischen Geschichte an Non-Konformisten sein, kritische Zerstörer und in der Diaspora die einsamen und verfolgten Ganz-Anderen. Sie erfuhren am eigenen Leib ein gutes Stück tragischer Aufklärungsgeschichte. Trotz dieser Leidenserfahrung – oder vielleicht gerade wegen ihr – gingen sie die Wirklichkeit immer wieder positiv schaffend an.

Was übrigens Schopenhauer angeht, so bewunderte er einerseits die Juden ihres heiteren, beharrlichen Wesens wegen, andererseits war ihm das jüdische Volk unheimlich, weil es trotz der Verfolgungen und der Heimatlosigkeit sich als Volk behauptete. »Das Vaterland der Juden sind die übrigen Juden; dieser Patriotismus sine patria wirkt begeisternder als irgend ein anderer.«[12] Gleichwohl schlägt Schopenhauer vor, man solle Mischehen nicht nur gestatten, sondern vielmehr begünstigen: dann gäbe es bald keine Probleme mehr. Ebendies schlug auch Marcuse vor: die Juden sollten ihren Hochmut ablegen und, da sie in Europa verstreut lebten, Mischehen eingehen. »Ganz Europa ist ein großes Gemisch [...] zu welchem Ende sollen allein die Juden in alle Ewigkeit beiseite bleiben?«[13] Döblin hatte Marcuse sehr herausfordernd öffentlich gefragt: »Nimmt man nun diesem Juden Deutschland, was bleibt von ihm?«[14]

In der Tat gründete Marcuses geistige Existenz so fest in der abendländischen und vor allem deutschen Geistesgeschichte, daß er selbst in der aufgezwungenen Emigration sich nie heimatlos fühlte.[15] Umgekehrt muß er auch gewußt haben, wie ohne die Potenz des jüdischen Geistes die intellektuelle Situation in seiner geistigen Heimat äußerst schwerfällig, kritiklos und mittelmäßig geworden wäre. So war er für Assimilation und gegen einen politischen Zionismus. Er nahm an, wie so viele Emigranten, daß *alle* weitblickenden Deutschen das einsehen müßten. Weit gefehlt! Freudig wurde die faschistische Indoktrination aufgenommen; und wohin hat es dann die Hetz- und Vernichtungskampagne gebracht!

12 Schopenhauer: *Parerga und Paralipomena* 2, § 132, in: ders.: *Sämtliche Werke*, loc. cit., Bd. VI.

13 *Antwort an Alfred Döblin* in »Neues Tagebuch«, Paris 1935, Heft 42, p. 1005.

14 Ibid., p. 1002.

15 Marcuse: *Nachruf auf Ludwig Marcuse*, München 1969, pp. 265f.

Schopenhauer hatte im Judentum trotz aller Leiderfahrung einen gewissen »Optimismus« registriert, den er vor allem bekämpfte. Dieser Optimismus jedoch verbindet sich bei den Juden mit der Erkenntnis des Leids in der Welt und dem auf Handeln zielenden Wunsch hier und jetzt wie Marcuse formuliert: »[...] die Übel, die zugänglich sind, [...] entfernen, wo sich Gesundbeter auf eine ferne Zeit hinausreden, die wir nicht ahnen können und schon gar nicht erleben«.[16]

Zu dem »kritischen Vermögen« der Juden äußerte sich Sigmund Freud in einem Brief: »Weil ich Jude war, fand ich mich frei von vielen Vorurteilen, die *andere* im Gebrauch ihres Intellekts beschränken, als Jude war ich dafür vorbereitet, in die Opposition zu gehen und auf das Einvernehmen mit der ›kompakten Majorität‹ zu verzichten.«[17]

Wo die Wurzeln dieser »guten Vorbereitung« zu finden sind, das versuchte ich anzudeuten, warum aber die »andern« - womit er nur die Christen gemeint haben könne - sich mit dem kritischen Geist schwer tun, dazu einige kurze Bemerkungen.[18]

Durch die Menschwerdung Gottes in Christo werden die strengen Gebote des fordernden Gottes des Judentums übergeführt in die irdischen Elemente von Glaube, Liebe und Hoffnung. Das Absolute wird so wunderbar dem Endlichen angenähert, daß im Laufe einer zunehmenden »Beherrschung« dieses Absoluten - der Naturbeherrschung vergleichbar - dieses Unbedingte jetzt manipulierbar wird und bei Zerfall oder empfundenem Ungenügen regeneriert oder neu entworfen werden kann. Nachdem das Absolute verendlicht worden ist, ist es umgekehrt möglich geworden, Irdisches zu transzendieren, zu verabsolutieren. Das Absolute wird erst durch unser Schöpfertum dann konstituiert oder vollendet und nach Bedarf ist »Gott mit uns«. Eingedenk dieser Gefahr von moderner Mythenbildung, die als Möglichkeit im Kern unserer christlich-abendländischen Kultur angesiedelt ist und zu Schöpfungen aus dem »kollektiven Unbewußten« neigt, kann und muß der kritische Geist der jüdischen Tradition, der Gerechtigkeit, Individualismus und realistisch-pragmatischen Sinn zur Bewältigung von Gegenwartsproblemen anstrebt, ein heilsames Korrektiv sein.

Ludwig Marcuse ist eines der anregendsten, lebendigsten Beispiele für ein solches gegenwartsbezogenes Korrektiv. Solche mutigen Individualisten fehlen uns heute. Daß dies aber zuweilen als großes Defizit empfunden wird, in einer Zeit, in der auch der Protest institutionalisiert ist, das bezeugt Horst Krüger in einer Sendung »Vom Geist der Zeit«.

---

16 *Philosophie des Un-Glücks*, loc. cit., p. 31.

17 Sigmund Freud: *Briefe 1873-1939*, ed. E. u. L. Freud, Frankfurt / Main 1960, 363f.

18 Ich verweise in diesem Zusammenhang vor allem auf die Abschnitte: »Elemente des Antisemitismus« in den Philosophischen Fragmenten *Dialektik der Aufklärung* von M. Horkheimer und Th. W. Adorno, Amsterdam 1947.

> Der Intellektuelle kämpft nicht mehr allein. Er agiert nicht mehr als Einzelner, sondern als Funktionär der Institution Gesellschaftskritik. Das kritische Geschäft ist zu einer Institution der pluralistischen Gesellschaft geworden, wie das der Gewerkschaften, der Unternehmerverbände, der Kirchen. Man hat seinen Interessenverband. Man ist gut organisiert. Man protestiert im Berufsverband »Kritischer Intellektueller e. V.« sozusagen [...]. Schlechte Laune, gute Organisation. [...] Und hier liegt wohl die Wurzel unseres Problems. Es fehlen uns heute die Juden in unserer Intellektuellen-Republik. Das macht die Szene jetzt so medioker und fad.[19]

Ja, es fehlen mutige Individualisten heute, unverdrossene »Ein-Mann-Institute«, Menschen, die ihre und anderer Reflexionen kritisch reflektieren und die Ergebnisse wiederum kritisch betrachten: ein unendliches Perpetuum, immer eng angelehnt an die Welt der sich wandelnden inneren und äußeren Erfahrung.

»An der Wand seines Arbeitszimmers«, so berichtet Marcuse in seinem Autonekrolog *Nachruf auf Ludwig Marcuse*, »stehen die Bücher Schopenhauers und Marx' und Freuds Wache«, und er fährt fragend fort, immer von sich in der dritten Person wie von einem verstorbenen Anderen redend: »bewachen sie ihn auch, damit er nicht ausbreche? Mauerten sie ihn vielleicht auch ein?«[20] Der schlimmste Alptraum! Nie hätte er bei den Ergebnissen anderer kritischer Denker stehen bleiben können. Nein, er wollte weder seinen Leib noch sein kritisches Vermögen bewacht oder gar eingemauert wissen. Gab es einmal Versuchungen, einem Philosophen oder einem Urteil des Zeitgeistes zu erliegen, dann waren das Niederlagen, die ihn unendlich schmerzten. Sie waren aus der »Identifizierung mit öffentlichen Schiedsrichtern« entstanden, daher schuf er reumütig andere Niederlagen, »welche einsamen Schiedssprüchen *gegen sich selbst* entstammten. Dieser intimste Richter ist nicht nur eine moralische Instanz, auch eine ästhetische, auch eine wissenschaftliche [...], die Summe aller Instanzen«.[21] Er allein muß darüber wachen, daß das eigene Selbst, immer kritisch vorgestellt, nie als »Anhänger« philosophiert oder als »Ideenträger« oder sich als »Rädchen einer Maschine« versteht. »In jeder Zeit muß hervorgeholt werden, was gerade unterdrückt oder wie selbstverständlich ignoriert wird.«[22] Schopenhauer kann da helfen:

> Hegel, Marx, Kierkegaard, Nietzsche und Freud sind mit der Zeit gegangen, konnten verwendet werden: Hegel dient noch manchem, der nicht laut Marx sagen will; Marx dient noch manchem, der

19 Hessischer Rundfunk, 16. 10. 1983.

20 *Nachruf auf Ludwig Marcuse*, loc. cit., p. 264.

21 Ibid., S 102.

22 Ibid., Umschlag.

> nicht laut Sowjetunion sagen will! Kierkegaard wurde Neo-Protestant. Und Freud brachte man, rechts oder links, sowohl auf den Weg der Wohlanständigkeit als auch der psychoanalytischen Utopie. Schopenhauer allein blieb zurück. Er war nicht auf Vordermann zu bringen. Einer versuchte es und verhegelte ihn und hatte, mit Recht, keinen Erfolg: Eduard von Hartmann.[23]

Marcuse ist ebenfalls auf keinen Vordermann zu bringen, auch nicht auf Arthur Schopenhauer, es sei denn auf die gleiche Tugend des »Nicht-auf-Vordermann-gebracht-werden-könnens«.

In all seinen Werken rekurriert Marcuse auf Schopenhauer. Er greift dessen Gedanken liebend auf und stellt sie zugleich ins grelle Licht seiner Kritik.[24] Er weiß, daß Schopenhauer uns helfen könnte, Probleme besser zu bewältigen, obwohl er »nie eine Zukunft hatte« und auch nie eine haben wird – »nur etwas Ewigkeit«.[25] An dieses Quentchen Ewigkeit hält sich Marcuse, auch wenn oft »Das Gespräch ohne Schopenhauer« stattfindet, wie er seinen Essay über den Philosophen betitelt.

Die Gründe, warum Schopenhauer aus Gesprächen ausgeschlossen ist, sind zum Teil die gleichen, weswegen Marcuse Schopenhauer so sehr schätzt. Aus Schopenhauers Philosophie ist keine brauchbare Ideologie abzuleiten. Das ist das erste. Anders als Hegel denkt Schopenhauer nicht in geschichtlichen Kategorien, er entwickelt nicht sein System als Entfaltung des Geistes in der Zeit, »sein Werk enthält keine geistesgeschichtlichen Einsichten [...], aus seiner Philosophie ist keine Richtung zu gewinnen«.[26] Er rebelliert nicht gegen eine »Form des Lebens« für eine andere, sondern gegen das Leben schlechthin.[27]

Zweitens bemerkt Marcuse: »Zwar gefällt allen Reaktionären sehr seine Version vom radikal Bösen im Menschen, sein Hohn auf den Fortschritt. Aber auch die Reaktion kann keinen Ideologen gebrauchen, der den Leuten nicht nur die Welt vermiest, sondern auch noch den Himmel.«[28]

Und drittens endlich: Marcuse bewundert bei Schopenhauer die Intensität des geradezu alttestamentarischen Zertrümmernwollens von Philosophemen und Wertvorstellungen des »gesunden« Menschenverstandes.

---

23 *Papieren*, loc. cit., p. 193.

24 Marcuse: *L'art politique pour l'art politique*, in: idem: *Essays, Porträts, Polemiken. Die besten Essays aus vier Jahrzehnten*, ed. Harold von Hofe, Zürich 1979 (im folgenden als *Essays* zitiert), p. 433.

25 *Papieren*, loc. cit., p. 191.

26 Ibid., p. 187.

27 Marcuse: *Das Gespräch ohne Schopenhauer*, in: *Essays*, loc. cit., p. 19.

28 Ibid.

> Schopenhauer suchte die christliche Entwicklung des Idealismus, die seit der Gnosis den Himmel und in den Aufklärungen Himmel und Erde zu zwingen suchte, rückgängig zu machen. Er war ebenso anti-theologisch wie anti-aufklärerisch. Aber die Wirkungslosigkeit an der Oberfläche sollte die Tiefenwirkung nicht verdecken. [...] Man sollte wohl erwägen, ob es nicht vielleicht erst Schopenhauers radikales In-Frage-stellen – nicht nur dieses oder jenes überlieferten Wertes, sondern des Bodens aller Werte, der menschlichen Existenz – war, das Marx' Theorie vom Geschichtsablauf und der bürgerlichen Produktion, das Einsteins Berechnungen zu dem machte, was sie geworden sind. Deshalb spricht Schopenhauer die Situation des zwanzigsten Jahrhunderts weit genauer als mancher andere Name, der mehr im Gespräch ist.[29]

Dazu gehört auch die Konsequenz seiner Kritik. »Schopenhauer war (trotz des altväterischen Gewandes) konsequenter als alle, die ihm in seiner Zerstörung abgelebter Glauben folgten. Er läßt seinen Anhängern (gibt es welche?) keine Chance, sich positiv in die Büsche zu schlagen [...]«.[30] Marcuse ist fasziniert von der Stetigkeit und Folgerichtigkeit der Kritik, die – am Detail ansetzend – zielgerichtet ihre bedeutungsvollen Schlüsse zieht. Sie ist durch Einsichten und Erkenntnisse begründet. Auch Marcuse duldet keine Pauschalaussagen. Mit Vehemenz wendet er sich gegen professionelle Atheisten und Verzweifler, welche zwar den bequemsten, aber illegitimsten Weg wählen, Pessimist zu sein. Unernsthafte Verzweifler sind es, die, mit handfesten Allerwelts-Vorurteilen bestückt, auf allen Gebieten gegen alles und jeden zu Felde ziehen und den Verlust von sogenannten »Werten« bedauern oder den einer obskuren »Mitte«. »Wer hat sie entwendet?« diese Mitte, fragt Marcuse und fügt hinzu: »Man wäre eher bereit einen bösen Gott zu akzeptieren als diese Horizontlosigkeit.«[31]

> Diese professionellen Verzweifler pflegen immer zu sagen, so tief, wie es mit uns gekommen ist, war es noch nie mit der Menschheit. Es gibt dafür ein sehr gutes Beispiel, nämlich Fichte, der vom »Zeitalter der vollendeten Sündhaftigkeit« gesprochen hat. Keine Spur. Jenes Zeitalter war nicht sündhafter als das Jahrhundert zuvor und nicht sündhafter als das Jahrhundert später. Diese Manie, immer zu sagen, so tief wie wir herabgekommen sind, ist überhaupt noch niemand herabgekommen, das halte ich nicht für einen Pessimismus, sondern für einen Größenwahn. Es ist nämlich genauso größenwahnsinnig zu sagen, so viel hat noch niemand

29 Ibid.. pp. 24f.

30 Ibid.. p. 27.

31 *Nachruf auf Ludwig Marcuse*, loc. cit.. pp. 253f.

> erreicht im Bösen, wie es ein Größenwahn ist, zu sagen: so viel hat noch niemand erreicht im Guten.[32]

Hingegen gründen sich

> die Einsichten aller großen Pessimisten auf konstituierende Elemente des Menschen, hauptsächlich auf den Körper, den Schmerz, die Vergänglichkeit, die Hinfälligkeit und den Tod. Die großen Pessimisten hatten die Einsicht, daß eines der unaufhebbaren Leiden ist, der Mensch strebt nach einer Erkenntnis, die er nie haben kann; denn die Erkenntnis, die wir haben können [...] führt nicht sehr weit [...]. Eine dritte tiefe Wurzel des Pessimismus war, daß der Mensch nie imstande gewesen ist (und in unserem Jahrhundert ist das nicht anders als in irgendeinem vorhergehenden), seiner Sehnsucht vom Menschen näher zu kommen. Darin lagen die großen Einsichten des Pessimismus. Nicht darin, daß sie gesagt haben: Ach, ich bin so verzweifelt.[33]

Was können nun wir Heutigen tun? Programmatisch führt Marcuse aus:

> Die Epigonen (Schopenhauers) schreien immer noch [...], und die andern Epigonen schreien immer noch dagegen. Die Stunde aber fordert stets etwas anderes als Repetition. Sie fordert weder eine Neu-Orchestrierung der Schmerzen noch (was wir reichlich erhalten haben) einen neuen Einsatz von himmlischen Chören, Luzifer zu übersingen. Sie fordert eine neue Besinnung auf die alte Aussage – ohne das Pathos, das uns nicht mehr ansteht, und ohne ein Entweichen in Bezirke, die den Klassikern des modernen Pessimismus noch ein Asyl boten. Die schlimmen Feststellungen sind immer noch gültig; die Illusionen der Entzauberten sind unwirksam geworden. Es stellt sich verschärft und in neuer Nüchternheit die Frage: wie ist Leben möglich? Wie kann man zusammenleben mit dem, was man weiß! Es ist keine Lösung, wenn man vorgibt, von nichts etwas zu wissen.[34]

Erst recht zu verwerfen sind alle Lösungen, die sich auf untergeschobene Idealvorstellungen oder fragwürdige radikale Reformen stützen. Marcuses demaskierende Wortgefechte hätten Schopenhauer hellstes Entzücken verschafft, denn sie scheinen ihm wie von den gegen alles Hegelianische gespitzten Lippen ja geradezu abgelesen. Marcuse weigert sich, Sklave irgendeiner »einzigen Methode« zu sein, auch und gerade nicht einer der »absolutistischen militanten Soziologie«.

32 Ludwig Marcuse in: *Untergang oder Übergang*. ed. B. Freudenfeld, München 1959, pp. 207f.

33 Ibid.

34 *Philosophie des Un-Glücks*. loc. cit.. pp. 45f.

> Es gehört zur Beschränktheit der herrschenden Aufklärung: in der Utopie eine Wahrheit und in der Negation des Bestehenden den einzig wissenschaftlichen Weg zur Annäherung an das Ziel zu sehen. Forscher können der Verwirklichung einer Moral nur dienen, wenn sie als Forscher amoralisch und frei für alle Resultate sind. Die Verächtlichmachung des »Positiven« (sowohl des Fakts als auch der moralischen Teil-Erfüllung), die Erhöhung des Negativen zum Schöpfer (angelegt bei Kant, bei Hegel, in der Figur des Mephisto) ist ein Aberglaube geworden, der aus der Niederlage der marxistischen, theoretisch-begründeten Taktik entstanden ist.[35]

Was Marcuse mit dieser Niederlage und jenem Aberglauben meint, das stellt er vor allem in seinen beiden letzten Essays aus den Jahren 1969 und 1970 dar. Es sind einzigartige Werke neuerer deutscher, polemischer Essayistik voller despektierlicher Entdeckungen und Einsichten, brillant und scharfsinnig formuliert.

In dem Essay von 1969 mit dem Titel: »L'art politique pour l'art politique« untersucht Marcuse das »Jahrhundertwort« von Karl Marx: »Die Philosophen haben die Welt nur verschieden interpretiert, es kömmt aber darauf an, sie zu verändern.« Und er fragt: »Wie hat der Stifter es gemeint? Wo steckt die ursprüngliche Wahrheit? Ist sie noch aktuell und erst durchzusetzen? Wo liegt der Irrtum? Wo die Problematik?«[36] Das Resultat der Untersuchung ist an der Überschrift schon abzulesen. Nachdem Marx' Erwartungen nicht erfüllt wurden, daß seine »Truppen«, die Proletarier, mit »Hilfe von Gewehren eine Gesellschaft ohne Gewalt« hervorbrächten und sein Menschenbild einer Überflußgesellschaft verwirklichen könnten, mußte eine weitere intensive wissenschaftliche Beschäftigung mit Marx' These, als ob diese realisiert werden könne, wie eine sehr aufwendige Befriedigung von Bedürfnissen eben dieser Wissenschaft angesehen werden: »La philosophie politique pour la philosophie politique«.[37]

»Nicht biegsam ist die Wahrheit. Wird sie von der Sehnsucht verfehlt, so wird die Taktik erfolglos. Das wurde des großen Marx Schicksal.«[38] Empfiehlt es sich nun neue Ersatztruppen aufzustellen, nachdem das »Proletariat« dafür nicht mehr existiert? Ludwig Marcuse schließt mit einem Seitenblick auf seinen Namensvetter Herbert Marcuse und dessen Begriff der »repressiven Toleranz«:

> Da beim Tolerieren nichts herausgekommen war, feuerte man mit dem kategorischen Imperativ »Intoleranz« an und schlug eine Al-

35 Marcuse: *Im Blick auf die dritte Aufklärung*. in: *Essays*. loc. cit., p. 453.

36 *L'art politique pour l'art politique*. in: *Essays*. loc. cit., p. 429.

37 Ibid., p. 441.

38 Ibid., p. 432.

> lianz zwischen den militanten weißen Studenten und den militanten Negern und anderen grellen Farben vor; so fand man einen Ersatz für Marx' Proletariat, das bereits abgeschrieben ist. Eine neue Version der art politique mit Hilfe der Trompete. Wie verändert man wirklich, wenn man keine Armee hat? Man fragt: Zu welchem nächsten Schritt haben wir die Macht? Die kleinen Schritte sind nur dann nichts wert, wenn sie nicht gemacht werden. Die Intellektuellen, die zu mehr aufreizen, sind vor allem eine Gefahr für die Aufgereizten.[39]

Ludwig Marcuse, ein unentwegter Optimist hinsichtlich der Erfolge der »kleinen Schritte«, aber ein feiger Defaitist der Aufklärung, der das Bestehende nicht angetastet wissen will? Keineswegs. Allerdings ist er scharfblickender Pragmatiker genug, um zu sehen, daß Utopien sich zwar als mögliche Wahrheiten ausgeben, von der Struktur einer intendierten Gesellschaft aber »eine zu primitive, zu wenig utopische Vorstellung haben. Nicht das Utopische an den Utopien machte alle bisherigen Utopien unzulänglich, sondern ihr heimlicher Konformismus«.[40] Ihren Versuchungen muß man sich verweigern, ebenso muß man verlockenden und zuweilen gutgemeinten »Leitbildern«, wie z.B. dem Slogan »humaner Sozialismus«, Widerstand entgegensetzen, weil sie mit dem bequemen Überbau gleich die halbe Wirklichkeit vergessen und Denken ersparen. »Widerstand aber ist die Seele der Schopenhauerschen Philosophie«, sagt Max Horkheimer in seinem Aufsatz: »Schopenhauer und die Gesellschaft«.[41] »Durch Schopenhauers Mißtrauen gegen Reform und Revolution wird das Bestehende nicht glorifiziert.«[42] Auch darin ist Marcuse Schopenhauerianer! Nur, er verneinte nicht das Leben, sondern war überzeugt, daß man durch bescheidene Schritte, aber wachsamste Kritik dem Übel in der Welt teilweise begegnen könne. Eine »Dritte Aufklärung wird sich gegen die zweite durchsetzen, sobald der Kant-Fichte-Marxsche Idealismus eine von ihm unabhängige Feststellung von Sachverhalten zuläßt. Die Resultate können dann in den Dienst einer Utopie gestellt werden, die nie eine Wahrheit ist, immer nur das Projekt eines Willens«.[43]

An dem Entwurf einer »Dritten Aufklärung« war Marcuse sehr gelegen. Und sein letzter großer Essay von 1970, »Im Blick auf die dritte Aufklärung«, war diesem gewidmet. »Jede lebende Aufklärung ist eine Kritik der etablierten, die wiederum Kritik an einer vergangenen war.« Hier »soll sehr skizzenhaft umrissen werden: der aufklärerisch-kostümierte Okkultismus unserer

39 Ibid., p. 444.

40 Marcuse: *Vom Wesen der Utopie. Die Sehnsucht nach einer besseren Gesellschaft*, in: *Essays*, loc. cit., p. 305.

41 Max Horkheimer: *Schopenhauer und die Gesellschaft*, in: idem: *Sociologica II*, Frankfurt / Main 1962, p. 122.

42 Ibid., p. 118.

43 *Im Blick auf die dritte Aufklärung*, in: *Essays*, loc. cit., p. 452.

Tage, in den zentralen Bezirken: Was ist Vernunft? Wie ist es mit dem höchsten Wesen? Wie steht's mit der jüngsten Sex-Moral? Welche Relation besteht zwischen Theorie und Verwirklichung?«.[44] Mit dem »aufklärerisch-kostümierten Okkultismus unserer Tage« meint Marcuse vor allem den Entwurf Max Horkheimers und Theodor W. Adornos und seiner Mitarbeiter einer »Negativen Dialektik« und deren »Kritische Theorie der Gesellschaft«.

Ich kann hier nicht auf alle Überlegungen Marcuses eingehen, möchte aber einige Argumente nennen, die mir wichtig scheinen auch für unsere eigenen kritischen Bemühungen. Den Vorwurf, nur ferne Ziele »in Szene« zu setzen, anstatt nahe verändernd anzugehen, habe ich schon genannt. Von zu Papier gebrachten theoretischen Entwürfen verspricht man sich Heilswirkungen. »Die marxistisch gefärbten Hegelianer bewahren sich immer noch ihr Gottvertrauen in die gedruckte Vernichtung der Ausbeuter«,[45] sie repetieren das Dogma des Helvétius aus der Zeit der ersten Aufklärung, daß Erziehung alles könne in ihrer Lehre vom »falschen Bewußtsein, das nur durch das richtige ersetzt zu werden braucht, um die Menschheit vom Übel zu erlösen«. In Wahrheit »verändert sich Bewußtsein aber nur durch konkrete Erfahrung«.[46] »Sie tun sich besonders viel darauf zugute, die ›instrumentale Vernunft‹, Instrument im Dienst von Interessen Einzelner und einzelner Gruppen, entdeckt zu haben. Doch hat Schopenhauer [...] diese Vernunft im Dienste des blinden Willens leuchtend beschrieben«.[47] Immer wieder stößt sich Marcuse an dem wie er sagt »Aberglauben«, in der Utopie eine Wahrheit und in der bloßen Negation des Bestehenden den »einzig wissenschaftlichen Weg zur Annäherung an das Ziel zu sehen« und obendrein noch die »Negation zum Schöpfer« zu erheben. Marcuse trifft sich in seinen Einwänden hier mit Karl Popper und Raymond Aron, der die Schriften der »Frankfurter Schule« »Opium für Intellektuelle« genannt hat.

Marcuse verkennt aber in seiner Haßliebe, daß Adorno zum Beispiel in unendlich vielen »kleinen Schritten« bestehenden Herrschaftsverhältnissen, die unser Leben und unsere Psyche nachhaltig bestimmen, nachgegangen ist. Seine minutiösen, ans Genialische grenzenden Beschreibungen haben nicht nur Epigonen gefunden, sondern bilden den bleibenden Fundus kritischen Verständnisses vieler Erscheinungen unseres gesamten Lebensbereiches, auf den alle Denker wider den Strich, auch die der »dritten Aufklärung«, ob sie wollen oder nicht, zurückgreifen müssen. Wie Marcuses Arbeiten so sind auch diejenigen der Mitarbeiter des »Sozialphilosophischen Instituts« Aufforderungen zum eigenschöpferischen Weiterdenken und Handeln.

---

44 Ibid., p. 450.

45 Ibid., p. 471.

46 Ibid., p. 479.

47 Ibid., p. 451.

Andererseits ist in den kritischen Bemerkungen Marcuses gewiß auch ein Körnchen Wahrheit zu finden. Wer die Gelegenheit hatte, im September 1983 in Frankfurt die »Adorno-Konferenz« zu besuchen, konnte beobachten, daß man sich mit der Realität außerordentlich schwer tut, ja schon Beispiele zu finden macht Schwierigkeiten, wohingegen die theoretischen Erörterungen sehr brillant erscheinen. Allerdings, im Absprung von Hegel schleppt die Theorie das Mythische mit, sie überfordert das Subjekt, da es die Wunden, die es geschlagen hat, auch selber wieder heilen soll, und sie versucht, die Negative Dialektik in Metaphysik überzuführen. Diese Problematik hatte Michael Theunissen sehr eindrucksvoll beschrieben. Einem geschlossenen, zu Ende zu denkenden Entwurf zuliebe und dem Druck der entsprechenden negativen-dialektischen Methode folgend, wird die Wirklichkeit sozusagen überrannt. Dabei hatte Adorno noch seine frühere »Affinität zur offenen geistigen Erfahrung« bezeugt. In seinem Simmel-Essay schreibt er: »Georg Simmel [...] hat doch als erster [...] jene Rückwendung der Philosophie auf konkrete Gegenstände vollzogen, die kanonisch blieb für jeden, dem das Klappern von Erkenntniskritik und Geistesgeschichte nicht behagte.«[48]

Marcuse würde dem hinzufügen, daß ihn das fruchtlose Klappern in den Oberseminaren der philosophischen Fakultät noch viel mehr störe und erst recht das Klirren von zerspringenden Scheiben, die revolutionäre Draufgänger zerschlagen, die »genug haben von der ewigen Wiederholung des alten, einst kritischen Vokabulars (genug von der ›heilen Welt‹, dem ›falschen Bewußtsein‹, der ›verwalteten Welt‹ [...]) und genug haben von der Feigheit, die ängstlich vor der rauhen Wirklichkeit in eine geistreiche Variation von Marx-Formulierungen flüchtet«, und vor allem unaufgeklärt »aus Ungeduld taktikblind sind und zuschlagen, ohne sich zu überlegen, ob sie auch treffen können. Ihr unpolitischer Mangel an Reflexion auf das, was sie einzusetzen haben, nicht ihre berechtigte Theorie-Feindschaft aus Theorie-Überdruß macht (sie) unaufgeklärt«.[49]

Marcuse reflektiert kritisch das politisch Machbare. »Praktizierte Aufklärung« liegt für ihn auch in der Tagespolitik, in dem Wirken einer innerparlamentarischen Opposition z.B. (ein Nein vor der Tür ist wirkungslos). »Theorie als Ende ist die große Sucht aller Liebhaber von Gedanken. Aber Aufklärung will anderes; und da ist mehr zu erhoffen von intelligenten und humanen Politikern als von wohlmeinenden politischen Intellektuellen.«[50] Freilich muß für ihr Wirken die »politische Technik« erhellt und gelernt werden. Machtkonstellationen müssen gesehen und erkannt werden.

48 Th. W. Adorno: *Henkel, Krug und frühe Erfahrung*. in: idem: *Gesammelte Schriften*, ed. Rolf Tiedemann, Frankfurt / Main 1974, Bd. 11, p. 558.

49 *Im Blick auf die dritte Aufklärung*, in: *Essays*. loc. cit., p. 472.

50 Ibid., p. 474.

> Macht ist eine der mächtigsten Ingredienzen im persönlichen Haushalt, vor allem aber Voraussetzung jeder schlechten wie guten Politik.. Machtblindheit ist ebenso wie Machtbesessenheit das größte Hindernis jeder Einsicht, auch jeder Politik. Man hat dies so wenig gelernt, daß man sich Pazifismus erlaubt, ohne die Frage zu beantworten: wie man sich beim Angriff verhält. Es ist Drückebergerei diese Frage nicht zu stellen. Es ist Drückebergerei, zu bestreiten, daß die Gefahr angegriffen zu werden, immer besteht: für die Schweiz, die Sowjetunion, Amerika und die beiden deutschen Staaten [...]. Der Waffendienst ist keine Schule der Nation, sondern eine Prophylaxe, um das Schlimmste abzuwenden. Wo er etwas anderes ist, ist er pure Knechtschaft.[51]

Marcuse wird dann ganz grundsätzlich:

> Es ist unmoralisch, sich vor der Erkenntnis privater und politischer Machtkonstellationen zu drücken - und, unabhängig von ihnen das recht unproblematische moralische Ziel zu promulgieren. Dies wurde formuliert von Konfuzius, den biblischen Propheten, der Bergpredigt, Spinoza, Kant, Marx [...], immer ein bißchen anders, immer ein bißchen vergänglich wegen der zeithaften Konkretion; am ewigsten noch bei Schopenhauer, der die menschliche Solidarität von der Gemeinsamkeit der kreatürlichen Nöte ableitet und die höchste Moral nicht in der (nichtexistenten und wohl nicht hervorzubringenden) Nächstenliebe sieht, nicht in der schwierigen, zeitabhängigen Gerechtigkeit, sondern im Mitleid [...] einer starken Emotion, die durch Erziehung verstärkt werden kann. Politik verlangt mehr: die Institutionalisierung des Mitleids und die Anwendung im besonderen Fall.[52]

Dieser auf den ersten Blick kuriose Gedanke kennzeichnet Marcuses eigenen Weg zu der Verwirklichung einer »Utopie, die nie eine Wahrheit ist, immer nur Projekt eines Willens«.[53] Das allgemeine Phänomen des Mitleids, das sich, Schopenhauer zufolge, aus dem immer bestehenden Unglück herleitet und auf unserer Identifikation mit anderen beruht, kann sich bis zum Edel- und Großmut steigern und ist »das wirksamste Mittel zur Linderung der menschlichen Leiden und zugleich [...] das Gegengewicht des Egoismus«.[54]

Dieses Mitleid erscheint Marcuse als eine mögliche Basis für einen Brückenschlag von den einzelnen Subjekten auch zu den gesellschaftlichen und kulturellen Objekten, die sich zu verselbständigen drohen und eigene Mäch-

51 Ibid., p. 477.

52 Ibid., p. 478.

53 Ibid., p. 452.

54 Schopenhauer: *Die beiden Grundprobleme der Ethik*, in: idem: *Sämtliche Werke*, loc. cit., Bd. IV, p. 245.

tigkeiten mit eigener Logik gegenüber den Subjekten, aus denen sie entlassen wurden, werden wollen oder schon geworden sind. Das hatte Marcuses philosophischer Lehrer Georg Simmel schon in seinem Aufsatz: »Philosophie der Kultur« scharfsinnig beschrieben.[55]

Marcuse aber läßt sich durch diese Aporie nicht entmutigen: »Ich glaube immer [...], daß, trotz aller Weltgeschichte, im Einzelnen die Welt beginnt und endet.«[56] Er ist überzeugt, daß durch die emotionale Kraft des Einzelnen die entfremdeten Objekte wieder zurückgeholt und vermenschlicht werden könnten.

Wie er gegen eine herrschende Aufklärung eine aufgeklärtere »dritte« gesetzt hat, so entwirft er die Umrisse eines »vierten« Menschenbildes, weil die drei bisherigen den Menschen nur verkrüppelt dargestellt haben. Das theologische sah den Menschen als Ebenbild Gottes, das zoologische als Ebenbild des Affen und das soziologische als Ebenbild der Gesellschaft.

> Der Mensch ist aber kein Ebenbild. Er ist in Bewegung: zu alten Sehnsüchten, ohne Garantie des Ankommens. Er hat gelernt, alle Zeitlichkeit zu relativieren und so über ihr zu sein; der Ort, in dem er da ist, ist keiner. Er hat gelernt, zwischen seinen beiden größten Erfindungen, dem Engel und der Bestie, ein umrißloses, vieldeutiges Leben zu führen. Lichtenberg sprach von der ›fragmentarischen Natur des Menschen‹. Hegel sagte: das Ganze ist die Wahrheit. Da es aber nicht zusammenzubringen ist, war das Ganze immer die Unwahrheit: als Theologie *und* Ontologie. Nach allen Entzauberungen kann nur noch ataktisch nebeneinander gesetzt werden, was an Fragmenten eines nicht vorstellbaren Ganzen vorgefunden wird. Im vierten Bild des Menschen wird das Vorgefundene nicht mehr auseinandergezwungen, in Überordnung und Unterordnung und Ableitung.[57]

So werden die Pessimisten, »die es sind, weil sie am Leben hängen – und nicht nur am eigenen – [...] die Schöpfer dieses vierten Humanismus sein«.[58]

Marcuse sträubte sich gegen jede Verleugnung oder Verleumdung des Willens zum Leben. Lieber verzichtete er auf alle abstrakte Erkenntnis, durch die sich nach Schopenhauer Verschiedenes zusammenfassen läßt, woraus erst ein Wissen und die Möglichkeit, planmäßig zu handeln, hervorgehe.[59] Marcuse wollte aber gerade nicht Verschiedenes zusammenfassen, weil menschliches

---

55 Georg Simmel: *Philosophie der Kultur*, in: idem: *Philosophische Kultur*, Berlin 1983, pp. 203ff.

56 *Mein zwanzigstes Jahrhundert*, loc. cit., p. 239.

57 *Papieren*, loc. cit., pp. 282f.

58 *Philosophie des Un-Glücks*, loc. cit., p. 233.

59 Cf. Schopenhauer, W I, pp. 63ff.

Erkennenwollen, einem übergeordneten Gedanken zuliebe, nur zu gern das eine unter das andere subsumiert. So stellt er in Thesen zur »Abrüstung der Entrüstung«[60] neben – nicht unter – das Factum humanum das Factum brutum, das ist

> ein Lebewesen, das nicht aus der Welt will und zunächst auf alles drängt, was solches verhindert [...]. Irgendeine Absicht ließ es nie zur Einsicht kommen, daß dieses Ewig-leben-wollen eine Konstante ist [...]. Die Lüste, denen Freud leider den monotheistischen Singular libido schenkte [...], sind ein Überschuß über das Hängen-am-Leben hinaus; sie verdienen göttlich genannt zu werden [...]. In ihnen ist der Mensch Mensch. Durch sie unterscheidet er sich mehr vom Tier als durchs Maschinen-Bauen. Körper und Seele bringen sie hervor. Die Kultur ist nur dort himmlisch, wo sie Ausfluß einer Lust, das Empfangen einer Lust ist. Eine Kultur, die keine Lust schenkt [...], ist nur noch ein Haufen von Büchern, Noten und Bildern, welche Schulkindern bittere Medizin verabreichen – und tatsächlich giftig sind, weil sie belasten. Die Erwachsenen prunken damit, daß sie Lebertran eingelöffelt bekommen haben – und laufen zur Massen-Kultur über. Sie ist der dankenswerte Ersatz für eine Kultur der differenzierten Lust, die es kaum noch gibt. Besser eine unzulängliche Befriedigung als gar keine. Besser ein anregender Pornograph als eine mausetoter Klassiker. Die Tradition, die nicht vergnügt macht, ist ein Hindernis. Die Bildungshamsterei ist gefährlicher als der Analphabetismus.[61]

Diese köstlichen Übertreibungen zeigen den Zertrümmerer bei der Arbeit. Er will das hervorholen, was verdeckt oder prüde geleugnet worden ist. Freilich ist er selbst dabei, zum Beispiel den Hang des Menschen zur Bequemlichkeit zuzudecken, der verhindert, daß die vielleicht befriedigendsten Lüste überhaupt erst genossen werden können. Wenn Bewußtsein erst durch Erfahrung gewandelt werden kann – wie er sagt – dann müssen die differenziertesten Lüste zuvor als »himmlisch« empfangen worden sein. Und trotz der Erfahrungen sind die Verführungen der Kulturindustrie so groß, daß die Hingabe an sie kein aktives »Überlaufen«, sondern ein bequemes Sich-in-den-Sessel-fallen-lassen ist.

Marcuse sieht richtig in der Lust, dem Drang zum Leben, eine unentbehrliche Energiequelle, ein wichtiges Konstituens, worauf das Factum brutum angewiesen ist. »Wer weiß, daß der Einzelne um so besser ist, je mehr er genießt, wird in vielen Verboten, die im Namen des Gemeinwohls ergehen, nichts sehen als eine gedankenlose oder sinnlose Grausamkeit, eine Verkrüp-

---

60 Marcuse: *Obszön. Geschichte einer Entrüstung*. München 1962, pp. 388ff.

61 Ibid., p. 387.

pelung, eine Entmenschlichung.«[62] Also doch eine Verbindung von Factum brutum mit dem Factum humanum, aber in umgekehrter Richtung. Mit der Entfernung von dem Sublimationsgebot entfernt sich Marcuse von Schopenhauer weg auf Nietzsche zu. Er bedauert das sehr, findet aber aus Neigung zu Schopenhauer heraus, daß dieser in Wirklichkeit ein guter, stiller Genießer gewesen ist.[63] Hätte Schopenhauer neben dem Mit-Leid »noch die (allerdings weniger ausgebildete) Mit-Lust, Mit-Freude gefunden, dann wäre er der überzeugendste Deuter des Menschen geworden«.[64]

Marcuse verhielt sich zur Geschichte nie distanziert betrachtend, nie hätte ihm die von Wilhelm Dilthey inaugurierte Methode der Geisteswissenschaft genügt, die vor allem vergleichend und entwicklungsgeschichtlich interessiert verfuhr: nein, er konnte sich nicht nur ästhetisch anschauend verhalten, als ob ihn selbst vergangenes Geschehen überhaupt nichts anginge. Er war immer mit den Menschen, die er beschrieb, mit den Gegenständen, die er untersuchte, unterwegs zu sich selbst. Er wollte belehrt werden von den Irrtümern anderer Menschen, aber auch von ihren Erkenntnissen. Immer beurteilte er individuell, immer wertete er, immer verhielt er sich so, als ob er in seiner eigenen Biographie forschte, immer war er ein das Leben und sich selbst Liebender.

Essay und Biographie sind eng verwandt: sie sind individuell geprägt. Was man erzählt, das bleibt dem Autor überlassen, er holt sich das hervor, was ihn heute bewegt und beschäftigt. Er überläßt sich oft meditierend seinen Gedanken und lieber den Formen der Möglichkeit als denen der Wirklichkeit. Essayisten, Biographen und Autobiographen sind Individualisten und damit Non-Konformisten, mithin das, was Marcuse allen Menschen empfiehlt zu sein. Zu Konformisten werden sie erst, wenn sie sich zusammenschließen. Wie Marcuse Schopenhauer bewunderte und kritisch verehrte, ein individualistischer Aufklärer in seinem Geist wurde, ein Denker wider den Strich, so können wir auch Ludwig Marcuse lieben und mit ihm aufklärerisch weiterphilosophieren und um unsere eigene Autobiographie bemüht sein, die uns mehr zu uns selbst bringen kann.

Ich möchte schließen mit der Antwort des Kohelet, des Predigers Salomo, die Marcuse vernimmt auf die Frage: »Wie werde ich glücklich, Kohelet? Indem Du nicht vergißt, wie hoffnungslos unglücklich Du bist – und doch mit offenen Sinnen Sonne und Licht und die Wärme des Mitmenschen genießt.«[65]

---

62 Ibid., p. 389.

63 *Nachruf auf Ludwig Marcuse*, loc. cit., p. 208.

64 *Obszön*, loc. cit., p. 391.

65 Marcuse: *Philosophie des Glücks. Von Hiob bis Freud*. Zürich 1972, p. 90.

Pessimismus, Physik, Gorby und Ronnie: drei Dokumente aus der Praxis

Friedemann Grenz *(Hamburg)*

I
Der Aufsatz

Veröffentlichungspflicht oder nicht?
Zu Dürrenmatts *Physikern*

Wenn ich im Wald eine Schlange finde und nicht weiß, ob sie giftig ist – darf ich sie dann der Fünften Klasse zeigen, die ich auf dem Ausflug begleite? Ich darf. Denn ich kann erwarten, daß die Klasse die Gefahr kennt und sie meidet; ich muß es sogar, um vor der Gefahr zu warnen.

Der Physiker wird mich beneiden. Wo ich mich auf die Vernunft der Kinder verlassen kann, muß er mit der Unvernunft der Politiker rechnen.

Aus der Geschichte der Wissenschaft weiß er, daß viele wichtige Entdeckungen unabhängig voneinander von mehreren zugleich gemacht wurden. Darum muß er damit rechnen, daß das Neue, das er heute findet, seit gestern in Tokio und ab morgen in Peking auch vorliegt.

Und er kann sich weder darauf verlassen, daß der Kollege im anderen politischen Block seine Entdeckung verbergen kann, noch darauf, daß er sie nicht willig in die Hände der Mächtigen gibt; denn wer ein kluger Physiker ist, muß darum noch nicht ein vernünftiger Politiker sein – sowieso ein Unding – oder gar ein guter Mensch. Darum ist es sinnlos, das eigene Neue zurückzuhalten. Möbius versucht das, und er scheitert. Trotz aller persönlicher Opfer führt er die »schlimmstmögliche Wendung« gerade herbei (S. 91) – wie Laios, der Vater des Ödipus. Das ist die Tragik im zweiten Akt der *Physiker*. Doch stellt sich dort keine moralische Ordnung wieder her: was sich herstellt, ist vielmehr der Trust der Mathilde von Zahnd: ein kapitalistisches Imperium, das die Macht über die Welt begehrt (S. 85). Die Selbstzensur des Physikers funktioniert nicht, solange die Machtkonflikte bestehen. Das meint Dürrenmatt mit dem Wort »Jeder Versuch eines Einzelnen, für sich zu lösen, was alle angeht, muß scheitern« (S. 93).

Eine mildere Form der Selbstzensur, in der eine Gruppe den Einzelnen ersetzt, können wir auch nicht besser empfehlen. Denn jede Gruppe kann – und darum: wird – wie Möbius scheitern: auch hinter ihr werden die Geheimdienste her sein, also Machtinteressen. Den Staat zur Aufsicht rufen hieße vollends den Bock zum Gärtner machen. Das legt schon Kipphardts Aufweis der Verflechtung von Wissenschaft und Macht nahe, und das hat Jules Verne schon 1870 dazu geführt, die Vernichtung der Nautilus gelingen zu lassen. Er hielt das wohl noch für Pessimismus. Dürrenmatt zufolge war er eher zu optimistisch.

Bleibt die Veröffentlichungspflicht: die Herstellung totaler Öffentlichkeit. Nur sie verspricht eine Chance – eine kleine –, die Gefahr der Vernichtung der Menschheit zu neutralisieren. Doch ist auch sie kein Patentrezept.

Totale Öffentlichkeit versetzt die Gegner in den Machtkonflikten in die Lage, das Gleichgewicht des Schreckens zu erhalten, mit dem wir seit der Bombe überleben. Doch kann die Einhaltung der Veröffentlichungspflicht in der Praxis nicht kontrolliert werden. Das ist die Schwäche dieses Weges.

Darum kann es die Veröffentlichungspflicht auch nur als moralischen Appell an den einzelnen Wissenschaftler geben: an jeden einzelnen von ihnen.

Und so erweist sich, daß wir keine beste Lösung haben. Wir können allenfalls das geringere Übel empfehlen. Das dürfte allerdings die Veröffentlichungspflicht sein, denn sie bricht aus dem Machtblock- und Feindbilddenken aus. Alles andere kann sich dem Eingriff der Macht nicht einmal versuchsweise entziehen.

Der Wissenschaftler, der frei publiziert, wird sich in seinem Machtblock freilich unbeliebt machen, denn er gefährdet, was die Mächtigen für die Interessen der Allgemeinheit halten. Er kann daher des Hochverrats angeklagt werden und wird desto weniger Milde finden, je wichtiger seine Entdeckung war. Nur wer solchem Druck widerstehen kann, sollte sich der Wissenschaft nähern. Und wo er dienstverpflichtet und zur Geheimhaltung angehalten wird, muß er sich verweigern oder es trotzdem tun. Wie schwach auch diese Lösung ist, das zeigt sich daran, wie wenige Menschen sich zutrauen dürfen, so aufrecht zu gehen.

Wir brauchen wirklich für die Wissenschaftler einen neuen Hippokratischen Eid. Doch kann er nicht die Form haben, die Brecht vorschlägt. Sein »Gelöbnis, ihr Wissen einzig zum Wohle der Menschheit anzuwenden« (*Galilei*, es 1, S. 126), verschlägt nicht, da die Wissenschaftler über Verwendungen nicht bestimmen. Der Eid müßte etwa so lauten: ›Ich schwöre, kein Ergebnis für mich zu behalten und nicht zuzulassen, daß meine Ergebnisse geheimgehalten werden, von wem auch immer‹.

So ein Eid könnte helfen, die Zahl derer zu vergrößern, die sich den aufrechten Gang zutrauen dürfen. Das wäre ein Schritt voran in der Geschichte der Menschheit.

Diese Überlegungen haben freilich eine merkwürdige Konsequenz: sie lassen alle Industrie- und Wehrspionage gerade als gerecht erscheinen: als besser denn alle Versuche, Geheimnisse zu schützen. Spione aller Länder, vereinigt euch?

II
Der Kommentar

Lieber Friedemann,

Ihr Aufsatz ist nicht schlecht. Besonders gefallen mir der originelle Anfang und die ebenfalls originelle und überraschende Schlußbemerkung.

Ihre Argumentation hat zwei Teile: Sie belegen einerseits, daß totale Öffentlichkeit besser ist als Geheimhaltung, indem Sie die Risiken der Geheimhaltung herausarbeiten. Daraus folgt dann Ihre These *ex negativo*. Andererseits zeigen Sie aber auch, daß Ihr Vorschlag – die Veröffentlichungspflicht – selbst Schwächen hat. Damit zeigen Sie, daß Ihr Urteil ein gewisses Maß von Ausgewogenheit erreicht.

Das heißt aber nicht, daß sich gegen Ihre Argumentation nichts einwenden ließe. Ich möchte Ihnen zeigen, an welchen Stellen Sie genauer oder weiter hätten denken können.

Sie lassen im Vorbeigehen die Bemerkung ab, Politik und Vernunft seien so unversöhnliche Gegensätze, daß sie zusammen ein »Unding«, also eine *contradictio in adiecto* ergeben. Das ist sicher ein oft treffendes Bonmot. Wollen Sie aber im Ernst behaupten, daß es noch nie einen vernünftigen Politiker gegeben hat? Sie scheinen hier doch zu einer Einseitigkeit zu neigen, die sich im Ernst nicht verteidigen läßt.

Sie geben zwar Schwächen Ihrer Lösung an, aber Sie sprechen gar nicht über deren Risiken. Das bedeutet, daß Sie die beiden Extremlösungen nicht auf derselben Ebene messen: die Ebene, auf der sie die beiden gegensätzlichen Lösungen vergleichen, stimmt nicht: an der Geheimhaltung holen Sie die Risiken heraus, an der Veröffentlichungspflicht nicht.

Sie übersehen nämlich, daß auch der Veröffentlicher nicht sicher sein kann, daß er durch sein Verhalten die Katastrophe nicht gerade heraufbeschwört, statt dazu zu helfen, sie zu verhindern.

Sie können nämlich nicht durchsetzen, daß sich das Veröffentlichungsgebot auch nur annähernd gleich stark durchsetzt in den großen Machtblöcken. Das könnte dazu führen, daß in dem einen Machtblock viel publiziert wird, im anderen nur wenig. Letzterer könnte sich durch die Verwertung der Ergebnisse aus dem anderen Block einen so großen strategischen Vorteil verschaffen, indem er die Ergebnisse aus dem eigenen Lager geheimhält, daß sich für ihn der Anschein herstellt, ein Angriffskrieg könne lohnen. Genau das müssen Sie aber unter allen Umständen vermeiden.

Ihre Lösung verläßt sich auf eine internationale Solidarität der Wissenschaftler, die eine Illusion ist.

Außerdem haben Sie gar nicht bedacht, daß die unkontrollierte Publikation von Rezepten zur Verfertigung von Großwaffen der kriminellen Energie genau jene Mittel an die Hand gibt, die bisher glücklicherweise nur in schlechten Romanen vorkommen: Städte, ja ganze Staaten könnten erpreßbar werden durch das Befolgen Ihrer Empfehlung. Das haben Sie nicht ausreichend bedacht. Vielleicht gibt es gar keine richtige Lösung für das Problem.

Herzlich, Ihr
F.G.

III
Die Replik

Lieber F.G.,

vielen Dank für Ihren ausführlichen Kommentar zu meinem Aufsatz. Ich denke, daß Sie sich viel Arbeit damit gemacht haben.

Ihre Argumente leuchten mir ein. In der Tat ist es so, daß ich die beiden Möglichkeiten in unfairer Weise verglichen habe. Das hat aber seinen eigenen Grund, und den möchte ich Ihnen auseinandersetzen. Das bin ich Ihnen wohl schuldig.

Das Thema des Aufsatzes ließ zwei grundsätzliche Möglichkeiten zu: entweder ich hätte die Frage prinzipiell behandelt, dann wäre ich zu dem Ergebnis gekommen, das Sie am Ende andeuten: daß es keine Lösung gibt, nicht einmal die Empfehlung eines kleineren Übels. Das ist in der Tat meine Meinung, und ich glaube, daß das auch Dürrenmatts Meinung ist. Und darin ist Dürrenmatts Drama auch denen von Brecht und Kipphardt und dem Roman von Verne überlegen.

Für den Aufsatz hatte ich mir aber vorgenommen, statt der prinzipiellen Wahrheit zu folgen, dem noch dringenderen Problem nachzugehen, was wir denn nun morgen und übermorgen wirklich tun müssen. Denn alle Erkenntnis der Unlösbarkeit des Problems hilft nicht darüber hinweg, daß morgen und übermorgen *wirklich gehandelt werden muß*. Dazu zwingt uns die einfache Tatsache, daß die Zeit nicht still steht, bis wir einen Ausweg gefunden haben aus der Situation, in der es keine Lösung gibt.

Nun können Sie einwenden, daß ich das in den Aufsatz hätte hineinschreiben können, um Ihren Einwänden entgehen zu können. Daran habe ich auch gedacht. Ich mußte das aber verwerfen, und zwar aus folgendem Grund:

Ein solcher Aufsatz hätte so argumentiert:

1. Ich zeige, daß es keine Lösung geben *kann*.

2. Ich zeige, daß wir trotzdem eine Lösung haben *müssen*.
3. Ich biete meinen Vorschlag an.

In einer solchen Argumentationsstruktur hätten Sie mir leicht einen Widerspruch nachweisen können, nämlich den, daß ich einerseits behaupte, daß es keine Lösung geben kann, andererseits aber eine Lösung anbiete.

Das heißt, daß mich das Thema selbst in ein Dilemma gebracht hat: wie ich es auch mache, ich setze mich in jedem Fall vernichtender Kritik aus. Da galt es abzuwägen, welche Kritik schärfer ausfallen würde. Da ich weiß, daß Sie Widersprüche sehr streng beurteilen, mußte ich den Widerspruch mit mehr Grund vermeiden als den schiefen Vergleich. Das Problem lag darin, daß die Erläuterung meines Dilemmas den Widerspruch schon produziert hätte, den es zu vermeiden galt.

Vielleicht war es also ein unfaires Thema? Aber das läßt sich wohl nur daran entscheiden, wie fair Sie die einzelnen Arbeiten bewertet haben.

Mit freundlichen Grüßen, Ihr

Friedemann

IV
Nachbemerkung

»Es gibt auf der Welt nur *ein* lügenhaftes Wesen: es ist der *Mensch*. Jedes andere ist wahr und aufrichtig, indem es sich unverhohlen gibt als das, was es ist, und sich äußert, wie es sich fühlt.«[1]

1 Schopenhauer: *Parerga und Paralipomena II*. Werke. ed. Löhneysen, Bd. 5, S. 683.

II. Schopenhauer im Umkreis der Kritischen Theorie

Schopenhauer und Adorno
oder das Unrecht, überhaupt »Ich« zu sein

Martin Hielscher *(Hamburg)*

Theodor Adorno spricht in seinem Eichendorff-Essay von Schumanns Klavierphantasie und begreift deren dritten Satz als wahlverwandt mit Eichendorffs gewährender und vornehmer Geste, noch das eigene Daseinsrecht zu verschmähen. Als Motto für sein Verständnis des Eichendorffschen oeuvres zitiert Adorno jenes ›Und ich mag mich nicht bewahren‹ aus dem Gedicht »Frische Fahrt«. Diese Geste wird ihm schließlich zu einer Liebe, in der das Ich »nicht länger sich in sich selber verhärtet«, sondern etwas gutmachen möchte, »von dem uralten Unrecht, Ich überhaupt zu sein.«[1]

Es gibt zahlreiche, in Adornos Werk weit verstreute Stellen, die den Akzent nicht bloß darauf setzen, daß das sogenannte realitätstüchtige Subjekt Herrschaft über sich selbst ausübt, die als Herrschaft über innere und äußere Natur dann zur Verdinglichung der Welt und Entleerung des Subjekts führt, sondern daß Subjektivität überhaupt, Differenzierung in diesem emphatischen Sinne, schuldhaft ist. Gerade weil der Gedanke, wie man nach kritischer Prüfung sagen muß, zu Eichendorff weniger paßt, als Adorno meinte,[2] ist es um so interessanter, seine Herkunft zu erfragen. Diese merkwürdige These nun hat seine von Adorno einige Male auch ausdrücklich bemerkte Tradition, sie stammt in dieser Form aus der Philosophie Schopenhauers, jedenfalls in ihrer systematischen Formulierung, und wird von dort in das Denken der kritischen Theorie übernommen, wo sie durch Adorno einen aktuellen, auch veränderten Akzent erhält.

Die zentralen Begriffe, mit denen Schopenhauer den Widerspruch aller Individuation bezeichnet, ›principium individuationis‹ und ›Schleier der Maja‹, kehren zum Teil unverändert, zum Teil verändert in der Philosophie Adornos wieder: der von diesem so bezeichnete ›universale Verblendungszusammenhang‹[3] (deutlicher noch in der früheren Formulierung: ›technologischer Schleier‹[4]), der das Bewußtsein der Menschen von sich selbst und ihrer realen gesellschaftlichen Lage undurchschaubar macht, ist nichts anderes als der soziologisch und psychoanalytisch modifizierte ›Schleier der Maja‹ Schopenhauers. Bekanntlich übersetzt Schopenhauer in einer gewagten Volte die kantischen Begriffe ›Ding an sich‹ und ›Erscheinung‹ in ›Wille‹

1 Theodor W. Adorno: *Gesammelte Schriften II*. ed. Rolf Tiedemann, Frankfurt / Main 1974. p. 78.

2 S. dazu Alexander v. Bormann: *Natura loquitur. Naturpoesie und emblematische Formel bei Joseph von Eichendorff*. Tübingen 1968.

3 Theodor W. Adorno: *Ästhetische Theorie*. Frankfurt / Main 1977, p. 337 u. passim.

4 Theodor W. Adorno und Max Horkheimer: *Dialektik der Aufklärung*, Frankfurt / Main 1979. pp. 108ff. passim.

und ›Vorstellung‹, wobei ›Wille‹ den Beiklang von ›real, wesenhaft, substantiell‹ bekommt, ›Vorstellung‹ den von ›irreal, scheinhaft, akzidentiell‹.

Die Erscheinungen der Welt werden als notwendige Vorstellungen von Objekten für ein Subjekt aufgefaßt, das nach dem Satze vom Grunde in den Formen von Raum und Zeit, die Anschauungsformen a priori sind, die Objekte als solche konstituiert. Das heißt, von Objekt und Subjekt ist nur zu reden als von Materie, die der Konstitution für uns bedarf und von Wesen, die a priori diese Konstitutionsleistung erbringen und sich selbst auch nur darin erfahren. Erfahrung ist nur zu machen unter der Bedingung der Geltung des Satzes vom Grunde, d.h. den vier Formen der Kausalität. Zugleich aber wird dieses, ›nur‹ auch wieder eingeschränkt, insofern, als die Welt, um deren *Verständnis*, nicht um deren *Erklärung* es Schopenhauer geht, nicht nur Vorstellung ist, sondern auch Wille, dessen metaphysisches Wesen wir bemerkenswerterweise unmittelbar erfahren können – am Leib, der uns zweifach in der Erfahrung gegeben ist.

Metaphysik, d.h. die Antwort auf die Frage nach dem Seienden im Ganzen mit der dazugehörigen Ableitung des Seienden aus einem obersten Prinzip, wird gekoppelt an eine somatische Erfahrung, wenn man so will, eine uns dumpf gegebene Ahnung: das kehrt wieder bei Adorno z.B. in den ›Meditationen zur Metaphysik‹,[5] wenn er die Metaphysik, die traditionell ein oberstes *geistiges* Prinzip annahm und insoweit dem Materialismus strikt entgegengesetzt war, sich in die blindeste Schicht des Somatischen einschreiben läßt.

»Die somatische sinnferne Schicht des Lebendigen ist Schauplatz des Leidens, das in den Lagern alles Beschwichtigende des Geistes und seiner Objektivation, der Kultur, ohne Trost verbrannte. Der Prozeß, durch den Metaphysik unaufhaltsam dorthin sich verzog, wogegen sie einmal konzipiert war, hat seinen Fluchtpunkt erreicht [...]. Kindheit ahnt etwas davon in der Faszination, die von der Zone des Abdeckers, dem Aas, dem widerlich süßen Geruch der Verwesung, den anrüchigen Ausdrücken für jene Zone ausgeht.«[6]

Zurück aber zur Welt als Vorstellung und zum Satz vom Grunde: »Raum, Zeit und Kausalität sind Ordnungsstrukturen, mit denen die erkennende Subjektivität alles gliedert, was für sie zum Objekt von Erfahrung wird.«[7] Zeit, Raum und Kausalität sind selbst verschiedene Gestaltungen des einen Satzes vom Grunde, der für uns Erfahrung überhaupt ermöglicht, aber mit dem besonderen Akzent, daß Schopenhauer, die Zweideutigkeit von ›Vor-

5 Theodor W. Adorno: *Negative Dialektik*. Frankfurt / Main 1975, pp. 354ff, bes. 358.

6 Der Ausdruck ›Objektivation‹ mag hier auf Schopenhauer anspielen.

7 Ulrich Pothast: *Die eigentlich metaphysische Tätigkeit*, Frankfurt / Main 1982, p. 34. Ich folge hier seiner Darstellung von Schopenhauers Erkenntnistheorie.

stellung‹ ausnutzend – und das widerspricht radikal Kants Gebrauch des Wortes ›Erscheinung‹ –, zugleich nahelegt, daß die Erfahrung der ›Welt als Vorstellung‹ nicht die ganze Erfahrung der Welt ist. Richtete sich Kants Erkenntniskritik gegen die Postulierung metaphysischer Sätze, die als solche aus unserer Erfahrung gar nicht abgeleitet werden können, so nimmt Schopenhauer die Welt selbst für ein Rätsel[8] – ein Gedanke, der Kant und auch Hegel wohl gänzlich fern lag –, das seiner Enträtselung harrt und die nun gerade nicht dadurch geschieht, daß ich mich der mir notwendigen Formen der Anschauung und den geläufigen der Erkenntnis bediene. Die reale Welt ist immer zugleich die Verhüllung des einzig Realen dieser Welt. Das Rätsel ›Welt‹ aber kann nie ganz aufgelöst werden.

Raum und Zeit nun sind für Schopenhauer das ›principium individuationis‹, also das Prinzip, durch das ein Individuum als Individuum erkannt wird. Außerhalb von Raum und Zeit existieren keine Individuen: »Da aber Zeit und Raum selber nur Ordnungsstrukturen der erkennenden Subjektivität sind, die benutzt werden, um Vorstellungen in eine bestimmte Gestalt zu bringen, kann das, was die Subjektivität letztlich ist, nicht selbst ein Individuum sein. Das Erkennende am Subjekt, das nicht selbst erkannt wird und gar nicht erkannt werden kann, das aber seinerseits anderes in bestimmten Formen erkennt, existiert außerhalb dieser Formen, also außerhalb von Raum, Zeit, Kausalität und Individuation. Die Art freilich, wie es sich selbst erscheint, ist diesen Formen unterworfen; die Subjekte erscheinen sich demnach, solange sie in Raum und Zeit wahrnehmen, als Individuen; aber außerhalb der Formen, in denen sie sich erscheinen, hat das Konzept der Individualität keine Anwendung.«[9]

An dieser Stelle kehrt die Zweideutigkeit von ›Vorstellung‹ wieder in der vom Individuationsprinzip. Es meint zugleich die Weise, wie der Wille sich durch alle vorstellenden Wesen hindurch manifestiert oder inszeniert und die Weise, wie die Wesen sich selbst als einzelne erfahren und als einzelne leiden, ohne meist zu wissen, daß, was sie substantiell sind, gar nichts einzelnes ist; es ist aber auch kein Allgemeines, das sie so begreifen können, wie sie sich selbst als einzelne zu erfahren glauben.

Der Gedanke der Scheinhaftigkeit von Subjektivität, die sich als ein Letztes, absolut Unhintergehbares und Unverwechselbares versteht, ist Adorno sehr nahe wie ebenso Schopenhauers entscheidende bewußtseinskritische Wende innerhalb des deutschen Idealismus Adorno Hegel gegenüber wichtig wird, nämlich die Substanz des Individuellen gerade nicht in einem Geistigen, sondern in einem triebhaft Somatischen und weitgehend Unbewußten zu entdecken, das auf ganz andere Weise als die Annahme durchgehender Subjektivität der Wesen die Einheit der Welt begründet.

---

8 Schopenhauer: W I, 525.

9 Pothast, loc. cit., p. 37.

Eine Stelle aus dem vierten Buch der *Welt als Wille und Vorstellung* zitiert Adorno mehrfach als Beleg:

> Aber diese Duplicität unsers Wesens ruht nicht in einer für sich bestehenden Einheit: sonst würden wir uns unserer selbst an *uns selbst und unabhängig von den Objekten des Erkennens und Wollens* bewußt werden können: dies können wir aber schlechterdings nicht, sondern sobald wir, um es zu versuchen, in uns gehen und uns, indem wir das Erkennen nach innen richten, ein Mal völlig besinnen wollen; so verlieren wir uns in eine bodenlose Leere, finden uns gleich der gläsernen Hohlkugel, aus deren Leere eine Stimme spricht, deren Ursache aber nicht darin anzutreffen ist, und indem wir so uns selbst ergreifen wollen, erhaschen wir, mit Schaudern, nichts, als ein bestandloses Gespenst.[10]

Daß die Duplizität unseres Wesens nicht in einer für sich bestehenden Einheit ruht, daß kein Erkennen heranreicht an einen Riß, der sich auch erst nachträglich zeigt, daß jeder Versuch, Einheit mit dem, was wir substantiell sind, in uns allein zu finden, scheitern muß, war für Adorno auch Kritik an der bürgerlichen Gesellschaft, die dem einzelnen im Kampf der Selbsterhaltung vorgaukelt, er sei ein einziger, während die Organisation der Gesellschaft wahrhafte Individuation verhindert. (Die wird allerdings zunächst anders gedacht als bei Schopenhauer.)

Der Gedanke, daß wir unserer selbst nicht unabhängig von den Objekten des Erkennens und Wollens bewußt werden können, führt bei Adorno zum Gedanken vom Vorrang des Objekts in der Subjekt-Objekt-Dialektik. Ich will seinen Kommentar zur zitierten Stelle bei Schopenhauer anführen:

> Er [Schopenhauer] hat damit den mythischen Trug des reinen Selbst beim Namen gerufen. Es ist eine Abstraktion. Was als ursprüngliche Entität, als Monade auftritt, resultiert erst aus einer gesellschaftlichen Trennung vom gesellschaftlichen Prozeß. Gerade als Absolutes ist das Individuum bloße Reflexionsform der Eigentumsverhältnisse. In ihm wird der fiktive Anspruch erhoben, das biologisch Eine gehe dem Sinne nach dem gesellschaftlichen Ganzen voran, aus dem nur Gewalt es isoliert, und seine Zufälligkeit wird fürs Maß der Wahrheit ausgegeben. Nicht bloß ist das Ich in die Gesellschaft verflochten, sondern verdankt ihr sein Dasein im wörtlichsten Sinn. All sein Inhalt kommt aus ihr, oder schlechterdings aus der Beziehung zum Objekt. Es wird um so reicher, je freier es in dieser sich entfaltet und sie zurückspiegelt, während

---

10 Schopenhauer, W I, 354; Adorno: *Minima Moralia, Gesammelte Schriften*, Bd. 4, p. 173.

seine Abgrenzung und Verhärtung, die es als Ursprung reklamiert, eben damit es beschränkt, verarmen läßt und reduziert.[11]

Hier sind ebenso viele Schritte in der Theorie gegangen worden (unverkennbar die fast wörtliche Paraphrase einzelner Formulierungen des frühen Marx),[12] um abstrakte metaphysische Bestimmungen und deren Dialektik als Ausdruck antagonistischer gesellschaftlicher Verhältnisse zu verstehen, wie – so würde es Adorno wohl sehen – die als abstrakte und ungeschichtliche formulierte Wahrheit ihren eigentlich verbindlichen geschichtlich-konkreten Gehalt bekommen hat.

(Adornos Schopenhauer-Zitat und sein Kommentar zusammen genommen repräsentieren in dieser Weise genau seine Methode der negativen Dialektik. Ich kann dies hier nur verkürzt andeuten.)[13]

Sehen wir, wie Schopenhauer die Erkenntnis einführt, daß die Welt nicht nur Vorstellung – die in diesem Moment den Akzent des bloß Vorstellungshaften erhält –, sondern auch noch etwas anderes ist, und wie er dann diese Erkenntnis für den einzelnen zu einer allgemeinen werden läßt.

»Wir wollen die Bedeutung jener Vorstellungen wissen: wir fragen, ob diese Welt nichts weiter, als Vorstellung sei; in welchem Falle sie wie ein wesenloser Traum, oder ein gespensterhaftes Luftgebilde, an uns vorüberziehn müßte, nicht unserer Beachtung werth [...]«.[14]

Schopenhauer unterschied zwischen Erscheinung und Ding an sich, das die wahre Substanz der bloßen Erscheinungen ausmache. Dieses wahre Wesen ist uns aber – in der Immanenz! – immer schon gegeben in einer zunächst bloß ›gefühlten Bedeutung‹;[15] und zwar mit unserem Leib:

> In der That würde die nachgeforschte Bedeutung der mir lediglich als meine Vorstellung gegenüberstehenden Welt, oder der Uebergang von ihr, als bloßer Vorstellung des erkennenden Subjekts, zu dem, was sie noch außerdem seyn mag, nimmermehr zu finden seyn, wenn der Forscher selbst nichts weiter als das rein erkennende Subjekt (geflügelter Engelskopf ohne Leib) wäre [...]. Dieser Leib ist dem rein erkennenden Subjekt als solchem eine Vorstellung wie jede andere, ein Objekt unter Objekten: die Bewegungen, die Aktionen desselben sind ihm insoweit nicht anders, als wie die Veränderungen aller anschaulichen Objekte bekannt, und wären ihm

11 Ibid.

12 Karl Marx: *Ökonomisch-philosophische Frühschriften* in: *MEGA, Ergänzungsband 1. Teil*. Berlin 1977, p. 549.

13 S. auch den Sammelband: *Die negative Dialektik Adornos*, ed. Jürgen Naeher, Opladen 1984.

14 W I, 141.

15 W I, 137.

> eben so fremd und unverständlich, wenn die Bedeutung derselben ihm nicht etwan auf eine ganz andere Art enträthselt wäre. [...] Die Aktion des Leibes ist nichts Anderes, als der objektivirte, d.h. in die Anschauung getretene Akt des Willens.[16]

Die Welt als ganze ist Objektivierung des Willens auf verschiedenen Stufen des Seins, Objektivationsstufen, die untereinander eine Einheit durch ihre Abkünftigkeit von diesem einen Willen bilden, der nicht zu identifizieren ist mit einem bloß individuellen Wollen, sondern als eine Art Urkraft oder Trieb alles in seiner Selbsterhaltung begründet und festhält. Schopenhauer tut etwas Erstaunliches, wenn er, was das eigentliche Wesen der Welt ist, erfahrbar werden läßt in einer dumpfen, jedem ganz unmittelbar ›verständlichen‹ Empfindung: wir verstehen die Aktionen unseres Leibes eben nicht bloß nach dem Satz vom Grunde, in seiner ersten und vierten Form als Werdegrund und Motivationsgrund, sondern wir haben unmittelbar Einsicht in das ›Daß‹ dieser Aktionen, wir *sind* Wille.

> Sonst sähe er sein Handeln auf dargebotene Motive mit der Konstanz eines Naturgesetzes erfolgen, eben wie die Veränderungen anderer Objekte auf Ursachen, Reize, Motive. Er würde aber den Einfluß der Motive nicht näher verstehn, als die Verbindung jeder andern ihm erscheinenden Wirkung mit ihrer Ursache. Er würde dann das innere, ihm unverständliche Wesen jener Aeußerungen und Handlungen seines Leibes, eben auch eine Kraft, eine Qualität, oder einen Charakter, nach Belieben, nennen, aber weiter keine Einsicht darin haben. Diesem allen nun aber ist nicht so [...].[17]

Wir haben unmittelbare Einsicht darein, Wille zu sein, Objektivation des Willens auf seiner höchsten Stufe, diesen Willen erkennen wir aber wiederum nicht als Einheit in seinem ganzen Wesen, sondern in den einzelnen Akten unseres Leibes – unmittelbar sofort, insofern sie für uns verbindlich sind, nachträglich, insofern wir sie uns erklären als diese Akte.

So, als Wille, dessen Objektivation wir als Leib sind, der uns als unserer wiederum erst als Vorstellung gegeben ist, erfahren wir uns erst *adäquat*.

Schopenhauer tut etwas zweites Merkwürdiges, er läßt die Erfahrung, daß der Wille das Unmittelbarste unseres Bewußtseins ausmacht, »als solches aber nicht völlig in die Form der Vorstellung, in welcher Objekt und Subjekt sich gegenüberstehen, eingegangen ist; sondern auf eine unmittelbare Weise, in der man Subjekt und Objekt nicht ganz deutlich unterscheidet, sich kund giebt [...]«,[18] er läßt diese Erfahrung also sich übertragen auf alle Wesen der Welt, die als Selbstinszenierung des einen alles gewährenden,

16 W I. 142f.

17 W I. 142.

18 W I. 154.

alles bedingenden Willens, der sich durch die verschiedenen Stufen des Seins hindurch objektiviert, aufzufassen ist.

> Daher würde in einem immerwährenden Mißverständnis befangen bleiben, wer nicht fähig wäre, die hier geforderte Erweiterung des Begriffs zu vollziehn, sondern bei dem Worte *Wille* immer nur noch die bisher allein damit bezeichnete Species, den vom Erkennen geleiteten und ausschließlich nach Motiven, ja wohl gar nur nach abstrakten Motiven, also unter Leitung der Vernunft sich äußernden Willen verstehen wollte, welcher, wie gesagt, nur die deutlichste Erscheinung des Willens ist. [...] Nun bezeichnet aber das Wort Wille, welches uns, wie ein Zauberwort, das innerste Wesen jedes Dinges in der Natur aufschließen soll, keineswegs eine unbekannte Größe, ein durch Schlüsse erreichtes Etwas; sondern ein durchaus unmittelbar Erkanntes und so sehr Bekanntes, daß wir, was Wille sei, viel besser wissen, als sonst irgendetwas, was immer es auch sei.[19]

Schopenhauer vollzieht einen Analogieschluß[20] von uns auf die übrige Welt und faßt diese gerade als Einheit im Durchwaltetsein von etwas, das inkommensurabel ist mit den uns geläufigen Formen der Anschauung und des vorstellenden Bewußtseins, insofern es sich als Individuum auffaßt:

> Der Wille als Ding an sich liegt, dem Gesagten zufolge, außerhalb des Gebietes des Satzes vom Grund in allen seinen Gestaltungen, und ist folglich schlechthin grundlos, obwohl jede seiner Erscheinungen durchaus dem Satz vom Grunde unterworfen ist: er ist ferner frei von aller *Vielheit*, obwohl seine Erscheinungen in Zeit und Raum unzählig sind: er selbst ist Einer: jedoch nicht wie ein Objekt Eines ist, dessen Einheit nur im Gegensatz der möglichen Vielheit entstanden ist: sondern er ist Eines als das was außer Zeit und Raum, dem principio individuationis, d.i. der Möglichkeit der Vielheit liegt.[21]

Der Wille selbst ist »in blinder Thätigkeit, die zwar von Erkenntniß begleitet, aber nicht von ihr geleitet ist«! Zwischen den Formen der Erscheinung des Willens und dem Daß der Erscheinung herrscht nach Schopenhauer kein wesensmäßiger Zusammenhang nach der Notwendigkeit, daß dieses *so* erscheinen muß. Nichts ist in der Welt außer ihm. Er wirkt in uns in allen vitalen und vegetativen Prozessen, ›Verdauung, Blutumlauf, Sekretion, Wachsthum, Reproduktion‹, er muß sich zerreißen in die Vielheit seiner Objektivationen, damit etwas sei, was sein böses Spiel aufführt.

---

19 W I. 156.

20 S. W I. 148/49.

21 W I. 158.

So heißt es bei Schopenhauer: »- dieses Alles insgesammt ist Dem, *das* da erscheint, *das* in die Form der Vorstellung eingegangen ist, wesentlich nicht eigen, sondern hängt nur dieser Form selbst an.«[22]

Schopenhauers fundamentale Skepsis[23] an unserem Vermögen, mittels einer als ›klar und bestimmt‹ definierten Erkenntnis das Wesen der Dinge zu verstehen, kehrt, natürlich über verschiedene andere Stationen, vor allem Nietzsches Philosophie, vermittelt, bei Adorno wieder in der Kritik an der Erkenntnis unter der Herrschaft des Identitätsprinzips, dessen Universalität und Geltung für uns und unsere Zwecke eben *die* Stelle und Funktion einnimmt, die bei Schopenhauer die Geltung des Satzes vom Grunde hat. Bei beiden Philosophen ist es dann auch die ästhetische Erfahrung, die den hohen Rang erhält, weil sie als einzige überhaupt aus der Erkenntnis der Welt nach unserer vorgängigen, der Selbsterhaltung dienenden ›Zurichtung‹ herausführt. Adorno hat darum Schopenhauer in seiner *Ästhetischen Theorie* das Verdienst zuerkannt, das Wesen der ästhetischen Erfahrung als Abkehr von der Welt der Zwecke und des Tauschprinzips, wie Adorno die Welt des Verblendungszusammenhangs mit Marx und Lukács konstruiert, *erstmals* adäquat erfaßt zu haben: eben auch als Erfahrung, die das Subjekt radikal aus seiner in Zwecken der Selbsterhaltung befangenen Subjektivität herausnötigt.

Es ist nicht das gleiche Subjekt, das die Welt nach dem Satz vom Grunde ordnet und erkennt und das, welches das Wesen eines Dinges als Idee kontempliert und sich an das Objekt der Erfahrung verliert.

Im Bereich des Willens und der Erkenntnis des Willens gilt aber eigentlich nicht die Erkenntnisweise der Kunst, sondern die mehr gefühlte Ahnung der Verwandtschaft der Dinge untereinander.

Wie sieht nun die Welt als Wille aus, daß sie bei Schopenhauer zuletzt verneint werden soll, wozu die ästhetische Erfahrung und seine großartige Ethik des Mitleids der Durchgang sind bis zum ›Nichts‹, dem letzten Wort seines Hauptwerkes?

---

22 W I. 166.

23 »Wenn daher auch alle Mathematik uns erschöpfende Erkenntniß giebt von Dem, was an den Erscheinungen Größe. Lage. Zahl. kurz. räumliches und zeitliches Verhältniß ist [...]; - so dringen wir mit deren Hülfe doch nimmermehr in das innere Wesen der Dinge. so bleibt dennoch immer Etwas. daran sich keine Erklärung wagen darf [...]. Daher. je mehr Nothwendigkeit eine Erkenntniß mit sich führt. je mehr in ihr von Dem ist. was sich gar nicht anders denken und vorstellen läßt wie z. B. die räumlichen Verhältnisse -. je klärer und genügend sie daher ist; desto weniger rein objektiven Gehalt hat sie. oder desto weniger eigentliche Realität ist in ihr gegeben: und umgekehrt. je Mehreres in ihr als rein zufällig aufgefaßt werden muß. je Mehreres sich uns als bloß empirisch gegeben aufdringt; desto mehr eigentlich Objektives und wahrhaft Reales ist in solcher Erkenntniß; aber auch zugleich desto mehr Unerklärliches. d. h. aus Andern nicht weiter Ableitbares.« (W I. 168.).

Herrscht zum einen auf eine fast paradoxe Weise schließlich Streit zwischen dem Willen und der Erkenntnis, die als Verstand und Vernunft zunächst nichts anderes als Organon der Selbsterhaltung ist, so herrscht Kampf, Vernichtung wesensmäßig in der Welt als Wille, insofern dieser im Drang, sich zu objektivieren, durch eine Stufenfolge von Objektivationen hindurch, denen jeweils eine Idee im Sinne Platons entspricht, sich in der Welt sozusagen aus-legt, wobei eine Idee die andere potentiell verzehrt.[24]

Schopenhauer versteht unter den Ideen »jede bestimmte und feste Stufe der Objektivation des Willens, sofern er Ding an sich und daher der Vielheit fremd ist, welche Stufen zu den einzelnen Dingen sich allerdings verhalten, wie ihre ewigen Formen oder Musterbilder«.[25] Das In-Erscheinung-Treten der Ideen im Sinne der Stufenfolge von einer niedrigeren Objektivation des Willens zu einer höheren geschieht in einem erbarmungslosen Kampf.[26]

Die Einheit des Willens in allen seinen Objektivationsstufen, auf denen er sich zugleich selbst verzehrt – denn er hat sozusagen nichts Besseres zu tun – gibt sich durch eine innere Verwandtschaft zwischen allen seinen Erscheinungen zu erkennen.[27]

Im weiteren argumentiert Schopenhauer: »Sollten nun aber die in diesen Formen erscheinenden Objekte nicht leere Phantome seyn; sondern eine Bedeutung haben: so müßten sie auf etwas deuten, der Ausdruck von etwas seyn, das nicht wieder wie sie selbst Objekt, Vorstellung, ein nur relativ, nämlich für ein Subjekt, Vorhandenes wäre«.[28]

Die Betonung soll für uns einerseits darauf liegen, daß die scharfe Trennung zwischen der Welt als Vorstellung und der Welt als Wille latent wieder aufgehoben wird, daß andererseits der Begriff *Ausdruck* und die Idee der Verwandtschaft der Wesen untereinander, die von ihnen immer auch irgendwie geahnt wird und die Bedingung der Möglichkeit für den Analogieschluß Schopenhauers ist, in Adornos Ästhetik wiederkehrt, emphatisch in den Ausführungen zum Naturschönen.

Für Adorno haftet der Wahrheitsgehalt der Kunstwerke daran, daß sie mit menschlichen Mitteln das Sprechen des Nichtmenschlichen realisieren. Die Erfahrung dieses Nichtmenschlichen ist die Erfahrung des Naturschönen, dessen, was die Natur an sinnhafter Ordnung ausdrückt und was zugleich noch gar nicht ist.

---

24 S. auch W I. 175f.

25 W I. 177.

26 W I. 195.

27 W I. 194.

28 W I. 165.

In dem Gedanken einer Geschichtlichkeit der Natur kommt zum Ausdruck, daß sie der menschlichen Hilfe bedarf, um in ihr Wesen zu gelangen und daß zugleich in diesem möglichen gewaltlosen Prozeß der Auseinandersetzung des Menschen mit der Natur, die zur Voraussetzung hat, daß der Mensch seine eigene Naturhaftigkeit anerkennt (darin aber nicht aufgeht), auch der Mensch erst menschlich werde.

Das Vergessen des Naturschönen ist das Vergessen dessen, wofür wir auf ›dieser armen Erde‹ eigentlich da sind.

Damit wird der Natur als Wille, um dies einmal vorwegzunehmen – auch der menschlichen Natur – die Möglichkeit der Versöhnung eingeschrieben. Daran haften allein das Pathos der Rettung und der Glücksanspruch, die Adorno Schopenhauer entgegensetzt, wenn er auch sonst die Deskription der Verfallenheit der Welt an das Sinnferne des Willens, die Perpetuierung von Leiden und Vergängnis, weitgehend teilt.[29]

Erfahrung überhaupt (dieser Begriff ist für die moderne Philosophie – man denke nur im engeren Sinne an Benjamin, Heidegger oder eben Adorno – in völlig neuem Sinne zentral geworden) heißt ja wohl das Angerührtwerden von einem Anderen, das einem nicht gänzlich fremd ist, auch der Zueignung, der Zu-neigung entgegenkommen muß, – ein ›Objekt‹, welches das ›Subjekt‹ sich anverwandeln kann ohne Zerstörung und in dessen Erfahrung es zu einem anderen wird. Erfahrung machen heißt: nicht als derselbe wiederzukehren, der man immer schon war, und nicht mehr zu wissen, was einem die Welt plausibel machte. Erfahrung nimmt einen über die Aneignung hinaus mit zu einem Anderen hin.[30]

Virtuell übersteigt der Ausdruck des Erfahrenen die Anverwandlung, durch die allein Erfahrung möglich ist.

> Dem Beredten der Natur schadet die Vergegenständlichung, die aufmerksame Betrachtung bewirkt [...]. Kann man aber Natur gleichsam nur blind sehen, so sind bewußtlose Wahrnehmung und Erinnerung, ästhetisch unabdingbar, zugleich archaische Rudimente, unvereinbar mit steigender rationaler Mündigkeit [...]. Genetisch dürfte ästhetisches Verhalten der Vertrautheit mit dem Naturschönen in der Kindheit bedürfen [...]. Seine [des Naturschönen] wesentliche Unbestimmtheit manifestiert sich darin, daß jegliches

29 Zur Problematik von Adornos Philosophie bzw. Interpretationen, die sie nur auf jene Dimension des Glücksversprechens festlegen und nicht die bei Adorno angelegte Reflexion auf das immer schon Imaginäre, Unerfüllbare aller vollständigen Bedürfnisbefriedigung sehen: Ulrich Wergin: *Zwischen Strukturalismus und Kritischer Theorie. Das ›Wortwerden des Fleisches‹ in den Ästhetikkonzeptionen Mukařovskýs, Benjamins und Adornos*. In: DVJS. H. 3 / 1985. pp. 349-379.

30 Diesen Begriff der Erfahrung, allerdings in theologischer Perspektive, scheint mir besonders eindringlich die Philosophie von Emmanuel Lévinas zu vermitteln und darzustellen.

> Stück Natur, wie alles von Menschen Gemachte, das zu Natur geronnen ist, schön zu werden vermag, von innen her leuchtend [...]. Eines kann fürs andere eintreten, und in der Fluktuation, nicht in der Eindeutigkeit der Beziehungen lebt das Naturschöne [...], ein qualitativ Unterscheidendes am Schönen der Natur ist, wenn irgendwo zu suchen in dem Grad, in dem ein nicht von Menschen Gemachtes spricht, in ihrem Ausdruck. Schön ist an der Natur, was als mehr erscheint, denn was es buchstäblich an Ort und Stelle ist [...]. Ohne Rezeptivität wäre kein solcher objektiver Ausdruck, aber er reduziert sich nicht aufs Subjekt; das Naturschöne deutet auf den Vorrang des Objekts in der subjektiven Erfahrung. Wahrgenommen wird es ebenso als zwingend Verbindliches wie als Unverständliches, das seine Auflösung fragend erwartet.[31]

Soweit Adornos Ästhetik. Doch zurück zur Welt des Willens[32] und der Rolle der Vernunft[33]:

> Der Wille, der bis hieher im Dunkeln, höchst sicher und unfehlbar, seinen Trieb verfolgte, hat sich auf dieser Stufe ein Licht angezündet, als ein Mittel, welches nothwendig wurde, zur Aufhebung des Nachtheils, der aus dem Gedränge und der komplicirten Beschaffenheit seiner Erscheinungen eben den vollendetsten erwachsen würde [...], das komplicirte, vielseitige, höchst bedürftige und unzähligen Verletzungen ausgesetzte Wesen, der Mensch, mußte, um bestehen zu können, durch eine doppelte Erkenntniß beleuchtet werden [...].[34]

Von hier aus erklärt sich die über Nietzsche weiter vermittelte Überlegung, die für Adorno zentral wird, daß noch in der am weitesten verselbständigten Reflexion der Vernunft ein Impuls von Selbsterhaltung sich bekundet, daß Vernunft wesentlich Mittel zum Zwecke der Schaffung besserer Lebensverhältnisse ist und ihre Verwilderung zur instrumentellen Vernunft zugleich das Vergessen ihrer eigentlichen Herkunft und Aufgabe ist: »Dialektisch, im strengen unmetaphorischen Sinne, ist der Begriff des Fortschritts darin, daß sein Organon, die Vernunft, Eine ist; daß nicht in ihr eine naturbeherrschende und eine versöhnende Schicht nebeneinander sind, sondern beide all ihre Bestimmungen teilen. Das eine Moment schlägt nur dadurch in sein anderes um, daß es buchstäblich sich reflektiert, daß Vernunft auf sich Vernunft anwendet und in ihrer Selbsteinschränkung vom Dämon der Iden-

31 Adorno: *Ästhetische Theorie*, loc. cit., pp. 108ff.

32 S. auch W I. 197.

33 S. auch W I. 198.

34 W I. 202.

tität sich emanzipiert«,[35] d.h. sich erinnert an ihr Gewordensein, durch Erinnerung an ihre Herkunft aus dem Bedürfnis. Vernunft ist eine Praxis und als solche zielorientiert,[36] der leibliche Willensimpuls bei Schopenhauer ist aber als Ausdruck der Unendlichkeit und Selbstverzehrung des Willens, der nur die Brechung durch Erkenntnis und die daraus folgende Askese entgegenzusetzen ist, der perennierende Aufschub von Zielen, indem jedes als scheinhaft sich ausweist. Ist für Adorno mit der Erinnerung an die leibliche Bedürftigkeit des Menschen und die Abkünftigkeit der Vernunft, gegen ihre scheinbare Unabhängigkeit vom Leib, von Impulsen des Leibes der kategorische Imperativ gegeben, die Befriedigung bzw. die Reflexion dieser Bedürfnisse zum obersten Ziel der Vernunftanstrengungen zu machen, so ist die Unmöglichkeit solcher Befriedigung und der Hinweis auf die Vergänglichkeit aller Individuen für Schopenhauer die Basis für seine Argumentation im vierten Buch der »Welt als Wille und Vorstellung«, über ein Prinzip der Verneinung des Willens zum Leben letztlich zu einer Auslöschung der menschlichen Gattung möglicherweise überhaupt zu kommen.

> Die Basis allen Wollens aber ist Bedürftigkeit, Mangel, also Schmerz, dem er folglich schon ursprünglich und durch sein Wesen anheimfällt. Fehlt es ihm [dem Menschen] hingegen an Objekten des Wollens, indem die zu leichte Befriedigung sie ihm sogleich wieder wegnimmt; so befällt ihn furchtbare Leere und Langeweile: d.h. sein Wesen und sein Daseyn selbst wird ihm zur unerträglichen Last. Sein Leben schwingt also, gleich einem Pendel, hin und her, zwischen dem Schmerz und der Langeweile, welche Beide in der That dessen letzte Bestandtheile sind. Dieses hat sich sehr seltsam auch dadurch aussprechen müssen, daß, nachdem der Mensch alle Leiden und Quaalen in die Hölle versetzt hatte, für den Himmel nun nichts übrig blieb, als eben Langeweile [...].[37]

Die berühmten Konsequenzen Schopenhauers nun sind wahrhaft düster,[38] und etwas von der Tragik und Vergeblichkeit, die unter diesem Blick das menschliche Dasein erhält, hat sich Adornos Philosophie mitgeteilt, die, wenn sie auch im letzten Einspruch erhebt gegen Schopenhauers Folgerungen, wohl die eigentliche Fortsetzung seines Pessimismus in diesem Jahrhundert ist und in der die gleichsam erstarrte Traurigkeit, die in Schopenhauers Deskriptionen der Welt des Willens sich äußert, in offene Verzweiflung umgeschlagen ist.

---

35 Theodor W. Adorno: *Fortschritt*, in: ders.: *Stichworte. Kritische Modelle 2*, Frankfurt / Main 4. Aufl. 1978, p. 39.

36 S. auch Ulrich Schwarz: *Rettende Kritik und antizipierte Utopie. Zum geschichtlichen Gehalt ästhetischer Erfahrung in den Theorien von Jan Mukařovský, Walter Benjamin und Theodor W. Adorno*, München 1981, 178ff.

37 W II, 390.

38 S. auch W II, 402.

> Will man wissen, was die Menschen, moralisch betrachtet, im Ganzen und Allgemeinen werth sind; so betrachte man ihr Schicksal, im Ganzen und Allgemeinen. Dieses ist Mangel, Elend, Jammer, Quaal und Tod. Die ewige Gerechtigkeit waltet: wären sie nicht, im Ganzen genommen, nichtswürdig; so würde ihr Schicksal, im Ganzen genommen, nicht so traurig seyn. In diesem Sinne können wir sagen: die Welt selbst ist das Weltgericht. Könnte man allen Jammer der Welt in *eine* Waagschale legen, und alle Schuld der Welt in die andere; so würde gewiß die Zunge einstehn [...]. Freilich aber stellt sich der Erkenntniß, so wie sie, dem Willen zu seinem Dienst entsprossen, dem Individuo als solchen wird, die Welt nicht so dar, wie sie dem Forscher zuletzt sich enthüllt, als die Objektität des einen und alleinigen Willens zum Leben, der er selbst ist; sondern der Blick des rohen Individuums trübt, wie die Inder sagen, der Schleier der Maja.[39]

Demjenigen nun, der den Schleier der Maja fortgewischt hat, stellt sich die Welt so dar:

> Er sieht ein, daß die Verschiedenheit zwischen Dem, der das Leiden verhängt, und Dem, welcher es dulden muß, nur Phänomen ist [...] und nicht [...] der Wille [...], der hier, durch die an seinen Dienst gebundene Erkenntniß getäuscht, sich selbst verkennt, in *einer* seiner Erscheinungen gesteigertes Wohlseyn suchend, in der *andern* großes Leiden hervorbringt und so, im heftigen Drange, die Zähne in sein eigenes Fleisch schlägt, nicht wissend, daß er immer nur sich selbst verletzt, dergestalt, durch das Medium der Individuation, den Widerstreit mit sich selbst offenbarend, welchen er in seinem Innern trägt. Der Quäler und der Gequälte sind Eines. Jener irrt, indem er sich der Quaal, dieser, indem er sich der Schuld nicht theilhaft glaubt.[40]

Und dann zitiert Schopenhauer die Worte Calderóns aus *Das Leben ein Traum*: »Denn die größte Schuld des Menschen/ Ist, daß er geboren ward.«

Und diese Schuld ist ihm Ursache für den Tod der einzelnen Erscheinung. Diese Schuld ist mit unserem Dasein überhaupt gegeben, welches teilhat am Leiden der ganzen Welt, insofern, als es meist im principium individuationis befangen bleibt; dahinter steht der Gedanke, daß die Welt überhaupt schuldhaft ist und als moralisches Phänomen der Verneinung bedarf. Das Pathos des Mitleids, insofern der Mitleidende, wohin er auch blickt, die leidende Menschheit und die leidende Tierheit und eine hinschwindende Welt sieht, legt den Akzent des Schuldhaften auf die Praxis desjenigen, der – aufgrund

39 W II. 438f.

40 W II. 441.

seiner notwendig individuierenden Wahrnehmung – zu solchem Mitleid nicht fähig ist, d.h. der Anamnesis seiner ursprünglichen Ähnlichkeit mit allem; nicht fähig allein dadurch, daß er Individuum ist und als solches aus Gründen der Selbsterhaltung das Schauspiel der geschichtlichen Inszenierung des immer gleichen Willens als für ihn allein gegeben, für seine partikularen Zwecke und sein ephemeres Wohlbefinden, annimmt.

Insofern Dasein immer Ichheit bedeutet, ist Dasein wie Ichheit schuldhaft. Eben dieser Gedanke erbt sich fort an Adorno, psychoanalytisch und gesellschaftstheoretisch vermittelt, was aber diese Schuld in ihrer metaphysischen, mit der Erbsünde bedeuteten Qualität als tilgbar erscheinen läßt, insoweit sie in ihrer Notwendigkeit reflektiert wird. Das moralische Pathos und der Ton der Verzweiflung, mit der auf der Unaufhörlichkeit von Leiden und Gewalt in der Welt bei Adorno hingewiesen wird (wenn auch aufgrund historischer Erfahrungen), lassen den Schuldgedanken jedoch wieder erbsündliche Dimensionen annehmen. Und zweite Reflexion, Erinnerung an die Notwendigkeit, so geworden zu sein, machen dieses Gewordensein aufgrund der Nachträglichkeit der Reflexion nicht wieder gut. Das ist ein Grund, warum alle Praxis zuletzt für Adorno versperrt schien und paradox Schopenhauers Verneinung des Willens zum Leben – die allerdings bei diesem einen epikuräischen Akzent trägt – bei Adorno wiederkehrt.[41]

Die Schuld oder das Unrecht, Ich überhaupt zu sein, heißt bei Adorno, an die Gewalt zu denken, welche die Menschen sich antun mußten, um ein identisches Ich auszubilden, welche Ausbildung er andererseits als notwendig zur Selbsterhaltung der sonst hilflos an die Übermacht der Natur oder der Gesellschaft ausgelieferten Menschen denkt.

> Furchtbares hat die Menschheit sich antun müssen, bis das Selbst, der identische, zweckgerichtete, männliche Charakter des Menschen geschaffen war, und etwas davon wird noch in jeder Kindheit wiederholt. Die Anstrengung, das Ich zusammenzuhalten, haftet dem Ich auf allen Stufen an, und stets war die Lockung, es zu verlieren, mit der blinden Entschlossenheit zu seiner Erhaltung gepaart. Der narkotische Rausch, der für die Euphorie, in der das Selbst suspendiert ist, mit todähnlichem Schlaf büßen läßt, ist eine der ältesten gesellschaftlichen Veranstaltungen, die zwischen Selbsterhaltung und Selbstvernichtung vermitteln, ein Versuch des Selbst, sich selber zu überleben. Die Angst, das Selbst zu verlieren und mit dem Selbst die Grenze zwischen sich und anderem Leben aufzuheben, die Scheu vor Tod und Destruktion, ist einem Glücks-

41 S. auch Leo Strauss: *Die Religionskritik Spinozas als Grundlage seiner Bibelwissenschaft*. Darmstadt 1981 zum epikuräischen Motiv der Religionskritik, passim, das überhaupt ein Motiv des Philosophierens ist. S. dazu den Anfang von Spinozas Schrift: *Abhandlung über die Verbesserung des Verstandes*, Hamburg 1977.

> versprechen verschwistert, von dem in jedem Augenblick die Zivilisation bedroht war.[42]

In Sympathie mit dieser Drohung hält Adorno, der gleichfalls mit Askese sympathisieren möchte, Schopenhauers Charakteristik des befriedigten Willens, des Glücks, das ephemer, sofort gefolgt von Langeweile sei, entgegen, daß die Langeweile, die nach Schopenhauer die Menschen befällt, wenn sie in ihrer rastlosen Selbsterhaltung innehalten, durch und durch bürgerlich sei, also Reflex des falschen Lebens innerhalb des universalen Verblendungszusammenhangs, der den Individuen vortäuscht, ihre permanente Selbstzerstörung durch Selbsterhaltung sei naturnotwendig. In diesem Zusammenhang kommt er auch auf den ›ennui‹ der Herrschenden zu sprechen:

> Keiner, der vom Profitsystem profitiert, vermag darin ohne Schande zu existieren, und sie entstellt noch die unentstellte Lust, obwohl die Ausschweifungen, welche die Philosophen beneiden, zu Zeiten gar nicht so langweilig mögen gewesen sein, wie jene versichern [...]. Der Satz omne animal post coitum triste ist von der bürgerlichen Menschenverachtung ersonnen worden: nirgends mehr als an dieser Stelle unterscheidet das Humane sich von kreatürlicher Trauer. Nicht auf den Rausch, sondern auf die gesellschaftlich approbierte Liebe folgt der Ekel [...]. Die Vergänglichkeit von Lust, auf die Askese sich beruft, steht dafür ein, daß außer den minutes heureuses, in denen das vergessene Leben des Liebenden in den Knien der Geliebten widerstrahlt, Lust überhaupt noch nicht sei.[43]

Hält Adorno am Lustprinzip als telos der Selbsterhaltung fest, so erkennt er in der Versagung und der Zerstörung in menschlichen Lebensläufen die falsche gesellschaftliche Organisation, welche die Schuld, Ich überhaupt zu sein, noch einmal verlängert, weil sie den Menschen nicht erlaubt, ihr Selbst vergessen zu dürfen in der Hingabe an Anderes, die sie zu wirklichen Individuen, in Erfahrung Gesonderten, auch erst macht; diese Erfahrung faßt er als gelingende Erfahrung der Natur, die wir selbst sind und der Ähnlichkeit mit äußerer Natur, die uns entgegenkommt, schließlich als adäquate Erfahrung der Kunst mit ihrer Dialektik von begriffsloser Erkenntnis und Utopie. Steht am Ende der ästhetischen Theorie der Gedanke einer Vermählung von Eros und Erkenntnis im Schauer,[44] so kehrt ein ganz frühes mimetisches Verhalten auf höchster Ebene wieder, das den Gedanken einer in Selbsterhaltung, Vergängnis und Ausdruck geeinten Natur mit dem Menschen, die versöhnte Fassung des Identitätsprinzips, zur Voraussetzung hat.

---

42 Adorno / Horkheimer: *Dialektik der Aufklärung*. loc. cit.. p. 33.

43 Adorno: *Minima Moralia*. loc. cit.. pp. 198f.

44 Adorno: *Ästhetische Theorie*. loc. cit.. pp. 489f.

So versperrt schien Adorno die reale Möglichkeit dieser Versöhnung, so absolut war vielleicht auch dieser Identitätsanspruch, daß die Ambivalenz zwischen Rausch und Askese bei ihm wiederkehrt im Ton seines Philosophierens, der die Ahnung vom Paradiese nicht nur in der Musik ertragen mochte.[45]

Die Liebe, mit der er den obenerwähnten dritten Satz aus Schumanns Klavierphantasie charakterisierte, nannte er todverfallen und selbstvergessen, und etwas von der Ambivalenz in dieser Spanne hat sich seinem ganzen Denken mitgeteilt.

Todverfallenheit ist die zarte Sympathie mit der Vergängnis, die sich einfühlt in den Wunsch, *doch* zu sein und Trost empfinden mag, daß mit dem Vergehen auch Leiden vergeht. Zugleich ist es das Moment, das uns am stärksten an unsere Ähnlichkeit mit aller Natur erinnert und den Zustand der Selbstvergessenheit errichten helfen sollte, in dem Glück als momentane qualitative Erfahrung der Versöhnung entschädigen mag für die kurze Zeit, die wir verweilen dürfen.[46]

---

45 Cf. die berühmte Stelle über die Musik bei Schopenhauer, W I, 331.

46 Vorliegendes Manuskript beschäftigt sich meines Wissens zum ersten Mal ausdrücklich mit Schopenhauer *und* Adorno. Wichtige Hinweise in diesem Zusammenhang gibt Albrecht Wellmer in seinem Buch *Zur Dialektik von Moderne und Postmoderne. Vernunftkritik nach Adorno*. Frankfurt a. M. 1985, die ich allerdings erst in anderem Zusammenhang adäquat verarbeiten kann. Die Bemerkungen in diesem Kontext sind als Anstöße zu weiterem zu verstehen. Anregend waren die Schriften von Alfred Schmidt, vor allem: *Adorno - ein Philosoph des realen Humanismus* (1969) und *Schopenhauer und der Materialismus* (1977). Außerdem verdanke ich Anregungen Gesprächen mit Gustav Falke, Jens Hagestedt und Knut Meyer.
Schopenhauer wird zitiert nach der Zürcher Ausgabe, Werke in zehn Bänden, Hg. Arthur und Angelika Hübscher, Zürich 1977.
Ich verwende die gebräuchlichen Siglen, für die *Welt als Wille und Vorstellung* - W I und W II, je nach 1. und 2. Band.

Wille und Nichts

Schopenhauers Kritik der Ursprungsphilosophie

Jan Koneffke *(Berlin)*

Nach Schopenhauer ist das, was die Welt an sich ist, der Wille. Um das Verhältnis von Wille und Nichts zu erhellen, ohne Verzicht auf die Frage, warum er selbst es im Dunkeln ließ, mag sich, Schopenhauers Willensbestimmung gemäß, als These hinzufügen lassen: das, was der Wille an sich ist, ist das Nichts.

Ihrer Überprüfung sei eine hermeneutische Bemerkung vorangeschickt. Unsere Interpretation versteht sich als Interpretationsmodell. Zum einen werden in ihr einige grundsätzliche Aussagen Schopenhauers, etwa die zur Freiheit des Willens, »systematisch« unterlaufen; deshalb wäre zu überlegen, um welchen Preis seiner Philosophie nachstehende Wendung gegeben wird und ob sie ihr hinreichend vermittelt bleibt. Dies Bedenken führt auf ein zweites. Die stufenartige Erweiterung der Willensmetaphysik in der Diskussion um ein Ansich des Willens, die ihm hinzugefügte Dimension des Nichts, fordern zum Widerspruch gegen die prinzipiell unendliche Reflexion auf das Ansich heraus. Sie mag Folge jenes Versuchs sein, sich allzustark an die Schopenhauerschen Kategorien binden zu wollen. Für das Modell bleiben die Bedenken relevant, für die Überprüfung unserer These sind sie einzuklammern.

Als Ansich des Willens wäre das Nichts zunächst im Sinne einer Voraussetzung des Schopenhauerschen Gedankens zu fassen. Den Gedanken absoluter Negativität grundiert, was ihr widerspricht: Nichts, das »Wort [...] Versöhnung, in dem sich die Nichtigkeit erkennt«.[1] Fällt von ihm aus der Blick auf die Welt, in einem Wechsel der Perspektive, den Schopenhauer am Ende des §71 als Effekt der Verneinung beschreibt, wird sie selber zu Nichts. »Wir bekennen es vielmehr frei: was nach gänzlicher Aufhebung des Willens übrigbleibt, ist für alle Die, welche noch des Willens voll sind, allerdings Nichts. Aber auch umgekehrt ist denen, in welchen der Wille sich gewendet und verneint hat, diese unsere so sehr reale Welt mit allen ihren Sonnen und Milchstrassen – Nichts.«[2] Da Schopenhauer gleichwohl nie verhehlt, daß das Nichtsein der Welt ihrem Dasein vorzuziehen sei, – und darin erweist sich das Nichts in Bezug zur Welt als Wert- und Existenzbegriff: die Welt *soll* zum Nichtseienden werden –, fällt sein Blick schon je von jenem Nichts auf diese Welt. Indirekt bestätigt er die Dependenz des Pessimismus von einem Gedanken ans Andere, an dem der totale Wille

1 H.-J. Heydorn: *Mitleid und Erkenntnis im Werk Arthur Schopenhauers*, in: *Von der Aktualität Schopenhauers*. Festschrift für A. Hübscher. Frankfurt / Main 1972, p. 65.

2 A. Schopenhauer: *Die Welt als Wille und Vorstellung*. Zürich 1977, W I, p. 155.

zuschanden würde, wenn er in der »Epiphilosophie« den Zusammenhang von Pantheismus und Optimismus thematisiert. »Pantheismus hingegen ist wesentlich Optimismus: ist aber die Welt das Beste, so hat es bei ihr sein Bewenden.«[3]

Was den Schopenhauerschen Gedanken grundiert, das Nichts, verweist auf den Grund des Gedachten, den noch unbedachten Grund. Daß ihn Schopenhauer nicht bedachte, dürfte in ihm selbst liegen. Der abstrakteste Begriff verweigert sich den Denkbestimmungen. Unter Nichts läßt sich *nichts* befassen, es bezeichnet das Nichtseiende. Demnach könnte die These auch lauten: was der Wille an sich ist, ist das Nichtseiende. Das bedeutet keineswegs, es gäbe kein Ansich des Willens. Auch das Nichtseiende *ist*, das Nichts hat ein Sein. Es ist das Sein im Modus der Abwesenheit. Der Wille wäre also an sich defizient, mangelhaft. Ihm läge etwas zugrundc, was nicht ist.

Das aber kann bei Schopenhauer nachgelesen werden. Wille gilt ihm als stets strebender, sich selbst verzehrender Wille. Auf jeder Stufe seiner Objektivationen wird der Kampf auf Leben und Tod ausgetragen, und auch die Objektivationen seiner selbst sind Folgen des Kampfes: höhere Stufen versuchen die niederen zu verdrängen. Das Streben, schreibt Schopenhauer, »entspringt aus Mangel, aus Unzufriedenheit mit seinem Zustande, ist also Leiden, solange es nicht befriedigt ist; keine Befriedigung aber ist dauernd, vielmehr ist sie stets nur Anfangspunkt eines neuen Strebens«.[4] Zwei sich daraus ergebende Bestimmungen sind herauszustreichen. Der Drang des stets hungrigen Willens wird zwar als im Ganzen ziellos beschrieben. Nur der einzelne Willensakt ist zielgerichtet, wenn auch solches Ziel nur scheinhaft Glück verheißt. Hunger, Mangel, flüchtige Befriedigung, seine Prädikate, implizieren jedoch ein Ziel: Aufhebung des Mangels, Dauer, letztlich Ruhe und in ihr die Beendigung des Leidens. Solche Aufhebung gelänge allerdings nur in der Selbstaufhebung des Willens, der als stets strebender definiert ist. Die zweite Bestimmung reicht tiefer. Solange der Wille mangelhaft ist, ist er *gezwungen* zu streben. Der Wille will notwendig, oder entschiedener: er *muß* wollen. Das setzt Schopenhauers Diktum eines freien Willens außer Kraft. Der Wille soll ja als Ding an sich, als nichtindividueller Wille frei sein, denn anders kann die Bedingung nicht lauten, unter der er sich zu verneinen versteht. Die Freiheit des Willens bedeutet, daß der Wille auch nicht wollen kann.

Die Formulierung täuscht über die Hintergründigkeit des Gedankens hinweg, indem sie sein Inneres verschweigt. Der Wille wäre auch als nichtwollender Wille Wille, d.h. in der Selbstverneinung *will* er nicht wollen. Ohnehin verträgt der relative Wille, das Erscheinende in der Erscheinung, keine Freiheitsbestimmung im Schopenhauerschen Sinne: in Relation zur Erscheinungs-

3 Ibid., W II, p. 754.

4 Ibid., p. 388.

welt relativiert ihn deren Relativität. Der Wille wird schließlich objektiv gedacht, als solcher ermöglicht er die Warum-Frage. Die Frage nach dem Warum seines Wollens war im Aufweis seiner Mangelhaftigkeit beantwortet worden. Als mangelhafter muß er wollen. Er will den Mangel überwinden, der ihn zum Wollen zwingt: er *will* nicht mehr wollen *müssen*. Frei von sich selbst werdender Wille wird vom Zwang zu wollen frei, nicht von Wollen überhaupt. Schopenhauer berührt dies im Kern bei Behandlung der »Bejahung des Willens *zum Leben*«.[5] Doch den Ausdruck »Wille zum Leben« bezeichnet er selbst an anderer Stelle als Pleonasmus: »Dem Willen zum Leben ist das Leben gewiß«.[6] Aus dem Zusammenhang der Todesproblematik gelöst, scheint die behauptete Möglichkeit einer bewußten Affirmation des Willens in die Figur des frei von sich selbst gewordenen Willens übersetzbar. »Der Wille bejaht sich selbst, besagt: indem in seiner Objektität, d.i. der Welt und dem Leben, sein eigenes Wesen ihm als Vorstellung vollständig und deutlich gegeben wird, hemmt diese Erkenntnis sein Wollen keineswegs; sondern eben dieses so erkannte Leben wird auch als solches von ihm gewollt, wie bis dahin ohne Erkenntnis, als blinder Drang, so jetzt mit Erkenntnis, bewußt und besonnen.«[7]

In der Bejahung wird der »blinde Drang« abgeschüttelt. Das Muß in allen seinen Akten, Triebhaftigkeit, Begierde, sind in jenem »bewußt und besonnen« verschwunden. »Bejahung des Willens« mag schlichtes Einverständnis mit dem destruktiven Charakter des sich selbst verzehrenden Willens bedeuten, sich derart gegen ihn wenden; zugleich ist damit die Formel gefunden, in der die Befindlichkeit des Willens negativ gefaßt, im Zwang, im Muß des Wollens, nicht im Willen überhaupt, das eigentliche Verhängnis erkennt. Auf dieser Seite stehen Bejahung und Verneinung zurecht gleichwertig nebeneinander, während ihre Ebenbürtigkeit zuvor nur beteuert schien. Denn obwohl Schopenhauer zu Beginn seiner ethischen Betrachtung keine der beiden Handlungsweisen auszeichnen will, muß er in der Verneinung die wahre ethische Handlung sehen; auf sie zielt ja das vierte Buch. Unter der neuen Maßgabe aber rücken Bejahung und Verneinung bis zur Unkenntlichkeit zusammen. Indem sich beide gegen den Zwang richten, richten sie sich gegen seine Ursache: die Mangelhaftigkeit des Willens. Sie bestand, wie zu sehen war, im Sein eines Nichtseienden als seinem Ansich. Wäre das Nichtseiende nicht mehr Nichtseiendes, der Mangel aufgehoben, wäre der Wille nicht mehr mangelhaft und nicht gezwungen zu wollen. Erst dann wäre er freier Wille.

Wie jedoch ist solche Beschreibung des erscheinenden Willens mit der Schopenhauerschen seiner Ziellosigkeit zu vereinen? Oben wurde schon von den

---

5 Ibid., W I. p. 359.

6 Ibid., pp. 347-48.

7 Ibid., p. 359.

Implikaten des Willens gesprochen, die auf ein Ziel verweisen. Die Selbstverneinung gelingt nur in der Erkenntnis dieses inneren Ziels. Der dumpfe und blinde Wille ist sich selbst opak. Er versucht zwar das durch den Mangel hervorgerufene Leiden abzuschütteln, aber verhängnisvoll gerade so, daß der Mangel in anorganischer und organischer Natur, schließlich unter den Kreaturen durch Tötung und Verzehr nur kurzfristig aufgehoben wird, der Wille im Ganzen dem Mangel unterworfen bleibt. Dieser wird bei Abklingen der Befriedigung um so schmerzhafter empfunden, doppelt erlitten.

Reflexion muß hinzukommen, um den Willen von sich selbst zu befreien. Das klingt schon früh, im §27 an. Ist nämlich Vernunft zunächst als instrumentelle gefaßt, zum Erhalt der menschlichen Gattung zweckmäßig, so wirkt sie auch gegenläufig: »[...] mit dem Eintritt der Vernunft [geht] jene Sicherheit und Untrüglichkeit der Willensäußerungen [...] fast ganz verloren: der Instinkt tritt völlig zurück, die Überlegung, welche jetzt alles ersetzen soll, gebiert Schranken und Unsicherheit: der Irrtum wird möglich [...]«.[8] Am Ende desselben Paragraphen steht die Idee einer Erkenntnis, die sich der Dienstbarkeit zu entziehen, den bloßen Mittelcharakter abzustreifen versteht. War der Wille zuvor ein zweckloser Drang, so wird in ihm nun ein Zweck bestimmt: die Freiheit zu wollen. Wesentliche Bedingung solcher Zwecksetzung ist die Vernunft, sie, wie es am Schluß des ersten Bandes heißt, Bedingung der sich äußernden Freiheit.

Vernunft darf aber nicht in jenem alltäglichen Sinne als ordnend und planend verstanden werden. Schopenhauer hat einen Begriff von intuitiver Erkenntnis im Blick, offenbar gebildet an dem einer ästhetischen Erkenntnis. »So ist jene Verneinung des Wollens, jener Eintritt in die Freiheit, nicht durch Vorsatz zu erzwingen, sondern geht aus dem innersten Verhältnis des Erkennens zum Wollen im Menschen hervor, kommt daher plötzlich und wie von außen angeflogen.«[9] Vernunft kann den Willen nicht abstrakt verneinen. Ihre Leistung in solcher Konfrontation ist die der Verdrängung. Darin macht sie sich zur Agentin des Willens, er behält seine alte Macht, und die Überwindung ist Schein. Das innerste Verhältnis beschreibt die Nähe eines genetisch aus dem Willen hervorgegangenen Intellekts mit dem Willen als einem noch gar nicht zu sich selbst gekommenen, im Augenblick. Das Verhältnis wird in einen Moment möglich, in dem sich der Wille mittelst der Vernunft, als der bedingten Bedingung seiner Freiheit, auf sich selbst besinnt und des Zwangs entledigt. Er will freilich, wie schon gesagt wurde, nicht nicht wollen, sondern anders wollen. Der Moment ist von Schopenhauer, bezeichnenderweise in der *Ästhetik der Dichtkunst*, so vorgestellt: die Darbietung des nichtigen Weltlaufs auf der Bühne läßt den Zuschauer eines »dunklen Gefühls« innewerden, »es sei besser sein Herz vom Leben loszureißen [...],

8 Ibid., p. 203.

9 Ibid., p. 499.

wodurch dann in seinem tiefsten Innern, das Bewußtseyn angeregt wird, daß für ein anderartiges Wollen es auch eine andere Art des Daseyns geben müsse«.[10] So verspricht sich im ästhetischen Schein des Trauerspiels, nach dem Adornoschen Wort, das Scheinlose, Nichts, das Andere gegenüber dem Erscheinenden in der Erscheinung, dem Willen.

Tatsächlich indizieren die ästhetischen Ideen einen Bereich, der über den Willen hinausragt, mag Schopenhauer diesen, wie vorher zum Ansich der Einzeldinge, nun auch zu dem der Ideen erklären. Allein die Veränderung im Subjekt ästhetischer Erkenntnis weist auf die Differenz der »ersten« und »zweiten« Vorstellungswelt. Es ist eine ums Ganze: in der »eigentlichen« Welt der Vorstellung, wie sie Schopenhauer einmal nennt,[11] in der die Ideen geschaut werden, *scheint* der Wille, in doppeltem Sinn, um seine Herrschaft gebracht. Erkenntnis selbst hat sich verändert. Dient sie in der Vorstellung einzelner Dinge dazu, die Welt überschaubar zu machen, richtet sich in der ästhetischen der Blick auf den Willen selbst. Nich mehr hinter der Erkenntnis lauert er: jetzt hat sie ihn vor sich und kann ihn durchschauen.

Borgt sich Schopenhauer den Terminus »Ideen« von Platon, so sollen sie doch, das wahrhaft Seiende, nicht ihren adäquaten Ausdruck im Begriff finden. Die Flüchtigkeit der Ideenerkenntnis widerspricht der Möglichkeit einer begrifflichen Fixierung des wahrhaft Seienden als vernünftiger Weltordnung. Plötzlichkeit steht auch der Behauptung »fester Kontemplation«[12] entgegen, die noch ans griechische Urbild gemahnt, wie man zu philosophieren habe. Indem Schopenhauer die Fähigkeit des Genies von der gemeinen darin unterscheidet, daß es sich »anhaltend«, nicht nur »auf Augenblicke« rein anschauend verhalten könnte,[13] gesteht er ein, die Erkenntnis müsse ephemer bleiben. Das Kunstwerk soll ihr zur Dauer verhelfen, das Flüchtige als Flüchtiges bannen. Wiederholt, nach dem Schopenhauerschen Wort, der Künstler im Kunstwerk die geschaute Idee, kehrt auch die Flüchtigkeit ihrer Erkenntnis im Schein der Kunst wieder. Das trennt Schopenhauers Ideen maßgeblich von den platonischen, indem er sie, gegen Platons Kritik an der Kunst, zu ihrem Objekt bestimmt. Damit unterstreicht er die Differenz zwischen dem wahrhaft Seienden und der Wirklichkeit – die im Übrigen mehr ist als bloße Kausalität. Erinnerung steht dafür ein, daß das wahrhaft Seiende das Nichtseiende ist. Schopenhauer spricht von der Selbsttäuschung, in der sich »längst vergangene Tage« wie ein »fernes Paradies« zeigen, obwohl der Erinnernde das Leid, »damals ebensowohl mit sich herumtrug, wie jetzt«.[14] Wenn in solcher Selbstsuggestion Vorstellung üb-

10 Ibid., W II. p. 512.

11 Ibid., W I. p. 234.

12 Ibid., p. 231.

13 Ibid., p. 240.

14 Ibid., p. 255.

rigbleibt, während die Welt als Wille verschwindet,[15] wird daran das Ineinander von falschem Schein und dem eines Wahren sichtbar. Unwahr muß die Verklärung des Erinnerten heißen, weil das, was erinnert wird, nie gewesen ist. Aber wahr an der Erinnerung ist, daß sie jenseits aller abstrakten Behauptung eines Anderen, dessen Bild festhält, »das allein Utopie konkretisiert, ohne sie an Dasein zu verraten«.[16] Es ähnelt dem, das die Welt bietet, aber sie ist um ihr Wesen, den Willen, gebracht.

Als »Erleichterungsmittel«[17] hat Schopenhauer das Kunstwerk freilich unterbestimmt. Nicht zu Unrecht genießt die unmittelbare Auffassung der Ideen Vorrang vor der vermittelten. Kunst möchte selbst scheinen, als wäre sie, wie Kant sagt, ein Stück bloßer Natur. Die Spuren des Gemachtseins versucht der Künstler zu verwischen, um der Wahrheit des Werkes willen. Doch unterscheidet es sich von der blinden Erscheinung[18] eben durch seinen Geist. Komplement der Schopenhauerschen Bestimmung vom Genius, der die Augen habe, das Wesentliche zu erkennen, ist die des Technischen der Kunst, das in der reinen Wiederholung der Ideen, »mit Auslassung aller störenden Zufälligkeiten«,[19] bestehen soll. Der Ausdruck verschleiert nur ungenügend die Nähe zum Verfahren der Abstraktion. Der Rekurs auf die Ideen selbst ist verdächtig, mag sie Schopenhauer auch als das Innerste konkreter Anschauung verstanden wissen. Geistig an den Kunstwerken ist nicht die Idee, die sinnlich erschiene, letztlich der Hegelsche Begriff. Adorno hat vom Rätselcharakter der Kunst gesprochen; in ihm sei der Geist am Werk. »Der Block indessen, der nach der Kantischen Doktrin den Menschen das An sich versperrt, prägt es in den Kunstwerken [...] zu Rätselfiguren: als Blockierte gerade sind Kunstwerke Bilder des Ansichseins.«[20] Nicht als Idee erscheint das Nichtseiende, dann könnte es nicht erscheinen. Seine Elemente sind »in der Realität versammelt, sie müßten nur, um ein Geringes versetzt, in neue Konstellation treten, um ihre rechte Stelle zu finden«.[21] Ohne, daß es selbst anzuschauen wäre, erscheint das Nichtseiende in den Werken als bestimmte, hergestellte »Konstellation von Seiendem«,[22] anschaulich. Solche Bestimmung rettet den Schein, aber er ist ihr nicht das letzte.

Daß Schopenhauer die Präponderanz ästhetischer Wahrheit nicht zu Ende reflektiert, obwohl vieles in seinem Ansatz dahin drängt, hängt mit der Übernahme der Platonischen Ideen zusammen. Die behauptete Immanenz

---

15 Cf. ibid.

16 Th. W. Adorno: *Ästhetische Theorie*. Frankfurt / Main 1970. p. 200.

17 A. Schopenhauer. W I. p. 251.

18 Cf. Th. W. Adorno: *Ästhetische Theorie*. loc. cit.. pp. 134ff.

19 A. Schopenhauer. W I. p. 251.

20 Th. W. Adorno. loc. cit.. p. 191.

21 Ibid.. p. 199.

22 Ibid.. p. 204.

seiner Philosophie verlangte sie: als unmittelbare Objektität des Willens gehorchen die Ideen der Voraussetzung platonischer Ontologie, das wahrhaft Seiende sei allgegenwärtig. Doch traditionell sind sie Gegenstand diskursiven Denkens, als Ideen oder universalia ante rem Begriffe. Wird in der ästhetischen Erfahrung je schon der Immanenzzusammenhang durchbrochen, bricht Schopenhauers Ästhetik schon zu jenem Nichts hin auf, das den Willen übersteigt. Der abstrakteste Begriff ist Inbegriff des Nichtbegrifflichen: von Nichts redet die Kunst. Transzendenz läßt sich in ihr sowenig dingfest machen, wie die Objektivationen des Willens an den Stimmen der Musik ernsthaft abzulesen sind. Soweit Schopenhauer, untergründig, Kunst zum Statthalter emphatischer Wahrheit macht – ohne den Unterschied zwischen den Werken, als »neutralisierte[n] und dadurch qualitativ veränderte[n] Epiphanien«,[23] und den Erscheinungen selbst auszumessen –, dementiert er die Behauptung der Ontologien eines Ersten und Festen im Begriff.

Schopenhauers Nichts, vor dessen Verbegrifflichung er sich gehütet hat, ist das aufgehobene Erste. Fundiert es den Gedanken, dann immer als das, worauf er zielt, das Seinsollende. Gründet ebenso das Gedachte, der Wille, im Nichts, so findet sich eine schlüssige Antwort auf die Frage, warum Schopenhauer das Verhältnis im Dunkeln ließ. Denn der Grund des Willens, das Nichts, ist das Nichtseiende, das Ansich des Willens also in gewisser Weise nicht. Kritisch, gegen Ursprungsphilosophie, wäre, ursprungsphilosophisch, zu sagen: Der Wille entspringt einem Mangel an Ursprung. Weil es ihm am Ansich mangelt, muß der Wille wollen. Er will sein eigenes Selbst, er will seinen Ursprung erst gewinnen. Die Konstruktion mag gewagt scheinen, wird doch mit ihr zum metaphysischen Bedürfnis erhoben, was konkret und als krud materielles auftritt, der Mangel an leibhafter Erfüllung zum »unendlichen Mangel an Sein« stilisiert.

Tatsächlich unterstreicht sie die Modernität Schopenhauers. Metaphysik, die sich nicht dem Niedersten, dem unmittelbar sinnlichen Bedürfnis, dem wirklichen und historisch relativen Leiden zuwendet, macht sich überflüssig. Marx, der sich nicht scheute, von der »progressive(n), heilsame(n) und rechtmäßige(n) Tendenz der Industrie« zu sprechen, »Kinder zur gesellschaftlichen Produktion zu führen«,[24] hätte Schopenhauers Empörung über Kinderarbeit alle Ehre gemacht. »Im Alter von fünf Jahren eintreten in die Garnspinnerei, oder sonstige Fabrik, und von dem an erst 10, dann 12, endlich 14 Stunden täglich darin sitzen und die selbe mechanische Arbeit verrichten, heißt das Vergnügen, Athem zu holen, theuer erkaufen.«[25] Materialismus, der die metaphysische Frage abweist oder schlicht leugnet, ist ebenso falsch wie Metaphysik, die nur vom Himmelreich reden, aufs

23 Ibid., p. 125.

24 K. Marx: *Instruktionen für die Delegierten des Zentralrats*. Werke in 39 Bänden, ed. Institut für Marxismus-Leninismus beim ZK der KPDSU, Berlin 1956, p. 193.

25 A. Schopenhauer, W II, p. 677.

Jenseits vertrösten will. Jener ist nur ihr Komplement. Er wird, wie ersichtlich, selbst zur metaphysischen Verklärung des Leidens, in dem er sich dem Weltgeist zu verbünden trachtet.

Schopenhauers Materialismus ist metaphysisch, seine Metaphysik materialistisch. In jedem Akt der Aneignung und Befriedigung eines Bedürfnisses, bleibt ein Rest Ungenügen, der sich sogleich als neuer Mangel offenbart. Das Nichts herrscht in jedem Moment. Es ist Nichts und soll zu etwas werden. Das Nichts als Seinsollendes wird vom Willen gewollt, aber weil es ebenso nichts ist, versperrt ihm der Zwang des Wollens die Erreichung des Gewollten. Jenes Nichts ist beides: der Fluch über den Dingen und das Zauberwort ihrer Erlösung. Wie Bejahung und Verneinung nicht einfache Gegensätze sind, sondern die tiefe Ambivalenz des Ganzen spiegeln, so sind Verhängnis und Versöhnung ineinander. Beide vereinigen sich im Begriff des Nichts, ihre klare Distinktion kann nicht gelingen. Die doppelte Bedeutung des Nichts als Seinsollendes und Nichtseinsollendem ist deshalb keine Überforderung des Begriffs. Als Begriff, der dem Begriff des Begriffs widerspricht, als Chiffre chiffriert er, was sich abstrakt nicht sagen läßt.

Ursprung, der verhängnisvoll war, weil es an ihm mangelte, Anfang der Katastrophe durch die Katastrophe am Anfang, ist das Ziel und verhindert stets, daß es erreicht wird. Das Wort vom Leben als einem Traum beschreibt nicht nur die flüchtige Existenz des Einzelnen, welche die Behauptung einer beständigen, wirklichen Existenz der Welt Lügen straft. Der Traum umgreift noch die Herrschaft des Willens. Weil er einem Nichtseienden entspringt, ist er noch gar nicht. Das modifiziert das Verständnis des Nichts im Bezug zur Welt. Sie *wird* nicht nur das Nichtseiende in der Verneinung des Willens, »unsere so sehr reale Welt mit allen ihren Sonnen und Milchstrassen [...]«,[26] ist es schon.

Willensgeschichte ist nichts als Vorgeschichte, darum verachtet Schopenhauer die Geschichtsphilosophie. Wille muß erst frei von sich selbst werden, den eigenen Mangel abstreifen, um zu sich selbst zu kommen. Der zu sich selbst gekommene Wille ermöglichte, was sich im ästhetischen Schein des Trauerspiels verspricht, ein anderes Wollen, ein anderes Dasein.

Schopenhauer weist eine Ursprungsphilosophie ab, weil kein Ursprung zu denken ist, hingegen seine Abwesenheit. Stattdessen tritt das scheinbar Erste hervor als erst zu Verwirklichendes, das in alter Metaphysik Ewige als Ungewordenes, das noch werden soll. Freilich gründet das Denken Schopenhauers in jenem Ungewordenen, das gilt für den Begriff der Freiheit ebenso wie für den emphatischen von Wahrheit, den er durchaus besitzt, auch wenn er den Wahrheitsbegriff häufig auf einen von Richtigkeit reduziert. Wird aber der Anblick der Wahrheit einem an den Willen nicht mehr

26 Ibid., W I. p. 508.

gebundenen, sich mit ihm frei assoziierenden Intellekt zugesprochen, so deutet das auf eine Herkunft, die noch über die Herrschaft des Willens hinaus liegt. Als Prinzip der Unfreiheit ist er ohnehin nur im Gedanken an Freiheit zu denunzieren.

In der einfachen Identifikation des Willens mit dem Ding an sich, hatte Schopenhauer freilich jene »Unterlage«, den »bleibenden Träger«[27] der Vorstellungen, das im Denken Unauflösliche, dem es jedoch entspringt, als den Willen bestimmt. Er sei das »Frühere des Bewußtseins und die Wurzel des Baumes [...], davon jenes die Frucht ist«.[28] Aber der Wille konnte ja gedacht werden: der späte Schopenhauer nennt ihn nur noch das relative Ding an sich. Die Grenze des Denkens zog er hingegen dort, wo er seine Philosophie beschließt, beim Übergang zum Nichts. »Wir aber, die wir ganz und gar auf dem Standpunkt der Philosophie stehn bleiben, müssen uns hier mit der negativen Erkenntnis begnügen, zufrieden den letzten Gränzstein der positiven erreicht zu haben.«[29] Das Nichts erinnert tatsächlich an die Defizienz des Denkens, weist auf den »wahren, letzten Einheitspunkt«,[30] der dem Bewußtsein dunkel bleibt. Das, was sich nicht denken läßt, ist der archimedische Punkt des Denkens: das Nichts.

Am Begriff der Selbstverneinung wäre das zu demonstrieren. Er ist höchst doppeldeutig, besagt sowohl, der Wille verneine sein eigenes Selbst, als auch, er selbst verneine sich. Sein eigenes Selbst verneint er, weil es ein mangelhaftes ist. Seine Verneinung des im Mangel, in der Selbstverlassenheit gründenden Zwangs zu wollen, schließt eine Bejahung in sich, die des Seinsollenden. Selbst verneint er sich, indem er durch die Vernunft auf sich selbst zu reflektieren vermag. Selbstbezug, unerläßliche Bedingung der Verneinung, hat statt erst mit der Reflexion. Der sich selbst opake Wille beginnt sich zu durchschauen: die plötzliche, ästhetische Erkenntnis gibt dafür ein Modell.

Wille ist Ursprung der Vernunft – der ersten Schopenhauerschen Bestimmung gemäß –, solange sie instrumentell, also noch unvernünftig ist. Er muß als Ursprung des Intellekts gelten, sofern dieser ihm unterworfen bleibt. In der Reflexion auf sich selbst, begibt er sich der Herrschaft. Deshalb gründet Vernunft tiefer als im herrschenden Willen. Ihren Grund, der dem Willen vorausliegt, legt sie erst frei im Gedanken an Freiheit, Wahrheit, ein Seinsollendes.

Ursprung der Vernunft ist, was sie dem ziellosen Willen als Ziel vorhält, was ihn erst von sich selbst befreite, das Nichts als Bedingung der Ver-

27 Ibid., W II, p. 162.

28 Ibid.

29 Ibid., W I, p. 506.

30 Ibid., W II, p. 163.

nunft, soweit sie ohne diesen Ursprung keinen Begriff von Wahrheit hätte, der sich von einem bloßer Übereinstimmung und Richtigkeit fundamental unterscheidet und dennoch etwas beschreibt, was bislang ausblieb. In der Reflexion auf einen freien Willen, eine Freiheit, die, anders als Schopenhauer möchte, der Wille noch erlangen muß, gibt sich ein Unerklärliches als Wurzel und Ursprung der Vernunft zu erkennen. Nur durch ihre Fundierung im Ansich des Willens, kann die Vernunft Bedingung der sich äußernden Freiheit werden, den Willen über sich selbst aufklären, und ihn verneinen. Selbstbezug in der Reflexion, die sich aufs Nichts richtend, den eigenen Ursprung ergreift, macht die Verneinung im Augenblick möglich: das Nichts ist ebenso ihre Bedingung. »Das Nichts entsteht nicht durch die Verneinung, sondern die Verneinung gründet sich auf das Nichts, das dem Nichten des Nichts entspringt.«[31]

Dennoch soll keine Ursprungsphilosophie sein. Ein erster, absoluter, hypostasierter Ursprung ließe dem Willen keine Möglichkeit mehr. Die Welt füllt aber »nicht die ganze Möglichkeit des Seyns«[32] aus, im Gegenteil. Mit der berühmten Formulierung des Leibniz, die Welt sei die beste aller möglichen, geht Schopenhauer hart ins Gericht: »Nun ist diese Welt so eingerichtet, wie sie seyn mußte, um mit genauer Noth bestehen zu können: wäre sie aber noch ein wenig schlechter, so könnte sie nicht mehr bestehen. Folglich ist eine schlechtere, da sie nicht bestehen könnte, gar nicht möglich, sie selbst also unter den möglichen die schlechteste.«[33]

Das Motiv, den Willen noch dunkel zu lassen, ihn nicht wirklich als absolutes zu beschreiben, auch wenn es manchmal so scheint, heißt: Hoffnung auf Erlösung. Allerdings müssen Erlösung und Befreiung auseinandergehalten werden. Das merkt Heinz-Joachim Heydorn in seinem Essay: »Mitleid und Erkenntnis im Werk Arthur Schopenhauers« an: »Erlösung ist vor allem ein individuelles Problem, es muß sich nicht aus dem Zusammenhang einer gegebenen geschichtlichen Bedingung begreifen, es besitzt einen ahistorischen Charakter. Befreiung ist ein kollektives, vorzüglich historisch-gesellschaftliches Problem.«[34] Aber Befreiung ohne Erlösung des Einzelnen wäre keine wahre Befreiung, und Erlösung, die nicht *jeden* Einzelnen träfe, ebenso falsch. »Schopenhauer hat [...] die Frage nach der Erlösung, wie kein anderer in den Mittelpunkt der modernen Philosophie gerückt; sie bleibt der Frage nach der Befreiung zutiefst verbunden.«[35] Seine Hoffnung auf Erlösung eröffnet den Ausblick auf eine utopische Dimension der Willensmetaphysik, die Schopenhauer freilich nicht bedenken wollte. Seine Philosophie

---

31 M. Heidegger: *Was ist Metaphysik?*. Frankfurt / Main 12. Aufl. 1981, p. 36.

32 A. Schopenhauer, W II, p. 754.

33 Ibid., p. 683.

34 H.-J. Heydorn, loc. cit., p. 66.

35 Ibid.

empfängt ihre Kraft aus der Totalisierung des Willens, aus dem Befund des schlechten Ganzen. Aber dieser Befund kann von der expliziten Selbstbegrenzung der Philosophie nicht getrennt werden. Gelingende Selbstbegrenzung sagt aber auch, daß die gezogene Grenze überschritten wurde, in der Abgrenzung zu einem Anderen. Die utopische Dimension versöhnt nicht mit dem Zustand der Welt, mildert den Gedanken ihrer Unausdenkbarkeit keineswegs. Aber er ist nur zu denken vor dem Hintergrund eines Undenkbaren. Das Undenkbare muß vor dem gewaltsamen Zugriff des Denkens geschützt werden, so wie Proust die Erinnerung, die Glück verspricht, geschützt weiß: durch das Vergessen vor dem Vergessen.

Schopenhauersche Motive in der Ästhetik des Neomarxismus

Heinz Paetzold *(Amsterdam)*

I

Dieser Beitrag geht den Wirkungen Schopenhauers in der Ästhetik des Neomarxismus nach.[1] Auf den ersten Blick scheint dies eine eher periphere Angelegenheit oder zumindest nur eine Sache bloßer philologischer Gelehrsamkeit zu sein. Liegen doch allem Anschein nach Rückbezüge der von Herbert Marcuse entfalteten Ästhetik, wenn sie von einer substantiellen Transformation des Ortes der Kunst im Gefüge der Gesellschaft ausgeht, auf Schiller eher auf der Hand. Von Schopenhauer kann hier offensichtlich so gar nicht die Rede sein. Die Theorie der Kulturindustrie, ein wichtiger Bestandteil der Ästhetik der Kritischen Theorie Adornos und Horkheimers, verdankt sich einer Metakritik von Benjamin. Dieser wollte, angeregt durch Film, Photographie, Presse, episches Theater und Architektur, plausibel machen, daß wir die sozialen Massen als das »neue Subjekt« der Kunst denken sollten. »Die Masse ist eine Matrix, aus der gegenwärtig alles gewohnte Verhalten Kunstwerken gegenüber neugeboren hervorgeht. Die Quantität ist in Qualität umgeschlagen: Die sehr viel größeren Massen der Anteilnehmenden haben eine veränderte Art des Anteils hervorgebracht.«[2] Bei Schopenhauer wenigstens findet man nirgends eine Entsprechung zu der durch Adorno und Horkheimer theoretisch eingeführten Spaltung des »Ästhetischen« in populäre Kulturindustrie hier und avantgardistische esoterische Kunst dort.

In der *Ästhetischen Theorie* des späten Adorno sind theoretische Rückverweise auf Kant, Schelling und Hegel ungleich leichter und häufiger festzustellen als solche auf Schopenhauer. In Blochs Ästhetik steht der Begriff des »Vor-Scheins« im Zentrum. Das deutet eher auf die Verwendung eines Hegelschen Topos hin, demzufolge wir das Schöne als den »sinnlichen Schein« der Idee interpretieren müssen. Die Kunst wird dabei von Hegel als der privilegierte Erscheinungsort des Schönen verstanden. Schopenhauer ist hier ebenso wenig im Spiel wie bei Georg Lukács' *Theorie des Romans*, einem für die Ästhetik des Neomarxismus wichtigen Buch. Auch hier muß man den Schatten Hegels sehen. Geht es Lukács doch um eine Geschichtsphilosophie der epischen Formen. Die These war ja, daß der Roman und nicht das Epos die adäquate Form für die bürgerliche Gesellschaft sei.

---

1 Cf. meine Bücher: *Neomarxistische Ästhetik*. 2 Bände. Düsseldorf 1974 und: *Ästhetik des deutschen Idealismus. Zur Idee ästhetischer Rationalität bei Baumgarten, Kant, Schelling, Hegel und Schopenhauer*. Wiesbaden 1983.

2 Walter Benjamin: *Das Kunstwerk im Zeitalter seiner technischen Reproduzierbarkeit. Drei Studien zur Kunstsoziologie*. Frankfurt / Main 1963, 49.

Jedenfalls liegen Rückverweise in der Sozialphilosophie und in der Moraltheorie der Kritischen Theorie auf Schopenhauer deutlicher zutage als in der Ästhetik. Der metaphysische Pessimismus nicht nur des späten Max Horkheimer weist zweifellos die Spuren Schopenhauers auf.[3] Des späten Adornos Versuch, Metaphysik und Materialismus zusammenzudenken, läßt sich zwar nicht ohne weiteres mit Schopenhauer vereinbaren, aber doch findet man immerhin von ihm aus einen Zugang zu derlei Problemstellung. Hat doch der idealistische Metaphysiker Schopenhauer eine materialistisch eingefärbte Ethik vertreten. So läßt sich wenigstens eine Linie ziehen, die auf unorthodoxe Weise die materielle Gebundenheit menschlichen Lebens und das Verlangen nach idealer Erlösung beim Menschen einklagt. Der Materialismus marxistischer Prägung hat in Schopenhauer einen eigenwilligen Vordenker oder doch zumindest einen beachtenswerten Querdenker.[4]

Und doch bleibt eine solche überschlägige Bestandsaufnahme noch allzu vordergründig. Es ist durchaus lohnend, Schopenhauers Spuren auch in der neomarxistischen Ästhetik zu verfolgen. Meine Ausführungen wollen eine derartige Spurenlese motivieren und in Gang bringen.

II

In der Ästhetik Ernst Blochs kommt der Musik hinsichtlich ihres utopischen Gehaltes eine ausgezeichnete Stellung zu. Generell indizieren schon alle in die alltägliche Lebenspraxis verwobenen ungeregelten und wilden Phantasien sowie gesteigert die in der Kunst, Religion und Philosophie stilisierten und durchgeformten Phantasien Transzendenzen über alles Gegebene hinaus. Bloch erklärt das damit, daß wir selbst uns des Augenblicks, in dem wir gerade leben, prinzipiell nicht inne werden können. Das »Dunkel des gelebten Augenblicks« wird umspielt von Andeutungen, umlagert von Verweisen und umkreist mit symbolischen Bedeutungen. Im ästhetischen, religiösen und philosophischen »Vorschein« vergewissern wir uns immer wieder der Möglichkeiten eines Andersseins, eines Besserseins und einer erst noch praktisch einzulösenden Identität. In ihr wäre auch das Dunkel des Augenblicks wenn schon nicht verschwunden, so doch erleuchtet.

Bloch stützt seine Überlegungen mit einem ontologischen Argument. Die Welt kann so, wie sie gegeben ist, noch nicht zu ihrem wahren Sein gekommen sein. Alles Seiende krankt an einer substantiellen Unfertigkeit. In

---

3 Gérard Raulet: *Muß es das Ganz-Andere sein? Kritik der Vernunft und kritischer Gebrauch des Pessimismus bei Max Horkheimer*. in: *Gehemmte Zukunft. Zur gegenwärtigen Krise der Emanzipation*. Darmstadt und Neuwied 1986. 95-121 und Hans Ebeling: *Schopenhauer und die Theorie der Moderne*. in: *Freiheit, Gleichheit, Sterblichkeit. Philosophie nach Heidegger*. Stuttgart 1982. 132-148.

4 Cf. Alfred Schmidt: *Schopenhauer und der Materialismus*, in: Hans Ebeling und Ludger Lütkehaus (ed.): *Schopenhauer und Marx. Philosophie des Elends - Elend der Philosophie*. Frankfurt / Main 1985. 132-169. zuerst 1977.

Figuren und Chiffren weist es an seinen Rändern über sich hinaus. Versucht man deren Seinssinn zu denken, dann sieht man sich zu der Annahme genötigt, daß ein Sein des Gelungenen zumindest möglich sein muß.

Seine »Ontologie des Noch-Nicht-Seins« fundiert Bloch in einer Anthropologie. In ihr spielen voluntative Momente eine zentrale Rolle. Drang, Streben, Trieb, Affekt, Wunsch, Wollen sind die anthropologischen Stufungen des Naturwesens Mensch. Hier schon bemerkt man ein Motiv, das auf der Linie Schopenhauers, des Willensdenkers, liegt. Selbst in den subtilsten Verästelungen der formalen Logik zittern die voluntativen leiblichen Regungen nach: »Wer in den feinen Strichen der Logik nicht die Unruhelinien der Sehnsucht aufgezeichnet sieht, wer in dieser scharfen Seismographie nicht das Beben unter der Rinde, die Spannungen des Umtreibenden hört, verwechselt die Logik mit einem Herbarium von Redeblumen oder auch nur, positivistisch, von Tautologien.«[5] Als Argument formuliert: »Die logische Aussage, gerade sie, die seit Jahrtausenden von den Gefühlen und Leidenschaften getrennt gehaltene, ist mit diesen legitim verbunden.«[6] Bloch zufolge färbt die Unruhe des leiblichen Strebens nicht allein den Vorschein in der Kunst und in der Religion, sondern sie teilt sich auch der scheinbar weit abliegenden Logik mit.

Für Arthur Schopenhauer ist der Wille der »Kern aller Realität«.[7] Das Bewußtsein, so sagt Schopenhauer an anderer Stelle, erhält seine Einheit nicht durch es selbst, sondern durch etwas, was ihm zugrunde liegt und kognitiv nicht vollständig durchdringbar ist. Das aber ist der Wille: »Das, was dem Bewußtseyn Einheit und Zusammenhang giebt, in dem es durchgehend durch dessen sämmtliche Vorstellungen, seine Unterlage, sein bleibender Träger ist, kann nicht selbst durch das Bewußtseyn bedingt, mithin keine Vorstellung seyn: vielmehr muß es das *Prius* (Frühere) des Bewußtseyns und die Wurzel des Baumes seyn, davon jenes die Frucht ist. Dieses, sage ich, ist der *Wille*: er allein ist unwandelbar und schlechthin identisch, und hat, zu seinen Zwecken, das Bewußtseyn hervorgebracht.«[8]

Die Musik erhält Schopenhauer zufolge eine Auszeichnung im Reich der Künste, weil sie den Willen selbst unmittelbar und d.h. ohne Zwischenschaltung der Ideen zum Ausdruck bringt.[9] Parallelen hierzu finden sich, allerdings mit entscheidenden Abweichungen, bei Bloch. Beide Denker lehnen eine Auffassung der Musik ab, die das genuin Musikalische allein aus quan-

---

5 Ernst Bloch: *Tübinger Einleitung in die Philosophie*. Frankfurt / Main 1970. Gesamtausgabe Band 13, 245.

6 Ibid., 244.

7 Arthur Schopenhauer: *Die Welt als Wille und Vorstellung*. 2. Buch, Kap. 28, 411. Zitiert wird nach der Zürcher Ausgabe 1977. Werke in zehn Bänden, Bd. III.

8 *Welt als Wille und Vorstellung*. 1. Buch. Kap. 15. Werke Bd. III, 162.

9 *Welt als Wille und Vorstellung*. 3. Buch. Kap. 39. Werke Bd. IV, 527.

titativen Bestimmungen herleitet. Musikerfahrung ist kein bloß unbewußtes Zählen, heißt es bei Schopenhauer, mit Bezug auf Leibniz.[10] Parallel dazu sagt Bloch, daß eine Reduktion der Musik allein auf metrische Proportionen ihren Prozeßcharakter verfehlt.[11]

Schopenhauer hat seine Musiklehre spekulativ wie folgt konturiert: Den Grundbaß in der Harmonik der klassischen Tonalität setzt er in Analogie zur anorganischen Natur. Grundbaß und Ripienstimmen bilden den Hintergrund, von dem sich die Melodie als Figur abhebt. Die Melodie steht spekulativ mit dem durch Sukzession ausgezeichneten Lebendigen in Parallele. Aus ihr hebt sich die Hauptstimme hervor. Sie setzt Schopenhauer mit dem menschlichen Willen in Analogie. Die Willensäußerungen modellieren sich gemäß den Tonabständen, den Sätzen und den Tonarten. »So drückt also die Musik von allen möglichen menschlichen Bestrebungen und Stimmungen das wahre Wesen, gleichsam die innerste Seele aus.«[12] Schopenhauer preist namentlich Beethovens Sinfonien, weil in ihnen das dynamische Auf und Ab des Willens in seinen widerstrebenden Bewegungen zum Ausdruck kommt.[13]

Bloch teilt mit Schopenhauer zunächst die Annahme, daß die musikalische Erfahrung den »besten Zugang zur Hermeneutik der Affekte« liefert.[14] Die Unbestimmtheit des thetisch Gemeinten ist gerade die »Tugend« der Musik.[15] Dadurch wird die Musik besonders dazu qualifiziert, die Willensregungen mitzuteilen. Im Zuge der Auszeichnung der Hoffnung unter den Affekten kommt Bloch allerdings nicht zu einer den Willen gewissermaßen neutral berücksichtigenden Musiklehre. In der Musik tritt vielmehr das Heimweh nach der »Zukunft« hervor. Die schon in dem Buch *Geist der Utopie* in ihren Grundlagen entwickelte Musikphilosophie Blochs beruft sich bei dem Versuch, die Musik als Suche nach einer neuen »Selbstbegegnung« des Menschen und damit als Aufdeckung neuer Seiten der Welt zu deuten, auf den Romantiker Jean Paul. Dieser hatte gesagt, daß in der Musik bei allem direkten Ausdruck intensiver Affekte und Leidenschaften ein futurisches Moment durchschlägt: »Warum vergißt man darüber, daß die Musik freudige und traurige Empfindungen verdoppelt, ja sogar selber erzeugt, daß sie allmächtiger und gewaltsamer als jede Kunst uns zwischen Freude und Schmerz ohne Übergänge in Augenblicken hin und her stürzt – ich sage, warum vergißt man eine höhere Eigentümlichkeit von ihr: ihre Kraft des

---

10 Schopenhauer: *Metaphysik des Schönen*. ed. und Einl. Volker Spierling. München / Zürich 1985. *Philosophische Vorlesungen*. Teil III. 214.

11 Bloch: *Philosophische Aufsätze zur objektiven Phantasie*. Gesamtausgabe Bd. 10. Frankfurt / Main 1969. 506ff.

12 *Metaphysik des Schönen*. 221.

13 *Welt als Wille und Vorstellung*. 3. Buch. Kap. 39. Werke Bd. IV. 529.

14 Bloch: *Das Prinzip Hoffnung*. Frankfurt / Main 1959. 1257. Im folgenden zitiert als P. H.

15 P. H.. 1258.

Heimwehs, nicht ein Heimweh nach einem alten verlassenen Land, sondern nach einem unbetretenen, nicht nach einer Vergangenheit, sondern nach einer Zukunft?«[16]

Wie man sieht, stehen sich hier Denker gegenüber, die trotz aller »Familienähnlichkeit« (Wittgenstein) doch konträre Wege gehen. Bloch seinerseits wirft seinem Antipoden Schopenhauer vor, daß dessen Philosophie bei aller Auszeichnung der Intensität von Musik lediglich auf »die vorhandene Welt des Willens«[17] bezogen bleibe. Es fehle Schopenhauer die Einsicht in die durch die Musik auch evozierte »Neugeburt«.[18] Schopenhauer erfasse lediglich das Dunkel des Weltgrundes. Weil er das komplizierte dynamische Zusammenspiel von Subjektentdeckung und Welterfahrung nicht durchdacht habe, entgehe Schopenhauer der futurische Sinn der Musik, ihr »Vorschein« und damit ihr »Exterritoriales«.[19] Schopenhauer wird auf diese Weise als ein Denker distanziert, der die Zukunft nur als Extrapolation der Gegenwart in den Blick bekommt. Später, d.h. *nach* dem *Prinzip Hoffnung* hat Bloch in Schopenhauer den Autor eines »militanten Pessimismus« gewürdigt.[20] Durch ihn hat sich auch ein Optimismus der Praxis belehren zu lassen. Denn der Weltlauf enthält in sich die Möglichkeit des absoluten Scheiterns genauso wie die Möglichkeit gelingender Befreiung zur Identität.

Eine Ausarbeitung dieser Dialektik ist schon in Blochs Musikphilosophie im *Prinzip Hoffnung* angebahnt. Denn seit der Entwicklung der Musik zur Atonalität können die an die alten Harmonien geknüpften Möglichkeiten zum Ausdruck intensiver Willensregungen nur noch historisch belebt und beerbt werden. Dahinter steckt die These, daß die Zwölftontechnik zum konstitutiven Ausgangspunkt zeitgenössischer kompositorischer Praxis geworden ist.[21] Dabei verliert die Musik zwar keinesfalls ihre Ausdrucksqualität, aber die Gestaltung des »Exterritorialen« wird erschwert und kompliziert. Dadurch treten nun zugleich rückwirkend an den überkommenen musikalischen Formen, besonders an der Sonate und der Fuge, neue Momente schärfer hervor. Die Sonate gestaltet den Antagonismus von Haupt- und Seitenthema. Ihr Gehalt ist die Darstellung des »Prometheus-Willens«.[22] Damit ist die Dynamik des die Welt verändernden und umformenden neuzeitlichen Subjekts gemeint. In der Fuge dagegen kommt nicht der Freiheitswille zum Ausdruck,

---

16 Zitiert nach Bloch: *Geist der Utopie*. Bearbeitete Neuauflage der zweiten Fassung von 1923. Gesamtausgabe Bd. 4. Frankfurt / Main 1962. 199f.

17 P. H.. 1275.

18 Ibid.

19 P. H.. 1279.

20 Cf. Bloch: *Schopenhauers Pessimismus und die Potentialitäten der Kategorie ›Möglichkeit‹*. in Ebeling / Lütkehaus. (ed.): *Schopenhauer und Marx*, loc. cit., 129-131, hier p. 130.

21 Cf. P. H.. 280-1284.

22 P. H.. 1285.

sondern das, was ihn umschließt, sein Reichshaftes und sein Raum. Soll der »Kern der menschlichen Intensität«[23] allseitig erfahrbar sein, dann bedarf es einer Beachtung beider, einander ergänzender Aspekte, gemäß der Marxschen Formel vom »Reich der Freiheit«. Bloch – das ist mein Argument – gerät beim Blick auf die Gegenwart gesteigert in Schwierigkeiten, neue, die »vorhandene Welt des Willens« überschreitende und sprengende Willensgestaltungen anzugeben. Die Distanzierung von Schopenhauer wird damit komplizierter.

III

Zweifellos erhält man in Schopenhauerscher Optik auch wichtige Zugänge zur Ästhetik der Kritischen Theorie. Adornos Annahme, daß die eigentümliche Logizität des Ästhetischen sowohl gegen die szientifische Rationalität als auch gegen den Alltagsverstand opponiert, läßt sich in Parallele zu Schopenhauer verstehen.

Dessen wesentliche Einsicht bestand darin, daß die wissenschaftliche und auch die alltägliche Erkenntnis trotz ihrer Rationalität vom Willen gesteuert bleiben und damit ein irrationales Moment aufweisen. Schopenhauer folgt der Erkenntnistheorie Kants mit der Annahme, daß die wissenschaftliche Erkenntnis lediglich die Erscheinungswelt durchsichtig machen kann. Der Intellekt des Menschen steigert den Radius der Erkenntnis im Vergleich mit den Tieren. Aber alle szientifische Erkenntnis bleibt an den Willen gekettet. Hier liegt ein zugleich materialistisches und pragmatisches Motiv bei Schopenhauer. Michael Landmann nannte Schopenhauer daher zurecht einen »Semipragmatisten«.[24] Wissenschaftliche Erkenntnis wird angereizt durch Bedürfnisse. Sie wird durch das Verlangen stimuliert und durch Interessen, kurz: durch den Willen hinterrücks gelenkt. Das hinter der wissenschaftlichen Forschung verborgene Motiv kann aber niemals transparent und rational legitimiert werden. Der menschliche Intellekt steht im Dienst letztlich blinder Selbsterhaltung.

Diesen Zug an Schopenhauer hat Max Horkheimer zurecht hervorgehoben. Horkheimer schrieb: »Die Entfaltung des Intellekts beruht auf der des Bedürfnisses. Die größten Förderer der Wissenschaft waren Hunger, Machttrieb und der Krieg. Die idealistische Fabel von der List der Vernunft, durch die das Grauen der Vergangenheit mittels des guten Endes beschönigt

---

23 P. H.. 1288.

24 Cf. Michael Landmann: *Schopenhauer und Marx als Semipragmatisten*, in: Ebeling / Lütkehaus. (ed.): *Schopenhauer und Marx*. loc. cit.. 177-189.

wird, plaudert die Wahrheit aus, daß an den Triumphen der Gesellschaft Blut und Elend haftet. Der Rest ist Ideologie.«[25]

Eine Kritik der instrumentellen Vernunft bedarf aber, der Kritischen Theorie zufolge, eines Rekurses auf die Ästhetik. Hier sind zunächst einige Erinnerungen an Schopenhauers Lehre angezeigt. Nach Schopenhauer vermag die Kunst, indem sie zu den »Dingen an sich« durchstößt, eine Einsicht in diejenigen Faktoren zu vermitteln, welche die Erscheinungswelt bestimmen und durchherrschen. Die Eigenart der künstlerischen Erkenntnis deutet Schopenhauer als Ideenerkenntnis. Sie steht polar zur diskursiven Erkenntnis der Wissenschaften. Als eine relationale ist die szientifische Erkenntnis an den Satz vom zureichenden Grunde geknüpft. Wissenschaftliche Begriffe erhalten nur dadurch einen diskriminierenden Effekt, daß sie in einem Geflecht von weiteren Begriffen situiert und daß sie anschaulich schematisierbar sind. Die Idee enthüllt uno intuito die Struktur einer Sache. Ideen sind in sich ruhende Einheiten. Der Idee kommt Schopenhauer zufolge eine Vermittlungsfunktion zu zwischen der wissenschaftlich erschließbaren Erscheinungswelt einerseits und der Welt des Willens andererseits. Die Idee ist ein anschauungsgesättigtes Universum und lenkt zugleich den Blick auf die »Dinge an sich«.

Die Pointe Schopenhauers besteht nun in dem Nachweis, daß die ästhetische Rationalität, insofern sie an der Welt der Ideen partizipiert, eine gegenüber der wissenschaftlichen Erkenntnis gewandelte Subjekt-Objekt-Struktur aufweist. In der ästhetischen Rationalität treten die intellektiven Momente rein hervor. Dadurch ist der Zusammenhang mit dem Willen gelockert. Andererseits wird durch die ästhetische Erkenntnis das Sein der Welt, ihr Wesen, enthüllt.

Schopenhauersche Motive stehen hinter Adornos Einsicht, daß die authentischen Kunstwerke als Monaden begriffen werden müssen. Als solche entziehen sie sich der durch den Tausch bestimmten relationalen Nützlichkeit der Gesellschaft.[26] Kunstwerke sind keine »Aktionsobjekte«. So lautet eine zentrale Formulierung. Das adäquate Verhalten bricht mit den gesellschaftlich normierten Formen des Wahrnehmens und Erfahrens. Sofern der Mensch Kunstwerke nachvollzieht, überschreitet er die gesellschaftlich geregelten und sanktionierten Verhaltensweisen. Die ästhetische Erfahrung ist aber auch bei Adorno an den kognitiven Gehalt der Werke geknüpft. Namentlich die authentischen Werke der Gegenwart enthüllen die Negativität des bestehenden Weltzustandes: »nur durch dessen absolute Negativität

---

25 Max Horkheimer: *Die Aktualität Schopenhauers*, in: Ebeling / Lütkehaus, (ed.): *Schopenhauer und Marx*, loc. cit., 93-106, hier p. 94f; ursprünglich in: *Zur Kritik der instrumentellen Vernunft*. Frankfurt / Main 1967.

26 Theodor W. Adorno: *Ästhetische Theorie*. Gesammelte Schriften 7, ed. G. Adorno und R. Tiedemann. Frankfurt / Main 1970. 268ff. Im folgenden zitiert als Ä. T.

spricht Kunst das Unaussprechliche aus, die Utopie«.[27] Hier liegen Parallelen zu Schopenhauer, zumal dann, wenn man von seiner Metaphysik des Willens die negative Färbung nicht abzieht. Der vom blinden Willen durchherrschten Welt Schopenhauers korrespondiert die Negativität Adornos.

Gemäß dem jeweiligen Zuschnitt der Philosophie und zufolge der historischen Situation ergeben sich freilich ganz unterschiedliche Akzente. Schopenhauer legt allen Nachdruck darauf, daß die Erfahrung der Kunst die Menschen punktuell von dem blinden Betrieb des Willens befreit: »Es ist der schmerzlose Zustand, den Epikuros als das höchste Gut und als den Zustand der Götter pries: denn wir sind, für jenen Augenblick, des schnöden Willensdranges entledigt, wir feiern den Sabbath der Zuchthausarbeit des Wollens, das Rad des Ixion steht still«.[28] Die Distanz vom Grauen des Daseins, den die ästhetische Erfahrung verschafft, ist aber nur von transitorischer Natur. Die Welt der Kunst läßt die unversöhnte Welt draußen fortbestehen: »Sobald irgend eine Beziehung eben jener also rein angeschauten Objekte zu unserem Willen, zu unserer Person, wieder ins Bewußtseyn tritt, hat der Zauber ein Ende: wir fallen zurück in die Erkenntniß, welche der Satz vom Grunde beherrscht, erkennen nun nicht mehr die Idee, sondern das einzelne Ding, das Glied einer Kette, zu der auch wir gehören, und wir sind allem unserem Jammer wieder hingegeben«.[29] Das sind Erfahrungen, die auch Adorno nicht fremd gewesen sind. Die authentische Kunst reißt ein ohnmächtiges Diskontinuum auf zwischen sich und dem Grau des Alltags.

Adorno setzt die Akzente zwischen Kunst und Philosophie in einer Zeit, die sich der philosophischen Erkenntnis selber nicht mehr so sicher sein kann, anders als Schopenhauer. Für Schopenhauer arbeiten Kunst wie Philosophie darauf hin, »das Problem des Daseyns zu lösen«.[30] Die Kunst bleibt indessen fragmentarisch. Sie macht das Sein lediglich im Medium der Anschauung erfahrbar. Die Philosophie dagegen, so sagt Schopenhauer noch selbstsicher, vermag die Totalität des Seins auszusprechen. Sie ist nicht an die Anschauung gebunden, sondern bewegt sich im Medium begrifflicher Reflexion: »Dieserhalb ist das Ergebniß jeder rein objektiven, also auch jeder künstlerischen Auffassung der Dinge eine Antwort mehr auf die Frage: ›Was ist das Leben?‹ – Diese Frage beantwortet jedes ächte und gelungene Kunstwerk, auf seine Weise, völlig richtig. Allein die Künste reden sämmtlich nur die naive und kindliche Sprache der *Anschauung*, nicht die abstrakte und ernste der *Reflexion*: ihre Antwort ist daher ein flüchtiges Bild; nicht eine bleibende allgemeine Erkenntniß.«[31]

27 Ä. T., 56.

28 *Welt als Wille und Vorstellung*. 3. Buch. Kap. 38. Werke Bd. I, 253.

29 *Welt als Wille und Vorstellung*. 3. Buch. Kap. 38. Werke Bd. I. 254.

30 *Welt als Wille und Vorstellung*. 3. Buch. Kap. 34. Werke Bd. IV, 479.

31 Ibid.

Für Adorno dagegen bietet die authentische Kunst die ausschließliche Garantie dafür, daß der Schleier, in den sich das System hüllt, gelüftet wird. Doch diese Auszeichnung läßt die Kunstwerke noch mit eigener Blindheit behaftet sein. Allein das philosophische Begreifen der Kunst vermag an das Unbedingte zu rühren. Die Kunst selbst hat das Absolute, aber als ein ihr Inkommensurables. Die Philosophie vermag es diskursiv auszudrücken, aber nur, wenn sie den Weisungen der Kunst zu folgen vermag. Hier zeigt sich eine totale Verwandlung der Auffassung von Philosophie. Sie stimmt in vielem mit dem späten Heidegger überein. Beiderlei Gestalt von Philosophie reicht, wenn man schon historische Vorbilder zitieren will, auf Schelling zurück.[32]

Adornos Konzeption der Philosophie, schon greifbar in seiner akademischen Antrittsvorlesung aus dem Jahre 1931,[33] war davon bewegt, Philosophie als Deutung der Wirklichkeit einzuführen. Als ein Denken in Konstellationen schließt sie die intentionslose Wirklichkeit auf. Deren Idee gilt es zu erfassen. Das geschieht durch die Versammlung der Wirklichkeit zu Figuren, die als Antworten auf die Frage nach dem Rätsel der Wirklichkeit gelesen werden können. In seinen *Minima Moralia* von 1951 geht es Adorno darum, mit der Optik der Moralistik das Menschsein in der »verwalteten Welt« zu begreifen, freilich nie in systemhafter Abgeschlossenheit, sondern in aphoristischer Pointierung und Offenheit. Später in der *Negativen Dialektik* aus dem Jahre 1966 wird eine Gestalt der Philosophie entworfen, die dem Morden von Auschwitz standhalten kann. Durch das massenhafte Hinschlachten der Menschen ist auch die Metaphysik, der Schopenhauer noch folgte, in einen Strudel geraten. Die Erfahrung des Todes läßt die Metaphysik früherer Ausprägung obsolet erscheinen. Die negative Dialektik muß aufgeboten werden, um das durch das Denken selbst gefährdete Sachhaltige der Erfahrung, das Nichtidentische, zu erretten. Solches gegen sich selbst gerichtetes Denken ist aber praktisch notwendig: »Mißt es (d.h. das Denken) sich nicht an dem Äußersten, das dem Begriff entflieht, so ist es vorweg vom Schlage der Begleitmusik, mit welcher die SS die Schreie ihrer Opfer zu übertönen liebte.«[34]

Die Sachhaltigkeit des Denkens vermag dieses aber nicht aus sich selbst gleichsam herauszuspulen, sondern dazu bedarf es eines Zuspruchs seitens der Kunst. Die Werke wollen philosophisch begriffen sein: »Unverhüllt ist das Wahre der diskursiven Erkenntnis, aber dafür hat sie es nicht, die

32 Cf. meinen Aufsatz: *Kunst als Organon der Philosophie. Zur Problematik des ästhetischen Absolutismus*, in: *Romantik in Deutschland*. ed. R. Brinkmann. Stuttgart 1977. 392-403.

33 Cf. Adorno: *Die Aktualität der Philosophie*. in: *Gesammelte Schriften 1*. Frankfurt / Main 1973. 325-344.

34 Adorno: *Negative Dialektik*. Frankfurt / Main 1966. 356.

Erkenntnis, welche die Kunst ist, hat es, aber als ein ihr Inkommensurables.«[35]

Die authentische Kunst der Moderne enthüllt die Negativität des Seins. Darin ist ein Schopenhauersches Motiv aufbewahrt. Die Blindheit des Weltverlaufs kommt in der Kunst zur Sprache. Zugleich aber zehren selbst die Werke der Negativität – für Adorno: Beckett und Kafka, Schönberg und Berg – von dem »Schein« der Versöhnung.[36] Damit ist wiederum ein Rest Schopenhauer angezeigt. Hat er doch das Beglückende der ästhetischen Erfahrung darin gesehen, daß sie den Menschen von der Qual und dem Leiden temporär befreit.

IV

Meine Ausführungen wollen nicht den Eindruck erwecken, als sei die Ästhetik des Neomarxismus als eine lineare Fortsetzung der Philosophie Schopenhauers zu verstehen. Aber auch in den perspektivischen Brechungen wird etwas von seinen Impulsen aufbewahrt. Ein Axiom der neomarxistischen Ästhetik lautet dahingehend, daß im »Schein« der Kunst das prekäre Versprechen auf einen gewandelten und geglückteren Weltzustand verkörpert ist. Bei Bloch ist dieses Axiom direkter greifbar. Die utopischen Bildphantasien der Kunst reißen die Menschen immer wieder aus ihrer Resignation heraus. Bloch kann allerdings durchgängig nur die Kunst der Vergangenheit zitieren. Aber selbst bei der von der Gegenwartskunst inspirierten Theorie Adornos findet man die Ansicht, daß die Wirklichkeit der Kunst für die Möglichkeiten utopischer Verwandlungen zeugt.[37] In der *Negativen Dialektik*, dem vielleicht philosophisch radikalsten und schwärzesten Werk Adornos, das sich keinen leichtfertigen Hoffnungen mehr hingibt, liest man: »Noch auf ihren höchsten Erhebungen ist Kunst Schein; den Schein aber, ihr Unwiderstehliches, empfängt sie vom Scheinlosen. Indem sie des Urteils sich entschlägt, sagt sie, zumal die nihilistisch gescholtene, es sei nicht alles nur nichts. Sonst wäre, was immer ist, bleich, farblos, gleichgültig. Kein Licht ist auf den Menschen und Dingen, in dem nicht Transzendenz widerschiene. Untilgbar am Widerstand gegen die fungible Welt des Tausches ist der des Auges, das nicht will, daß die Farben der Welt zunichte werden. Im Schein verspricht sich das Scheinlose.«[38] Entschlüsselt man die Metaphorik dieser Sätze, dann sagen sie: Kunstwerke der Negativität, also Beckett und Kafka, enthüllen das ganze namenlose Elend der menschlichen Wirklichkeit; und doch sind sie von der Sehnsucht beseelt, dies möge nicht das letzte Wort

35 Ä. T.. 191.

36 Ä. T.. 199f.

37 Ibid.

38 *Negative Dialektik*. 394f.

bleiben. Wenn Schopenhauers Philosophie ein Nachleben gefunden hat, dann doch offensichtlich hier.

Selbst Herbert Marcuses Philosophie enthält verschlüsselt ein Motiv Schopenhauers. Marcuse projektiert in verschiedenen Variationen die Idee einer Welt, in welcher die Menschen sich von dem Bann befreien, den die kapitalistische Produktion über die Welt legt. Durch Rückgriff auf die Psychoanalyse Freuds arbeitet Marcuse heraus, daß eine Welt ohne Rigidität der Gesetze und ohne Kampf, eine Welt ohne offene oder subtile Ausbeutung nur dann entstehen könnte, wenn die erotischen und ästhetischen Modalitäten des menschlichen Daseins einen konstitutiven Rang in der gesellschaftlichen Wirklichkeit erhalten würden.

Marcuse führt nun aus, daß in der westlichen Philosophie zwei große Entwürfe vom Sein eine Rolle gespielt haben. Die eine, repräsentiert durch Descartes, aber auch durch Hegel und Aristoteles, entwarf das Sein als Logos. Dabei war schon eine geheime oder offene Instrumentalisierung der Vernunft am Werke. Der Mensch als ein vernünftiges Wesen hat seine Aufgabe in der Bemeisterung und Beherrschung der Welt. Allerdings war schon bei Aristoteles und bei Hegel ein retardierendes Moment eingebaut. In der Seligkeit des das eigene Schauen genießenden nous theos und im absoluten Geist kommt der aggressive Drang zur Weltbeherrschung zur Ruhe. Aber erst in der auslaufenden Metaphysik, bei Nietzsche, vorgedacht durch Schopenhauer, zeichnete sich ein anderer Seinsentwurf ab. Das Sein wurde nun als Eros konzipiert. Der Durchbruch zu dieser anderen Seinsauffassung geschah durch Schopenhauers und Nietzsches Einsicht, daß der Wille und d.h. der Wille zur Macht aller Logik zugrunde liegt.[39] Nur eine Brechung dieses Willens kann zu einer qualitativen Verwandlung der Zivilisation und d.h. zu einem auf dem Eros gegründeten Lebensentwurf führen. Eine solche Transzendenz, die zum Lustprinzip als dem Prinzip einer befreiten Gesellschaft führt, ist, wie Marcuse zeigte, in Schopenhauer und Nietzsche indiziert. Schopenhauer so zu lesen, bedeutet, auf die Konsequenz seines Denkens zu achten. Die Form, in der sich das Denken noch aussprach, ihr systemhafter Duktus, tritt dann allerdings in den Hintergrund.

So gesehen kann man behaupten, daß auch in demjenigen Projekt neomarxistischer Ästhetik, welches eine topische Verwandlung der Kunst und der ästhetischen Erfahrung in der Totale der Gesellschaft bedenkt, Schopenhauer im Hintergrund steht. Nicht allein Schiller ist ein Vordenker einer gesellschaftlichen Revolution, die durch das Nadelöhr der Ästhetik hindurch muß. Auch Schopenhauers Philosophie bietet Anhaltspunkte, wenn man sie gegen den Strich liest. Die Blindheit des Willens wird via Freud nach Marcuses Anleitung nicht eskamotiert. Sie wird aber in einer dem ästhetischen

---

39 Cf. Herbert Marcuse: *Eros und Kultur. Ein philosophischer Beitrag zu Sigmund Freud*. Stuttgart 1957, 120ff.

Eros verpflichteten Gesellschaft erträglicher. Die Erlösung vom blinden Willen wird nicht allein durch das Nirwana erreichbar, sondern dessen temporäre Sistierung in der Kunsterfahrung – dies Ausgangstor ließ Schopenhauer schon selbst zu – wird verstetigt vermöge einer anderen Einrichtung der Gesellschaft.

V

Die Lektion, die jede sich auf Marx berufende Philosophie der Praxis von Schopenhauer erhält, besteht darin, die Bedingungen mißlingender Befreiung schärfer ins Auge zu fassen. Schopenhauer macht hellsichtig für einen Verlauf der Welt am Rande der Katastrophe. Die Lektion, die ein in der Fluchtlinie Schopenhauers sich bewegendes Denken vom Neomarxismus erhält, besteht darin, daß die Wahrscheinlichkeit der Katastrophe dann nicht zur Resignation oder zu heroischem Zynismus führt, wenn zugleich die Möglichkeit umwandelnder Praxis zugestanden wird. Als Statthalter dieser Möglichkeit fungiert bei Adorno wie bei Marcuse, Bloch und Benjamin die Kunst. Man muß allerdings hinzusetzen: Eine Kunst, die aus den Avantgardebewegungen gelernt hat. Das Scheitern der klassischen Avantgarden in dem ersten Drittel des 20. Jahrhunderts bei ihren Versuchen, die ästhetische Erfahrung in das gesellschaftliche Leben zu übersetzen, beruhte darauf, daß den künstlerischen Avantgardebewegungen keine sozialen Bewegungen zur Seite standen. Mit der Bürokratisierung der Arbeiterbewegung durch Stalin und seine Nachfolger war die Sprengkraft der Politik gefesselt.

Vielleicht kündigt sich eine neue Runde in den neu erwachten »sozialen Bewegungen« einerseits und in den die Avantgardekonzeption neu belebenden Kunstpraktiken in der Nachfolge von Joseph Beuys einerseits und in der »Naturkunst« andererseits an. Alle diese Bewegungen freilich markieren einen deutlichen Bruch mit dem orthodoxen Marxismus, sofern dieser ein seiner selbst inne gewordenes kollektives Subjekt, das Proletariat, unterstellte. Auch von den die klassischen Avantgarden noch prägenden Obsessionen der Technik gewinnen neuere Kunstbewegungen Abstand. So gelang es – um nur ein Beispiel zu nennen – Le Corbusier, wie Manfredo Tafuri gezeigt hat, allein dadurch die Architektur in das urbane Gewebe einzufügen, indem er das Wohnen, die Architektur und die Stadt als »Maschine« konzipierte.

Heute treten dezentrierte Subjekte – der regionale Eigensinn hier, die Frauenbewegung dort, die ökologische Bewegung – auf, die nicht leicht zu einer Einheit gebracht werden können und wollen. Der »nomadisierte Sinn« (Deleuze) ermöglicht immer nur temporäre Koalitionen und Konstellationen. Ob sie allerdings mehr sind als bloße subtilere Abfederungen des Systems und damit Schopenhauers Vision einer Welt am Rande der Katastrophe recht behält, ist eine Frage der Praxis selbst. Sie aber bedarf auf jeden Fall der

Beachtung der ästhetischen und erotischen Dimension des Lebens. Aufgabe der Philosophie wäre es, die Bedingungen verstellter Praxis zugleich als Bedingungen gefesselter Phantasie zu entziffern.

Ekstase als Erlösung?
Alexander Skrjabin zwischen den Musikphilosophien Schopenhauers und Adornos

Michael Schmidt *(Freiburg)*

Obwohl Alexander Skrjabin, der russische Klangdichter der Ekstase, kein systematischer philosophischer Denker war und oftmals verschiedene Denkansätze in seinem Sinne synthetisierte, zeigen sich in seiner eigentümlichen mystischen Gedankenwelt wichtige Übereinstimmungen mit der Willensmetaphysik Arthur Schopenhauers. Ganz im Sinne Schopenhauers, aber ohne dessen Pessimismus ist auch für Skrjabin der Wille zum Leben Grundprinzip des Seins. Die Struktur dieses Willens bestimmt Skrjabin ähnlich wie Schopenhauer als ständigen Wechsel zwischen sehnsüchtigem Streben, Befriedigung und neuer Sehnsucht:

> Das Sein als Ganzes will sein, denn es hat keine andere Entstehungsursache und kann keine haben. Das Sein liebt zu sein. Das Sein ist der Wille zum Leben. Das schöpferische Prinzip ist der Wille zum Leben [...]. Der Vorgang des (schöpferischen) Lebens hat folglich drei Phasen: 1. Irgendein Erleben als Ausgangspunkt; 2. Unzufriedenheit mit diesem Erleben, Durst nach neuem Erleben und das Bestreben, dieses Ziel zu erreichen; das ist das eigentliche Wesen des schöpferischen Vorganges; 3. Erreichung des Zieles und Rückkehr zum ersten Zustande.[1]

Für Arthur Schopenhauer ist die Musik »unmittelbar Abbild des Willens selbst«.[2] In dem berühmten ›Musikparagraphen‹ 52 seines Hauptwerkes *Die Welt als Wille und Vorstellung* charakterisiert er anschaulich die besondere Beziehung seiner Willensmetaphysik zur Musik:

> Wie nun das Wesen des Menschen darin besteht, daß sein Wille strebt, befriedigt wird und von neuem strebt und so immerfort [...], so ist dementsprechend das Wesen der Melodie ein stetes Abweichen, Abirren vom Grundton [...] auf allen jenen Wegen drückt die Melodie das vielgestaltige Streben des Willens aus, aber immer auch durch das endliche Wiederfinden einer harmonischen Stufe, und noch mehr des Grundtones, die Befriedigung.[3]

Darüber hinaus ist in der Schopenhauerschen Philosophie die Kunst und besonders die Musik für den Künstler ein »Quietiv des Willens, erlöst ihn

---

1 Alexander Skrjabin: *Prometheische Phantasien*. übersetzt und eingeleitet von Oskar von Riesemann, Stuttgart 1924, pp. 80f.

2 Arthur Schopenhauer: *Sämtliche Werke*. ed. Wolfgang von Löhneysen, Darmstadt 1974. *Die Welt als Wille und Vorstellung*. Bd. I. p. 366.

3 Ibid.. pp. 362f.

nicht auf immer, sondern nur auf Augenblicke vom Leben und ist ihm so noch nicht der Weg aus demselben; bis seine dadurch gesteigerte Kraft endlich des Spieles müde den Ernst begreift«.[4]

Indem der Mensch den Ernst seiner Lage begreift – und die Musik ist besonders dazu geeignet, diese Erkenntnis zu vermitteln – kann er durch Verneinung des Willens dessen blindes Wüten brechen. Die endgültige Erlösung vom Willen dachte sich Schopenhauer als Zustand »der freiwilligen Entsagung, der Resignation, der wahren Gelassenheit und gänzlichen Willenlosigkeit«.[5] Am Beispiel des religiösen Mystikers zeigt er, wohin der einzelne Mensch durch asketische Willensverneinung gelangen kann:

> Würde dennoch schlechterdings darauf bestanden, von dem, was die Philosophie nur negativ als Verneinung des Willens ausdrücken kann, irgendwie eine positive Erkenntnis zu erlangen; so bliebe uns nichts übrig, als auf den Zustand zu verweisen, den alle die, welche zur vollkommenen Verneinung des Willens gelangt sind, erfahren haben und den man mit dem Namen Ekstase, Entrückung, Vereinigung mit Gott usw. bezeichnet hat.[6]

Auch für Alexander Skrjabin ist die Erlösung durch Ekstase das höchste Ziel des Daseins. Im Unterschied zum asketischen Ideal Schopenhauers dachte er sich die Ekstase allerdings als eine dem Rausch des Liebesakts vergleichbare, kosmische Synthese, in der die durch seine Kunst initiierte Welt sich auflösen und mit dem Absoluten vereinigen würde. So heißt es am Schluß seiner dichterischen Skizzen zur *Vorbereitenden Handlung*:

> Ich bin die letzte Vollendung/ Ich bin die Glückseligkeit der Auflösung/ Ich bin der Diamant der Allsternenhaftigkeit/ Ich bin die Freiheit, ich bin die Ekstase! [...] Entzünde dich geheiligster Tempel, an der Flamme der Herzen/ Entzünde dich und werde zum heiligsten Brand/ O, süßer Vater, vereinige dich glückselig aufs innigste mit uns/ Vereinige dich mit dem Tode in brennendem Tanz! [...] Laßt uns in den Wirbel geboren werden!/ Laßt uns in den Himmel erwachen!/ Vereinigen wir unsere Gefühle in einer einzigen Welle!/ Und im prunkenden Glanz/ Des letzten Erblühens/ Zeigen wir uns einander/ in der enthüllten Schönheit/ leuchtender Seelen/ werden wir verschwinden [...]/ uns auflösen [...].[7]

Die 1913 begonnene *Vorbereitende Handlung*, zu der nur Text- und Musikfragmente überliefert sind (Skrjabin starb 1915), sollte in multimedialen

4 Ibid., p. 372.

5 Ibid., pp. 514f.

6 Ibid., pp. 556f.

7 Alexander Skrjabin: *Die Vorbereitende Handlung*, übersetzt von Dieter Hoffmann in: Sigfried Schibli: *Alexander Skrjabin und seine Musik*, München 1983, p. 398.

Symbolen die Entwicklung zur Ekstase imaginieren und so der Vorbereitung des eigentlichen Mysteriums dienen. Das Mysterium dachte Skrjabin sich als eine Art synästhetisch-liturgisches Ritual aus Tönen, Bewegungen, Düften, Farben, Körperkontakten und Geschmacksempfindungen. Es sollte schließlich in einen orgiastischen Tanz der Teilnehmer münden, der die Weltekstase auslösen würde. Das dichterische Finale der *Vorbereitenden Handlung* (s.o.) umschreibt das Wesen der Ekstase mit Feuer- und Liebesmetaphern als Weltenbrand, rauschhaft-glückselige Vereinigung, Tod der alten und Auflösung in eine neue, absolute Existenzform. Mit seinem 1914 entstandenen und programmatisch *Vers la flamme* benannten Klavierpoème op. 72 hat Skrjabin dem Aufschwung zur Ekstase ein letztes musikalisches Symbol geschaffen: Die kompositorische Anlage von *Vers la flamme* weist eine der Ekstasevorstellung in einzigartiger Weise entsprechende Struktur auf. So steigert sich der musikalische Verlauf hier in einer spiralförmigen Entwicklung zu immer größeren Entfaltungen und umfassenderen Synthesen. Nach einer letzten dynamischen, agogischen, harmonischen und satzmäßigen Steigerung löst sich das musikalische Geschehen in einen triumphalen melodischen Aufflug auf.

Theodor W. Adorno hat dieses klingende Symbol der Ekstase einmal mit Igor Strawinskys *Swesdoliki* in einen gemeinsamen gehaltlichen Kontext gestellt: »ekstatisch-expressiv gemeint [...]. Die mythisierende Opfer-Idee«.[8] Neben dieser sehr spärlichen Anmerkung – Adorno hat der Musik Skrjabins bis auf marginale Äußerungen nur wenig Interesse entgegengebracht – ist es aber vor allem Adornos Kritik an den Gesamtkunstwerks- und Erlösungsideen Richard Wagners, die sich in Beziehung zu dem Künstlerpropheten Skrjabin setzen läßt. Angesichts einer als heillos und sinnleer erfahrenen Welt verurteilt Adorno die emphatisch-rauschhafte Vermischung der Künste als scheinhafte und falsche Versöhnung: »Im Gesamtkunstwerk ist der Rausch unumgänglich als principium stilisationis: ein Augenblick der Selbstbesinnung des Kunstwerks würde genügen, den Schein seiner ideellen Einheit zu zersprengen«.[9] Rausch statt Selbstbesinnung ist für Adorno kein Ausweg aus der Unmenschlichkeit der Welt, sondern Flucht in die Unwahrheit. Der ekstatische Schluß des *Tristan* (»in des Welt-Atems/ wehendem All-/ versinken-/ ertrinken-/ unbewußt-/ höchste Lust!«), die Liebes- und zugleich Todesnacht der Wagnerschen Phantasmagorie gerät ihm zur »Glorifizierung des Todes als Rausch«.[10] In diesem Zusammenhang richtet sich Adornos Kritik auch gegen Schopenhauers asketisch-erlösende Ekstasevorstellung:

> Anstelle des durchschauenden Selbstbewußtseins des Willens in dessen höchster Objektivation installiert sich aufs neue das Unbewußte, der Rausch und jene Art von unio mystica, die in Wagners

8 Theodor W. Adorno: *Strawinsky. Ein dialektisches Bild*, in: *Musikalische Schriften I-III*. Frankfurt / Main 1978, p. 387.

9 Idem: *Versuch über Wagner*. Frankfurt / Main 1974. p. 98.

10 Ibid.. p. 136.

> Werk billig feilgeboten wird. Es meldet schon bei Schopenhauer die Maskierung des Todes als Erlösung und der aufgeblähte Begriff des »Welterlösenden« sich an, der bei Wagner die ideologische Höhe des gesamten Werks ausmacht.[11]

Auch für Skrjabin ist die ›welterlösende‹ Ekstase als Auflösung der materiellen Welt und Vereinigung mit dem Absoluten Ziel und Zentrum des schöpferischen Lebens. Im Erlösungsanspruch zeigt sich trotz aller Unterschiede eine tiefe Verwandtschaft der Ekstasekonzeptionen Schopenhauers, Wagners und Skrjabins. Da diesen Erlösungskonstruktionen ein spekulativer Todesbegriff einwohnt, werden sie von Adorno als »verklärter Tod« verurteilt.[12] In diesem Verständnis gilt auch für den Schluß von Skrjabins Dichtung zur *Vorbereitenden Handlung* und für die musikalische Ekstasesymbolik im Klavierpoème *Vers la flamme*, was Adorno an Wagners *Ring* kritisierte:

> Der Weltuntergang am Ende des Rings ist zugleich ein Happy-End [...]. Die Wagnersche Erlösung - ihr bengalisches Licht waltet vollends in zahllosen Schlüssen bei Liszt und dann in der Salonmusik - ist die letzte Phantasmagorie. Anstelle der Transzendenz setzt sie das Trugbild des fortlebenden, aufschwebenden Subjekts, das flüchtig entspringt im Augenblick von dessen Vernichtung [...]. In der innersten Zelle der Erlösungskonstruktion wohnt das Nichts.[13]

---

11 Ibid.

12 Ibid., p. 137.

13 Ibid.

III. Schopenhauer und das Problem des Heiligen

Der Heilige als Lebensform

Überlegungen zu Schopenhauers ungeschriebener Lehre

Wolfgang Schirmacher *(New York)*

I. Verlust des Heiligen in der Moderne

Ein Heiliger kann voll des absurdesten Aberglaubens oder er kann ein Philosoph sein – dies ist nach Schopenhauer ohne jede Bedeutung. Denn der Heilige weist sich allein durch sein Leben aus, und so zeigt die Handlungsweise der Heiligen bei allen Völkern und zu allen Zeiten eine überraschende Übereinstimmung. Diese berühmte Bestimmung des Heiligen bei Schopenhauer[1] ist ein hervorragendes Beispiel für dessen illusionslosen Realismus und der vermutlich prägnanteste Hinweis auf Schopenhauers ungeschriebene Lehre.[2] Zugleich stellt die unerwartet nachdrückliche Verteidigung des Heiligen durch den »religiösen Atheisten«[3] Schopenhauer einen fruchtbaren Ansatz zur Rehabilitierung des Heiligen in der Postmoderne dar.

Dies ist nicht ohne weiteres einleuchtend, denn zu sehr ist das Bild des Heiligen verblaßt. In der heutigen profanisierten Welt gilt der Heilige bloß noch als erbauliche Legende. Die selbstkritische Einsicht, daß wir alle keine Heiligen sind, ruft eine starke psychologische Abwehr hervor, wenn von irgendeiner Seite versucht wird, dem Heiligen einen alltäglichen Sinn abzugewinnen. Der provokanten Figur des Heiligen wird in unserer Gesellschaft nicht einmal mehr eine Randexistenz zugestanden. Der Anspruch des Heiligen scheint außerhalb der katholischen Welt[4] zum reinen Aberglauben geworden zu sein. In der Moderne ist der Heilige verlorengegangen.

Kann es dann Aufgabe des Philosophen sein, dieses Urteil einer aufgeklärten Zeit über den Heiligen zu revidieren? Selbst die postmoderne Vernunftkritik, die andere Gewalttaten des diskursiven Denkens wiedergutzumachen sucht[5],

---

1 W I, 453. Das Hauptwerk wird zitiert nach der historisch-kritischen Ausgabe: Arthur Schopenhauer: *Sämtliche Werke*, ed. Hübscher. Brockhaus: Wiesbaden 3. Aufl. 1972, Bd. 2 und 3, unter Verwendung folgender Siglen: *Die Welt als Wille und Vorstellung*, Bd. I = W I; *Die Welt als Wille und Vorstellung*, Bd. II = W II.

2 Cf. dazu auch W. Schirmacher (ed.): *Schopenhauer. Insel-Almanach auf das Jahr 1985*. Insel: Frankfurt / Main 1985, 11ff.

3 Dies hat Wolfgang Weimer in seinem Aufsatz *Schopenhauer und der Atheismus* herausgearbeitet (in: W. Schirmacher (ed.): *Zeit der Ernte. Studien zum Stand der Schopenhauer-Forschung*. Frommann-Holzboog: Stuttgart 1982, 364-373). Cf. jetzt auch Alfred Schmidt: *Die Wahrheit im Gewande der Lüge. Schopenhauers Religionsphilosophie*. Piper: München 1986.

4 Als Versuch, Elemente des Heiligen auch am »Ende der Neuzeit« zu retten, verweise ich auf R. Guardini: *Die Macht*. Würzburg 1951, 16ff.

5 Dies war auch ein Thema des Schopenhauer-Nietzsche-Symposiums 1983 in Frankfurt / Main: cf. hierzu W. Schirmacher: *Konkurs der Vernunft als Lebenskrise. Zur Aktualität von Schopenhauer und Nietzsche*. In: *65. Schopenhauer-Jahrbuch*, Frank-

wird den Heiligen in dessen Selbstverständnis nicht retten wollen. Denn allzu offensichtlich verdankt sich der Heilige selber auch einem eklatanten Verstoß gegen die vernehmende Vernunft und ist ein hochartifizielles Produkt metaphysischer Konstruktion. In den religiösen Lehren ist das Heilige zumeist vom Göttlichen abhängig und nimmt eine Stelle im theologischen System ein. Im Abendland vertritt der Heilige in ausgezeichneter Weise die Hierarchie der göttlichen Weltordnung und gibt dem Satz vom Grund eine faßbare Gestalt.[6]

Die Lehre vom Heiligen scheint bestenfalls eine Verkleidung der Wahrheit zu sein, da sich die Wahrheit nach Schopenhauers bekanntem Satz über die Religion »nicht nackt dem Volke zeigen« kann[7]. Wir gebrannten Kinder der Moderne mißtrauen zwar inzwischen gerade auch den »nackten Wahrheiten«, da deren anmaßende Forderung nach Klarheit und Präsenz nur ein anthropozentrischer Gewaltstreich ist und den wirklichen Wahrheitsprozeß eher unkenntlich macht.[8] Aber »geoffenbarte heilige Wahrheiten« sind damit noch lange nicht akzeptiert.[9] Die bleiben Sache der Gläubigen, mit denen nicht zu rechten ist. Die offene Ablehnung des Heiligen als Person und Vorbild trifft auch die Sphäre des Heiligen – nichts soll uns mehr heilig sein. Wenn ein Phänomen schon nicht vor der Vernunft zu rechtfertigen ist, dann soll es wenigstens einen »Sitz im Leben« haben. Und wie das Leben auch immer lebt, heilig jedenfalls wird es in der Nachfolge Nietzsches nicht genannt werden können.

II. Das Heilige als intuitive Erkenntnis

Aber wird mit solcher Zurückweisung des Heiligen, so verständlich sie ist, nicht auch der Zugang zu einer entscheidenden menschlichen Grunderfahrung verschüttet? Wie große Philosophen vor und nach ihm hat Spinoza diese Erfahrung als intuitives Wissen und als amor Dei intellectualis gefaßt und ihr den ersten Rang eingeräumt.[10] Solches Wissen wirkt sich unmittel-

---

furt / Main 1984, 7ff.

6 Den philosophischen Hintergrund beleuchtet W. Schirmacher: *Technik und Gelassenheit. Zeitkritik nach Heidegger*. Alber: Freiburg / München 1983, besonders im Kap. V »Beitrag der christlichen Metaphysik« (146-204). In Rudolf Ottos verdienstvoller Studie *Das Heilige* (Biederstein: München 1947) kommt diese Problematik nur indirekt zum Ausdruck. Die Rolle des Heiligen in der Moderne wird untersucht in Dietmar Kamper & Christoph Wulf (ed.): *Das Heilige. Seine Spur in der Moderne*. Athenäum: Frankfurt / Main 1987.

7 W II, 183. Schopenhauer unterstreicht an dieser Stelle die allegorische Natur der Religionen.

8 Cf. W. Schirmacher: *Technik und Gelassenheit*, loc. cit., 94ff.

9 Zum Problem cf. K. Jaspers: *Der philosophische Glaube angesichts der Offenbarung*. Piper: München 1962.

10 Zu Spinoza cf. W. Schirmacher: *Technik und Gelassenheit*, loc. cit., 53-93. R. Otto hat dasselbe als »sensus numinis« zu fassen gesucht (in: R. Otto: *Das Heilige*, loc.

bar praktisch aus.[11] Auch für Schopenhauer wird »der ganze Mensch mit Herz und Kopf« erschüttert durch die intuitive, unmittelbare Erkenntnis des Wesens der Welt. Die fatale Trennung von Theorie und Praxis wird hier noch nicht wirksam, aber es ist zugleich eine besondere Art der »Aktion«, die intuitive Erkenntnis ermöglicht. Sie scheint passiv zu sein und der »Passion« näher als der Tätigkeit. Der Heilige verkörpert die Fähigkeit des Menschen, das Leiden als unaufhebbar und namenlos anzuschauen, und damit in Schopenhauers Sicht die Wirklichkeit zu begreifen. Aber dieses heilige Erkennen setzt voraus, daß der Heilige vom Leiden aktuell nicht betroffen ist, keinen Mangel fühlt, sondern aus der Fülle handelt.[12] Denn erst in solcher vollendet uneigennützigen Erkenntnis gelangt der Mensch zur Beruhigung des Weltwillens, der uns sonst in einen »endlosen Kampf« verstrickt. Im Leben dem »Willen zum Leben« durch Entsagung, Konzentration und Freude zu widerstehen – dies ist die Existenzform des Heiligen und sein Sinn.

Intuitive Erkenntnis öffnet das Heilige, und unwesentlich sind im Vergleich dazu die historischen Formen, in denen sich das Heilige verkörperte. Wie Askese zu verstehen ist, und ob Leibfeindlichkeit untrennbar zum Heiligen als Person gehört, ist noch längst nicht zu Ende diskutiert. Wirft man einen phänomenologischen Blick auf die bunte Schar der Heiligen in der bisherigen Geschichte, dann darf man daran zweifeln, daß die »Mönchsaskese« paradigmatisch genannt werden kann. Vom christlichen Märtyrer bis zum verketzerten Philosophen Epikur, vom altmexikanischen Priesterkönig[13] bis zum Cheyenne-Häuptling, vom »göttlichen Kind« bis zum Buddha reicht die Spannbreite des Heiligen. Kants »ethische Asketik« will die Tapferkeit des Stoikers mit der Fröhlichkeit Epikurs verbinden, und sogar Nietzsche träumt davon, die »Asketik zu vernatürlichen« und in einer »Gymnastik des Willens« zu verwirklichen.[14]

Um die Spur von Schopenhauers ungeschriebener Lehre aufzunehmen und hinter der Maske des Pessimisten den Mystiker zu entdecken, darf man sich von der oft skurrilen äußeren Erscheinung des Heiligen nicht beirren lassen. In Wahrheit geht es Schopenhauer um den praktischen Zugang zu derjenigen

---

cit.).

11 Cf. dazu R. Wiehl: *Die Vernunft in der menschlichen Unvernunft. Das Problem der Rationalität in Spinozas Affektenlehre*. Vandenhoeck & Ruprecht: Göttingen 1983 (= Sitzungsberichte der Joachim-Jungius-Gesellschaft der Wissenschaften I / 4).

12 Cf. zum Zusammenhang von Mangel und Fülle und ihrer Bedeutung für unsere Lebensführung W. Schirmacher: *Askese und Bedürfnis. Herausforderung zu einem Grundsatzstreit in der praktischen Philosophie*. In: Hegel-Jahrbuch 1984, ed. H. Kimmerle. Editoriale Jouvence: Roma 1985.

13 Hervorragend hat dies belegt D. Rittershaus: *Der Gott Federschlange und sein Reich. Zur Symbolsprache Altmexikos*. Aurum: Freiburg 1982.

14 Cf. dazu mit Literaturangaben R. Hauser: *Askese*. In: *Historisches Wörterbuch der Philosophie*. ed. J. Ritter. Bd. I. Schwabe: Basel 1971. 538-541.

Lebensform, die der unio mystica entspricht. Der elitäre Charakter des Heiligen, den Schopenhauer unterstreicht, steht nicht im Widerspruch zur Alltäglichkeit seines Vorkommens. In jedem Leben, in unseren heroischen, liebevollen und weisen Augenblicken ist der Heilige »im Nu« – wie die deutschen Mystiker sagten – verwirklicht. Denn der Weltwille, der im Heiligen erst in seiner Freiheit hervortritt, ist ursprünglich heilig, das heißt eine in sich gelassene Ganzheit. Die wenigen Winke in Schopenhauers Werk, die auf den »sich wendenden Willen« hindeuten, hüten das Mysterium eher als daß sie es enthüllen. Intuitive Erkenntnis, die gleichsam mühelos in den Kosmos einschwingt und im Handeln des Heiligen sichtbar wird, kann nicht gelehrt, sondern nur praktiziert werden.

III. Der Wille zum Mitleid

Schopenhauers Metaphysik des Willens gipfelt in einer Ethik der Entsagung. Sie wird von demselben Willen gewollt, den wir in der Erscheinungswelt nur als blind, ewig strebend und in sich zerrissen zu erfahren vermögen. Im Willen zum Mitleid durchbricht der Weltwille den Zwang zur Erscheinung und kehrt sich zum Willen an sich. Wir haben von unseren Mystikern ebenso wie vom östlichen Denken gelernt, daß diese Kehre des Willens eine vom Sein zum Nichts ist. Dies ist nicht gleichbedeutend mit Vernichtung, wie die seinsverblendeten Abendländer meinen, sondern dem Nichts entspringt eine Ethik, die wir zu leben haben. Niemand verkörpert das Mitleiden dieser Ethik authentischer als der Heilige. Er beweist seit Beginn der Menschheit, daß das Nichts lebbar ist und daß im Nichts ein Frieden herrscht, der alle Vernunft übertrifft.[15] Wir sind fähig, aus dem ewigen Kreislauf des Leidens, des Fressens und Gefressenwerdens auszubrechen, und das Leiden der Geschöpfe wenigstens nicht durch eigenes Handeln zu vermehren. Die Motive des Handelns bleiben gleichgültig, denn Mitleid entsagt dem Handeln, wie der Heilige zeigt.

Der Heilige ist der mitleidigste aller Menschen, wenn dies heißt, daß die fundamentale Identifikation sich auf das Leiden aller bezieht und beim Heiligen ohne Widerstand geschieht. Die Veda-Formel »tat twam asi« ist Schopenhauers Leitformel. Die Selbstsucht des einzelnen, aber auch der Egoismus der Gattung, wie er als selbstverständliche Anthropozentrik auftritt, ist erloschen. Die Glut, die den Heiligen in dieser dunklen Welt dennoch zu einem buchstäblich leuchtenden Vorbild macht, reicht in die Schicht der Dinge an sich. Es ist ein prinzipielles, aus dem Ursprung hervortretendes Durchschauen der Welt und nicht bloß eine Theorie, die das Heilige in uns stärkt. Schopenhauer hat die Bruchstelle sorgsam markiert. Zunächst

---

15 Dies hat Paul Deussen, Indologe und erster Präsident der Schopenhauer-Gesellschaft, unterstrichen bei seiner Auslegung des »Prinzips der Verneinung«. Cf. P. Deussen: *Die Elemente der Metaphysik*. Brockhaus: Leipzig 1919, 266ff.

und zumeist gilt: »Vergleichen wir das Leben mit einer Kreisbahn aus glühenden Kohlen, mit einigen kühlen Stellen, welche Bahn wir unablässig zu durchlaufen hätten; so tröstet den im Wahn Befangenen die kühle Stelle, auf der er jetzt eben steht, oder die er nahe vor sich sieht, und er fährt fort, die Bahn zu durchlaufen.« Doch dieser sicher erscheinende Lauf und der sich darin manifestierende kollektive Wahn der Menschheit ist stets durch Querköpfe, Empfindsame und Verschrobene gefährdet. Der Philosoph, der Künstler und der Heilige zerreißen auf ihre je eigene Weise den ›Schleier der Maja‹: »Jener aber, der, das *principium individuationis* durchschauend, das Wesen der Dinge an sich und dadurch das Ganze erkennt, ist solchen Trostes nicht mehr empfänglich: er sieht sich an allen Stellen zugleich und tritt heraus.«[16]

Dieses Heraustreten aus einem »Bewandtniszusammenhang« (Heidegger), den die alltägliche Klugheit stiftete, wäre weder wiederholbar noch von Dauer, würde es nicht auch der Wirklichkeit des Weltwillens entsprechen. Schopenhauer ist oft als Widerspruch in seiner Lehre vorgehalten worden, daß der inhumane Wille Mitleid zuläßt, als ob es nicht schon zum in sich zerrissenen Charakter dieses universalen Willens gehören könnte, sich selbst auch zu blockieren. Aber tiefer verstanden und angeleitet von Schopenhauers ungeschriebener Lehre, wäre die Vermutung zu wagen: Im Willen zum Mitleid ›entwacht‹ (wie die Mystiker sagten) der Wille zu sich selbst, sobald das Kampfgeschrei der miteinander konkurrierenden Eigenwillen zum Verstummen gebracht wurde. In die Erscheinung tritt dieses Grundgeschehen in der Lebensform des Heiligen, für den nach Schopenhauer gilt: »Sein Wille wendet sich, bejaht nicht mehr sein eigenes, sich in der Erscheinung spiegelndes Wesen, sondern verneint es. Das Phänomen, wodurch dieses sich kund gibt, ist der Übergang von der Tugend zur *Askesis*. Nämlich es genügt ihm nicht mehr, andere sich selbst gleich zu lieben und für sie so viel zu tun, wie für sich; sondern es entsteht in ihm ein Abscheu vor dem Wesen, dessen Ausdruck seine eigene Erscheinung ist, dem Willen zum Leben, dem Kern und Wesen jener als jammervoll erkannten Welt.«[17]

Der Wille zum Mitleid als Rückkehr des Willens zu sich selbst durchläuft mehrere Stadien. Die Nächstenliebe stellt nur einen Anfang dar und würde durch ›gute Taten‹ das Rad des Lebens sich doch weiterdrehen lassen. Erst die Abwendung, die aus Abscheu und Selbsthaß entsteht, führt zur Befreiung vom Joch des Lebens. Diese Betonung des negativen Moments in der Askese ist allerdings nicht unproblematisch, verschweigt sie doch bewußt das »unendlich Wundervolle« (Rudolf Otto) im Numinosen. Aber die Faszination des Heiligen soll nur dem sich eröffnen, der durch die totale Ablehnung hindurchgegangen ist und nichts aus seinem früheren Leben mitgenommen hat.

16 W I. 448-449.

17 W I. 485.

Schopenhauer war unter den Mystikern einer der schweigsamsten, weil er nur allzudeutlich sah, wie profitabel auch das Heilige im Glaubensgeschäft zu vermarkten sein würde.

IV. Negative Ontologie und asketische Ethik

Die ethische Haltung des Heiligen ist in Schopenhauers negativer Ontologie begründet. Damit wird an eine große philosophische Tradition angeknüpft, die versucht hatte, eine Ethik aus der Ontologie zu entwickeln.[18] »Handele, wie Du bist!«, war ihr Leitsatz, und sie scheiterte nicht zuletzt daran, daß das »Sein« des Menschen allzuoft aus bösen Handlungen bestand, die durch keine Ethik zu rechtfertigen waren. Schopenhauers revolutionäre Wendung, das Sein zu verneinen, erlaubt jedoch eine ontologische Ethik ganz anderer Art. Der Heilige verleugnet »dieses in ihm erscheinende und schon durch seinen Leib ausgedrückte Wesen, und sein Tun straft jetzt seiner Erscheinung Lügen, tritt in offenen Widerspruch mit derselben.«[19] Ethisch ist dieses Handeln, das die Konsequenzen aus einer negativen Ontologie zieht, durch das Mitleiden, das die mögliche Egozentrik der Verneinung aufhebt.

Eine traditionelle Vorstellung von Mitleidsmoral ist allerdings fernzuhalten, wenn man Schopenhauers Analyse des Verhältnisses von Ethik und Ontologie angemessen verstehen will. Eher nützlich wäre der Hinweis auf Schopenhauers Nähe zum östlichen Denken, für das die Verbindung von Nichts und Handeln in keiner Weise anstößig ist.[20] Schopenhauers Bestimmung des Mitleids, so unvollständig sie phänomenologisch auch sein mag,[21] unterläuft die Kritik seines abtrünnigen Schülers Nietzsche.[22] Denn nicht versteckte Selbstliebe oder die Wunschphantasien der Zu-kurz-Gekommenen bilden den Kern der Schopenhauerschen Ethik. Vielmehr gehört Härte dazu, den Willen zum Leben in all seinen konkreten Erscheinungen abzulehnen. Es dürfte dieselbe Härte sein, die nach Nietzsche »allen Schaffenden« innewohnt, die opfern, was ist, um Neues und Eigenes hervorzubringen. Die Allverneinung Schopenhauers und die Allbejahung Nietzsches sind vermutlich nur zwei unterschiedliche Perspektiven derselben Einsicht.[23] Entscheidend bleibt, daß für Schopenhauer wie Nietzsche die Umkehr im einzelnen selbst stattfindet,

---

18 Cf. W. Schirmacher: *Ontologie und Ethik bei Spinoza und Leibniz*. In: Studia Leibnitiana. Supplement XX (1981). 54-66.

19 W I. 485.

20 Dies hat zuletzt Yasuo Kamata gut gezeigt: cf. Y. Kamata: *Schopenhauer und der Buddhismus*. in: 65. Schopenhauer-Jahrbuch. loc. cit.. 233-237.

21 Cf. W. Schirmacher: *The Faces of Compassion*. In: Analecta Husserliana 22, ed. A.-T. Tymieniecka. Reidel: Dordrecht 1987.

22 Zum folgenden cf. F. Nietzsche: *Also sprach Zarathustra. Sämtliche Werke 4*, ed. G. Colli u. M. Montinari. dtv: München 1980. 113-116 (*Von den Mitleidigen*).

23 Einleuchtend untersucht dies R. Margreiter: *Allverneinung und Allbejahung*. In: 65. Schopenhauer-Jahrbuch. loc. cit.. 103-115.

und ein freies Tun ist. Nur bestimmt Nietzsche als ›Wille zur Macht‹, was bei Schopenhauer ›Wille zum Mitleid‹ ist, und der Notwendigkeit des Wollenmüssens gerade widersteht. Aber dies ist – näher besehen – vielleicht eher ein Unterschied in der Terminologie und nicht so sehr in der Sache. Nietzsches Lob des ›ästhetischen Scheins‹ und seine Negation der ontologischen Wahrheit korrespondieren mit Schopenhauers gelassener Weltverneinung, wie sie Künstler, Philosoph und Heiliger verkörpern.

Der militante Asket, sei es der Bilder, der Vernunft oder des Körpers, ist der erfahrenere Bruder des schaffenden Künstlers im Sinne Nietzsches: »Wesentlich nichts anderes, als Erscheinung des Willens, hört er auf, irgend etwas zu wollen, hütet sich, seinen Willen an irgend etwas zu hängen, sucht die größte Gleichgültigkeit gegen alle Dinge in sich zu befestigen.«[24] Ästhetische Gleichgültigkeit, Vernunftkritik und Leibfeindlichkeit signalisieren nicht so sehr eine Unfähigkeit zum Leben und seinen Genüssen, denn sonst wäre Epikur kein Heiliger.[25] Vielmehr werden die wirklichen Proportionen durch Askese sichtbar. Wir sind im Hinblick auf den Kosmos, auf Ganzheit und Heiligkeit die Nichtigen. Nietzsches trotzige Schein-Welt besagt dieses und nichts anderes. Bei Schopenhauer wird die Welt des Seienden nicht erst im Fortschreiten und im Schaffen einer Gegenwelt negiert, sondern »ist« immer schon Nichts – unsere Sprache kann es nur als Paradoxon sagen. »Das allgemein als positiv Angenommene, welches wir das Seiende nennen und dessen Negation der Begriff Nichts in seiner allgemeinsten Bedeutung ausspricht, ist eben die Welt der Vorstellung, welche ich als die Objektität des Willens, als seinen Spiegel, nachgewiesen habe. Dieser Wille und diese Welt sind eben auch wir selber, und zu ihr gehört die Vorstellung überhaupt, als ihre eine Seite: die Form dieser Vorstellung ist Raum und Zeit, daher alles für diesen Standpunkt Seiende irgendwo und irgendwann sein muß. Zur Vorstellung gehört sodann auch der Begriff, das Material der Philosophie, endlich das Wort, das Zeichen des Begriffs.«[26] Diese berühmten Sätze Schopenhauers am Ende seines Hauptwerkes bezeugen die Radikalität seiner Absage an die Welt. Im Gegensatz zu Nietzsche glaubt Schopenhauer nicht an eine zweite Welt, die der Künstler erschaffen könnte als die wahre Welt.

Die Ethik des Heiligen entzieht uns den Boden, ohne Ersatz anzubieten. Nicht einmal in die Vorstellung können wir uns retten. Die vermeintliche Sicherheit des Wortes und der Lehre widerlegt der Heilige. Denn »Verneinung, Aufhebung, Wendung des Willens ist auch Aufhebung und Verschwinden der Welt, seines Spiegels. Erblicken wir ihn in diesem Spiegel nicht mehr, so fragen wir vergeblich, wohin er sich gewendet, und klagen dann,

24 W I. 485.

25 Zur Neubewertung Epikurs cf. E. W. Tielsch: *Der kritische Empirismus in der Antike*. Hain: Meisenheim 1981.

26 W I. 485.

da er kein Wo und Wann mehr hat, er sei ins Nichts verlorengegangen.«[27] Diese Klage ist unberechtigt, denn der Wille, das Wesen der Welt, der Kern des Heiligen ist nicht verlorengegangen, sondern hat zu sich zurückgefunden. Die Schlußpassagen in *Die Welt als Wille und Vorstellung*, in denen der junge Schopenhauer seine ungeschriebene Lehre unmißverständlich ankündigt, zeugen von einer inneren Ausgeglichenheit und einem wunschlosen Glück, wie sie so rein nur die Freiheit des Mystikers gewährt.

Gelingt dem Heiligen zu leben, was der Philosoph bloß zu denken vermag und der Künstler lediglich für Augenblicke schaut? Doch alle drei Lebensformen lassen uns die »Fülle des Nichts« ahnen, von der die Zen-Meister Rechenschaft ablegten. Die Angst vor dem Nichts und die Ideologie des festen Bodens widerlegt der Heilige in ausgezeichneter Weise, denn sein Leben ist weit mehr als ein Überleben und kontrastiert vor allem nicht wie dieses mit dem Tod. Die Schlußsätze des Hauptwerkes haben jeden Anklang an die Qual des Lebens verloren, und der Ton gelassener Weisheit ist in diesen Worten eines noch nicht Dreißigjährigen unüberhörbar: »Wir bekennen es vielmehr frei: was nach gänzlicher Aufhebung des Willens übrig bleibt, ist für alle die, welche noch des Willens voll sind, allerdings Nichts. Aber auch umgekehrt ist denen, in welchen der Wille sich gewendet und verneint hat, diese unsere so sehr reale Welt mit all ihren Sonnen und Milchstraßen – Nichts.«[28]

So weit gekommen, hätte »Nichts« der Schlüssel zu einem anderen Werk sein können, und Schopenhauer ein dem Schweigen zugewandtes Verstehen entfalten müssen. Doch der empfindliche und rechthaberische Philosoph empfand die durchaus den Bräuchen entsprechende kühle Aufnahme seiner Philosophie als schroffe Zurückweisung und als bewußtes Totschweigen. So verbrachte er sein weiteres Leben damit, seinen ersten großen Wurf zu rechtfertigen, blieb in steter Verteidigungshaltung, und ging keinen Schritt weiter. (Die *Aphorismen zur Lebensweisheit*, die Schopenhauer später berühmt machten, kann man nur als – wenn auch legitimen – Seitenpfad ansehen.) Der Sprung, den das Schlußwort »Nichts« ermöglicht hätte, blieb aus, und so ist es an uns, des Mystikers Schopenhauer ungeschriebene Lehre nicht gänzlich zu überhören. Das hat für uns große Bedeutung, denn ohne die Mystik Schopenhauers zu berücksichtigen, bliebe uns nur die Negation in Händen, der öde Kleinbürgertraum vom starken Pessimisten. Gerade auch der

27 W I. 487.

28 W I. 487. Dieser Schlüsselabsatz hat auch eine besondere Funktion im geschriebenen Werk, dessen Rezeption noch immer Schwierigkeiten bereitet. Eine sehr gute Hilfe bietet jetzt V. Spierling (ed.): *Materialien zu Schopenhauers »Die Welt als Wille und Vorstellung«*. Suhrkamp: Frankfurt / Main 1984, der nicht nur zeitgenössische Kritiken bringt, sondern auch entscheidende Texte zu den Hauptproblemen Schopenhauers. Spierlings Einleitung *Die Drehwende der Moderne. Schopenhauer zwischen Skeptizismus und Dogmatismus* ist ebenso richtungsweisend wie seine Kommentierungen der abgedruckten Texte auf dem Stand der heutigen Forschung.

Heilige wäre dann bloß ein neuerlicher Beweis für die Schlechtigkeit des Lebens und nicht auch und vor allem eine Antwort auf die alle Geschöpfe quälende Misere.

V. Phänomenologie des Heiligen

Im Heiligen als Person wird Schopenhauers Ethik verwirklicht – ist dies nicht eine allzu kurzschlüssige These? Wie ist ein Heiliger denn zu erkennen, wie die 98 Schwindler von den 2 wahren Heiligen zu unterscheiden? Rudolf Otto, dessen Phänomenologie des Heiligen als Dimension bis heute wichtig ist, hat den Prozentsatz wahrer Heiliger (auf Indien bezogen) »erstaunlich hoch« genannt.[29] Ottos großangelegter Versuch, die Erscheinung des Heiligen in Personen auf eine Kategorie des Heiligen a priori zurückzuführen, trifft sich mit unserem Vorgehen, den Heiligen als Lebensform zu erweisen. Auch Otto nimmt den Heiligen nicht als historischen Glaubenszeugen in Anspruch, sondern als ein Phänomen, das fremd anzublicken ist und von sich her interpretiert werden soll. Allerdings hält Otto das Heilige für die fundamentalere Ebene und ortet es in einem dem Menschen eigentümlichen sensus numinis. Wie wir das Heilige aufzufassen vermögen und unter anderem auch in der Person des Heiligen erkennen, ist für Otto ausschlaggebend. Damit verschiebt sich jedoch die Perspektive derart, daß aus dem Blick gerät, was der Realist Schopenhauer unbeirrt festhielt: nur durch die Erscheinung des Heiligen wissen wir vom Heiligen. Und diese Konkretion hat nicht bloß den Status einer Vermittlung, sondern ist alleiniger Beweis all der Märchen und Mythen, denen unsere Phantasie nur zu gern folgt.

Die Schwäche von Ottos Ansatz zeigt sich schlagend darin, daß er dogmatisch alle Leser abweisen muß, die keine »starke religiöse Erregtheit« in ihrer Lebensgeschichte vorweisen können.[30] Dabei ist der Zugang zum Heiligen keineswegs so versperrt und auf das Religiöse eingrenzbar, wie Otto zu glauben scheint. Am Heiligen als Person läßt sich sehen, was das religiöse Gefühl selbst zumeist nur auf bestimmte Religionen eingeschränkt erfaßt. Der Heilige Franz von Assisi, für Schopenhauer die wahre Personifikation der Askese,[31] verkörpert eine Lebensform: sie ist von ungehemmter Gelassenheit, findet sich mühelos im Ganzen zurecht, ist gleichgültig gegenüber den Wünschen der Welt und offen für alles Besondere. Daß der heilige Franz zugleich ein von den Orthodoxen beargwöhnter Sohn der katholischen Kirche war, ist demgegenüber, was uns der Vollzug seines Lebens lehrt, zu vernachlässigen.

---

29 R. Otto: *Das Heilige*, loc. cit., 179.

30 Otto, *Das Heilige*, 8.

31 W I, 454.

Will man bestimmen, wie ein Heiliger ist, drängt sich in einer ersten Annäherung das paradigmatische Bild des »guten Menschen« auf. Dafür braucht es keinen sensus numinis, und dies verweist auf unsere alltägliche Verwendung des Begriffs Heiliger, die nicht geringgeschätzt werden sollte. Schopenhauer hat unterstrichen, daß der Heilige nicht bloß ein guter Mensch, sondern als Mensch ein gutes Wesen, im Einklang mit allen Geschöpfen sei. Dies sieht wie eine Abstraktion aus, stellt aber in Wirklichkeit die konkretere Fassung des Heiligen dar. Daß die Gestalt des Heiligen kulturell abhängig ist, nie rein, sondern nur mit Einsprengsel aller Art vorkommt, hat Otto dazu verführt, dem »Heiligen in der Erscheinung« nicht die gebührende Aufmerksamkeit zuzuwenden. Allerdings entwertet dies nicht Ottos phänomenologische Befunde, die auch den Heiligen als Lebensform deutlicher hervortreten lassen.

Das Heilige übersteigt das Sittliche, unterstreicht Otto. Aber dies muß nicht notwendig Schopenhauers Auffassung widersprechen, daß die Ethik im Heiligen verwirklicht wird. Ottos Beobachtung enthüllt nur, daß Schopenhauers Ethik nicht sittlich begründet ist, keine Sollensethik, sondern eine Seinsethik ist. Wir halten uns nicht fest, sondern lassen uns fallen, wenn die Ethik des Mitleidens unsere Lebensform geworden ist. Die Momente des Numinosen, die Otto sorgsam herauspräparierte, geben gut die Stimmung wieder, die Schopenhauers Ethik nach dem Vorbild des Heiligen auszeichnet. Das Gefühl des Schauervollen (tremendum), des Übermächtigen (majestatis), der Energie[32] (energicum), des unendlich Wundervollen (fascinans), des Ungeheuren (deinos) und Herrlichen (augustum) erfüllt ohne Zweifel den Heiligen und gibt ihm sein besonderes Lebensgefühl. Otto bemerkt treffend, daß rationale und irrationale Momente beim Heiligen untrennbar verbunden sind, aber er stellt dies nur fest, ohne es näher zu beleuchten. Da es Otto vor allem darauf ankommt, den sensus numinis in seiner alltäglichen Wirkungsweise darzustellen, entgeht ihm die frappierende Fremdheit des Heiligen, die Schopenhauer so anzog.

Der Heilige folgt der Ordnung der Metaphysik nicht, sondern sprengt sie. Dies ist kein Widerspruch zu unserer früheren Feststellung, daß der Heilige ein hochartifizielles Produkt metaphysischer Konstruktion ist. Als Kategorie a priori im Sinne von Otto, deren bloße Erscheinung der Heilige wäre, ist das Heilige in der Tat von der abendländischen Metaphysik unablösbar – jedenfalls in unserem Kulturkreis. Aber Schopenhauer hat die metaphysische Kategorie des Heiligen vernachlässigt und die überkulturelle Figur des Heiligen in den Rang eines Evidenzbeweises gerückt. Heilige erscheinen zu allen Zeiten »meist als sehr wunderlich« (Otto). Nach bei uns vorherrschender Denk- und Fühlweise, die wir mit dem Oberbegriff Metaphysik kenn-

---

32 Diese Energie findet Otto in Schopenhauers Willensbegriff wieder - eine gewiß zu enge Deutung. Cf. zu den Momenten des Numinosen R. Otto, *Das Heilige*, Kap. 3-7, 9.

zeichnen,[33] verstößt der Heilige ständig gegen die guten Sitten, und ist Unvereinbares in ihm vereint. Insofern ist der Heilige eine Skandalfigur. Gewöhnlich bringt man ihm jedoch Respekt entgegen, da einem seine Lebensform unbegreiflich ist. Fällt der Schutz dieses Respekts vor dem völlig Andersartigen weg, im Alltag und bei Menschen ohne Sensibilität, so ist es vom ›komischen Heiligen‹ bis zum stigmatisierten und verfolgten Außenseiter nicht weit.

Läßt man die bunte Reihe der Heiligen aller Völker vor seinem geistigen Auge vorüberziehen und bemüht sich auf phänomenologische Weise, Typisierungen zu erreichen, dann ergibt sich ein zunächst paradox erscheinendes Bild. Offenbar ist beim Heiligen alles möglich. Der Heilige ist militant und sanft, irrational und lebensklug zugleich, voll sinnlich anmutender Freude und doch fernab allen Genüssen, an denen unser Herz hängt. Wie es die Mystiker verkörperten, ist der Heilige ichbewußt und doch ganz von Gott angefüllt. Seine Vernunft, wenn diese Kategorie noch angewendet werden kann, ist extrem vernehmend und verschwindet fast in dem, was der Heilige sagt und tut. Dennoch erscheinen viele Heilige als ausgesprochen schöpferisch, öffnen neue Horizonte oder werden sogar als Religionsstifter verehrt. Diese Gegensätze ließen sich leicht vermehren; oft genug kommen sie in ein und derselben Person vor. Verkörpert der Heilige vielleicht alle Möglichkeiten des Menschen, ist er der offenste und bildungsfähigste aller Geschöpfe? Dem phänomenologischen Blick zeigt sich jedenfalls, daß im Heiligen ungeahnte menschliche Möglichkeiten konkretisiert werden, und daß auch bekannten Haltungen und Denkweisen auf höchst ungewöhnliche Art zusammen vorkommen, sich nicht ausschließen, sondern in der Spannung noch ergänzen.[34]

Die unsere Lebenswelt strukturierende Konstruktion von Gegensätzen wie Tag und Nacht, rational und irrational, gut und böse, ja und nein erscheinen in der Perspektive des Heiligen als Menschenwerk, mit dem wir uns mutwillig selbst verstümmeln. Es ist unheilig – wenn so zu sprechen einmal erlaubt ist –, die Teile für das Ganze zu nehmen, Unterschiede in Gegensätze umzumünzen, sich mit dem Erreichten zufriedenzugeben und das Mögliche gering zu achten. Der Heilige lebt nach der Art des Ganzen, seine immerwährende Gegenwart (›nunc stans‹) hat Vergangenheit und Zukunft nicht ausgeschlossen. Daß wir die Lebensform des Heiligen in unserer metaphysisch verzerrten Sprache nur im Paradoxen ahnen lassen können, verweist auf die Schwierigkeit des Versuchs, dem Heiligen gerecht zu werden. Die Versöhnung der Gegensätze im Heiligen, die so unmerklich zu gelingen

---

33 Cf. zur näheren Charakterisierung der neun Hauptbestimmungen der Metaphysik W. Schirmacher: *Technik und Gelassenheit*, loc. cit., 105ff, wo ich Heideggers Metaphysikkritik weiterzudenken versucht habe.

34 Cf. Max Scheler: *Der Formalismus in der Ethik und die materiale Wertethik*, München 1954, für den das Heilige die höchste Daseinsform darstellt.

scheint, lehrt uns jedoch, der metaphysischen Ordnung zu mißtrauen und ihre Sprachspiele als von vornherein gefälscht zu entlarven.[35] Im Prozeß, den wir existieren, und von dessen Wirklichkeit uns die Person des Heiligen mehr sehen läßt als alle ›heiligen Schriften‹ der Erde zusammen, gibt es weder Rangordnung noch Prioritäten. Sobald die wesentlichen Fragen gestellt werden, lösen sich die Alternativen im Nichts auf. Sanft oder militant, vernünftig oder unvernünftig, heute oder morgen spielt keine Rolle mehr. Mit Otto stimmen wir darin überein, daß ein ›intuitives Erfassen‹ der ›numinosen Kraft‹ im Heiligen unverzichtbar ist, und fügen hinzu: eine Ethik als Lebensform zur Folge haben wird. Der Heilige verlacht den Satz vom Grund, der Wissenschaft und Technik trägt, und sieht im Satz vom Widerspruch nur die Chance zur Synthese. Identität, die zur Abgrenzung gezwungen wird, ist dem Heiligen keinen Gedanken wert, und auch der Augenblick, der nach Goethe »verweilen« soll, war schon vorbei, ehe der Heilige ihn bemerkte.[36]

VI. Askese aus der Fülle. Zur Praxis von Sterblichen

Auf die Praxis des Heiligen ist nach Schopenhauer allein zu achten, wenn man nicht auf die falschen Heiligen, die Unheilspropheten und Scheinheiligen hereinfallen will. Ganz traditionell lobt Schopenhauer die Mönchsaskese, die Askese mit Lustabtötung gleichsetzt, aber eine solche Fixierung verstellt vielleicht eher den Blick auf die wahre Bedeutung des Heiligen. Schopenhauers ungeschriebene Lehre hätte die Oberfläche durchstoßen müssen und hinter der historischen Erscheinung die unwandelbare Personalität des Heiligen begreifen lassen. Es gibt auch im geschriebenen Werk Schopenhauers genügend Hinweise, denen wir folgen können. Der wahre Heilige ist ein Heiliger aus Mitleid, kein Mensch mehr, sondern ein ›gutes Wesen‹. Ein solcher Heiliger verstrickt sich nicht in der Dichotomie von Rationalität und Irrationalität, die noch für Otto den Zugang zum Problem des Heiligen bildete. Schopenhauers Heiliger folgt einer ›asketischen Vernunft‹,[37] in der die Differenz von Endlichkeit und Transzendenz ausgetragen wird.

---

35 Dies hat die heutige, von Heidegger ausgehende Kritik am Logozentrismus des Abendlandes unternommen, wie sie z. B. Jacques Derrida vertritt; cf. J. Derrida: *Die Schrift und die Differenz*. Suhrkamp: Frankfurt / Main 1972. Dagegen hält sich heutige Religionsphilosophie immer noch an die Sprache (cf. Jörg Splett: *Die Rede vom Heiligen*. Alber: Freiburg / München 1985.

36 Wie gänzlich anders die Sinnbestimmung durch den Heiligen verfährt, hat Bruno Negroni betont: cf. B. Negroni: *Lo Überwille o le tre verità di A. Schopenhauer*. Marino Solfanelli Editore: Chieti 1980.

37 Wie sich diese Problemstellung aus dem Deutschen Idealismus entwickelt hat und im heutigen Jahrhundertstreit zwischen Aufklärung und Gegenaufklärung virulent ist, habe ich gezeigt in: W. Schirmacher: *La ragione ascetica. Schopenhauer nell'idealismo tedesco*. In: *Verifiche* XIII (1984). 263-279.

Austragen bedeutet hier ›liebender Streit‹, wie Schopenhauer als Mitstreiter im Deutschen Idealismus wohl wußte. Jedes vom ›metaphysischen Bedürfnis‹ erzwungenes Überschreiten, die Frage nach dem Ding an sich, führt uns zu uns selbst, zum Willen in uns, zum ›endlichen Ereignis‹ (Heidegger). Transzendenz bringt uns nirgendwo hin, wie die Religionen oft glauben machen, aber die Dynamik der Transzendenz hält sich auch nicht in der Person auf, bleibt dort nicht stehen. Transzendieren ist ein unaufhörlicher Prozeß und vermutlich bloß ein anderer Begriff für die ›universale Bewegung vor jeder Interpretation‹, die schon bei Aristoteles als Urgeschehen sichtbar wurde. Es ist unsere Sterblichkeit, das Wissen vom Tod, das uns die Transzendenz spüren läßt. Aber dies nicht in der Weise, daß die Stimmung der Endlichkeit unser Leben verdüsterte, sondern daß wir sensibel werden für das Unerhörte und Ungeheure des Kosmos, für dessen Überfülle und für dessen Ungesagtes.

Kein Sterblicher genügt dem Transzendieren ins Besondere und aus ihm heraus eher als der Heilige. Seine Askese ist daher auch nicht negativ und als Beraubung zu fassen. Die Askese des Heiligen verdankt sich der Fülle und nicht, wie das Bedürfnis, dem Mangel.[38] Handelt es sich bei dieser Fülle, in der ein Heiliger schwelgt, um die Fülle des Seins oder um die Fülle des Nichts? Wer so fragt, will einen Unterschied festhalten, der aus dem Mangel kommt. Denn das Seiende besitzt keine Fülle, und muß so stets danach streben, sich wenigstens in seinem Sein zu erhalten.[39] Die Griechen in ihrer intuitiven Weisheit hatten Bedürfnislosigkeit den Göttern zugeschrieben, die sich doch alles und jedes hätten leisten können. Ein Seiendes, dem nichts mangelt und das nichts haben möchte, ist längst in Sein verwandelt und ununterscheidbar vom Nichts geworden.[40]

Bedenkt eine solche Sicht des Heiligen aber genügend, daß wir nicht allein Götter sind, sondern Kreatur, gemartert in einem heillosen Kreislauf der Schmerzen? Doch gerade weil dies zweifellos so ist, darf es uns nicht daran hindern, den Heiligen als Weltüberwinder ernstzunehmen.[41] Der Weg des Heiligen ist nicht steinig und keine unmenschliche Mühsal, und die Heiligenlegenden, die dies nahelegen, kann man nur ad usum delphini verstehen. *Wir*

38 Hegels »System der Bedürfnisse« kommt zu einem ähnlichen Resultat; cf. W. Schirmacher: *Askese und Bedürfnis*. Hegel-Jahrbuch 1984. loc. cit.

39 Spinozas ›conatus‹ drückt dieses Selbsterhaltungsprinzip gut aus, kann aber auch in einer amor Dei intellectualis intuitiv als Identität begriffen werden, die keine Differenz als Gegensatz und Kampf mit anderem Seienden braucht. Cf. zur Diskussion W. Schirmacher: *Ontologie und Ethik bei Spinoza und Leibniz*. Studia Leibnitiana, loc. cit.

40 Heideggers ›ontologische Differenz‹ verweist auf diesen Sachverhalt. Cf. jetzt die Vorlesung M. Heidegger: *Die Grundprobleme der Phänomenologie*. Gesamtausgabe Bd. 24. Klostermann: Frankfurt / Main 1975. 322ff.

41 Die zentralen Stellen zur Figur des Weltüberwinders finden sich in: W. Schirmacher (ed.): *Schopenhauer. Insel-Almanach auf das Jahr 1985*. loc. cit., 80ff.

müssen uns nicht anstrengen, Asketen zu sein. Wer diesen Satz als sachtreue Beschreibung zu erkennen in der Lage ist, kommt dem Sinn der Askese schon sehr nahe. Denn es ist doch so, daß einzig und allein die Versuche anstrengend sind, unsere Bedürfnisse zu befriedigen.

Aber werden wir nicht durch unsere Natur zur Bedürfnisbefriedigung gezwungen, ist der »Stoffwechsel mit der Natur« (Marx) überhaupt in seiner Notwendigkeit in Frage zu stellen? Das mag uns allen einleuchten, und kann doch ganz falsch sein. Wir haben den Zwangscharakter unserer alltäglichen Existenz so verinnerlicht, daß wir freudig bejahen, was uns doch ständig und furchtbar unterdrückt. Der Heilige bietet zur Selbstverständlichkeit des Alltags ein zwangloses Gegenbild, dessen wahre Bedeutung uns nur noch nicht aufgegangen ist. Auch bei Schopenhauer sieht es so aus, als ob der Tod das eigentliche Ziel der Askese, die Konsequenz der Abwendung vom gnadenlosen Überlebensprinzip sei. Aber es sieht eben nur so aus; diese Konsequenz gehört ganz der Welt der Vorstellung an. Schopenhauers ungeschriebene Lehre hätte den Gegensatz von Überleben und Tod überwunden in Richtung auf ein Leben, das nicht leben *will* und daher gelebt werden kann ohne Leiden für sich und andere.

Man muß nicht einmal die Mönchsaskese verwerfen, um den Sinn von Askese zu erkennen. Denn ursprünglich hatte Bernhard von Clairvaux die Mönche als heroische Elite verstanden, die nach innen und außen die kosmische Harmonie zu verwirklichen trachteten. Der Leib Christi war ihr Vorbild, und dies darf durchaus auch erotisch verstanden werden. Erst mit Luther, Calvin und Ignatius von Loyola setzte sich auch im Abendland die negative »Selbstkontrolle«[42] durch. Askese aus der Fülle ist mit Verzicht, der jedoch nicht erzwungen werden darf, vereinbar und recht erlebt eine Gabe. Die Askese des Heiligen entspricht besser als jedes andere bekannte Handeln unseren Fähigkeiten – dies ist der ontologische Kern der Lebensform des Heiligen. Askese ist die angemessene Aktivität von Sterblichen, die ihre begrenzte Lebenszeit nicht übertreffen wollen. Denn jedes Fortdauernwollen kann nur mit Gewalt den Phänomenen abgepreßt werden und wäre die Todesart des Menschen, nicht seine gelingende Lebenstechnik. Die Irrmeinung, von Natur aus seien wir Bedürfniswesen, hat die Frage nach der Natur des Menschen noch nicht einmal gestellt. Gegenwärtig wird immer deutlicher, daß wir unsere Natur nicht von der uns umgebenden Natur und noch nicht einmal an unserem Mitgetier ablesen können. Die moderne Technik lehrt uns, will man sie nicht von vornherein als inhuman verfehlen, daß wir die von Natur aus Künstlichen sind. Künstlichkeit ist unsere genuine

42 Cf. die Darstellung in D. Kamper / F. Guttandin: *Selbstkontrolle*. Guttandin & Hoppe: Marburg / Berlin 1982. bes. 25ff.

Natur und noch unser Atmen ist nur im Horizont dieser Künstlichkeit für uns bemerkbar.[43]

Es mag ungewohnt sein, Technik und Askese zusammenzudenken, obwohl Askese nach ihrem griechischen Ursprung nichts weiter als eine Technik ist. Allerdings wird man die Möglichkeit der Askese in der technischen Welt mißverstehen, wenn man nicht berücksichtigt, daß die Fülle, welche die Askese trägt, kein Wunschtraum ist. In einer Gegenwart, in der Millionen von Menschen hungern und durch Hunger sterben, muß mit aller Entschiedenheit betont werden, daß dieses Leiden durch eine verfehlte Lebensart, durch den Egoismus der Reichen und Satten hervorgerufen wird. An sich müßte kein Mensch auf Erden hungern – dies ist die einhellige Ansicht aller Experten für dieses Problem. Mit unseren heutigen Basistechnologien wäre uns grundsätzlich eine optimale Eingliederung in das Geschehen des Ganzen möglich. Und diese Einordnung in eine uns unendlich übersteigende Ordnung ließe die Menschengattung auch erst gelingen, human werden. Askese könnte niemals eine schwache Gattung verwirklichen, so wie die heutige geistige und militärische Hochrüstung ein Zeichen eklatanter Schwäche darstellt. Leben als kampfloses Eingliedern, das den zeitigen Tod als Vollendung der Sterblichkeit anerkennt, setzt gelassene Identität voraus, ein Sich-ereignen, das gegen niemand gerichtet ist. Daß Nicht-Handeln und Verzicht auf korrigierende Eingriffe schon in der heutigen Welt politisch brisant sind und gesellschaftliche Veränderungen größten Ausmaßes in Gang bringen können, braucht nicht näher ausgeführt zu werden.

Der Heilige rechtfertigt sich nicht diskursiv – dies hat Schopenhauer besonders wichtig gefunden. Wie Spinozas amor Dei intellectualis wirkt die intuitive Erkenntnis des Heiligen unmittelbar praktisch. Ohne Worte und damit der Ursprache nahe, erkennt der Heilige, ohne sich zu erinnern. Doch die Welt als Nichts zu durchschauen, hat die paradoxe Folge, ihre Einzelheiten schärfer zu sehen. Wer nichts als gegeben annimmt und sich nicht selbst etwas vormacht, erfährt den Zusammenhang einer Welt, die unseren Vorstellungen zugrundeliegt. Husserl nannte eine verwandte Haltung epoché, das heißt: Einklammerung des natürlichen Weltglaubens.[44] Das Handeln des Heiligen verändert die Welt stärker als jede politische oder ökonomische Aktion. Denn eine Veränderung, die das Seiende bloß für unsere Zwecke herrichtet, kann niemals am Reichtum und an der Fülle der Welt teilhaben. Indem der Heilige im Verzicht den Kosmos einfach zuläßt und unseren »leiblichen Ort« (Merleau-Ponty) darin vertritt, wird Mystik zur Ethik.

---

43 Zu diesem Problem cf. W. Schirmacher: *Ökosophie - Heideggers Denken heute*. In: W. Schirmacher (ed.): *Zeitkritik nach Heidegger* (erscheint voraussichtlich 1988).

44 Cf. E. Husserl: *Erste Philosophie* (1923 / 24). Zweiter Teil: *Theorie der phänomenologischen Reduktion*. ed. R. Boehm. Nijhoff: Den Haag 1959, 44ff.

VII. Der Heilige – eine konkrete Utopie

Von Ernst Bloch, einem weltlichen Mystiker des 20. Jahrhunderts, haben wir gelernt, Utopie nicht im Nirgendwo anzusiedeln. Utopie ist stattdessen ein konkreter Wachtraum, der uns unsere Heimat sehen läßt, in der noch nie ein Mensch war.[45] Untergründig ist die Verbindung zwischen Blochs neuem Menschen und Schopenhauers Heiligen und schwer nachzuweisen, was aber ihre Bedeutsamkeit nicht schmälert.[46] Der Geschichtsverleugner Schopenhauer hat die Wahrheit der Eschatologie nur nicht ausgesprochen; ihre Züge sind in seinem Werk jedoch unübersehbar. Die Hoffnungslosigkeit ist gegen allen flüchtigen Anschein nicht die Stimmung der Philosophie Schopenhauers. Sein Heroismus kommt aus einer Vision des Heilen. So hat Nietzsche richtig herausgespürt, daß für Schopenhauer der Heilige Richter unseres Dasein ist, eine »ungeheure Vision«,[47] aber zugleich auch eine ungemein erfüllende. Denn jenseits des Geheuren allein eröffnet sich die Möglichkeit radikalen Wandels.

Der Heilige lebt diese Verwandlung der Welt bereits im Jetzt. Seine Lebensform ist kein frommes Märchen, sondern eine zu allen Zeiten beglaubigte Realität. Das Mitleid des Heiligen ist radikal existenziell und verweigert jede Rücksichtnahme und jeden Kompromiß. Das alltägliche Schachern mit der »Not des Anderen« ist im Heiligen erloschen, der das »Antlitz des Anderen« in jedem Geschöpf wiedererkennt und als unbedingte Forderung an sich selbst begreift.[48] Lévinas hat darauf eine Ethik gegründet, die mit der rechnenden Vernunft bricht. Wird dadurch der Heilige profanisiert und damit seines eigentlichen Stachels beraubt? Nach Ottos Deutung war es Luther, der dem Heiligen »eitel Güte« zuschrieb und ihn so ins Alltagsleben integrierte. Auch im Umkreis der katholischen Kirche wurden die Heiligen oft genug zu einem Wirtschaftsfaktor. Aber Otto verweist auch darauf, daß Luther im Gedanken einer »Kontrast-Harmonie« das religiöse Paradox ausgehalten hat, ohne das Heilige einer anthropomorphen Deutung zu unterwerfen.[49] Die Alltäglichkeit des Heiligen schwächt seinen numinosen Charakter nicht, sondern läßt ihn im Gegenteil erst erfahrbar werden. Jacob Böhme, der deutsche Mystiker des Mittelalters, hat die Doppelgestalt des Göttlichen wie kein zweiter festgehalten. Güte und Liebe, Grimm und Zorn

---

45 Zum ambivalenten Verhältnis Schopenhauer-Bloch cf. W. Schirmacher: *Schopenhauer bei neueren Philosophen*. In: *64. Schopenhauer-Jahrbuch*, ed. A. Hübscher. Kramer: Frankfurt / Main 1983, 27ff.

46 Cf. dazu W. Schirmacher: *Natur, Geschichte, Utopie. Philosophie als Zeitkritik im 19. und 20. Jahrhundert*. In: J. Knoll u. J. Schoeps (ed.): *Von kommenden Zeiten. Geschichtsprophetien im 19. und 20. Jahrhundert*. Burg: Stuttgart 1984, 10-26.

47 Cf. F. Nietzsche: *Schopenhauer als Erzieher. Unzeitgemäße Betrachtungen III. Sämtliche Werke 1*. ed. G. Colli u. M. Montinari. dtv: München 1980, 410f.

48 Cf. E. Lévinas: *Die Spur des Anderen*. Alber: Freiburg / München 1983.

49 R. Otto: *Das Heilige*. loc. cit., 118, 126ff.

sind voneinander nicht abzulösen und befähigen den Heiligen zu seiner militanten Gelassenheit.[50]

Würde der Heilige zur alltäglichen Erscheinung, gäbe es die Lebenswelt, die wir erleiden, nicht länger. Denn nicht der Heilige wird durch die Alltäglichkeit korrumpiert, sondern dieser Alltag hält dem Heiligen nicht stand, entschwindet – wie Schopenhauer schrieb – ins Nichts. Aber holt uns dabei nicht ein unwiderleglich scheinendes Argument ein, auf das Schopenhauer oft genug hingewiesen hat? Streng genommen müßte man zum Heiligen geboren sein, hatte der Philosoph ausgeführt, und nur für äußerst wenige Menschen treffe dies zu. Sich selbst nahm Schopenhauer ausdrücklich davon aus. Die von ihm als »Fabrikware der Natur« geschmähte Masse Mensch sei von Heiligkeit extrem entfernt und noch nicht einmal wie das künstlerische oder philosophische Genie in der Lage, durch Einsicht den unheilvollen Willen zum Leben für Augenblicke zur Ruhe zu bringen. Eine durchgängige Verneinung des Willens zum Leben, wie sie der Heilige – nicht ohne Versuchung – existiere, bleibe außerhalb der Möglichkeiten des weitaus überwiegenden Teils der Menschheit.

Realismus ist diesen Feststellungen Schopenhauers nicht abzusprechen, denn wir sind Sünder allzumal, und es gibt zumeist Schwache, wenige Böse und nur sehr selten Gute. Allerdings ließe sich gegen Schopenhauer einwenden, daß die Menschheit noch keineswegs »unendliche Zeit« existiert habe, sondern nach der kosmologischen Uhr gerade eine Sekunde. Aber dies würde nichts daran ändern, daß bisher keine Anzeichen für eine Wandlung der Menschen zu beobachten sind. In der ökologischen Krise, die unser Egoismus und unsere Bosheit täglich verschärft, läßt sich doch eher sehen, daß Schopenhauer mit seiner Diagnose recht hatte, und daß das Menschengeschlecht zum Untergang verurteilt ist. Der unbedingte und sich steigernde Wille zum Überleben, ob er sich ökonomisch oder neuerdings ökologisch gibt, entfesselt die »Hölle auf Erden«, wie Schopenhauer grimmig voraussagte, und wird uns nicht einmal in dieser selbstgeschaffenen Hölle überleben lassen.

Aber Schopenhauers ungeschriebene Lehre spricht eine andere Sprache, die wir seinem beredten Schweigen und seiner Exponierung der Lebensform des Heiligen erst abzugewinnen haben. Im Zusammenbruch der Menschenwelt, dem wir beiwohnen, ohne es recht zu verstehen, hält die abseitige Figur des Heiligen stand. Denn mit ihr ist eine Lebensform als wirklich erwiesen, zu der uns die Katastrophe und der Untergang der metaphysisch geprägten Welt befreien wird. Ist der Heilige also die Lebensform des 21. Jahrhunderts?

---

50 Cf. J. Böhme: *Aurora oder die Morgenröte im Aufgang*, ed. G. Bartsch. Reclam: Leipzig 1974. Diese Textsammlung enthält auch die Schrift *De tribus principiis oder die Beschreibung der drei Prinzipien göttlichen Wesens* (1619), die einschlägig ist (145ff). Auch Otto: *Das Heilige*, verweist eindringlich auf Böhme (126ff), dessen Einfluß auf Schopenhauer groß war (cf. dazu B. Negroni: *Lo Überwille o le tre verità di A. Schopenhauer*, loc. cit., 195ff).

Bestimmt er eine asketische Lebenspraxis, wie sie nach dem nuklearen Schlagabtausch notwendig sein wird? Diese Deutung ist oberflächlich, wenn sie auch wahrscheinlich klingt. Denn es ist nicht zu erwarten, daß die wenigen Überlebenden anders als die Urmenschen dahinvegetieren würden, allein den täglichen harten Kampf ums Überleben im Sinn haben.

Unsere Chance besteht in einer postmodernen Welt entfesselter Technologien, an der unser heutiges Tun ungewollt baut und die wir vielleicht erreichen, ohne uns zuvor im atomaren Blitz in die Steinzeit zurückzubomben. Daß die Technik dem Menschen nicht mehr gehorcht, ist eine Aussicht, die Humanisten schreckt, und dies nicht ohne Grund. Denn ohne die Lebensform des Heiligen als alltägliches Ereignis und ohne sein habituell gewordenes Mitleiden blieben Technologien rein instrumentell und zweckorientiert und müßten uns weiter entmenschen. Im dann zum Paradigma gewordenen Mensch-Maschinen-System wäre bloß »organischer Rest«, was wir heute stolz Mensch nennen.

Aber warum sollte es nicht dahin kommen? Seit wann wird denn plötzlich sein, was eigentlich sein müßte und was wir vom Leben erhoffen? Lügen wir uns nicht auch noch auf dem Sterbebett der Menschheit vor, daß nicht sein kann, was nicht sein soll? Doch der Heilige als konkrete Utopie drückt keine hochfliegende Norm aus, sondern stellt eine sachliche Beschreibung dar, deren Grenzen sorgfältig zu beachten sind. Schopenhauers ungeschriebene Lehre besagt nur, daß für jeden von uns *ontologisch möglich* ist, was in der Lebensform des Heiligen bereits Wirklichkeit wurde. Daß wir dann nicht länger der Welt als Wille und Vorstellung angehörten, soweit sie in Erscheinung tritt, ist der Preis, den wir unweigerlich zu zahlen haben. Er scheint zu hoch zu sein und auch die modernen Technologien ins Nichts zurücksinken zu lassen. Aber ist dies nicht nur aus dem Blickwinkel der heutigen Welt überzeugend und sinnlos, wenn man den Sprung zum Heiligen gewagt hat? Es muß erstaunen und kann mit Hoffnung erfüllen, daß uns Schopenhauers ungewöhnliches Verständnis des Heiligen als einer Lebensform aus der Zukunft entgegenkommt und in der modernsten Technik eingeschrieben sein könnte. Denn nicht die »bewußte Kontrolle« von Schlüsseltechnologien wie Biotechnik und Informationstechnologie ist die Zukunftsaufgabe, denn daran müßten wir scheitern. Gesteuert werden Technologien durch einen überindividuellen Realismus, durch Kreativität und intuitive Erkenntnis. Dies sind alles Kennzeichen des Heiligen. Wenn wir den Mut aufbringen, im Heiligen den Techniker zu erblicken, haben wir begonnen, den Sinn unserer Lebenstechnik zu entbergen. Die uns heute mit Vernichtung bedrohende Todestechnik zeigt nur im Unheil und also negativ an, wie Menschen im Kosmos frei und angemessen zu leben vermögen. Schopenhauers Heiliger ist dazu ein grandioser Gegenentwurf, der sich in uns allen ereignen kann.

Fichte und Schopenhauer und das Nichts als Dimension des Heiligen

Giorgio Penzo (Padua)

I

Die Philosophie Schopenhauers ist in der Kultur unserer Zeit außerordentlich aktuell, vor allem da, wo es um das Problem des Nihilismus und im besonderen um die Beziehung zwischen dem Nichts und einer neuen Auffassung vom Heiligen geht. Es ist bedeutsam, daß Schopenhauer gerade durch diese Problemstellung eine Brücke zwischen der abendländischen und der östlichen Kultur schlagen will.[1] Diese Aufgabe wird übrigens dann später von Heidegger und vor allem von Jaspers durch einen noch tieferen metaphysischen Ansatz fortgeführt.

Das Problem des Nichts und die Frage nach dem Heiligen stehen zweifellos in engem Zusammenhang mit dem Problem der Freiheit. Daher möchte ich zunächst Schopenhauers Werk *Über die Freiheit des menschlichen Willens*[2] untersuchen. Zur Klärung einiger grundlegender Momente von Schopenhauers Lehre von der Willensfreiheit halte ich es für angezeigt, auch das Werk *Die Bestimmung des Menschen* von Fichte zu Rate zu ziehen.[3] Fichte und Schopenhauer interpretieren nämlich beide Kants Unterscheidung zwischen der Welt der Erscheinungen und der intelligiblen Welt auf eine neue Art und Weise, d.h. beide deuten sie nicht mehr im ethischen, sondern im ontologischen Sinne.

Zu Fichte ist kurz zu sagen, daß seiner Ansicht nach die Dimension des Ich nicht mehr den engen natürlichen Zusammenhang mit der Welt des Verstandes erträgt. Es besteht also ein gewisser Gegensatz zwischen dem, was das Ich selbst fordert und der Struktur der natürlichen Welt. Das Ich empfindet gegenüber dem, durch das es bestimmt wird, einen inneren Drang nach freier Selbstbestimmung, durch die es Herr der Natur werden kann. Mit anderen Worten, während das Ich im Bereich des reinen Wissens spürt, daß es von der Zeit bestimmt ist, daß also sein Werden ein notwendiges Werden ist, kann das Ich sich im Bereich des Nicht-Wissens frei fühlen von den Fesseln des Gegenstandes und also auch von den Fesseln der Zeit. So er-

---

1 In Italien sind u. a. folgende Studien zu diesem Argument erschienen: G. Riconda, *Schopenhauer interprete dell'Occidente*, Mursia, Milano 1969; S. Buscaroli, *Appunti per una storia della ascesi*, Bargigiani, Bologna 1979; B. Negroni, *Lo Überwille o le tre verità di A. Schopenhauer*, Solfanelli, Chieti 1980; I. Vecchiotti, *Introduzione a Schopenhauer*, Laterza, Bari 2. Aufl. 1980.

2 A. Schopenhauer, *Über die Freiheit des menschlichen Willens*, in: idem: *Die beiden Grundprobleme der Ethik*, Frankfurt / Main 1841 (in der Zürcher Ausgabe in 10 Bänden: Bd. VI, Zürich 1977).

3 J. G. Fichte: *Die Bestimmung des Menschen*, Berlin 1800, in: Fichtes Werke, Bd. II, Berlin 1971.

klärt sich die Notwendigkeit eines Prozesses, in dem sich das Ich von der Welt der Natur befreit.

Am Anfang dieses Prozesses steht die Feststellung, daß das Bewußtsein von einem Gegenstand im Grunde nichts anderes ist als das Produkt unseres Vorstellungsvermögens. Durch diese Überlegung zerreißt das Netz der Notwendigkeiten, das sich um uns spannt; denn dasjenige, wovon das Ich abhängig sein soll, wird im Grunde zum reinen Schein. Mit anderen Worten, es handelt sich nur um Bilder.

Dieses Bewußtsein, das im Bereich des reinen Wissens entsteht, hat einen weiteren Schritt des Bewußtseins zur Folge, welcher noch tiefer geht. In diesem Zusammenhang spricht Fichte von einem Trieb zur unabhängigen und absoluten Selbständigkeit. Man kann hier nicht einfach von Bewußtsein sprechen, sondern man muß von Selbstbewußtsein sprechen. Im Unterschied zum ersteren, welches durch die Vermittlung des Gegenstandes gekennzeichnet ist, ist das letztere unmittelbar, und zwar nicht auf der Ebene des Wissens, sondern auf der Ebene der Empfindung.

Andererseits besteht auch auf dieser Ebene der Unmittelbarkeit die Möglichkeit zur Skepsis, der man sich aber durch ein weiteres befreiendes Moment, d.h. durch den Entschluß, entziehen kann. Dieser besteht darin, daß man der eigenen Stimme folgt. Der Entschluß, welcher ein Willensakt ist, wird von Fichte in seinem Werk *Die Bestimmung des Menschen* als Glauben bezeichnet. Daraus ergibt sich, daß die Wahrheit im authentischen Sinne nicht diejenige ist, die uns der Verstand vermittelt, sondern diejenige, die aus dem Gefühl oder der Gesinnung kommt.

In diesem Bereich kann man die Ähnlichkeit zwischen Fichtes und Schopenhauers Denken erkennen, denn beide vertreten die Ansicht, daß das Wesen des Ich im Primat des Willens gegenüber dem Verstand besteht. Beide schreiben, daß die charakteristischen Momente dieses Willens darin bestehen, daß er unabhängig und selbständig ist. So offenbart sich das Ich in seinem Wesen nicht nur als Ich im Sinne eines endlichen Individuums, sondern als Ur-Ich, das sich jeder Definition entzieht. Diese Dimension des Ich wird genauer bestimmt als Urtätigkeit des Sichselbstsetzens.

Im Vergleich zur Beziehung zwischen Ich und Natur wird hier eine Umkehrung deutlich. D.h. das Ich hängt nicht vom Nicht-Ich ab, sondern dieses wird nur als zu überwindende Schranke betrachtet. Oder vielmehr geht die Wirklichkeit nur aus dieser Notwendigkeit der Überwindung hervor und nicht umgekehrt. Die praktische Vernunft gewinnt hier die Oberhand, denn wir handeln nicht, weil wir erkennen, sondern wir erkennen nur, weil wir dazu bestimmt sind, zu handeln. Daraus ergibt sich, daß der Sinn des Seins und also auch der Existenz nicht durch das vom Verstande vermittelte reine

Wissen ausgemacht werden kann, sondern einzig und allein durch einen unmittelbaren Selbstbestimmungsakt.

Es wird deutlich, daß es Fichte nicht so sehr um das Wissen geht, das an die Dimension der Welt gebunden ist, sondern um den Grund des Menschen, welcher im Bereich des Willens in Erscheinung tritt. Hier wird ein neuer Ansatz für die Frage nach Gott möglich. Diese erwächst hier nicht im Bereich des reinen Wissens, sondern im Bereich des Ur-Ichs. Unter diesem Gesichtspunkt wird das an die Welt gebundene Wissen zum Vorhang, der das Göttliche verdeckt. Nur das »religiöse Auge« kann diesen Vorhang zerreißen.

Die für Kants *Kritik der praktischen Vernunft* typische ethische Welt ist nach Fichte nicht die letzte Antwort auf die Frage nach dem Sinn der menschlichen Existenz. Es gibt einen Horizont des Göttlichen, des Heiligen, der sich gerade im Bereich jener besonderen Immanenz der Freiheit des Menschen erschließt, welche sich nicht vom Ich definieren läßt. Die neue Dimension des Heiligen ist das, was sich jedem Versuch einer Definition entzieht. Sie erweist sich als der existentielle Akt, der ständig die Grenze des Nicht-Ich überschreitet. Nur in diesem Bereiche des Geheimnisses wird der Sinn der Existenz deutlich, der im Grunde der Dimension des Heiligen entspricht.

Diese Offenbarung des Göttlichen, die sich nicht im Bereich der Natur sondern auf der Ebene des Ur-Ich ereignet, schließt, näher betrachtet, trotz ihrer Immanenz die Möglichkeit einer Transzendenz nicht aus. Und zwar deshalb, weil sie außerhalb des Bereiches geschieht, in dem die Beziehung zwischen dem erkennenden Subjekt und dem zu erkennenden Objekt stattfindet. Daher ist es nur durch die Überwindung dieser Beziehung möglich, eine Dimension des Göttlichen zu finden, die ihre Wurzeln nicht im Bereich des Wissens, sondern in dem des Nicht-Wissens oder – wie man es auch ausdrücken könnte – im Bereich des Nichts hat.

Fichtes Werk *Die Bestimmung des Menschen* läßt also u.a. deutlich werden, daß der Grund des Menschen im Bereich des Nichts zu suchen ist. In diesem Sinne stellt das Wissen nicht die gesamte Wirklichkeit des Menschen dar, sondern im Gegenteil den unbedeutendsten Teil. Es handelt sich hier um eine Überlegung, die in ihrem ganzen Umfang nicht leicht verständlich ist.

Es ist kein Zufall, wenn Fichte in der Vorrede zum genannten Werk bemerkt, daß seine Schrift sich nicht an Philosophen von Profession wendet, sondern an die, welche ein Buch zu verstehen vermögen. Darum stellt er statt des Wissens den Glauben in den Mittelpunkt des Philosophierens, und zwar wird das Problem des Glaubens im dritten Buch seines obengenannten Werks behandelt. Der Glaube ist eine Dimension, die jede mögliche Vorstellung überschreitet. Er ist also kein Wissen, sondern ein Tun. Dieses wird im Grunde als Stimme vernommen, die man vernehmen kann, sobald man sich jenseits des reinen Wissens aufhält. Dieses Tun muß in seinem Sein als etwas vom Wissen Unabhängiges definiert werden, als etwas Unmittelbares. Daher wird es als Drang nach einer absoluten und unabhängigen Selbsttätigkeit bezeichnet.

Um diesen Drang näher zu bestimmen, gebraucht Fichte den Ausdruck »Fühlen«, weil man im Bewußtsein dieses Dranges im Grunde sich selbst fühlt. Es handelt sich also um ein Gefühl, das untrennbar mit dem Bewußtsein des Selbst-Seins verbunden ist. Durch dieses besondere Gefühl kann ich wie ein total selbständiges Wesen handeln. Der Mensch ist sich nur durch dieses Gefühl seiner Unabhängigkeit bewußt. Darum erweist sich dieses Gefühl als die tiefste Wurzel des eigenen Seins: als Freiheit. Eine solche Dimension des Seins unterscheidet sich also grundlegend von derjenigen, die uns die reine Fähigkeit der Begriffe zu erschließen vermögen.

Genauer gesagt handelt es sich nicht um *Nach*bilder von Gegebenheiten, sondern um *Vor*bilder eines Seins, das hervorgebracht werden muß. Diese Kraft kann nur gedacht, aber nicht *erdacht* werden. D.h. ihr liegt nur das unmittelbare Gefühl des eigenen Triebes nach Selbständigkeit zugrunde. Der Gedanke hat keine andere Aufgabe als die, dieses Gefühl abzubilden, es aufzunehmen in seine eigene Form, welche im Grunde nichts anderes ist als Form des Denkens. Fichte spricht auch von einem Organ, das diese Realität zu ergreifen vermag. Er versucht, dieses Organ zu beschreiben, indem er sagt, es sei nicht das Wissen, weil jedes Wissen ein noch höheres Wissen voraussetzt, ohne daß man je ein endgültiges Wissen erreicht.

Nicht um ein Wissen geht es hier, sondern um den Glauben, oder genauer um einen Entschluß des Willens, das Wissen gelten zu lassen. Diese Dimension des Glaubens hat ihren Ursprung nicht im Verstand, sondern in der Gesinnung, die als Quelle bezeichnet wird. Und zwar handelt es sich um die Quelle der Wahrheit. In diesem Zusammenhang schreibt Fichte ausdrücklich, daß jede Wahrheit, die durch das bloße Denken hervorgebracht wird, ohne im Glauben gegründet zu sein, als falsch angesehen werden müsse. Das dritte und letzte Buch seines Werks *Die Bestimmung des Menschen* beschließt Fichte mit dem folgenden tiefen Gedanken: »So lebe und so bin ich, und so bin ich unveränderlich, fest und vollendet für alle Ewigkeit; denn dieses Sein ist kein von außen angenommenes, es ist mein eigenes, einiges wahres Sein und Wesen«.

II

Das Gefühl als Glaube, das auf der Ebene des Nicht-Wissens den Horizont des authentischen Seins als Wille erschließt, erinnert an Schopenhauers Dimension des Willens und ebenso an Schleiermachers Dimension des Gefühls. Bei Schopenhauer taucht der Grundgedanke Fichtes wieder auf, daß der Mensch seinem Wesen nach Freiheit ist und daß diese Freiheit auf der Ebene des Nicht-Wissens als Wille in Erscheinung tritt, wie aus der bereits genannten Schrift *Über die Freiheit des menschlichen Willens* hervorgeht.

Nicht nur Fichte, sondern auch Schopenhauer unterstreicht, daß nur die Freiheit und nicht die von Gesetzen beherrschte Welt der Erscheinungen der Bereich ist, in dem das Sein, d.h. das Heilige, zugänglich wird. Freiheit, Wille und Heiligkeit sind also die drei Wesenszüge des Seins, das nicht in dem für die Vorstellung des Gegenstandes typischen Bereich, sondern im Bereich des Nicht-Gegenstandes erfaßt werden kann. Die ethische Reflexion ersetzen beide Denker durch die ontologische. Nur so kann der für Kant typische Bezug zwischen der Welt der Erscheinungen und der intelligiblen Welt überwunden werden. Ebenso deuten beide Denker die Welt der Erscheinungen als Vorhang, welcher die ontologische Dimension des Heiligen verdeckt. Der Horizont des Seins wird zugänglich durch das existentielle Moment des Entschlusses, also des Willens. Schopenhauers Dimension des Willens als Wille zum Leben kann nur als etwas den Grundzügen der Erscheinungswelt nicht Entsprechendes interpretiert werden.

So wird verständlich, warum der Wille als etwas Nicht-Rationales gesehen wird, oder besser als etwas Nicht-Irrationales, sondern A-Rationales; und zwar deshalb, weil er sich auf einer dem Erkenntnisvermögen unzugänglichen Ebene des Bewußtseins bewegt. In engem Zusammenhang mit diesem als a-rational verstandenen Willen steht die Dimension des Pessimismus, die durch eine Gegenüberstellung mit dem Standpunkt Hegels verständlich wird. Mit anderen Worten, Schopenhauers Wille zum Leben kann nur deshalb als pessimistisch bezeichnet werden, weil er den Standpunkt Hegels, in dem der für den Intellekt typische Optimismus der Vernunft vorherrscht, überwinden will. Sowohl Fichte als auch Schopenhauer sind nämlich der Ansicht, daß die ontologische Dimension der Freiheit und damit des Heiligen verlorengeht, wenn man auf der Ebene des Optimismus der Vernunft stehenbleibt. Aus diesem Grunde kann die Weltanschauung Schopenhauers nur im relativen und nicht im absoluten Sinne als pessimistisch bezeichnet werden. Das gleiche gilt für die Verneinung des Willens zum Leben, denn diese Verneinung bezieht sich nur auf den Bereich des Willens, welcher Gegenstand des an das Erkenntnisvermögen geknüpften Bewußtseins ist. So wird deutlich, daß die Lehre Schopenhauers eher eine optimistische Lehre ist, denn sie bejaht die ontologische Wirklichkeit der Existenz.

Unter diesem Gesichtspunkt könnte auch Schopenhauers Philosophie als eine Philosophie der Existenz bezeichnet werden, da hier die Existenz der Transzendenz gegenübergestellt wird. Diese Dimension der Transzendenz ist gegeben durch die Verneinung des im ontischen Sinne verstandenen Willens zum Leben. Es besteht hier eine Analogie zu Jaspers' Auffassung von der Grenze. Schopenhauer schreibt, daß das Sein als Wille zum Leben in seinem ursprünglichen Aspekt blind und unbewußt ist, weil es sich außerhalb der für den Intellekt typischen Gesetze offenbart. Das dem Sein eigentümliche Moment des Entschlusses ist ein Willensakt, der darin besteht, daß die vom zwingenden Gesetz des Intellekts beherrschte Welt der Erscheinungen zugunsten der intelligiblen Welt der Freiheit verlassen wird.

Schopenhauer unterscheidet den Bereich der Notwendigkeit von dem der Freiheit, und zwar nicht deshalb, weil er die Welt der Notwendigkeiten verbessern will, sondern nur, um den Grund des Menschen als Freiheit herauszustellen. Dies geschieht durch die Verneinung des Willens zum Leben.

Diese Verneinung gilt wie gesagt nicht dem in seinem Wesen als Freiheit verstandenen Willen, sondern nur dem an den Intellekt gebundenen Willen. Die Analogie zwischen dem Verneinungsakt Schopenhauers und Jaspers' Auffassung von der Grenze zeigt sich in der Tatsache, daß es sich in beiden Fällen nicht um eine Trennung der Bereiche handelt, sondern nur um ein Hinübergehen vom Unauthentischen zum Authentischen. Für beide Denker kann die Dimension des Göttlichen nur auf der Ebene des Authentischen, d.h. der Freiheit im ontologischen Sinne, offenbar werden.[4]

In diesem Zusammenhang unterscheidet Schopenhauer zunächst zwischen *coscientia* im ethischen Sinne (Gewissen) und *coscientia* im engeren Sinne (Bewußtsein). Das Bewußtsein gliedert sich wiederum auf in Bewußtsein als Bereich, in dem das Erkenntnisvermögen sich entfaltet, und in Bewußtsein im tieferen Sinne, welches das Selbst betrifft. Dieses Bewußtsein wird daher als Selbstbewußtsein bezeichnet. Sein Gegenstand ist nicht der Intellekt. Damit bezieht es sich nicht auf die Gesetze der Erscheinungswelt, sondern auf den Willen.

Das an das Erkenntnisvermögen geknüpfte Bewußtsein anderer Dinge ist der größere Teil des Bewußtseins. Es enthält einige Formen (Zeit, Raum, Kausalität), welche Bedingungen des objektiven Seins dieser Dinge sind, d.h. Bedingungen dafür, daß sie für uns als Gegenstände existieren. Diese Formen des Erkennens in uns gehören nur zum Bewußtsein, nicht aber zum Selbstbewußtsein, denn ihr Zweck ist nur der, daß wir uns der anderen Dinge bewußt werden.

Die Grundeigenschaft des Selbstbewußtseins, des kleineren Teils unseres Bewußtseins, ist dagegen die, daß es unmittelbar ist. Der unmittelbare Gegenstand des Selbstbewußtseins ist nämlich der Wille, welcher hier im ontologischen Sinne verstanden wird. Daher entsprechen den zwei Arten von Bewußtsein zwei Arten des Willens, d.h. der Wille, der auf die anderen Dinge gerichtet ist (Bewußtsein), und der Wille, der auf das Selbst gerichtet ist (Selbstbewußtsein). Im allgemeinen versteht man den Willen im ersteren

4 Cf. hierzu: G. Penzo: *Il comprendere in Karl Jaspers e il problema dell'ermeneutica*, Armando, Roma 1985; *Jaspers. Esistenza e trascendenza*, Studium, Roma 1985.

Sinne. Wenn man sagt, daß der Mensch will, so bedeutet dies gewöhnlich, daß sein Willensakt auf einen Gegenstand gerichtet ist. Der Gegenstand, schreibt Schopenhauer, ist das Motiv und die Materie des Willensaktes. Ohne sie könnte der Willensakt nicht stattfinden.

Und hier kommen wir zur Grundfrage der Schrift *Über die Freiheit des menschlichen Willens*. Schopenhauer fragt sich, ob der Willensakt notwendig von dem Motiv ausgelöst wird, oder ob der Wille frei ist zu wollen oder nicht zu wollen. Die Lösung liegt wie gesagt in der Unterscheidung zwischen den beiden Arten des Wollens. Die erste ist an den Gegenstand des Intellekts geknüpft und fällt unter das Prinzip vom hinreichenden Grunde und damit unter das Gesetz von Raum, Zeit und Kausalität. Die zweite Art des Wollens ist frei vom Gegenstand des Intellekts und hat die Unmittelbarkeit des Selbstbewußtseins zum Gegenstand. Es handelt sich hier also nicht um die Freiheit zu handeln, sondern um die Freiheit zu wollen. Mit anderen Worten, es geht hier nicht um das Verhältnis zwischen Wollen und Handeln, sondern einzig und allein um das reine Wollen. Hinsichtlich der Beziehung zwischen Wollen und Handeln kann man von Freiheit des Willens sprechen, falls die Bedingungen zu einer solchen Freiheit gegeben sind. Im Bereich des reinen Wollens hat diese Frage jedoch keinerlei Bedeutung. Über die Freiheit im letzteren Sinne stellt Schopenhauer tiefgreifende Untersuchungen an.

Man könnte die Frage aufwerfen, ob diese Freiheit auf der Ebene des Selbstbewußtseins ihrerseits von irgend etwas abhängig ist, oder ob sie – weil sie nicht an den Intellekt gebunden ist – von nichts abhängig und daher offen ist für den Horizont des Nicht-Gegenstandes, d.h. für den Horizont des Nichts. Nur die Erfahrung vom Nichts unterscheidet den Willen auf der Ebene des Selbstbewußtseins vom Willen auf der Ebene des einfachen Bewußtseins, denn durch die Erfahrung des Nichts fühlt sich der Wille abhängig. Nur in dieser Abhängigkeit, die der authentischen Freiheit entspricht, ist die Erfahrung des Heiligen, des Göttlichen möglich, welches seinem Wesen nach jede Gegenständlichkeit überwindet.

Hier wird die Frage laut, welche innere Beziehung zwischen der Dimension des Nihilismus und der Dimension des Heiligen besteht, welche sowohl für Schopenhauer als auch für die Vertreter der Existenzphilosophie typisch ist. Ohne Zweifel ist dieser Horizont des Nichts, in dem die Freiheit ihrem letzten Grund gegenübergestellt wird, ein positiver. Der positive Nihilismus ist Ausdruck der Dimension des Selbst. Dieses stellt daher den letzten Grund des Bewußtseins dar, wo die Frage nach dem Göttlichen im authentischen Sinne aufkommen kann. Die unauthentische Freiheit des Menschen wird so zur authentischen Freiheit, in welcher der Horizont des Göttlichen, des Heiligen, sich erschließt.

Diese Freiheit kann nicht auf die gleiche Art und Weise betrachtet werden wie die Freiheit, welche dem Bereich der Notwendigkeit angehört, und zwar deshalb, weil sie nicht an den Intellekt, d.h. an die vom Erkenntnisvermögen abhängige Art von Wollen gebunden ist. Es handelt sich nur um eine tiefere Art von Freiheit, in welcher der Mensch nicht spricht, sondern sich-sagen-läßt, also hört. Schopenhauer schreibt, daß der Mensch selbst ist, wie er will, und will, wie er ist: das ist also die Definition der Freiheit des Bewußtseins im Sinne des unmittelbaren Selbstbewußtseins. Es ist ein »dunkler« Bereich des Bewußtseins, denn er kann nicht vom Intellekt erfaßt werden.

Die Freiheit des Bewußtseins im Sinne von Selbstbewußtsein kann also nicht an der Freiheit des an das objektive Erkennen geknüpften Bewußtseins gemessen werden. Es geht hier um eine ganz andere Freiheit. Nachdem Schopenhauer die drei Arten der Freiheit, d.h. die physische, die intellektuelle und die moralische herausgestellt hat, erklärt er, daß nur die moralische Freiheit wirklich als frei bezeichnet werden kann, weil nur sie dem strengen Gesetz des Satzes vom Grunde nicht unterworfen ist. Diese Freiheit ist, wie Schopenhauer sich ausdrückt, höherer Art.

Zu dieser höheren Art von Freiheit gehört das Gefühl der Verantwortlichkeit, während man hinsichtlich des an das Erkenntnisvermögen gebundenen Bewußtseins im engeren Sinne nicht von Verantwortlichkeit sprechen kann, denn diese kann nur im Horizont des Nicht-Gegenstandes, also des Nichts, aufkommen. In diesem Bereich, wo das Erkenntnisvermögen versagt, liegt nach Schopenhauer die Dimension des Gefühls. Sie geht über die psychologische Ebene hinaus und kann nur im Bezug auf das Heilige verstanden werden. Im Grunde stellt das Gefühl die authentische Ebene des Philosophierens dar. Es handelt sich um ein Gefühl, das uns den Horizont einer nicht an das Handeln, sondern nur an das Sein gebundenen Freiheit eröffnet. Auf diese Weise wird die bei Fichte noch vorhandene Unterscheidung zwischen Sein und Sein-Sollen aufgehoben, denn bei Schopenhauer ist das Sein die ganze Freiheit zu sein, und daher der letzte Horizont der Verantwortlichkeit. Auf dieser Ebene ist die Freiheit nicht aufgehoben, sondern nur hinausgerückt in eine höhere Region, die unserer Erkenntnis nicht so leicht zugänglich ist. Es ist sehr bedeutsam, daß Schopenhauer seine Schrift über die Freiheit des menschlichen Willens schließt mit dem Ausspruch des Malebranche: »Die Freiheit ist ein Geheimnis (mystère)«. Nur das Gefühl kann uns also zum Abgrund des Nichts führen.

Der Heilige und die Überschreitung

Martin Hielscher *(Hamburg)*

Alfred Schaefer schreibt in seinem Schopenhauer-Buch an einer Stelle, daß der Philosoph das Erkenntnisproblem selbst zum Problem gemacht habe.[1] Wenn die *Form* unserer Erkenntnis es gerade ausschließt, daß wir dem, was die Welt ist, innewerden können, wie können unsere rationalen Überlegungen je zu einer befriedigenden Einsicht in das Wesen der Welt gelangen?

Schopenhauer ist einer der wenigen Philosophen, die ihrem eigenen System eine Grenze gesetzt haben, in dem Sinne, daß das Ziel ihrer Philosophie ihr nicht mehr immanent ist, ja quasi übergangslos ihr vor Augen steht. Diese Grenze wird vom Künstler, absolut aber vom Heiligen verkörpert. Mit dieser Einschränkung seines philosophischen Systems markiert Schopenhauer zugleich den Übergang von der spekulativen zur empirischen Grundlegung der Philosophie, der seine philosophiegeschichtliche Stellung auszeichnet.[2]

Spinoza z.B. formulierte mit dem amor Dei intellectualis eine Identität von Sein und Denken, einen Zustand, in dem Erkennen immer zugleich in eine sozusagen mystische Liebe umschlägt, ein Zustand, der für Schopenhauer von seinen Prämissen her so nicht denkbar ist. Wie später Wittgenstein fordert er für die Philosophie Schweigen angesichts dieser Grenze. Das ist eine bemerkenswerte Selbsteinschränkung der Philosophie, die nicht wie die Scholastik vor Gott haltmacht, wohl aber vor dem Genie, vor dem Künstler und dem Heiligen, vor einem ›Wissen‹, das Schopenhauer intuitiv nennt, wobei es ihm um Wissen aber gar nicht geht.

Auf einer ähnlichen Ebene liegt seine Kritik der Kantischen Moralphilosophie, die darauf hinausläuft, daß wahre Tugend nicht lehrbar und nicht motivierbar ist. Es gibt keinen Übergang von der Philosophie zur Tugend. Damit entfällt das ›Praxiskriterium‹ der Wahrheit des Systems. Es ist absolut diskontinuierlich. Die Philosophie kann nur eine Einsicht *nachträglich* herbeiführen oder plausibel machen, die nur aus einer unmittelbar erfahrenen Einsicht gelebt wird und gelebt werden kann. Diese intuitive Einsicht ist dem Erkennen immer schon unendlich voraus.

Könnte man es so radikal zuspitzen, daß, wer ›richtig lebt‹, es immer schon getan hat, während die Verspätung des Denkens sich ewig perpetuiert, bis dahin, wo der Wille sich wendet und keine Philosophie im herkömmlichen Sinne mehr nötig ist? Daß Schopenhauer mit der Figur des Heiligen seiner

---

1 Alfred Schaefer: *Die Schopenhauer-Welt*. Berlin 1981, 97.

2 Cf. dazu Walter Schulz. *Philosophie des Übergangs. Grundtendenzen in Schopenhauers Ethik*. In: Wolfgang Schirmacher (ed.): *Zeit der Ernte. Studien zum Stand der Schopenhauer-Forschung*. Festschrift für Arthur Hübscher zum 85. Geburtstag, Stuttgart 1982, 30-40.

Philosophie eine uneinholbare, immer schon bestehende Differenz zwischen Rationalität und Intuition einschreibt und die immer erneuten Versuche, diese Bereiche in einem höheren Denken zu versöhnen, in Frage stellt? Nietzsche hat diese Übergangslosigkeit zwischen dem System und seinem ›Ideal‹ trotz der heftigen Kritik am asketischen Ideal seines einstigen Lehrers anerkannt.[3] In seinem Hauptstück »Was bedeuten asketische Ideale« aus der *Genealogie der Moral* heißt es dagegen:

> Über wenige Dinge redet Schopenhauer so sicher wie über die Wirkung der ästhetischen Kontemplation: er sagt ihr nach, daß sie gerade der *geschlechtlichen* ›Interessiertheit‹ entgegenwirke [...] Aber gesetzt, daß Schopenhauer hundertmal für seine Person recht hätte, was wäre damit für die Einsicht in das Wesen des Schönen getan?
>
> Schopenhauer hat *eine* Wirkung des Schönen beschrieben, die willenkalmierende – ist sie auch nur eine regelmäßige? [...] Und könnte man nicht zuletzt Schopenhauer selber einwenden, daß er ganz und gar nicht die Kantische Definition des Schönen Kantisch verstanden habe – daß auch ihm das Schöne aus einem ›Interesse‹ gefalle, sogar aus dem allerstärksten, allerpersönlichsten Interesse: dem des Torturierten, der von seiner Tortur loskommt?[4]

Daran anknüpfend wäre die Frage zu stellen, ob Schopenhauer nicht auch gewissermaßen von seinem Heiligen wieder loskommen will, indem er entgegen seiner anfänglichen Einsicht in die Gnadenwahl und das Geheimnis der Selbstaufhebung des Willens den von ihm bewunderten Glückszustand der Heiligen zu ›philosophisch‹ wieder zurückbiegt in sein System.

In dem vierten Buch der *Welt als Wille und Vorstellung*, im entscheidenden 68. Paragraphen spricht Schopenhauer, kurz nachdem er an die von Nietzsche gemeinte Wirkung der ästhetischen Kontemplation erinnert hat, davon, daß die »Säligkeit« der Erfahrung des Schönen im Leben der Heiligen immer währe:

> Hieraus (nämlich aus der Kenntnis der Freude am Schönen, M.H.) können wir abnehmen, wie sälig das Leben eines Menschen seyn muß, dessen Wille nicht auf Augenblicke, wie beim Genuß des Schönen, sondern auf immer beschwichtigt, ja gänzlich erloschen, bis auf jenen letzten glimmenden Funken, der den Leib erhält und mit diesem erlöschen wird. Ein solcher Mensch, der, nach vielen bitteren Kämpfen gegen seine eigene Natur, endlich ganz überwunden hat, ist nur noch als rein erkennendes Wesen, als ungetrübter

---

3 Friedrich Nietzsche: *Zur Genealogie der Moral* in: *Werke*, ed. Karl Schlechta, München 6. Aufl. 1969, II, 874.

4 Ibid., 846f.

Spiegel der Welt übrig. Ihn kann nichts mehr ängstigen, nichts mehr bewegen: denn alle die tausend Fäden des Wollens, welche uns an die Welt halten, und als Begierde, Furcht, Neid, Zorn, uns hin- und herreißen, unter beständigem Schmerz, hat er abgeschnitten.[5]

In diesem Paragraphen nennt Schopenhauer auch einmal den Anfang von Spinozas Abhandlung *Über die Verbesserung des Verstandes* das wirksamste Besänftigungsmittel des Sturms der Leidenschaften, das er kenne.[6] Diese Stelle bei Spinoza ist aber von Leo Strauss[7] als ein Paradebeispiel für das, was er das »epikuräische Motiv der Religionskritik« im engeren, des Philosophierens im weiteren Sinne nennt, bezeichnet worden. Es meint die Suche nach dem einzig beständigen Gut, nach der Aufhebung jeglicher Beunruhigung, die beispielsweise vom Götterglauben ausgeht, die Befreiung von jeglicher Erfahrung von Vergängnis und Täuschung.

Schopenhauer hat die stoische Ruhe kritisiert, weil sie durch das Leiden nicht hindurchwill, sich darin nicht aufhalten will, aber seine Kritik des Lebens übernimmt dieselben Motive. Und genügt denn die Charakteristik, die Schopenhauer von der »wahren Himmelsruhe« der Heiligen gibt, von der Fülle innerer Freudigkeit, die sie ergriffen habe? Ist es nicht eine Steigerung, eine rauschhafte Überschreitung des Zustandes, in dem wir sonst, befangen im ›principium individuationis‹, der Schranke, welche die ›Vorstellung‹ zwischen den Wesen errichtet hat, zum Opfer fallen?

Kennen wir nicht die tiefe Gemeinsamkeit zwischen dem Heiligen und dem Wüstling, an die Georges Bataille wieder erinnert hat?[8] Verehren wir den Heiligen, weil er verkörpert, daß das Leben besser nicht sei, daß die Welt ein Irrtum ist? Verehren wir nicht, was Schopenhauer auch weiß, das intuitive Wissen um die Gemeinsamkeit aller Wesen, das Aufgeben des Kerkers der Individuation? »[...] so lange unser Wille der selbe ist, kann unsre Welt keine andere seyn«, sagt Schopenhauer im zweiten Band der *Welt als Wille und Vorstellung*.[9] Aber die Welt wird eine andere, wenn sich der Wille, der sich selbst versteht, wendet. Und immer schon wissen wir um diesen ›anderen Zustand‹. Im Heiligen hat sich der Wille gewendet, eine seltene Gnade und etwas Unverdientes, denn willentlich diese Wende herbeizuführen, ist paradox.

---

5 Arthur Schopenhauer: *Die Welt als Wille und Vorstellung* in: Werke in zehn Bänden, ed. Arthur und Angelika Hübscher, Zürich 1977, W I, 483.

6 W I, 476.

7 Leo Strauss: *Die Religionskritik Spinozas als Grundlage seiner Bibelwissenschaft*, Darmstadt 1981, (Reprint), passim.

8 Georges Bataille: *Der heilige Eros (L'Érotisme)*, Frankfurt / Main - Berlin - Wien 1982, 119 und passim.

9 W II, 708.

Das ist auch problematisch an Schopenhauers Beschreibung der Askesis und an seiner Verwendung des Begriffes Quietiv. Wahrhaft quietistisch ist keine angestrengte Askesis. Die Heiligen aber sind Ekstatiker. Romano Guardini hat in seinem Vortrag zum siebenhundertsten Todestag des Hl. Franz von Assisi dieses ekstatische Element in dem Wesen der Gottesliebe des Franziskus hervorgehoben und die Gefahr erwähnt, die von solchen Gestalten für die Kirche ausgeht. (Auch Umberto Eco, nebenbei gesagt, widmet in seinem Roman *Der Name der Rose* lange Passagen den Aktivitäten der Spiritualen bzw. Fratizellen, die als Ketzer verfolgt werden, weil sie z.B. ihr Prinzip der Armut auch auf die Kirche selbst ausdehnen.) Guardini schreibt:

> Und ich verstand, daß eine Armut wie Franz sie wollte, das Charisma voraussetzt. Solches Losgelöstsein von Allem setzt voraus, daß eine immer wieder ausbrechende innere religiöse Fülle das Äußere entbehrlich, ja geradezu hinderlich mache. Wenn aber diese Fülle nicht mehr strömt? [...] Was aber die Freiheit angeht: Wo hört echte, wirklich in Gottes Willen gebundene Freiheit auf, und wo fangen Unbotmäßigkeit, Phantastik, geistliches Abenteuer an? Besonders, wenn es Seelen von solcher Glut und schöpferischer Phantasie sind, wie hier?[10]

Ist es vielleicht ganz falsch, diese Unterscheidung machen zu wollen? Jedenfalls wird Guardini nicht müde, ebendiese Glut der Seele zu beschreiben, die Franz von Assisi die überströmende Freiheit und Unmittelbarkeit zu Gott gewährte.

Von daher berührt es uns seltsam, wenn Schopenhauer am Leben der Heiligen, trotz Betonung ihrer »Säligkeit« nur ihre intuitive Einsicht in die Einheit alles Lebens im Willen, das Leiden aller Wesen und die daraus folgende Verneinung des Willens zum Leben hervorhebt, wobei man nicht mehr so genau weiß, ob es ihm wirklich noch um die Welt als moralisches Phänomen geht oder nur noch um die Richtigkeit seines Systems.

Die ekstatische Steigerung aber, die das Leben derer ausmacht, die allen Besitz, alle Sorge um Selbsterhaltung, alle institutionelle Vermittlung und alle alltägliche Verständigung hinter sich lassen, kurz die ›Überschreitung‹ oder ›Verschwendung‹, in der sich jede Partikularität verflüssigt, wird hinter die Grenze des Systems, als ›Ruhestellung‹, zurückgeholt.

Ein weiteres Problem liegt in dem schon erwähnten *epikuräischen* Motiv (Strauss) von Schopenhauers Kritik des Lebens, auf das ich kurz verweisen will. Schopenhauer argumentiert immer mit der Vergänglichkeit aller Befriedigung, mit der Unmöglichkeit, in einem Zustand zu verharren, mit der Veränderlichkeit der Gefühle und Ziele, nach denen wir – vergeblich – streben. Aber Glück als etwas Dauerhaftes, Befriedigung als stetige müssen

---

10 Romano Guardini: *Der heilige Franziskus*. Zürich 1951, 44f.

gar nicht zugrundegelegt werden. Es sind anthropozentrische, besitzbürgerliche Kategorien, die Schopenhauer hier anwendet.

Vergänglichkeit als solche wird noch nicht eigens gedacht. Nur die Sympathie alles Leidenden, nicht die Verwindung des Leidens. Ebenso müßte die beständige Verneinung des Willens, dies absolute ›Nichts‹ zum Leben, wiederum eine Anspannung ebendieses Willens erfordern, eine beständige, vorausplanende Überwachung seiner selbst.[11] Die beständige Anspannung, das Nichts des Willens zu wollen.

Aber der Heilige ist die Grenze, die sich Schopenhauers Philosophie selbst gesetzt hat und hinter die ich sie selbst, hoffentlich nicht allzu hybrid, ein Stück zurückweisen möchte.

Das Inkommensurable, Nicht-Menschliche in dem Sinne all dessen, was Schopenhauer unter das ›principium individuationis‹ faßt, ist das, was wir verehren. Warum aber *verstehen* wir das Leben der Heiligen, deren Leben ja ganz unbedacht überzeugt? Nicht, weil wir meinen, die Welt wäre besser nicht, möchte ich annehmen, sondern, weil uns die Sympathie alles Lebendigen bekannt ist und die Überschreitung, nach der wir uns sehnen. Die Überschreitung, die auch jede Furcht vor Vergänglichkeit überschritten hat.[12]

---

11 Cf. dazu den Beitrag von Reinhard Margreiter. *Allverneinung und Allbejahung. Der Grund des Willens bei Schopenhauer und Nietzsche*, in: *65. Schopenhauer-Jahrbuch* ed. Wolfgang Schirmacher, Frankfurt / Main 1984, 103-115.

12 Cf. auch meinen Aufsatz *Lob der Kälte*, in: *Kabelhafte Perspektiven*, ed. M. J. Fischer / Klaus Modick, Hamburg 1984, 177-183.

IV. Diskussion

Kopernikanische Drehwende

Über Volker Spierlings Schopenhauer-Interpretation und über seine Edition der »Materialien« und Berliner »Vorlesungen«

Volker Spierling (ed.) Materialien zu Schopenhauers »Die Welt als Wille und Vorstellung« (stw 444), Suhrkamp, Frankfurt / Main 1984, 443 Seiten.

Arthur Schopenhauer: *Vorlesung über Die gesammte Philosophie d.i. Die Lehre vom Wesen der Welt und von dem menschlichen Geiste. In vier Theilen.* Aus dem handschriftlichen Nachlaß ed. Volker Spierling (SP 362, 415, 463, 498), Piper, München 1984-86 (4 Bände), 213, 229, 274, 573 Seiten.

Denker gegen den *eigenen* Strom

Zum 125. Todestag Arthur Schopenhauers ist 1985 im Deutschen Taschenbuch Verlag der angeblich vollständige handschriftliche Nachlaß des Philosophen in einer fünfbändigen Kassette erschienen. Arthur Hübscher, der inzwischen verstorbene Präsident der Schopenhauer-Gesellschaft, hatte den Nachlaß – mit Ausnahme der Vorlesungen – bereits im Zeitraum zwischen 1966 und 1975 ediert. Von der identischen Neuauflage dagegen behauptete der Verlag nun, sie umfasse alle erhaltenen philosophischen Aufzeichnungen von der Studienzeit bis zum Tode. Von Vollständigkeit kann jedoch nicht die Rede sein, sie wird dem Käufer lediglich suggeriert, obgleich der Piper Verlag zuvor schon einen Teil des in der dtv-Edition fehlenden Nachlasses vorgelegt hatte.

Es fehlten nämlich bisher die philosophischen Vorlesungen, die Schopenhauer 1820 an der Berliner Universität gehalten hat. Ihr Umfang beläuft sich immerhin auf mehr als tausend Druckseiten, ihr Inhalt ist eine didaktisch bearbeitete, glänzend formulierte Neufassung und erhebliche Erweiterung seines etwa ein Jahr früher in Druck gegebenen Hauptwerks *Die Welt als Wille und Vorstellung*. Selbst in Fachkreisen war diese Kostbarkeit bis dato weitgehend unbekannt, die einzige textkritische Edition von Deussen / Mockrauer aus dem Jahr 1913 war seit Jahrzehnten vergriffen. Die Vorlesungen sind nun wieder in vier sukzessiv erschienenen Taschenbuchbänden, also verhältnismäßig preiswert, in der Serie Piper zugänglich. Daher kann mittlerweile tatsächlich davon gesprochen werden, daß der gesamte philosophische Nachlaß greifbar ist.

Als der junge Schopenhauer, ein genialer Außenseiter, 1819 den Entschluß faßte, sich zu habilitieren, spielten für ihn auch finanzielle Erwägungen eine Rolle. Aufs Ganze gesehen blieb er zwar unabhängig, denn das klug verwaltete und vermehrte Erbe des Hamburger Kaufmannssohnes ermöglichte es ihm zeitlebens, in Muße und frei von Repressionen irgendeines Brotgebers zu philosophieren. Nach einem ausgiebigen Italien-Aufenthalt aber mußte er gegen eine kurzfristige Vermögenskrise ankämpfen. Dazu kam das Bestreben, sein bis dahin kaum beachtetes Werk bekannter zu machen und auf dem Kampfplatz der damals allseits hoch angesehenen Universitätsphilosophie – die er bald darauf erbittert befehden sollte – anzutreten. Folgerichtig setzte er seinen Vorlesungstermin so an, daß er zur gleichen Zeit wie sein Erzrivale Hegel gehört werden konnte. Aber Schopenhauers Hochschulkarriere war zum Scheitern verurteilt. Das Interesse seiner wenigen Studenten erlahmte schnell, so daß die Vorlesung des Sommersemesters 1820 seine einzige blieb, die er wirklich gehalten hat, wenn auch weitere angekündigt und – ein Glücksfall für uns – schriftlich ausgearbeitet wurden.

Die Wiederveröffentlichung dieser Manuskripte stellt einen erleichternden und zugleich umfassenden Zugang zu Schopenhauers Gedankenwelt dar. Gegenüber dem Hauptwerk sind manche Zusammenhänge durch den Zwang zu einführender Entwicklung ausführlicher und behutsamer dargeboten. Deshalb findet sich ein geschlossener Systementwurf der Erkenntnistheorie nur in den Vorlesungen. Sie gewinnen im Vergleich zu separaten früheren Schriften eine größere integrative Kraft und erleichtern die verbindende Mitarbeit des Lesers (Hörers), auf welche dieses organische Denken freilich immer angewiesen bleibt. Die Texte sind auf das studentische Publikum zugeschnitten und spiegeln die Lebendigkeit des Vortrags, ohne dabei der geschliffenen Prägnanz der von Schopenhauer selbst veröffentlichten Werke zu entbehren. Schopenhauers Fähigkeit, selbst die kompliziertesten Gedanken anschaulich und einfach darzustellen, ist nahezu einmalig, seine stilistische Meisterschaft kommt auch in diesen *Vorlesungen* brillant zur Geltung.

Der Tübinger Philosoph und mit mehreren einschlägigen Veröffentlichungen hervorgetretene Schopenhauer-Kenner Volker Spierling hat nach dem unverzichtbaren Materialienband zu Schopenhauers Hauptwerk (Suhrkamp 1984, stw 444) nun auch diese Vorlesungen herausgegeben und jeden der vier Bände mit einem einweisenden Essay versehen. Die Titel der Bände lauten wie folgt:

1. Theorie des gesamten Vorstellens, Denkens und Erkennens;
2. Metaphysik der Natur;
3. Metaphysik des Schönen;
4. Metaphysik der Sitten.

Nach Spierlings erhellender Interpretation ist Schopenhauers Philosophie kein deduktiv-hierarchisches System – das heißt, es kann nicht aus einer obersten Voraussetzung alles übrige logisch abgeleitet werden –, sondern sie ist eine organische Ganzheit, deren Glieder zugleich bedingend und bedingt sind. Nur wiederholte Lektüre kann deswegen – darauf weist schon Schopenhauer selbst hin – zu echtem Verständnis führen, weil jeder zur Verdeutlichung herausgehobene und damit schon gezwungenermaßen theoretisierte

Teil nur im allseitigen Verbund mit dem übrigen Ganzen auf den ihm angemessenen Boden zu stehen kommt. Es handelt sich also um ein »System« mit eingebauter Selbstkorrektur und Selbstrelativierung, welche allerdings der Leser selbst aktiv nachzuvollziehen hat.

Genauer gesagt: Das Subjekt erkennt, daß es für alle Wahrnehmungen und Denkakte, die es vollziehen kann, einerseits selbst verantwortlich ist, gleichsam ein Modell, welches die Welt überformt. Und doch glaubt es, die Welt so wahrzunehmen, wie sie wirklich ist. Maß aller Dinge ist also das erkennende Subjekt mit seinen unabkömmlichen raum-zeitlichen Anschauungsformen, und die Dinge der Welt sind niemals an sich, sondern nur nach Maßgabe apriorischer Erkenntnisformen erkennbar. Diese transzendental-idealistische Position steht in der Tradition Kants (auch Berkeleys). Ihre Formel lautet: »Kein Objekt ohne Subjekt«. Bei Schopenhauer führt diese Auffassung zu seinem Konzept der »Welt als Vorstellung«.

Er berücksichtigt aber zugleich die entgegengesetzte Betrachtungsweise und verleiht ihr einen gewichtigen Wahrheitsanspruch: »Kein Subjekt ohne Objekt«. Der Ausgangspunkt ist diesmal das Objekt, von dem her genetisch das Subjekt in seinem materialistisch-physiologischen Bedingtsein untersucht wird. Dadurch wird die Organgebundenheit des Denkens herausgestellt (Schopenhauer knüpft hier an die französische materialistische Tradition an, z.B. an Cabanis), ohne daß freilich auf diesem Wege das Denken und sein Ursprung bereits hinreichend erhellt worden wäre. Den metaphysischen Grund des Denkens sucht Schopenhauer im »Willen«, der den Intellekt als seinen Diener hervorbringt. In dieser Perspektive konzipiert Schopenhauer seine »Welt als Wille«.

Lassen wir Schopenhauer selbst zu Wort kommen, klingt dies beispielsweise so:

> Mein Ausgang von der Vorstellung ist aber *auch* ein subjektiver. Dem Satz »die Welt ist meine Vorstellung« steht gegenüber dieser »Die Welt ist Materie« oder: »Die Materie allein ist schlechthin« oder »Alles was ist, ist Materie«. [...] Beide Sätze sind gleich wahr und gleich falsch. [...] Dagegen das Falsche oder Inadäquate des Satzes »Die Welt ist meine Vorstellung« liegt theils darin, daß es eine einseitige Auffassung ist; da die Welt doch außerdem noch viel mehr ist (Wille, Ding an sich), ja das Vorstellungseyn ihr accidentell ist; theils darin, daß wenn hier das Objekt in seiner Bedingtheit durch das Subjekt gezeigt wird; nicht zugleich der Gegensatz dasteht, daß das Subjekt nur mittelst des Objekts ein Subjekt ist, also auch gegenseitig von ihm bedingt ist. Der Satz, zu welchem der rohe Verstand stets seine Zuflucht gegen den Idealismus nimmt: »Die Welt, das Objekt, wäre doch da, wenn es kein Subjekt gäbe«, – ist eben so falsch wie dieser: »Das Subjekt

> wäre doch ein Erkennendes, wenn es auch kein Objekt, d.h. gar keine Vorstellung hätte.«

An anderer Stelle heißt es sehr aufschlußreich:

> [...] immer muß man irgend etwas als gegeben ansehn, um davon auszugehn. Dies nämlich besagt das δος μοι που στω [Gib mir einen Standort! (und ich bewege die Erde, Ausspruch des Archimedes)], welches die unumgängliche Bedingung jedes menschlichen Thuns, selbst des Philosophierens, ist; weil wir geistig so wenig, wie körperlich, im freien Äther schweben können. Ein solcher Ausgangspunkt des Philosophierens, ein solches einstweilen als gegeben Genommenes, muß aber nachmals wieder kompensirt und gerechtfertigt werden. [...] Um nun also die hierin begangene Willkürlichkeit wieder auszugleichen und die Voraussetzung zu reflectieren, muß man nachher den *Standpunkt* wechseln, und auf den entgegengesetzten treten, von welchem aus man nun das Anfangs als gegeben Genommene, in einem ergänzenden Philosophem, wieder ableitet: sic res accendunt lumina rebus [So bringt eine Sache Licht in die andere, Lucretius].

Dieser in Schopenhauers Philosophie angelegte Wechsel zwischen gegenseitig sich relativierenden Standorten bedrängt das Denken fortwährend, hält es in einer schmerzlichen Unabschließbarkeit und hindert es an beruhigenden Verabsolutierungen oder unbedachten Dogmatismen. Von dieser Dynamik her gesehen läßt Schopenhauer ursprungsphilosophische Einseitigkeiten abendländischer Begriffsmetaphysik und christlicher Geisttranszendenz weit hinter sich. Im Gegenzug eröffnet er die Dimension des Willens, des Nicht-Rationalen, der Leiblichkeit, des Schmerzes, des Unbewußten. Seine Wirkung auf die Folgezeit war und ist daher kolossal. So ist es verdienstvoll, daß Spierling ein Schopenhauer-Verständnis zur Diskussion stellt, das eine strukturelle Ähnlichkeit zu moderner Philosophie sichtbar werden läßt in der Schwierigkeit, einerseits über keinen metaphysischen Ausgangspunkt, keine letzte Gewißheit mehr zu verfügen und andererseits doch nicht in grenzenlosen Relativismus zu verfallen.

Spierling legt großen Wert darauf, Schopenhauers multiperspektivische Sehweise, seinen eigentümlichen Denk-Ort *zwischen* den traditionellen Positionen deutlich zu machen. Er prägt für Schopenhauers Vorgehen den problemanzeigenden Terminus »Kopernikanische Drehwende«. Dieser Terminus erweist sich als geeignet, ein zentrales Methodenproblem innerhalb des Schopenhauerschen Denkens festzustellen und die ihm eigene Brisanz in den Blick zu bekommen: Kants »Kopernikanische Wendung« soll beibehalten *und zugleich* überwunden werden. Andererseits hebt Spierling zu Recht hervor, daß die Methode der Drehwende keinesfalls immer gleich durchgeführt und nicht als dialektisch-rationalistische Zaubermethode mißzuverstehen ist. Die

Drehwende erscheint an einigen Stellen des Werks explizit, an anderen eher untergründig oder scheint gar fast vergessen zu sein. Dies ist ein wesentlicher Grund dafür, daß sich auch Schopenhauer letztlich nicht von Begriffszurichtungen und Dogmatismen befreien konnte. Andernfalls hätte er beispielsweise auch seine transzendentalidealistische Auffassung von der »Zeit« der Drehwende unterzogen, hätte auch diese Begriffsbestimmung zu »drehwenden« gesucht. Seine Philosophie wäre um einiges plastischer geworden, und die Dimension der Geschichtlichkeit hätte sich mehrperspektivisch entfalten können.

Spierlings Essays sind kritisch, weil sie einer distanzlosen Schopenhauer-Verehrung entgegentreten, und sie nehmen Schopenhauer da in Schutz, wo er einspurig bzw. apologetisch interpretiert wird, oder seine konstitutiv angelegte Widersprüchlichkeit als mangelhafte Systematik mißverstanden wird. Diese Interpretation setzt sich damit bewußt von verschiedenen Einseitigkeiten der Sekundärliteratur ab. Die Neuedition dieser Vorlesungen ist nicht nur deshalb verdienstvoll, weil eine erhebliche Lücke des handschriftlichen Nachlasses geschlossen wurde, sondern auch, weil der Herausgeber in ebenso klarer wie überzeugender Weise die unveraltete Herausforderung dieser Philosophie ans Licht stellt. Der Leser kann sich mit Hilfe der Einleitungen vorzüglich zu einer bedachtsamen Lektüre präparieren, die erst dann ihre unvergleichlich anregende Brisanz entfaltet, wenn ihr unbequemer Anspruch auf Auseinandersetzung angenommen wird. »Um Schopenhauer zu verstehen«, so Spierling, »genügt es nicht, ihn verehrend als ›Denker gegen den Strom‹ (Arthur Hübscher) zu sehen, man muß – in Schopenhauers Sinne – auch gegen den Strom seines eigenen Denkens denken.«

Stefan Teppert

Volker Spierling (ed.): *Materialien zu Schopenhauers »Die Welt als Wille und Vorstellung«* (stw 444), Suhrkamp, Frankfurt / Main 1984, 443 Seiten.

Schopenhauers Weltanschauung war für den Zeitgeist, den er damit »kränkte«, eine Herausforderung, und ist es bis heute. Aber auch die ernstzunehmende Rezeption des Werks, die der Selbstdenker, war immer eine geteilte, denn Schopenhauers »einziger Gedanke«, seine Hauptschrift *Die Welt als Wille und Vorstellung*, war »vollkommen *naiv*, wie jedes ächte Kunstwerk« (HN I, 117), er ließ als Erfahrungsquellen nur die Welt und das Bewußtsein gelten.

Der Tübinger Philosoph Volker Spierling stellt die herausgegebenen Materialien gewissermaßen in eigener Sache zur Diskussion: zwanzig für Rezeption und / oder Kritik bezeichnende Urteile (von 1820 bis in die Gegenwart) über Schopenhauers Erkenntnistheorie, an denen sich »von Anfang an verfolgen« läßt, daß es im wesentlichen zwei Abwege der Rezeption sind, von deren Erörterung und Beurteilung »der Ausgang der Auseinandersetzung mit der Philosophie Schopenhauers nach wie vor entscheidend abhängt, [...]. Genau dies möchte der Materialienband dokumentieren.« Die Behauptung eines der beiden »Abwege« (den der Rezensent nicht als solchen ansieht) fußt auf einer These Spierlings, formuliert als »Kopernikanische Drehwende« Schopenhauers.

Spierling hat dem Leser für sein Studium jede erdenkliche Erleichterung verschafft, mit Darlegungen geistesgeschichtlicher Zusammenhänge, mit einer Fülle von Hinweisen, darunter erstmals gegebenen, mit dem Abschnitt »Historische Zugänge« in seinem Essay und einer Auswahl von Briefen Schopenhauers, die über das Selbstverständnis des jungen Autors von *Die Welt als Wille und Vorstellung* aussagen. Die Textauszüge im Rezensionsteil sind thematisch geordnet: Erkenntnistheorie, Metaphysik und – weil dies Spierling für eine erneute Diskussion als hauptsächlich ansieht – Materialismusproblem. Die vorgelegten, in der Mehrzahl längst vergriffenen oder zumindest schwer zugänglichen Abhandlungen sind jeweils ausgiebig kommentiert. Den Abschluß des Materialienbandes bildet das vorletzte Stück von Schopenhauers Vorlesung über Erkenntnistheorie (1820): »Vom Verhältniß zwischen Subjekt und Objekt: demnach über Idealismus, Realismus, Materialismus«. Hier findet der Leser Grundbegriffe und Daten für Spierlings Auseinandersetzung mit Schopenhauers Transzendentalidealismus, bei dem es sich seinem Urteil nach um ein transzendentalidealistisches Selbstmißverständnis handelt (vgl. Volker Spierling, *Schopenhauers transzendentalidealistisches Selbstmißverständnis*, Diss. München 1977).

Schopenhauers »Kopernikanische Drehwende« – damit ist die Ergänzung der subjektiven Betrachtungsweise des Intellekts durch eine objektive (sie »fehlt« bei Kant) gemeint – kann, so Spierling, »kein adäquates Selbstverständnis finden, weil sie noch weitgehend Kants Terminologie verhaftet bleibt, (sie) intendiert eine Idealismus und Materialismus umgreifende Erfahrungstheorie der Balance. Stillstand des Drehens und Wendens der Erfahrungsanalyse bedeutet somit Stillstand des kritisch philosophischen Denkens«. Vor allem aber: Die materialistische, »leibzentrierte Erkenntnisanthropologie« ist ein Verstoß gegen »das von jeglichem gegenständlichen Sein unabhängige, absolute Prinzip seiner (Kants) Transzendentalphilosophie«, die synthetische Einheit der Apperzeption; sie ist der *»unhintergehbare* Punkt, durch den *alles* gegenständliche Sein allererst notwendig konstituiert werden soll«.

Jedoch: Schopenhauers objektive Ansicht des Intellekts gehört zur Metaphysik, der Leib (das Gehirn) ist Objektität des Willens. Der Standpunkt ist jetzt ein empirischer, (natur)wissenschaftlicher, kein philosophischer; diesen ergibt erst die Verbindung mit dem »höheren« subjektiven, erkenntnistheoretischen. Ist es zulässig, bei dieser »doppelten Betrachtungsweise des

Intellekts« von einem »intrasubjektiven Zirkel des Erkennens«, von »Kopernikanischer Drehwende« zu sprechen? Man wird aber beipflichten, daß hier die »aktuelle Brisanz« der Philosophie Schopenhauers in den gegenwärtigen naturwissenschaftlichen Diskussionen (Evolutionäre Erkenntnistheorie) liege. Er könnte »der Versuchung zu materialistischen Ganzweltdeutungen« widerstehen helfen.

Kant: »Also ist der transzendentale Idealist ein empirischer Realist und gestehet der Materie, als Erscheinung, eine Wirklichkeit zu, die [...] unmittelbar wahrgenommen wird.« (KrV, A 372) Wohin das noch führen sollte, davon erhielt Kant einen Vorgeschmack, als der Anatom Sömmering ihn um Beurteilung seines Werkes *Über das Organ der Seele* bat. Für Kant ließ sich ein Ort der Seele, »das ist meines absoluten Selbsts«, nicht »irgendwo im Raume anschaulich machen«. Dieses »Ich, als denkend, [...] heiße Seele« (KrV, A 342) macht Spierling für seine These geltend. Genügt das, um Schopenhauer Transzendentalidealismus abzusprechen? Der Austausch von Kants denkendem Verstand und der Kategorie Kausalität gegen Intellektualität der Anschauung und Kausalität als Form des Verstandes war für den Jüngeren eine »Berichtigung der Sache«, durch welche »die von Kant aufgestellte idealistische Grundansicht durchaus nichts verloren« hat. Es ist unbestreitbar, daß abstrakte Erkenntnis und Begriff Anschauung voraussetzen und an ihr geprüft werden müssen. Kant selbst spricht von den »oft nur schimmernden Armseligkeiten abstrakte(r) Begriffe«; (Anthr., BA 33) *»vornehmer«*, heißt es an anderer Stelle (BA 115), »ist freilich der Verstand als die Sinnlichkeit«, aber »Verstand ohne Sinnlichkeit vermag gar nichts«. Denken ist ein »Mysterium« (Schopenhauer) und zugleich, auch bei Kant, das Vermögen, »durch *Begriffe* sich etwas vorstellen«. Die synthetische Einheit der Apperzeption ist kein unüberwindbares Hindernis der Verständigung. Wenn man, schreibt Schopenhauer in seiner Kant-Apotheose, »in den tiefen Gedanken [...] eindringt«, was erfordert, daß man »mit Kants Kopfe denkt, wodurch man hoch über sich selbst hinausgehoben wird, [..(], erhält man) die Urelemente (des Daseins) jedes für sich in die Hand«.

Es ist bedauerlich, daß Spierling dem Bewußtseinsbegriff Schopenhauers gar keine Aufmerksamkeit geschenkt hat. Hier sind deshalb manche seiner Erklärungen eindeutig fehlerhaft. Der Intellekt, also das erkennende Bewußtsein, wird als »instinktartige Erkenntnis« bezeichnet, dessen Operation verläuft in »Bewußtlosigkeit« (sie kommt uns, sagt Schopenhauer, nicht zum Bewußtsein, was Kant übrigens bei der »Verbindung des Mannigfaltigen der Anschauung«, der »Verstandeshandlung«, auch angibt) (KrV, B 130). Spierlings These bleibt das Verdienst, eine intelligente Herausforderung zu sein, ein Anstoß, neuerlich über Schopenhauers Verhältnis zum Materialismus zu diskutieren.

Hans Haller

Arthur Schopenhauer: *Philosophische Vorlesungen, aus dem handschriftlichen Nachlaß*, hg. von Volker Spierling (Serie Piper), 4 Bände, Verlag R. Piper, München 1984-86, zusammen 910 Seiten.

Die Berliner »Vorlesung über Die gesammte Philosophie d.i. Die Lehre vom Wesen der Welt und von dem menschlichen Geiste«, erstmals – und zum letzten Mal – von Schopenhauer gehalten im Sommer 1820, war bisher nur in den von Franz Mockrauer herausgegebenen Bänden IX und X (1913) der Paul Deussenschen Gesamtausgabe der Werke erschienen: bei R. Piper, München. Arthur Hübscher hatte, mit Hinweis darauf, bei seiner Edition des handschriftlichen Nachlasses (1966-75) die »Vorlesungen« unberücksichtigt gelassen. Die »Lücke« schloß nun mit den vorliegenden vier Bänden der Tübinger Philosoph Volker Spierling. Enthalten sind darin auch die Probevorlesung, die »Declamatio in laudem philosophiae«, die »Dianoiologie« und der Anfang einer Vorlesung für 1821.

In die große Vorlesung, eine didaktische Formung von Band 1 des Hauptwerks, die beiläufig auch über dessen Textstand von 1818 unterrichtet, übernahm Schopenhauer Erforderliches aus seiner Dissertation und der Farbenlehre, weiter berücksichtigte er Kant, weil er bei den Hörern nichts voraussetzen konnte. Das Manuskript war ein bis in die Anreden (»Ich zeigte Ihnen vorher, wie [...]«) durchgeführter Vortragstext. Das Bewußtsein der Aufgabe und die noch nicht enttäuschte Hoffnung, gehört zu werden, sind fühlbar.

Spierling hat jeden Band eingeleitet. Die Darstellung wird vorteilhaft mit längeren bezeichnenden Zitaten (nicht nur von Schopenhauer) angereichert. In beträchtlichem Ausmaß haben die Ausführungen mit Spierlings These der »Kopernikanischen Drehwende« Schopenhauers zu tun (vgl. V. Spierling, *Schopenhauers transzendentalidealistisches Selbstmißverständnis*, Diss. München 1977). Schopenhauer habe an die kopernikanische Wende Kants (Kein Objekt ohne Subjekt) eine weitere »Drehung« angefügt (Kein Subjekt ohne Objekt), er sei deshalb kein Transzendentalidealist im Sinne Kants mehr. Seine »Erkenntnistheorie läuft auf eine begrifflich unauflösbare [...] Koinzidenz von einseitiger Transzendentalphilosophie und einseitigem Materialismus hinaus«. Der Rezensent, welcher der These nicht beipflichtet, wird sie im folgenden nicht anfechten; seine Anmerkungen beschränken sich auf bezweifelte Auslegungen von Schopenhauers Wort. So verwendet er z.B. den Begriff »Antinomie in unserm Erkenntnisvermögen« nie dort, wo er die »ungleichartigen Standpunkte« (I 25f) bespricht (vielmehr nennt er beide wahr, aber einseitig), sondern ausschließlich dann, wenn es um den Widerspruch geht, daß die Naturforschung eine Urzeit der Erde annehmen muß, deren Dinge aber »eigentlich«, da kein erkennendes Auge da war, sie zu sehen, »gar nichts« waren; kein Objekt ohne Subjekt. Kant hat sich etwas ähnliches ausgedacht: »Einwohner im Monde« (offenbar erkenntnislose), die noch kein Mensch sah (KrV, A 493).

Der zweite Band (*Metaphysik der Natur*) hat eine eingehende, sorgfältige Einführung in das «Anschauungsdenken» Schopenhauers. Sein »Fragen nach dem Ursprung, der Rechtmäßigkeit und der Reichweite abstrakter Begriffe« sei ein »erkenntniskritisches Kennzeichen der neuzeitlichen Philosophiegeschichte« (II 23). In dem Abschnitt »Die Welt ist im Kopf, und der Kopf ist in der Welt« wird Kants »›Ich denke‹ muß alle meine Vorstellungen begleiten können« (synthetische Einheit der Apperzeption) der Umschreibung Schopenhauers, »Brennpunkt der Gehirntätigkeit«, entgegengestellt; der objektive Standpunkt ignoriere, daß die Einheit des Bewußtseins eine »rein logische, unhintergehbare Bedingung unseres Denkens« sei (II 34). Diesem Hauptargument für Spierlings These kann man keineswegs obenhin und pauschal widersprechen.

Es stimmt, daß es in Schopenhauers Metaphysik weder »den traditionellen Anspruch auf apodiktische Gewißheit, die allein durch Erkenntnis a priori möglich ist«, gibt, noch, »entgegen der philosophischen Tradition, [..d]en Intellekt als den ursprünglichen Ort des Willens« (II 43 und 44); denn beides ist nicht seiner Art gemäß. Daß Schopenhauer auch bei seinen Aussagen über den Willen »drehwende« – einmal sei er »vorstellungsbedingt«, einmal »an sich seiendes Urprinzip« –, (II 46, 47) ist ein seltsamer Irrtum Spierlings, der noch dazu einen Willen an sich gelten läßt. Zur Metaphysik des Schönen: Die willensfreie, reine Erkenntnis bewirkt – ein an Plato anknüpfender Vergleich Spierlings – »die sublim erotische Heilung der Natur«; die Ideenschau bezeichnet er daher als »Platonischen Ruhepunkt«, den Kontrapunkt zur »rastlosen Methode der Drehwende« (III 21, 23). Aber schon in der Theorie der Ästhetik ist sie wieder da; denn mit der »begrifflichen Reflexion« übertrage sich »die antinomische Struktur der Erkenntnis [...] zwangsläufig auf die ursprüngliche Erfahrung der Ideen«. (III 25) Warum? Einmal sind sie »metaphysisches Bindeglied zwischen dem Ding an sich und seinen Erscheinungen [...], zum andern (bleibt) die Erkenntnis dieses Bindegliedes [...] gebunden an [...] unser materielles Gehirn und ›entspringt [...] aus einer starken Erregung der Gehirntätigkeit‹« (III 28).

In der Einleitung zur Metaphysik der Sitten, die der Kritik Schopenhauers an den Morallehren sowie seiner Mitleidsethik den meisten Platze einräumt, kommt es zu Entscheidungen. Die Verneinung des Willens zum Leben, eine der »fragwürdigsten Seiten von Schopenhauers Denken« (IV 39), und das Nichts werden problematisiert. Leider diktiert auch hier das Vor-Urteil, begreift Spierling Aussagen des nach innen gewandten Menschen nicht; der Mystiker Schopenhauer kommt nicht zu Wort.

Hans Haller

Die »Kopernikanische Drehwende«. Ein Beitrag zur Entmystifizierung und Entdogmatisierung Schopenhauers

Fast gleichzeitig mit einem erneut erwachten Interesse an Nietzsche wird auch die Philosophie seines »Erziehers« wieder verstärkt in den Gesichtskreis der öffentlichen und akademischen Auseinandersetzungen gerückt. Die Modernität dieser philosophischen Autoren tritt in dem Maße hervor, wie die großen geschichtsphilosophischen Deutungen des 19. Jahrhunderts einen Teil ihrer welterschließenden Kraft einbüßen. Sie steht auch in Beziehung zu dem von der Moderne immer wieder erneuerten (melancholischen) Selbstzweifel an der Realität von Ich und Welt. Foucault hat in diesem Zusammenhang von dem »Orientalisierungsprozeß« des Denkens im 19. Jahrhundert gesprochen.

In dieser Situation erleichtert Volker Spierlings souverän edierter Materialienband zu Schopenhauers Hauptwerk den Einstieg in seine Philosophie. Dieser Band dokumentiert sowohl den historischen Aspekt der frühen Rezeption von Schopenhauers Hauptwerk als auch die systematischen Auseinandersetzungen um Erkenntnistheorie und Metaphysik in der Folgezeit. Er vereinigt eine Reihe von zum Teil schwer zugänglichen oder vergriffenen, für die aktuelle Situation gleichwohl gewinnbringenden Texten. Der Band macht – über die Rezeptionsgeschichte hinaus – mit den Grundlinien der Philosophie Schopenhauers vertraut. Neben dem rezeptionsgeschichtlichen Aspekt verdient insbesondere der systematische Teil hervorgehoben zu werden; denn er umfaßt neben den Hauptstücken, welche die »Welt als Wille« und die »Welt als Vorstellung« zum Thema machen, einen Teil, der sich mit der für den Herausgeber wichtigen Perspektive des Materialismus in Schopenhauers Denken beschäftigt. Die Herausgabe der »Materialien« zeichnet sich vor anderen dadurch aus, daß sie mit einem hoch entwickelten Sinn für didaktische Fragen der Philosophie jedem der ausgewählten Texte einen Kommentar voranstellt, der über den problemgeschichtlichen Kontext sowie über weitere Literatur zum Thema äußerst kenntnisreich informiert.

Dieselbe editorische Sorgfalt und Umsicht hat der Herausgeber auch bei der Wiederveröffentlichung der seit langem (1913) nicht aufgelegten »Vorlesungen« aus Schopenhauers handschriftlichem Nachlaß walten lassen. Diese »Vorlesungen«, die Schopenhauer zum Vortrag an der Berliner Universität vorbereitet, aber nur einmal gehalten hat, schließen in der Tat die letzte Lücke des bislang von Hübscher nur unvollständig edierten Nachlasses.

In Ergänzung zu den »Materialien« und »Vorlesungen« hat der Herausgeber längere Einleitungen verfaßt, in denen er eine neue, bemerkenswerte Idee zur Interpretation des Schopenhauerschen Werkes entwickelt. Es ist offensichtlich Spierlings Absicht, der (von Schopenhauer zum Teil mitverschuldeten) Dogmatisierung seiner Philosophie entgegenzuwirken und jene Seiten seines Denkens zu stärken, die eher in Richtung einer verhalten kritischen oder skeptischen Betrachtungsweise tendieren.

Ausgangspunkt dieser veränderten Lektüre ist die von Schopenhauer so genannte »Antinomie unseres Erkenntnisvermögens«. Danach ist die Betrachtungsweise des Intellekts aus der Perspektive eines gleichsam inneren, transzendentalidealistischen Bewußtseins ebenso zwingend von der Sache her geboten wie die, welche auf einen äußeren, materialistisch-physiologischen Standpunkt abzielt. Die idealistische Betrachtung, welche das Bedingtsein des Objekts durch das Subjekt (der Vorstellung) begreift, muß ergänzt werden durch eine realistische, welche das erkennende Subjekt selbst unter dem Aspekt der objektiven oder gegenständlichen Voraussetzungen untersucht. Isoliert angesetzt sind beide Standpunkte nach Schopenhauer »höchst einseitige Auffassungen und daher, trotz ihrer Gegensätze, *zugleich* wahr, nämlich jede von einem bestimmten Standpunkt aus«. Und: »Es ist ebenso wahr, daß das Erkennende ein Produkt der Materie sei, als daß die Materie eine bloße Vorstellung des Erkennenden sei: aber es ist auch ebenso einseitig.« Gestärkt wird die realistische Betrachtung noch durch Schopenhauers metaphysische Bestimmung des Intellekts als Funktion des Willens.

Im Zusammenhang der Auflösung der Antinomie des Erkenntnisvermögens weicht Spierling dann mit guten Gründen von der Schopenhauerschen Verteidigungslinie ab. Während Schopenhauer glaubt, durch die Einsicht in den Erscheinungscharakter der Welt als Vorstellung den Widerspruch beider Ansätze schlichten zu können, macht Spierling sich die Einsicht in die Notwendigkeit der Antinomie derart zunutze, daß er »das Drehen und Wenden« der Standpunkte in den Rang eines skeptischen Modells oder einer regulativen Idee für ein methodisches Interpretationsverfahren erhebt, das in der Nachfolge Schopenhauers sich unnachgiebig gegen eine dogmatische Festschreibung seiner Lehre wendet. Spierling kann zeigen, wie diese Methode der Selbstberichtigung oder Kompensierung – er nennt sie »Kopernikanische Drehwende« – im Denken Schopenhauers selbst angelegt ist. Er rekonstruiert sie, indem er einerseits immanent verfährt und die Logik der Schopenhauerschen Argumentation nachzeichnet und sich andererseits auf prägnante Stellungnahmen des Philosophen zur Architektonik seines Systems beruft. Diese Methodenfigur läßt sich auch im Fall der Metaphysik, der Metaphysik der Natur, des Schönen, der Sitten nachweisen, wenngleich sie nicht so offen zutage liegt wie im Umkreis der Erkenntnistheorie. Der Autor besteht darauf, daß es in der Philosophie Schopenhauers kein absolut Erstes gibt, weder im Geistigen noch im Materiellen; genausowenig kennt sie ein voraussetzungsloses Verfahren, mit dessen Hilfe man, gleichsam im direkten Zugriff, das Wesen der Welt erschließen könnte. Die Selbstberichtigungsmethode dient dazu, die ursprungsphilosophischen Hypostasen, die eine unbefangene Lektüre des Schopenhauerschen Werkes verstellen, zu relativieren und aufzulösen. Mit Blick auf die Rezeptionsgeschichte hat das

Herausstellen dieser Methode den unbestreitbaren Vorteil, die standortbedingten Einseitigkeiten der betreffenden Lektüre klar vor Augen zu führen. Der Autor kann das anhand von Beispielen aus der Sekundärliteratur gut belegen. In einem Wort, Spierling tritt mit der Methodenfigur des Drehens und Wendens der Standpunkte entschieden für eine Entmystifizierung und Entdogmatisierung der Philosophie Schopenhauers ein; er will unter Beachtung der Idee Schopenhauers, daß seine Philosophie die Darstellung eines »einzigen Gedankens« ist, gleichwohl die »strukturelle Pluralität« dieses Denkens stärker hervortreten lassen. Dieses Vorhaben ist Spierling auf eine überzeugende Weise gelungen.

Gleichzeitig erfaßt das Verfahren eine bereits in der Philosophie Schopenhauers angelegte Grundproblematik, der das heutige Philosophieren in besonderem Maße ausgesetzt ist: Wie ist der Relativität, der Beliebigkeit eines Standort- und Perspektivenwechsels philosophisch zu begegnen? Darüber hinaus bleibt zu fragen, ob vermittelst der vorgestellten Interpretation auch solche Verständnisschranken und Widersprüche Schopenhauers miterfaßt werden wie beispielsweise Fragen nach dem Verhältnis von Metaphysik und Geschichte. In einer ergänzenden Perspektive könnten archäologisch ausgerichtete Untersuchungen in den Tiefenstrukturen der Metaphysik (z.B. exemplarisch an dem zentralen Terminus »principium individuationis«) die Sedimente der Geschichte, die Verteilungsmuster der Macht und die Sinnbildungen entdecken und abtasten, die für das Ganze der Philosophie Schopenhauers auch kennzeichnend sind.

Gerhard Gamm

V. Philosophische Neuerscheinungen

Ich stelle mir [...] eine Kritik vor, die nicht zu urteilen versuchen würde, sondern ein Werk, ein Buch, einen Satz, eine Idee zum Leben erwecken würde; sie würde Feuer anzünden, das Gras wachsen sehen, dem Wind zuhören und den Meeresschaum im Flug erhaschen und zerstäuben. Sie würde nicht die Urteile, sondern die Lebenszeichen mehren; sie riefe sie und weckte sie aus ihrem Schlaf. Erfände sie sie manchmal? Umso besser. Die Urteile fällende Kritik schläfert mich ein; ich hätte gerne eine Kritik in einem Funkenregen von Einfällen. Sie wäre nicht souverän [...]. Sie trüge den Blitz der möglichen Gewitter.

Michel Foucault
(*Philosophien*, ed. Peter Engelmann, Böhlau, Wien-Köln 1985, p. 32)

Rezensionsredaktion:
Reinhard Margreiter & Martin Hielscher

Übersicht

I. SCHOPENHAUER, NIETZSCHE

II. MODERNE, POSTMODERNE

III. KUNST, MYTHOS, RELIGION

IV. SYSTEMATISCHES, HISTORISCHES

I. SCHOPENHAUER, NIETZSCHE

Schopenhauer im Taschenbuch

Arthur Schopenhauer: *Sämtliche Werke*. Textkritisch bearbeitet und ed. Wolfgang Frhr. von Löhneysen, 5 Bände (stw 661-665), Suhrkamp, Frankfurt / Main 1986, zusammen 4080 Seiten.

Mit dem Jahr 1986 liegen erfreulicherweise nun sämtliche Schriften Schopenhauers – mit Ausnahme freilich der Briefe und Gespräche – auch in erschwinglichen Taschenbuchausgaben vor. So hat Volker Spierling in diesem Jahr in der »serie piper« den vierten und letzten Band von Schopenhauers Berliner Vorlesungen ediert, die in der Hübscher-Edition des *Handschriftlichen Nachlasses* unberücksichtigt geblieben waren. Der von Arthur Hübscher herausgegebene *Nachlaß* wiederum ist schon seit 1985 als dtv-Kassette erhältlich, und auch die (auf Hübschers historisch-kritischer Gesamtausgabe bei Brockhaus basierende) »Zürcher Ausgabe« des Diogenes-Verlags ist nun wieder im Buchhandel erhältlich. Mit der Taschenbuchedition der neben Hübscher zweiten relevanten Schopenhauer-Gesamtausgabe, der von Wolfgang Frhr. v. Löhneysen – die ebenso verläßlich ist und in der Schopenhauer-Literatur ebenso oft zitiert wird – hat nun Suhrkamp die letzte diesbezügliche Lücke geschlossen.

In der Löhneysen-Ausgabe, die erstmals 1960 bei Cotta-Insel erschien, sind Orthographie und Interpunktion zeitgemäß adaptiert, was von Hübscher, der sich streng an Schopenhauers eigenwillige Verfügung, kein Jota zu ändern, halten wollte, stets abgelehnt wurde, aber der Lesbarkeit der Texte doch entgegenkommt. Es ist auch daran zu erinnern, daß in dieser Ausgabe erstmals die Textschichten der einzelnen Editionen und Auflagen zusammengestellt und so die früheren und späteren Fassungen, Ergänzungen und Streichungen – wichtig vor allem für die Dissertation – leicht erkennbar gemacht wurden. Die beiden ersten Bände enthalten das Hauptwerk, der dritte Band die kleineren Schriften, die Bände 4 und 5 die *Parerga*, wobei der letzte Band mit einem hilfreichen Namens-, Sach- und Begriffsregister schließt. Wie in der »Zürcher Ausgabe« werden auch hier die fremdsprachlichen Zitate innerhalb des fortlaufenden Textes und in eckigen Klammern übersetzt, da vom durchschnittlichen Leser einsichtigerweise Schopenhauers eigene Sprachkenntnisse nicht erwartet werden dürfen. Im Gegensatz zur »Zürcher Ausgabe« wird bei Löhneysen aber auch die Schrift »Über das Sehn und die Farben« mit berücksichtigt (Band 3). Vor allem die Tatsache, daß die Serie »stw« (suhrkamp taschenbuch wissenschaft) in allen größeren Buchhandlungen nummernmäßig geführt wird, dürfte im Hinblick auf vorliegende Edition einer weiter wachsenden Beschäftigung mit Schopenhauer zugute kommen.

RMa

Arthur Schopenhauer: *Der handschriftliche Nachlaß*, ed. Arthur Hübscher (unveränderter Nachdruck), 5 Bände (in 6 Teilbänden), Deutscher Taschenbuch Verlag, München 1985, CXXXVII, 3073 Seiten.

Die Auswahl aus Schopenhauers handschriftlichem Nachlaß, die Eduard Grisebach 1891-93 herausgab, war im Buchhandel weit über ein halbes Jahrhundert lang vorrätig. Die in den Jahren 1966-75 von Arthur Hübscher besorgte historisch-kritische Ausgabe des Nachlasses war im Frühjahr 1982 bereits vergriffen, und es schien längere Zeit, als sollte es dabei bleiben. Es ist deshalb sehr erfreulich, daß die beabsichtigte Taschenbuchausgabe nun zustande kam. Eine weitere Annehmlichkeit: bei dem durchgehend mit dem Original identischen reprographischen Nachdruck ist jedes Zitat dort zu finden, wo es bisher war. Da inzwischen auch die Berliner »Philosophischen Vorlesungen« (1820) wieder aufgelegt wurden, (ed. Volker Spierling, Piper, München 1984-86) ist bis auf die Reisetagebücher des zwölf- und fünfzehnjährigen Schopenhauer alles, was er je geschrieben, zugänglich.

Die aphoristisch geschlossenen Texte des Nachlasses, ihre Sprachkunst und die Vielfalt der Inhalte haben schon immer das ihre zu einer näheren Bekanntschaft mit Schopenhauer beigetragen. Tatsache ist, daß die Kenntnis des Nachlasses das Begreifen des Werks und der Person des Philosophen fördert. Die Fixierung des Einfalls, die Vorarbeit für die treffendste, endgültige Aussage, die Stadien von Auseinandersetzungen oder Kritik: darüber geben die Texte Auskunft. Man kann auch erkennen, wo das Nachdenken anfing, im Ethischen nämlich, im Leiden am Leben. Erst der Nachlaß veranschaulicht die unglaubliche Schnelligkeit der geistigen Entwicklung dieses Genies. Von den Texten bis 1818 sind deshalb besonders die Vorlesungs- und Studienhefte lehrreich, darunter die Abschnitte »Kant« und »Gegen Kant«. Neben den 16 Manuskriptbüchern hat Schopenhauer noch Notizen über die Sprachverhunzung, die wichtige Abhandlung Eristische Dialektik und seine Übersetzung von Balthazar Gracians Handorakel hinterlassen. In den Randschriften zu Büchern lernt man auch den Witz des Schreibers kennen: In dem gegen Kant gerichteten Werk von Herder heißt es zur Stelle »Denken? Innerlich sprechen [...]«: »Ja! ja! wenn Schwäzzen Denken wäre, so wäre Herder ein Philosoph.«

Arthur Hübscher, der sich jahrzehntelang ausschließlich dem Werk und der Biographie Schopenhauers widmete und Aufklärungsarbeit übernommen und erfolgreich geleistet hat wie kein zweiter, hat den Stoff des Nachlasses chronologisch geordnet, gegliedert und aufbereitet. Zu seinem Verfahren äußert er sich im ersten Band und in den Anhängen. In seinen Auflistungen der vielen Textstellen, die Schopenhauer in die Werke aufgenommen hatte, steckt zeitraubende Kleinarbeit. Die Randschriften zu Büchern leitet der Essay »Schopenhauer und das Buch« ein, in dem über den Bestand der 3000

Bände umfassenden Bibliothek und die exakte »Buchführung« ihres Besitzers berichtet wird. Abschließend sei noch erwähnt, daß kein Orientierungsbehelf fehlt, wie Quellennachweise, Textdatierungen, Übersetzung fremdsprachiger Zitate oder Gesamtregister.

Hans Haller (*Innsbruck-Rum*)

Verzweifelte Hoffnung

Wolfgang Schirmacher (ed.): *Schopenhauer. Insel-Almanach auf das Jahr 1985*, Insel Verlag, Frankfurt / Main 1985, 249 Seiten.

In seiner ästhetischen Frühschrift über *Die Geburt der Tragödie* bezeichnet Friedrich Nietzsche den Menschen als den verlorengegangenen Sohn der Natur. Von der Rückkehr des verlorenen Sohnes, wie sie von der Theologie und der metaphysischen Tradition vorgegeben wird, schreibt Nietzsche dagegen nichts. Trennend und verbindend hat sich zwischen Mensch und Natur ein unabsehbarer Weg gelegt, der es sogar fragwürdig werden läßt, ob das, was zu erreichen ist, ob das, was ankommt oder kommen läßt, mit einem Wort, mit dem Wort Mensch oder dem Wort Natur überhaupt angesprochen werden kann. Bereits Nietzsches erster Lehrer, Arthur Schopenhauer, hatte erkannt, daß die verhinderte Rückkehr zur mütterlichen Natur oder zum väterlichen Logos für den modernen Philosophen zu einer doppelten Heimsuchung geworden ist. Heimsuchung der Natur, die mit der namenlosen Rache eines unaussprechlichen Schmerzes den abtrünnigen Sohn an seine Herkunft erinnert, der er doch nicht entrinnen kann; Schopenhauer hatte sie mit der Metapher des Willens bedacht. Und Heimsuchung des Logos, der, jenseits des Gartens, den vergessenen Ursprung seines Gedächtnisses durch eine Arbeit und ein Gedenken zu erreichen sucht, die die Grenzen seines Exils, durch jede erneute Schlußfolge, bis zur Undurchdringlichkeit befestigen; Schopenhauer nannte dieses von seinem Ursprung entfremdete Denken Vorstellung.

Aber neben dieser ausgesprochenen Verzweiflung, deren Philosoph Schopenhauer war, hat es immer auch eine Hoffnung gegeben, eine Hoffnung inmitten der Verzweiflung, die den stummen Traum der Erlösung aus den absichtslos hinterlassenen Spuren des Denkens zusammenliest. Man wird sich, wohl oder übel, die Frage stellen müssen, ob der sogenannte Pessimismus Schopenhauers, ob die totale Verdammnis der Welt und des Denkens *in der Tat* möglich gewesen ist, ob Schopenhauer nicht vielmehr selbst in jenen Momenten da er nur vom Pessimismus sprechen wollte, seiner Schrift einen anderen, unausgesagten, Sinn verleihen mußte – oder ob Schopenhauer nicht gar vom Pessimismus sprechen zu wollen vorgab, um dem sprachlosen Wesen der Hoffnung Platz zu geben. Vielleicht ist für

Schopenhauer der Pessimismus die einzig mögliche Gestalt der Hoffnung gewesen.

Dies jedenfalls legt der Aufsatz von Wolfgang Schirmacher nahe, der den Schopenhauer gewidmeten Insel-Almanach auf das Jahr 1985 einleitet. Schirmacher vertritt in dem von ihm herausgegebenen Band die These, daß der junge Schopenhauer mit dem Pessimismus wie mit einer Maske gespielt habe, die erst vom alten, verbitterten Philosophen als das eigentliche Gesicht angenommen worden sei. »Hinter der Maske des Pessimisten, die im Alter immer undurchdringlicher wurde, war Schopenhauer vermutlich einer der größten Mystiker des 19. Jahrhunderts. Doch Erlösung kann man nicht predigen, denn allzuleicht wird vermarktet, was im Schweigen zu hüten ist. Die nach Erlösung um jeden Preis streben, vermehren bloß eigenes wie fremdes Leiden« (p. 11). Schirmacher geht es darum zu zeigen, daß die Sprache der Schopenhauerschen Philosophie das Denken zu einem Schweigen zu bringen versucht, das die vorphilosophische Stummheit hinter sich gelassen hat. Schirmacher spricht von *Schopenhauers ungeschriebener Lehre* (p. 12). Vielleicht hat man es bei Schopenhauer also mit einem Denken zu tun, zu dessen Sinn oder Nicht-Sinn es gehört, nicht geschrieben worden zu sein.

Wie aber, so ließe sich dann fragen, kann eine ungeschriebene Lehre gelesen werden? Die Antworten, die Schirmacher gibt, sind selbstverständlich keine Gebrauchsanweisung für den Umgang mit dem Text der Schopenhauerschen Philosophie, können es auch nicht sein. Viel eher kommt es Schirmacher darauf an, mit der von ihm vorgeschlagenen *Gelassenheit* die geschriebene Lehre Schopenhauers nach deren eigenem Maß zu verlassen. Gewiß, Schirmachers Gelassenheit ist eine willenlose Untreue dem Schopenhauerschen Text gegenüber. Aber sie ist auch gerade deswegen der Bereich jener *äußersten Nähe* der Schopenhauerschen Philosophie zu sich selbst, die inmitten des von ihr gezeichneten Höllensturzes den Spuren einer wortlosen Hoffnung zu folgen beginnt. Die Gelassenheit läßt das Denken Schopenhauers kommen, zu sich selbst und zur Zukunft, die es mit uns gemein hat.

Schirmacher interessiert sich für die intentionslosen Momente des Schopenhauerschen Denkens. So hebt sein aus der Gelassenheit geborenes *Gegendenken* (p. 9) gerade Schopenhauers *Ethik des Nichthandelns* hervor, »deren wahre Bedeutung vielleicht erst in der ökologischen Krise zum Vorschein kommt« (p. 9). Schopenhauer habe bewußt auf eine teleologische Ethik verzichtet, um den Schuldzusammenhang zweckrationalen Denkens nicht zu verlängern oder durch falsche Hoffnungen zu beschönigen. Die Vorstellung des Zieles selbst, schließlich und endlich des Todes, seien mit Schopenhauer auf neue Weise zu bedenken. Die Gelassenheit, von der Schirmacher spricht, ist also auch ein widerstandsloses Kommen des Todes. »Wir beginnen erst zu leben, wenn wir als Sterbliche, die wir vom Sterben wissen, nicht mehr um jeden Preis überleben wollen« (p. 18). Zurecht weist Schirmacher darauf hin, daß Ethik dann zur Metaphysik wird, wenn sie den Tod aus dem Leben verbannen möchte. Aber ebenso wie der je eigene Tod, läßt sich, so Schirmacher, die »Eigenverantwortung auf niemand übertragen« (p. 17).

Die Textstücke, die Schirmacher für den Insel-Almanach ausgewählt hat, bieten in prägnanter Weise wesentliche Stationen des Schopenhauerschen Denkweges. Erstaunlich vor allem die vielleicht weniger bekannten Äußerungen Schopenhauers aus seinen Briefen und den zum Teil sehr persönlichen Manuskripten aus dem handschriftlichen Nachlaß. Gerade hier, wo sich Schopenhauer als ein überaus kränkbarer und verletzlicher Mensch zu sehen gibt, läßt sich das Maß der Selbststilisierung erahnen, die in seiner Menschenverachtung lag.

Es ist erfrischend, daß Schirmacher in seiner Auswahl der Texte und der Illustrationen, die dem Band beigegeben sind, vor allem den jungen Schopenhauer betont. Denn bei dem bekannten Porträt Schopenhauers als altem Mann handelt es sich nicht um den Philosophen. Es war der junge Schopenhauer, der *Die Welt als Wille und Vorstellung* schrieb. Und gerade an Schopenhauers Hauptwerk wird deutlich, daß frecher Mut und Denkvermögen zusammenkommen mußten, um vor den neuen, unangenehmen Dingen, die zu sagen waren, nicht zurückzuschrecken.

Edgar Pankow *(Hamburg)*

Intellektuelle Flegelei

Arthur Schopenhauer: *Über die Weiber.* Mit einleitenden Gedichten über die Würde der Frauen von Friedrich von Schiller und August Wilhelm von Schlegel, ed. & Nachwort von Friederike Hassauer, Haffmans Verlag, Zürich 1986, 144 Seiten.

Wenn an Säulenheiligen Kritik geübt wird, erzittern die Adepten. Diese sind ja stets bereit, ihr Kultbild dem breiten Konsens jedweder Gegenwart anzupassen, Opportunes aus des Meisters Mottenkiste hervorzukramen, auch wenn es dem Werk peripher ist, und Störendes zu verschweigen oder umzudeuten. So konnte Schopenhauers Aktualität z.B. auch im Dritten Reich bewiesen werden, indem man seine explizite Demokratieablehnung und seine paar antisemitischen Tiraden hervorhob, während man im Zuge der Entnazifizierung wieder, diesmal zweifellos dem Zentrum seines Denkens (unfreiwillig) näher, den Antinationalisten und Nonkonformisten zu Ehren kommen ließ. Nicht unähnlich scheint man mit Schopenhauers Sexualtheorie umzugehen. Bietet man in Zeiten der stockenden oder zurückweichenden Frauenemanzipation des Meisters Opus als Büffet für Herrenwitze an, so sinnt man in sensibleren Tagen auf Strategien der Verharmlosung und Entlastung: Er habe zwar wie Cato und Möbius gesprochen und geschrieben, aber wohl alles nur halb so schlimm gemeint.

Sind Interpretationen strittig, empfiehlt sich allemal der Rückgang auf den Text. Friederike Hassauer hat in einem bibliophilen Kleinband alle wichtigen Weiber-Worte des Meisters, zitiert nach der Hübscher-Ausgabe, versammelt. Es handelt sich neben kleineren Stellen aus P und E vor allem um die Abschnitte »Metaphysik der Geschlechtsliebe« (W II, 4. Buch, Kap. 44) und »Über die Weiber« (P II, Kap. XXVII, §§ 362-71). In ihrem locker bis schnoddrig verfaßten Nachwort (»Ein ganz Schlauer war Herr Schopenhauer«, 129-143) beklagt die Herausgeberin, daß Schopenhauer zwar »zum Watschemann und großen Antipath der Frauenbewegung avanciert« (131) sei, aber von seinen Feindinnen kaum je im Original gelesen werde. Offenkundig soll dem mit vorliegender Ausgabe begegnet werden, deren naturgemäßer – und daher auch nicht als vermeidbar zu kritisierender – Nachteil darin liegt, daß der Konnex von Schopenhauers Sexualtheorie mit seiner Willensmetaphysik nur durch eine breitere Lektüre auch des übrigen (und zentralen) Werkes zu erschließen wäre.

Dieser Zusammenhang müßte näher daraufhin geprüft werden, ob jene Schopenhauers Glaubwürdigkeit zweifellos desavouierenden Äußerungen geeignet sind, auch die Partien seiner Naturphilosophie, aus denen er sie abzuleiten vorgibt, ebenfalls in Frage zu stellen. Hassauer geht hier, was wohl zu wünschen gewesen wäre, nicht ins Detail. Bemerkenswert, aber nur teilweise überzeugend ist ihr Hinweis auf Schopenhauers Eristische Dialektik – die rhetorische Kunst, recht zu behalten und den Gegner fertigzumachen –, die sie in seiner Denunzierung des Weiblichen par excellence verwirklicht sieht. Wer, außer den ewigen Palmströms, wollte leugnen, daß Schopenhauer sich in diesem Thema streckenweise arg vergriffen hat? Dies wird auch dadurch nicht gegenstandlos, wenn Feministinnen in ihrer Schopenhauerrezeption da und dort gelegentlich zu kurz greifen.

Hassauers Nachwort ist verdienstvoll, weil sie ein Problem beim Namen nennt, nicht weil sie es erklärt und auflöst. Sie referiert zuvörderst die dicken Brocken, bei denen Schopenhauers »Vorurteil, der blinde Fleck, die Tradition, das Dogma« (143) des abendländischen Sexismus zum Audruck kommen. So heißt es in den Parerga: das Weib sei »eine Art Mittelstufe, zwischen dem Kinde und dem Manne, als welcher der eigentliche Mensch ist«, oder: daß »die Weiber ganz allein zur Propagation des Geschlechts dasind und ihre Bestimmung hierin aufgeht«, schließlich: daß »das Weib, seiner Natur nach, zum Gehorchen bestimmt ist« (zitiert nach der Zürcher Ausgabe: P II 668, 672, 681). Das alles soll sub specie aeternitatis gelten und wird mit einem gänzlich ungeschichtlichen Naturbegriff begründet. Mindestens so gut begründet scheint hier Hassauers Kommentar, wenn sie Goethes Werther zu Hilfe ruft: »Soviel Einfalt bei soviel Verstand!« (143)

Und sie attestiert ihm »selbstvergnügte intellektuelle Flegelei« (131). Diese gilt freilich reziprok fürs Nachwort selbst. Aber warum hätte sie Schopenhauern auch schonen sollen? Nicht einmal seine eigene Mutter konnte ihn ja leiden.

RMa

Neubewertung Schopenhauers

Helmut R. A. Primer: *Das Problem des Materialismus in der Philosophie Arthur Schopenhauers*, Peter Lang, Frankfurt / Main-Bern-New York 1984, 123 Seiten (I).

Martin Morgenstern: *Schopenhauers Philosophie der Naturwissenschaft*, Bouvier, Bonn 1985, 194 Seiten (II).

I

Schopenhauer ist derjenige Idealist, der dem Materialismus am nächsten steht, so wenigstens geht es aus der anregenden Studie von Helmut R. A. Primer hervor. »Bei Schopenhauer finden wir die beiden philosophischen Grundrichtungen in auffallend unversöhntem Streit miteinander« (15). Daß es sich um die ›Grundrichtungen‹ handele, belegt Primer nicht nur mit dem Text Schopenhauers, sondern mit der ›marxistisch-leninistischen Erkenntnistheorie‹, wie sie in Lenins *Materialismus und Empiriokritizismus* und im Philosophischen Wörterbuch von G. Klaus sich findet, der sich auf Engels und Lenin stützt. Primer macht sie zum Leitfaden seiner Schopenhauer-Kritik.

Nun ist es dem geringen Kontakt Lenins zur zeitgenössischen europäischen Philosophie zuzuschreiben, daß er den in ihr wenig diskutierten Gegensatz von Idealismus und Materialismus zum Hauptproblem macht. Schon Hegel hatte ihn als obsolet bezeichnet, wenn er in seiner *Wissenschaft der Logik* anmerkt: »Der Idealismus der Philosophie besteht in nichts Anderem als darin, das Endliche nicht als ein wahrhaft Seiendes anzuerkennen [...]. Der Gegensatz von idealistischer und realistischer Philosophie ist daher ohne Bedeutung. Eine Philosophie, welche dem endlichen Dasein als solchem wahrhaftes, letztes, absolutes Sein zuschriebe, verdiente den Namen Philosophie nicht« (*Logik I* (Lasson), 145, Hamburg 1975).

In der Tat schreibt auch der philosophische Materialismus den in der Anschauung präsenten Dingen nicht ›absolutes Sein‹ zu, auch die Physik tut es nicht. Und der Anti-Metaphysiker Nietzsche sagt, der Mensch »hat die ›Dinge‹ als seiend gesetzt nach seinem Bilde« (Nietzsche: *Werke in 3 Bänden* (Schlechta) II, 973). Nimmt die marxistisch-leninistische Erkenntnistheorie die in der Anschauung präsenten Dinge als letzte an, dann ist sie nicht Erkenntnis*kritik*. Auf diesen Anspruch muß auch Lenin verzichten, wenn er behauptet, die natürliche Einstellung (naiver Realismus) sei die Erkenntniskritik des Materialismus. Die unkritische Hinnahme der Dinge kann nicht eine kritische Einstellung zu den Dingen sein (A. Schaefer: *Lenins Philosophieren*, Berlin 1986, 27). Lenin erklärt das menschliche Erkenntnisvermögen »als ein einfaches Widerspiegeln der Natur« (Lenin: *Materialismus und Empiriokritizismus*, Moskau 1947, 163). Es ist also so wenig kritisch wie ein Spiegel, der einen 3-dimensionalen Gegenstand 2-dimensional reflektiert.

Primer übernimmt gleichfalls Lenins Gleichsetzung von Realismus und Materialismus (66). Beide lehren die Unabhängigkeit der Außenwelt von dem Bewußtsein. Darüber hinaus versucht aber der Materialismus psychische Vorgänge auf physiologische zurückzuführen. Schopenhauer identifiziert Anschauung und Denken mit Leistungen des Gehirns. Sie müssen aber nicht die Ursache der geistigen Leistungen sein, sondern sind dessen unabdingbares Korrelat.

Aus seiner umfassenden Text-Kenntnis heraus stellt Primer die Widersprüche des schopenhauerischen Systems dar (32ff). Deren bekanntester ist die Begrenzung der Kausalität auf den Vorstellungsbereich, in dem aber der Wille tätig ist, mithin also kausal sei, obwohl er mit dem akausalen Ding an sich identifiziert wird (37). Obgleich es nun genügend Textbelege für diese Identifikation gibt, ist sie nicht derart grundlegend oder ausschließlich, wie sie Primer im allgemeinen sein läßt. Er selbst vermerkt, daß der Wille für Schopenhauer nicht immer mit dem Ding an sich identisch ist (84, 94). Er ist vielmehr dessen nächste Annäherung.

Aus dieser Unklarheit erwachsen viele Widersprüche, die überdies oft nur Nuancen betreffen – so z.B. den generellen und den graduellen Unterschied zwischen Instinkt und Verstand (104). Ein veritabler Widerspruch zeigt sich allerdings im Verhältnis von Kausalität zur Materie. Im zweiten Band des Hauptwerkes heißt es: »Von der Kette der Kausalität [...] bleiben in der Natur zwei Wesen unberührt: die Materie und die Naturkräfte. Diese beiden nämlich sind die Bedingungen der Kausalität« (*Die Welt als Wille und Vorstellung II*, Kap. 4; A. Schaefer: *Probleme Schopenhauers*, Berlin 1984, 110). So ist denn Materie sowohl Kausalität wie deren Bedingung, was ungereimt ist.

Am Ende des genannten Kapitels folgt die Tafel der Praedicabilia a priori, die in der Korrektur Kants die der *Zeit*, des *Raumes* und der *Materie* sind. Hier wird die transzendentale Funktion der Kategorie der Materie offenbar. Man kann also einen ›transzendentalen Materialismus‹ Schopenhauers ansetzen (*Probleme Schopenhauers*, 118). Er liegt jenseits des von Primer behaupteten ›Schwanken zwischen Idealismus und Materialismus‹ und ist imstande, das Problem des Materialismus in der Philosophie Schopenhauers zu lösen. Zum Apriorismus des Philosophen führt Primer die Evolutionäre Erkenntnistheorie (von Konrad Lorenz begründet) (92) ins Treffen. Nicht zu Unrecht. Die Apriorität der transzendentalen Funktionen liegt in ihrem Gebrauch, nicht in ihrer Ursprünglichkeit.

II

Für ihre Herkunft sind wir auf die Naturwissenschaft verwiesen, der sich Martin Morgenstern annimmt. Schopenhauer hat seine Aprioritätslehre schon in seiner Dissertation *Über die vierfache Wurzel des Satzes vom zureichenden Grunde* entwickelt. Dieser Satz ist gemeinsamer Ausdruck allen apriorischen Wissens (21) – unabhängig von einer idealistischen oder realistischen Deutung (27). Auch Morgenstern verknüpft den für die Naturwissenschaft zentralen Begriff der Kausalität mit dem der Materie in seiner einsichtigen Argumentation der Anfangslosigkeit der Kausalkette (50). Die Setzung einer ›ersten Ursache‹ sei widersinnig, ja undenkbar. Anders als Kant gilt Schopenhauer die Relation der Kausalität als oberstes Prinzip des Satzes vom zureichenden Grund. Da dieser ein logischer Grundsatz ist, findet Morgenstern »ausreichende Hinweise für die These, daß er kausale Erklärungen als *logische Folgerungen* betrachtet hat« (156), gestützt auf den prognostischen Charakter kausaler Erklärungen. Diesem hatte schon Hume die absolute Geltung entzogen, wessen sich Schopenhauer wohl bewußt ist. Gerade deswegen braucht er die metaphysische Wesenheit des Willens (oder Welt-Willens), dessen Befugnis da beginnt, wo die der empirisch verifizierbaren Naturwissenschaft bzw. ihrer Gesetze endet.

Der Wille offenbart sich in der Natur im allgemeinen und deren Kausalität im besonderen. Im Gegensatz zu Kant wird Kausalität schon in der Sinneswahrnehmung festgestellt. Mit ihr, die von der Affektion der Sinnesorgane auf die gegenständliche Ursache der Sinnesdaten schließt, macht Schopenhauer aber einen Schritt aus der Erkenntnistheorie hinaus zur Physiologie. Morgenstern zitiert die »unbewußt-intuitive Kausalfunktion des Verstandes« (83) in der Anschauung räumlicher Objekte. Diese Funktion kann auf Hume zurückgeführt werden, der sie ›inference‹ nennt und für stärker erklärt als das deduktive Schließen (Hume: *A Treatise of Human Nature*, Oxford 1955, 97n).

Schopenhauer, der sich als Kantianer versteht, rechtfertigt die Apriorität von Substanz und Kausalität im Erkenntnisprozeß. Über Kant hinaus identifiziert er beide Begriffe und sie mit dem Begriff der Materie. Morgenstern gelangt in deren Erörterung zu der Feststellung: »Der traditionelle Substanzbegriff läßt sich [...] nicht auf den Kausalbegriff reduzieren« (123). Diese Reduktion gelingt aber Hegel, der in der Wissenschaft der Logik Substanz mit ›Macht‹ identifiziert, um zu folgern: »Die für sich seiende Substanz aber ist die *Ursache*« (Logik II (Lasson), 189). Wie sehr es ihm um

Dialektik geht, zeigt der weitere logische Fortgang, in dem die Substanz sich im ›*Begriff*‹ vollendet und ›Subjekt‹ wird (*Logik II*, 216).

Von dieser extremen Apodiktizität hält sich der erfahrungsnahe Schopenhauer wohlweislich fern. Morgenstern sagt: »Mit der These, daß die Apodiktizität kein wesentliches Merkmal der Wissenschaft ist, rückt Schopenhauer von dem Wissenschaftsverständnis der rationalistischen Tradition ab« (140f).

Anders als Primer setzt sich Morgenstern, der über beachtliche wissenschaftstheoretische Kenntnisse verfügt, mit dem Substanzprinzip auseinander. Bei Schopenhauer erscheint es gewöhnlich als der Satz der Beharrlichkeit der Materie (126). Da ›Materie‹ zu den Praedicabilia a priori gehört, liegt es nahe, in ›Substanz‹ nur eine weitere Abstraktion des abstrakten Materie-Begriffs zu finden. Schopenhauer formuliert den Substanzsatz als ein synthetisches Urteil a priori, welches aber der methodischen Untersuchung Morgensterns nicht standhält. Es handele sich vielmehr um einen analytischen Satz.

Im Gegensatz zu vielen Schopenhauer-Interpreten wird Morgenstern der naturwissenschaftlichen Methodenlehre des Philosophen gerecht, die sich auf die induktive Methode als spezifisch naturwissenschaftliche konzentriert (135). Dadurch erhöht sich die Bedeutung von Morgensterns Abhandlung. Er schlägt eine Brücke zwischen klassischer Erkenntniskritik und moderner Wissenschaftstheorie, die sehr anregend sein kann. Bei Morgenstern spielt aber die Willens-Metaphysik nicht die gleiche Rolle wie in Primers Buch. Sie gab der Schopenhauer-Rezeption weiter Kreise gebildeter Leser einen größeren Anstoß als die naturwissenschaftliche Methodenlehre. Der Pessimismus, der sich an Schopenhauers Namen knüpft und Nietzsche zu einer ständigen Auseinandersetzung mit ihm zwang, basiert auf der Idee des in sich zerstrittenen, sich selbst zerfleischenden, stets unbefriedigten Willens. Er spiegelt die Unruhe des Jahrhunderts wider, das mit sich nicht ins reine kommen konnte. Schopenhauer hatte mehr als andere Denker begriffen, daß Philosophie für das Leben der Menschen etwas bedeuten sollte.

Alfred Schaefer *(Berlin)*

Hans Ebeling, Ludger Lütkehaus (ed.): *Schopenhauer und Marx. Philosophie des Elends – Elend der Philosophie?*, Syndikat, Frankfurt / Main 1985, VIII, 224 Seiten.

Nach fünf Jahren erscheint der 1980 bei Hain (Königstein / Ts.) publizierte Sammelband nun als Syndikat-Taschenbuch. Im Vorwort zur Neuauflage vertreten die Herausgeber die Auffassung, Aufrüstung, Arbeitslosigkeit und Entfremdung hätten in diesem vergangenen Jahrfünft dazu beigetragen,

»Begriff und Realität des Elends wieder vertrauter zu machen«. Das Thema des Leidens ist die Plattform, auf der sich zwei so abgründig verschiedene Denker wie Schopenhauer und Marx begegnen. Zwischen ihnen müsse die »ideale Sprechsituation« freilich »erst noch hergestellt werden«, denn: »Das Thema signalisiert eine Konfrontation, die weder ausgetragen ist noch überboten erscheint.«

Sofern es bisher eine Vermittlungsarbeit gegeben hat – sie ist spärlich genug –, spielte sie sich vornehmlich im Rahmen der Kritischen Theorie ab, die ihren eigenen historischen Ausgangspunkt in einer Anlehnung an den aktivistischen Geschichtsoptimismus des Marxismus nahm, die sich aber dann immer mehr zu einem räsonierenden Quietismus fortentwickelte, der das politische Interesse, geschichtspessimistisch geworden, unter den Glassturz einer vita contemplativa stellte. Horkheimer hatte freilich seit je Schopenhauer als geheimen Hausheiligen verehrt. Zeigen also er sowie H. Marcuse, A. Schmidt, H. Maus und E. Bloch gegenüber Schopenhauer liberalmarxistisches Entgegenkommen, so wiederholt G. Lukács die orthodox-marxistische Position, die vom dumpfen und morbiden bürgerlichen Reaktionär spricht. Neben den Ansätzen dieser Autoren bringt der Band aber auch noch Arbeiten von R. Spaemann, B. Heidtmann, M. Landmann und B.-H. Lévy.

Die Sammlung macht deutlich, um wie vieles leichter sich Marx mit anderen idealistischen Philosophen vergleichen läßt (seien es Kant, Nietzsche oder Heidegger) als mit dem großen Außenseiter der Schulphilosophie, Schopenhauer. Andererseits markiert das Buch den unumgänglichen ersten Schritt, der notgedrungen vielfach in den Anfängen einer Annäherung steckenbleibt. In der veranschlagten Synopsis von Schopenhauer und Marx, dem Erarbeiten einer gemeinsamen Sprache, die die Hermetik voneinander abgeschottete Diskurse hermeneutisch zum Einsturz bringt, wird die Aufgabe eines künftigen Denkens sichtbar, das die »moderne« Alternative von Machbarkeit oder Fatalismus überholt haben wird. Es geht dabei einerseits um die Dimension der Geschichte – die Schopenhauer ignoriert und Marx verabsolutiert – und andererseits um die Einschätzung der Philosophie – die Marx als Ausdruck des Elends begreift und aufgehoben wissen möchte, während Schopenhauer sie als einen der drei möglichen Wege zur Aufhebung des realen Elends der Individuation ins erlösende Nichts des Allgemeinen ansieht.

Simon Rabl *(Bozen)*

Gerald Jurdzinski: *Leiden an der »Natur«. Thomas Bernhards metaphysische Weltdeutung im Spiegel der Philosophie Schopenhauers* (Europäische Hochschulschriften), Peter Lang, Frankfurt / Main-Bern 1984, 203 Seiten.

Die Absicht dieser germanistischen Dissertation ist es, »den Einfluß der Philosophie Arthur Schopenhauers auf das Werk Thomas Bernhards aufzuzeigen« und dabei ein gutes Stück über die Schopenhauer-Reminiszenzen in der bisherigen Bernhard-Literatur (auf die in der Einleitung eingegangen wird) hinauszugehen. Behauptet wird, Bernhards Begriff der »Natur« sei im wesentlichen mit dem Schopenhauerschen Begriff des »Willens« kongruent. Natur bzw. Willen würden jeweils verantwortlich gemacht für das Leiden als den Grundtatbestand der Welt. Daraus ergäben sich drei Aspekte »der Bernhard mit Schopenhauer verbindenden Gedanken«, wonach sich auch der Hauptteil der Arbeit gliedert: der beherrschte, der leidende, der handelnde Mensch.

Der erste Aspekt: Analog zu Schopenhauers strenger Kausalität im Bereich des Willens erfahren auch die Helden der Prosa- und Bühnenstücke Bernhards »das Ausgeliefertsein des Menschen an eine metaphysische Naturmacht«, sie sind schlechthin unfrei, Gefangene ihrer Gedanken, Gefühle und Verhältnisse. Ihr Intellekt ist nicht imstande, diese Zirkularitäten zu durchbrechen: »Natur und Willen liegen jenseits allen menschlichen Zugriffs.« Der zweite Aspekt: All diese Verhältnisse sind Verhältnisse des Leidens. Analog zur selbstquälerischen Selbstentzweiung des Willens und zu dessen unabschließbarer Bedürfnisstruktur bei Schopenhauer fügen alle Personen und Dinge bei Bernhard einander Leid zu, gewollt oder ungewollt, und gibt es bei ihm nie die Möglichkeit von Glück, Identität, Zufriedenheit als erreichbarer Lebensform, ja nicht einmal als zeitlich begrenzten nichtillusorischen Zustand. Der dritte Aspekt: Das Oszillieren zwischen Positionen der Willensbejahung und -verneinung mündet nach Jurdzinski bei Bernhard in das Synthesegefühl der Willensverachtung.

Hier wird nun, nach der Behandlung so vieler Analogien, auch eine wesentliche Differenz zwischen dem Philosophen und dem Dichter herausgestellt. Die Welt des Willens, der Kausalität und des Leidens – für Schopenhauer überwindbar im Akt der Willensverneinung durch den sich emanzipierenden Intellekt – wird bei Bernhard als nie und nimmer transzendierbar angesehen. Weder der Philosoph noch der Heilige markieren eine mögliche Position der Freiheit und Erlösung. Lediglich der Bereich der Kunst wird auch von Bernhard als Chance der Augenblickserlösung wahrgenommen, doch haben diese Augenblicke eben keine Dauer und sind nur unfaßliche Lichtreflexe auf dem dunklen, allgemeinen Meer des Leidens.

Jurdzinski leistet mit seiner Arbeit eine Systematisierung der Weltdeutung Bernhards, wobei er freilich manchmal die – vermutlich oft nur rhetorisch und spielerisch gemeinten – Sätze des Schriftstellers in ein zu ernsthaftes philosophisches Raster zwängt. So versucht er Bernhards wenig tiefgründige Klassifizierung Schopenhauers als eines »Lach- und Spaßphilosophen« vor der Folie von Schopenhauers Theorie über den Humor als ernstzunehmende Aussage zu werten. Auch die am Schluß des Buches versuchte exemplarische Interpretation des Romans »Korrektur« im Hinblick auf Schopenhauerisches liest sich einigermaßen als germanistische Stammtischkonversation. Worin die Arbeit aber überzeugt, ist der geleistete Nachweis, daß Schopenhauer im Werk Bernhards nicht allein in rhetorischen und unverbindlichen Zusammenhängen oftmals genannt wird, sondern daß – was vor allem ersichtlich wird aus den autobiografischen Romanen – Schopenhauer auch ein bedeutsames frühes Bildungserlebnis für Bernhard darstellt, daß bei ihm Motive und ganze Motivketten aus Schopenhauers Denken wirksam sind und daß zwar nicht die normativen (d.i. eine Transzendierung des Leidens verheißenden) Elemente Schopenhauers rezipiert werden, wohl aber ziemlich detailliert die deskriptiven (d.i. den Leidenstatbestand der Welt beschreibenden) Elemente.

RMa

Rudolf Malter, Wolfgang Seelig, Heinz-Gerd Ingenkamp (ed.): *67. Schopenhauer-Jahrbuch 1986*, Verlag Waldemar Kramer, Frankfurt / Main 1986, 328 Seiten.

In der Tradition älterer Jahrgänge des Jahrbuchs der Frankfurter Schopenhauer-Gesellschaft gliedert sich auch diese Ausgabe in vier Teile: Quellen und Dokumente, Abhandlungen, Miszellen und »Aus dem Leben der Gesellschaft«. Dieses Leben ist gegenüber der Person und dem Denken Schopenhauers von jener Haltung bestimmt, die Nietzsche als »antiquarische Geschichtsauffassung« bezeichnet hat. Der Leser hat streckenweise den Eindruck, in die stille und nostalgische Feierstunde eines Altenheims geraten zu sein. Der erste Teil enthält einen einzigen Beitrag, der den Briefwechsel zwischen dem 1985 verstorbenen langjährigen Präsidenten der Gesellschaft, Arthur Hübscher, und dem Komponisten Hans Pfitzner dokumentiert. Der dritte Teil enthält unter anderem Betrachtungen über Schopenhauers Bibellektüre, über »Kaiserin Elisabeth und Schopenhauer«, einen Bericht über das Schopenhauer-Archiv in Frankfurt sowie eine Bibliografie über 1985 erschienene Schopenhauer-Titel, ergänzt durch (leider auch diesmal nicht vollständige) Nachträge 1980-84.

Lesenswert erscheinen drei Miszellen von Ludger Lütkehaus und ein Hegel und Schopenhauer vergleichender kurzer Aufsatz von Christiane Bender über den »Begriff der Liebe in der Philosophie«. Im umfangreichen vierten Teil, der vornehmlich Vereinsinternes mitteilt, sind unter anderem die beim Begräbnis Hübschers gehaltenen Trauerreden abgedruckt. Hübscher hatte 46 Jahre lang die Gesellschaft geleitet und in dieser Zeit die historisch-kritische Edition der Werke, Briefe und Gespräche des Philosophen besorgt. Sein Verdienst um die philologisch-archivarische Schopenhauerforschung ist einzigartig und unbestritten, auch wenn er durch den Führungsstil seiner letzten Präsidentenjahre zur Vergreisung der Gesellschaft stark beigetragen hat.

Der zweite Teil (»Abhandlungen«) enthält recht unterschiedliche Arbeiten, von denen einige jedoch hervorzuheben sind. Der Literaturwissenschaftler Hans Mayer referiert über »Schopenhauer als Erzieher«, Harald Schöndorf über »Schopenhauers Pessimismus im Licht des neuzeitlichen Denkens«, Martin Morgenstern über die Grenzziehung zwischen Naturwissenschaft und Metaphysik bei Schopenhauer, Mario A. Cattaneo über Schopenhauers Gedanken zum Strafrecht. Weitere Aufsätze weisen in den Bereich der Literatur. So untersucht der indische Philosoph R. K. Gupta vergleichend die Äußerungen von Schopenhauer, Marx und Freud über Literatur. Von aktuellem Interesse ist der Beitrag von Gerhard Damblemont »Zur Schopenhauer-Rezeption E. M. Ciorans«, handelt es sich doch bei Cioran um einen zeitgenössischen Pessimisten von Rang, der zu Schopenhauers Denken in vielfacher Weise Verbindungslinien entdecken läßt.

RMa

Nietzsche-Interpretationen

Friedhelm Decher: *Wille zum Leben – Wille zur Macht. Eine Untersuchung zu Schopenhauer und Nietzsche*, Königshausen & Neumann, Würzburg 1984, 195 Seiten (I).

Peter Sloterdijk: *Der Denker auf der Bühne. Nietzsches Materialismus*, Suhrkamp, Frankfurt / Main 1986, 190 Seiten (II).

Gerd-Günther Grau: *Ideologie und Wille zur Macht. Zeitgemäße Betrachtungen über Nietzsche*, de Gruyter, Berlin-New York 1984, 368 Seiten (III).

Günter Abel: *Nietzsche. Die Dynamik der Willen zur Macht und die ewige Wiederkehr*, de Gruyter, Berlin-New York 1984, 471 Seiten (IV).

Was im gewöhnlichen Sprachgebrauch ›Interpretation‹ heißt, ist in Nietzsches Philosophie Interpretation von Interpretationen. Der Positivist meint, von ›Tatsachen‹ ausgehen zu können, aber gerade sie sind nur in Interpretationen zugänglich (Friedrich Nietzsche, Werke in drei Bänden (Schlechta). III, 903, München 1982) Unter diesen gibt es keine als ›wahr‹ auszuzeichnende, vielmehr sind im Verhältnis von Interpretation als das dem Organischen eigentümliche ›Zurechtmachen‹ der Welt zur Interpretation, die wir ›Welt‹ nennen, die Prädikate ›wahr‹ und ›falsch‹ gar nicht anwendbar; daher ist Nietzsches Ausdruck der *Irrtümlichkeit* der Welt (*Jenseits von Gut und Böse*, 34) seinen eigenen Voraussetzungen nicht gemäß – es sei denn, man wäre im Besitz des ›Ding an sich‹; aber dieses, das ja auch Kant nur als Grenzbegriff kennt, ist eine Schimäre.

I

Eine solche ist es aber nicht in der Philosophie Schopenhauers, dessen Einfluß auf Nietzsche von keinem anderen Philosophen übertroffen wird; er nennt ihn seinen Erzieher. Da in dessen System der Wille die nächste uns zugängliche Realität des Ding an sich ist (wie der Titel seines Hauptwerkes verdeutlicht) und der Ausdruck ›Wille‹ in Nietzsches Philosophie auf seine Interpretationsleistung hin untersucht wird, im Begriff des ›Willen zur Macht‹ aber das wichtigste Vehikel seiner Wertung ist, liegt es nahe, beide Philosophen (wie es auch G. Simmel tut) in einen engen Zusammenhang zu bringen. Dieser Arbeit unterzieht sich mit Erfolg Friedhelm Decher: *Wille zum Leben – Wille zur Macht. Eine Untersuchung zu Schopenhauer und Nietzsche.*

Mit den Werken Schopenhauers und Nietzsches ist der Begriff ›Leben‹, der bei Kant zukurzgekommen schien, eng verbunden und mit ihm der Begriff des Leibes. Schopenhauer spottet über das reine Bewußtsein des Philosophen, der als »geflügelter Engelskopf ohne Leib« die Welt deutet (*Die Welt als Wille und Vorstellung* (WWV) I § 18 detebe 140 / 1, 142). Allerdings ist selbst bei voller Einbeziehung des Leibes nichts über den Anteil des Lebens an der Welt gesagt: ob sie an sich Leben sei oder ob dieses »ein Schimmelüberzug« lebender und erkennender Wesen auf der erstarrten Rinde eines Planeten sei (WWV II Kap. 1 detebe 140 / 3, 9). Nicht weit davon entfernt ist Nietzsche in *Die Fröhliche Wissenschaft*, 109: »Das Lebende ist nur eine Art des Toten, und eine sehr seltene Art« (Schlechta II, 116).

Aber wie sehr auch Schopenhauer der ›Schlüssel‹ zu Nietzsche sein mag (A. Schaefer: *Die Schopenhauer-Welt*, Berlin 1981, 8), so nicht nur in den von Decher herangezogenen zahlreichen Parallelen, sondern ebenso in den Divergenzen.

Der Träger der Welt-Vorstellung ist der Intellekt, der bei Schopenhauer das vom Willen geschaffene Organ zur Vermittlung von Motiven ist. Bei Nietzsche hingegen kann der Intellekt nicht das vom Willen geschaffene Organ sein, da es den Schopenhauerischen Willen gar nicht gibt. Was Schopenhauer und das allgemeine Vorurteil ›Wille‹ nennt, resultiert aus der Vielheit und Disgregation der Antriebe (Schlechta III, 696), ist somit Begleiterscheinung des Handelns und nicht dessen Ursache.

Für das Handeln trägt sowohl im allgemeinen Rechtsbewußtsein wie für Schopenhauer der handelnde Mensch die Verantwortung – allerdings auf sehr verschiedene Weise. Im allgemeinen Bewußtsein ist es die jeweils direkte Verantwortung für das Tun; doch dieses ist für Schopenhauer sekundär, da es mit Notwendigkeit aus der Einwirkung eines Motivs auf einen Charakter folgt: nur für diesen ist der einzelne Mensch selbst und direkt verantwortlich, womit auf einen metaphysischen Vorgang außerhalb der Erscheinungswelt verwiesen ist. Zutreffend referiert Decher: »Das Sein eines jeden Menschen, sein intelligibler Charakter, ist seine freie Tat. Der intelligible Charakter des Menschen ist sein Wille an sich und daher frei« (170).

Hier aber erhebt sich ein Problem: Wie verhält sich ›*sein* Wille‹ zum Welt-Willen? Dieser ist für Schopenhauer eine überall anwesende Einheit oder *die* Einheit überhaupt des Ding an sich. Decher sagt: »Die Einheit des Willens ist dadurch gegeben, daß er außerhalb der Möglichkeit der Vielheit liegt« (97). Er liegt aber auch außerhalb der Möglichkeit der Einheit, die wie die Vielheit zu den Kategorien der Erscheinungswelt gehört. Vom Ding an sich ist nichts zu prädizieren, auch nicht, daß es schlechthin ›Wille‹ ist.

Decher erscheint es sinnvoll, »von dem Willen zum Leben als einer Vorform des Willens zur Macht zu sprechen« (68f). Er findet dazu Belege im zweiten Buch von Schopenhauers Hauptwerk. Andererseits gibt es eine wesentliche Divergenz: Der ›Wille zum Leben‹ bezeichnet die Tatsache der Selbsterhaltung organischer Wesen und ihres Fortpflanzungstriebs. Der ›Wille zur Macht‹ regelt das Verhalten der Kraft-Quanta zueinander und ihrer gegenseitigen Übermächtigung. Dechers Deutung des Willens zur Macht »als das Sein alles Seienden« (102) läßt sich nicht vereinen mit Nietzsches emphatischer Abweisung des Begriffs ›Sein‹ in einer Welt des Werdens, in der sich Kraft-Quanta aneinander messen. Nietzsche nennt den Willen zur Macht den »Grundwillen« alles Seienden (Schlechta III 449), der so wenig die von Müller-Lauter behauptete Vielheit der Machtwillen ist wie Schopenhauers ontologischer Welt-Wille. Wenn für Nietzsche, wie Decher anführt, ›Einfachheit‹ eine Fiktion ist, so gilt das nur für die Komplexität der Handlungen und Ereignisse, nicht für das sie leitende Prinzip.

Decher hat das Verdienst, viele Parallelen in den Werken beider Philosophen aufgewiesen zu haben, unterläßt es aber, sie in eine eigenständige Konzeption zu integrieren. Der Wille zum Leben läßt sich so wenig auf eine Vorform des Willens zur Macht reduzieren, wie ›Substanz‹ Vorform von ›Prinzip‹ ist.

II

Für Schopenhauer ist Substanz identisch mit Materie, in der sich der Wille zur Welt gestaltet. In Analogie zur materialistischen Tendenz Schopenhauers tritt die entsprechende Tendenz Nietzsches hervor in Peter Sloterdijk: *Der Denker auf der Bühne. Nietzsches Materialismus*.

Sloterdijks materialistische Gedanken umkreisen den Leib, der von Schopenhauer und Nietzsche gleichsam wiederentdeckt wird in seiner philosophischen Bedeutung: »Die Philosophie steigt zurück zu ihren somatischen Quellen« (131). Sloterdijk weist aber die sich leicht anbietende Deutung ab, daß sich in Nietzsche eine Ausgleichsbewegung gegen ein Zuviel von etwas vollziehe

– etwa des Intelligiblen im Vergleich zum Sensiblen, oder die Wiederkehr des Körpers nach dem Ablauf einer Entkörperungsära (139f). Nietzsches post-metaphysische Reflexion ist »ein Sprechender-Werden und Welthaltiger-Werden des Leibes« (140).

Sloterdijk kehrt den christlichen Platonismus der Inkarnation des Logos um in die Sprachwerdung der physis. Hier liegt es dem Verfasser der *Kritik der zynischen Vernunft* nahe, auf den Kyniker Diogenes zu kommen: Er ist der dionysische Retter vor dem Allzudionysischen; es ist den dionysischen Philosophen nicht zu raten, Dionysos zu verkörpern (148f). Nach dieser Belehrung kann die Ethik lernen, daß es nicht ihre Aufgabe ist, die sich ohnehin selbstverändernde Welt zu verändern, sondern in ihr Maße zu setzen im Verhältnis des Dionysischen zum Apollinischen. Auf der Bühne, auf der Sloterdijk den Denker sieht, werden die orgiastischen Energien des Dionysischen von den rationalen Energien des Apollinischen zu anschaulicher Wirkung gestaltet. Von hier aus erlangen wir Zugang zu Nietzsches Erstlingsschrift *Die Geburt der Tragödie aus dem Geiste der Musik*, die hinter den Schriften des ›eigentlichen‹ Nietzsche zu verschwinden droht. Es ist das Verdienst Sloterdijks, sie zum Ausgangsort seiner Nietzsche-Studie zu machen. Er rückt die Schrift nahe an den reifen Nietzsche heran. »Wie zu zeigen bleibt, ist die *Geburt der Tragödie aus dem Geiste der Musik* zugleich die Geburt der Fröhlichen Wissenschaft aus dem Geist des Überschusses« (21).

Gemäß dem Willen zur Macht als inneres Geschehen energetischer Vorgänge läßt Sloterdijk das Manifest über die Polarität der dionysischen und apollinischen Kunstkräfte aus dem inneren Drama Nietzsches hervorgehen, das auf der Bühne der Selbstpreisgabe zur Repräsentation gelangt, »aus einem Spiel von aufwallenden und widerstehenden, rauschhaften und präzisierenden Energien« (35).

Nietzsche versteht sich auf die Kunst der Maske (Schlechta III, 450). Er betritt die philosophische Bühne »mit seiner Zweigöttermaske« (68). Er erfährt sich nicht als Individuum, sondern als Dividuum, was für seine spätere Kritik an moralischer Verantwortung wichtig wird. Die Zweigöttermaske ist aber nicht der einzige Zwilling. Ein »Wollenmüssen« (102) steht hinter dem Willen; in ihm ist der »Lustschmerzgrund« mächtig (167). Das Psychodrama des Philosophen ist »die Einheit von Erinnerung und Ereignis, von Erkenntnis und Verhängnis« (182). Nietzsche ist als Wissenschaftler Künstler und als Künstler Wissenschaftler (31). Sloterdijk sieht darin einen Protest gegen den Ungeist der Arbeitsteilung – ein Anklang an den jungen Marx. Aber Arbeitsteilung ist der Boden der Kultur, die im Bunde mit der Moralität das Anliegen Nietzsches ist – zumal es ihm um eine mögliche Rechtfertigung des in vieler Hinsicht unerträglichen Daseins geht. In *Die Fröhliche Wissenschaft*, 107 sagt Nietzsche: »Als ästhetisches Phänomen ist uns das Dasein immer noch *erträglich*«, also nur in den relativ wenigen ästhetischen Momenten und nicht im ganzen. Schopenhauers Pessimismus ist in Nietzsches Weltbild immer anwesend und will von sich selbst erlöst werden.

Sloterdijk sieht in der Frühschrift einen Hinweis auf künftige Möglichkeiten eines »dionysisch wiedergeborenen Denkens« (120). Sie realisieren sich mit dem »Rückgang in den Leibgrund des Denkens« (172). Der intelligente Leib beflügelt sich zur Sprache. Mit dieser kühnen Wendung erlebt Schopenhauers Materialismus seine Wiedergeburt im Materialismus Nietzsches.

Es ist aber nicht klar, was Sloterdijks Rede von dem Rückgang »in den Leibgrund der Gerechtigkeit« meint in Analogie zum »Rückgang in den Leibgrund des Denkens«. Er erläutert diesen Gedanken durch das Aufbrechen der Enge des Subjekts im Leib und im Drama (177), aber nicht im Sinne des »aktivistisch verpesteten Zeitgeist(es)« (183), sondern in dem der dionysischen Integrität des Lebens, in der Einheit von Lust, Schmerz und Erkenntnis. Darin sind Nietzsches Intentionen zutreffend bedacht, und so kann auf dessen Warnung vor Idealismus, Moralismus und Ressentiment (189) als nicht sehr ergiebig verzichtet werden.

Wenn in Nietzsches Erkenntniskritik die Welt nicht Text, sondern Interpretation ist und die Kritik selbst Interpretation von Interpretationen, so kann auch sein Materialismus nur Interpretation sein und sich darin vom Idealismus gar nicht unterscheiden.

Schon Schopenhauer hebt ihre Gegensätzlichkeit auf: »Es ist eben so wahr, daß das Erkennende ein Produkt der Materie sei, als daß die Materie eine bloße Vorstellung des Erkennenden sei: aber es ist auch eben so einseitig« (WWV II Kap. 1 detebe 140 / 3, 21).

III

Einen anderen problematischen Gegensatz finden wir in der Methode der Interpretation von Nietzsches Schriften: den der psychologischen oder der philosophischen Analyse. Diesem Problem stellt sich Gerd-Günther Grau: *Ideologie und Wille zur Macht. Zeitgemäße Betrachtungen über Nietzsche.*

Zentriert Grau seine Auseinandersetzung mit Nietzsches Willen zur Macht auf dessen »Schwanken zwischen Kritik und Theorie« und auf die »Bedingungen und Folgen des Umschlags *innerhalb* des Willens zur Macht« (9), auf dessen Schritt »von der Selbstüberwindung zum Willen zur Macht« (207), der auf die Überwindung anderer zielt, so hat er sich für die psychologische Kritik entschieden. Die philosophische Kritik kommt erst zu Wort in der Übermächtigung des Schopenhauerischen Pessimismus durch Nietzsches sich selbst bejahende ewige Wiederkehr.

In diesen Zusammenhang gehört auch die Einschränkung des WzM auf die Alternative von Entideologisierung und Ideologisierung. Philosophisch betrachtet ist der Wille zur Macht ein ontologisches Prinzip, das von anderen (oft trügerischen) ›Willen‹ zu trennen ist. So nimmt in *Jenseits von Gut und Böse* I, 36 Nietzsche das Recht in Anspruch, »*alle wirkende Kraft* eindeutig zu bestimmen als *Wille zur Macht*«.

In dieser Deutung liegt kein Absolutheitsanspruch. Doch ihn unterstellt Grau dem Philosophen, da es ihm nur um eine absolut gesetzte Sinngebung für die Selbstüberwindung gehe. Diese ist für Nietzsche Ausdruck asketischen Lebens, dessen Ideal dort sich erhob, »wo die Zivilisation und Zähmung des Menschen durchgesetzt wurde« (*Zur Genealogie der Moral* III, 13).

Selbstüberwindung als WzM strebt nach Steigerung und Sammlung von Kräften zur Züchtung des höheren Menschen. Sie könnte das Dasein rechtfertigen im Sinne eines Kampfspiels, aber nicht in dem seiner Idealisierung. »Von mir werden keine neuen Götter aufgerichtet; [...] *Götzen* (mein Wort für ›Ideale‹) *umwerfen* – das gehört schon eher zu meinem Handwerk« (*Ecce Homo*, Vorwort 2).

Ist in der Genealogie der Moral der Wille zur Macht am Werke, so hat sie in ihm ihre amoralische Rechtfertigung, zumal er ein anthropologischer Grundtrieb ist, auf den sich auch Dankbarkeit und Mitleid, Gerechtigkeit und Selbsterniedrigung zurückführen lassen (47). Nietzsche ist seinem ›Erzieher‹ Schopenhauer ganz nahe, wenn er von dem dem inneren Sinn des Menschen zugänglichen Grundtrieb auf die allem Dasein innewohnende Kraft schließt. Daher irritiert die Feststellung Graus: »Schließlich wird der Wille zur Macht nicht einmal deshalb erstrebt und propagiert, weil er [...] Glauben an die Wahrheit vermitteln soll, sondern gerade deshalb, weil er die Unerreichbarkeit einer letzten Wahrheit über die Situation des Menschen kompensieren« soll (267). Wie, so fragt man, kann ein Grundtrieb ›erstrebt‹ werden? Wohl aber kann er bejaht oder verneint werden.

Der profunden Nietzsche-Kenntnis Graus erschließt sich die (sonst wenig beachtete) Konstruktion einer ›Selbstaufhebung‹ aller großen Dinge (132). So wird, wie Grau treffend anmerkt, tradierte Satzung als bloße Setzung durchschaut, was das Schicksal des Christentums (und jeder Religion oder Moral) sein soll. Damit sind solche Satzungen aber nicht widerlegt, da sie scroll
dem menschlichen Zusammenleben unerläßlich sind.

Nietzsche hat nicht immer sein Weltprinzip des Willens zur Macht von dem Schopenhauerischen erlösungsbedürftigen, intellektfeindlichen, unindividuellen und doch die Individuation des Menschen gestaltenden amoralischen Willen getrennt. Grau folgt ihm darin. Doch im Nachlaß der achtziger Jahre zieht Nietzsche einen klaren Trennungsstrich zwischen seinem Willen zur Macht und dem Willen Schopenhauers (Schlechta III, 750). Es sei »ein bloßes leeres Wort«, was Schopenhauer ›Wille‹ nennt. Schopenhauers Welt-Wille, das ›An-sich‹ der Dinge, hat den Charakter der (energetischen) Substanz. Doch dieser Wille ist als Ursache in die Kraft-Manifestationen vom Menschen hineingelegt. Diesen Willen gibt es nicht (Schlechta III, 685). Was Philosophie und Psychologie mit ›Wille‹ bezeichnen, resultiert aus den konkurrierenden Antrieben; ihrer Disgregation folgt der ›schwache Wille‹, ihrer Koordination unter Vorherrschaft eines einzelnen der ›starke Wille‹ (Schlechta III, 696). Man kann aber nicht von einem ›starken‹ oder ›schwachen‹ Willen zur Macht reden, da er nicht substanziell, sondern regulativ zu verstanden ist. Er ist die Regel des Verhaltens von Kraft-Quanta zueinander, daher auch jenseits von Einheit und Vielheit.

Grau leistet eine bemerkenswerte Zuordnung der anderen Grundgedanken Nietzsches, ›ewige Wiederkehr‹ und ›Übermensch‹, zum Willen zur Macht: die erstere ist die ewige Wiederkehr der Macht, der letztere Symbol einer Überwindung des Menschen.

Die ›Thesen‹, die den einzelnen Abschnitten des Werkes vorangestellt sind, erleichtern die durch den Satzbau oft schwierige Lektüre.

IV

Ausführliche und scharfsinnige, vor allem wissenschaftstheoretische Analysen der ewigen Wiederkehr bietet Günter Abel: *Nietzsche. Die Dynamik der Willen zur Macht und die ewige Wiederkehr.*

Die ewige Wiederkehr stellt an die Nietzsche-Interpretationen hohe Anforderungen, sie ist Interpretation von Interpretationen und veranlaßt Abel, dem Begriff der Interpretation eine fundierende Rolle in menschlicher Welterfahrung, Weltdeutung und Selbstbestimmung einzuräumen. Der Untertitel, in dem »Willen zur Macht« in der Mehrzahl erscheinen, schließt sich an Müller-Lauters »Wende gegen eine Auffassung des Willens zur Macht im Sinne eines metaphysischen Prinzips und die Betonung des Primats der Vielheit vor der Einheit sowie des Gegensatzcharakters der Machtwillen« (IX). Abgesehen von ihrem Gegensatz sind sie in Analogie zu Leibnizens Monaden gedacht, speziell zu deren Aspekt der Pluralität der Perspektiven (23). Abels Willen-zur-Macht-Interpretation zielt auf eine Denkökonomie, die diverse Interpretationstermini in eine Einheit einschmilzt, woraus sich ein Interpretationszirkel ergibt. In ihm findet das »Ineinandergehen von Interpretierendem und Interpretierten« statt (152). Der ›Interpretations-Zirkel‹ tritt in dem Verhalten der Kraft-Quanta zueinander ›geschehenslogisch‹ zu Tage, also nicht nur in der philosophischen Reflexion, sondern in dem von ihr reflektierten Sachverhalt.

In ihm geht es nicht um das philosophisch tradierte Streben nach Selbsterhaltung alles Seienden (Spinoza, *Ethik* III, 7 und IV, 22), sondern um Machtsteigerung, deren Nebenprodukt, nicht aber Ziel, Selbsterhaltung sei. Die Kraftsteigerung geschieht in der Überwältigung der geringeren Kraft durch die stärkere, die die erstere aber nicht vernichtet, sondern zu ihrer Funktion macht. Was sich identisch erhält, ist das Kampf-Geschehen selbst. Mit diesem Gedanken finden sich Abel und Grau in Übereinstimmung (Grau, 172), ebenso mit dem Übergang vom Prinzip der Selbsterhaltung zu dem der Selbstüberwindung (81), die Graus Interpretation leitet (Grau, 74).

Nietzsche sagt: »Das *Leben* als die uns bekannteste Form des Seins ist spezifisch ein Wille zur Akkumulation der Kraft-; alle Prozesse des Lebens haben hier ihren Hebel« (Schlechta III, 776). Die Pluralität der Prozesse bedeutet nicht die Pluralität des Lebens, dieses einzigartigen Phänomens. Gleiches gilt für den Willen zur Macht.

Abel übersetzt den Willen zur Macht in ein »Interpretationsgeschehen, von dem der Interpretierende bereits interpretiert ist, wenn und indem er sich interpretierend auf anderes Seiendes bezieht, welches, seinerseits Interpretierendes und Interpretiertes, auch ihn wiederum interpretiert« (173). Dieser ›fünf-stellige‹ Interpretations-Zirkel in seiner ewigen Wiederkehr hat ›Interpretation‹ in ihrer denkökonomischen Funktion zur Voraussetzung. ›Interpretation‹ steht für Wahrnehmung, Wahrgenommensein bzw. Wahrnehmbarsein (»esse est percipi« nach Berkeley), deutendes Zurechtmachen der Welt, Kraftvollzug, Genesis, Selbstbehauptung, Selbstüberwindung und -infragestellung, Werten des Daseins, Nihilismus und dessen Überwindung im Vollzug der ewigen Wiederkehr, in dem das Zuverneinende sich bejaht. Man denkt an Hegels ironisiertes *Absolutes*, das für die Nacht ausgegeben wird, »worin, wie man zu sagen pflegt, alle Kühe schwarz sind« (*Phänomenologie des Geistes* (Hoffmeister), 19, Hamburg 1952).

Abel trennt den philosophischen *Gedanken* der Wiederkunft in ihrer Zusammengehörigkeit mit dem Kräftevollzug des Interpretationsprozesses von der Wiederkunft-*Lehre* im Sinne einer wissenschaftlich-physikalischen Darstellung (434). Aber er ist einseitig in der Ausschließlichkeit einer wissenschaftstheoretischen Analyse der Kosmologie der ewigen Wiederkehr. Er kann sich auf Nietzsches Absicht eines Physik-Studiums berufen. Doch ist der Philosoph in seinem eigensten Anliegen Moralist in Gestalt und Maske des Immoralisten. Er verdankt der von ihm zu destruierenden christlichen Moral die Gewissensprüfung. Ihre schwerste Herausforderung ist der Gedanke der ewigen Wiederkehr. Er erscheint drohend an der Seite einer pessimistischen Wertung des Daseins im ganzen, gegen die Nietzsche sein Leben lang ringt, seitdem Schopenhauer den Jüngling mit ihr konfrontierte: »Das Dasein, so wie es ist, ohne Sinn und Ziel, aber unvermeidlich wiederkehrend, ohne ein Finale ins Nichts: ›*die ewige Wiederkehr*‹. Das ist die extremste Form des Nihilismus: das Nichts (das ›Sinnlose‹) ewig!« (Schlechta III, 853) Nietzsche schlägt selbst die Brücke zur Kosmologie mit den Worten: »Es ist die *wissenschaftlichste* aller möglichen Hypothesen. Wir leugnen Schluß-Ziele: hätte das Dasein eins, so müßte es erreicht sein.« Die Wissenschaft eliminiert ihrer Methode gemäß das Schluß-Ziel und überläßt es der Metaphysik.

Ihr gehören die allgegenwärtigen moralischen Wertschätzungen zu, die fast in jedem Sinneseindruck mitspielen (Schlechta III, 873), demnach in der Welt-schaffenden Interpretation. Aber in ihr entsteht nach Abels Ausführungen kein Kosmos. »›Die Welt‹ ist weder ein Lebewesen noch eine Maschine [...] ›*die* Welt im ganzen‹ ist in Nietzsches Sicht nichts anderes als das sich fortwährend wandelnde Zusammenspiel der vielen partikularen Aktionen und Reaktionen von einem jeden Kraftzentrum aus« (365, 421). Diese sind – denkökonomisch formuliert – ›Willen-zur-Macht-und-Interpretations-Organisationen‹. Da sie philosophische Reflexion nicht einmal voraussetzen, sind sie in ihrem Wesen ›geschehenslogisch‹, so auch die ewige Wiederkehr. »Die Wiederkunftslehre ist Nietzsches grundlegendster Gedanke, nicht das Ideal des Übermenschen« (261). Man könnte ihn auch den Götzen Zarathustras nennen.

Da Willen-zur-Macht-Prozesse nicht auf Erhaltung, sondern auf Steigerung ihrer Energie gerichtet sind, geraten sie prima facie in Widerspruch zu dem Satz der Erhaltung der Energie. Ihn zieht Nietzsche zur Begründung der ewigen Wiederkehr heran. Abel diskutiert wissenschaftstheoretisch dieses Problem (381ff). Da aber der Kosmos dem bloßen Zusammenspiel der Macht-Prozesse weicht, deren identische Wiederkehr der Unendlichkeit der Zeit, der Endlichkeit des Raumes und des vorhandenen Energiequantums anvertraut ist, kann die Wiederkehr nicht ein kosmisches System begründen, zumal Nietzsche den Willen zum System einen ›Mangel an Rechtschaffenheit‹ nennt (*Götzendämmerung*. Sprüche und Pfeile, 26; A. Schaefer: *Friedrich Nietzsche – Satyrspiel vor der europäischen Tragödie*, Berlin 1985, XIII Anti-System). Demnach wäre der Wiederkunftsgedanke in einem anti-kosmischen Sinn kosmologisch. Auf das individuelle Leben des Menschen angewendet, ist er – wie J. P. Stern sagt – »das Gegenstück zur christlichen Vorstellung der Hölle« (*Satyrspiel*, 99). Daß ewige Wiederkehr auch die des Grauenhaften bedeutet, kommt in den ausschließlich wissenschaftstheoretischen Erörterungen noch nicht einmal als Problem vor.

Nietzsches Schriften interpretieren einen vom Schicksal hoch begünstigten, danach tief geschlagenen Intellekt, aber nicht oder nur andeutungsweise seinen Charakter. Er versteht sich auf die Kunst der Maske. An ihr versuchen sich die divergierenden Interpretationen. Decher glaubt an das ›Ja‹ des Philosophen zum Dasein, der den Willen zum Leben zum Willen zur Macht steigert. Sloterdijk kommt Nietzsches Charakter auf die Spur, der in einer ›Zweigöttermaske‹ die Bühne der Selbstinterpretation betritt. Grau heißt uns, das Drama des Umschlags *innerhalb* des Willens zur Macht nachzuvollziehen, des Sündenfalls von der Selbstüberwindung zur Überwindung anderer. Abel verstrickt den Philosophen in das Interpretationsgeschehen der ewigen Wiederkehr, in der individuelles Dasein und Geschick ihre Einzigartigkeit verlieren.

Alle Interpretationen kommen Nietzsches Charakter nicht näher in seiner Doppelbödigkeit von Sensibilität und Grausamkeit, seiner Lust, die nur durch den Schmerz gesteigert werden kann, seiner Herausforderung durch den Gedanken der ewigen Wiederkehr, der er nicht gewachsen sein kann. In dessen Genealogie könnte jedoch auch das Ästhetische eingegangen sein: die in der Musik erwartete und willkommene Wiederkehr des Themas. Auf die Frage, wer er sei, gibt Nietzsche die Antwort: »ich habe mich nicht ›unbezeugt gelassen‹« (*Ecce Homo*, Vorwort 1). Doch selbst seine Selbstpreisgabe ist noch Maske.

Alfred Schaefer *(Berlin)*

Claus-Artur Scheier: *Nietzsches Labyrinth. Das ursprüngliche Denken und die Seele*, Alber, Freiburg-München 1985, 250 Seiten.

Scheiers Arbeit ist Teil eines großangelegten Projektes, das auf den ersten Blick als Wiedergeburt der Hegelschen Philosophie aus dem Geiste der Pedanterie erscheinen könnte. Ähnlich wie bei seinem Lehrer H. Boeder (*Topologie der Metaphysik*, Freiburg-München 1980) war die seiner Dissertation (*Die Selbstentfaltung der methodischen Reflexion als Prinzip der Neueren Philosophie*, Freiburg-München 1973) und seiner Habilitationsschrift (*Analytischer Kommentar zu Hegels Phänomenologie des Geistes*, Freiburg-München 1980) zugrundeliegende Intention gewesen, gegen Heidegger – Boeder hatte bei Heidegger habilitiert – »darzutun, inwiefern die Neuere Philosophie ein [...] Ganzes ist, das seine Wahrheit nicht in der Gewißheit, sein Prinzip nicht im Subjekt, seine Methode nicht in der Rückbeugung von Vorstellungen auf dieses und seinen Anspruch nicht als Wille hat«. Während Boeder jedoch für das Nachhegelsche Denken nur ein hermeneutisches Lippenbekenntnis übrig hat, versucht Scheier seit seinem Kierkegaardbuch (*Kierkegaards Ärgernis. Die Logik der Faktizität in den ›Philosophischen Bissen‹*, Freiburg-München 1983) »die Herkunft des gegenwärtigen Denkens im ganzen« zu bestimmen. Scheier geht davon aus – und er könnte sich dabei auf das Selbstverständnis des Nachhegelschen Denkens berufen –, daß mit dem Hegelschen System sich das anfängliche, metaphysische Denken vollendet hat und ein in seinen Grundstrukturen gänzlich unterschiedenes Denken hervortreten läßt. Da gemeinsame Worte den Schein von einer gemeinsamen Sache erwecken könnten, benutzt er für seine Darstellung eine zunächst befremdliche, aber überaus konsequente und somit hilfreiche Terminologie. Das anfängliche Denken hatte sein Prinzip – seinen Anfang – in der reinen, sich selbst begründenden Vernunft, deren der Mensch als vernünftiges Lebewesen im Bildungsprozeß teilhaftig wird; der Mensch als partikulare Individualität galt ihm als Schein, ontos on. Scheier entwickelt nun an der ›schönen Seele‹ und der ›offenbaren Religion‹ – zwei strukturell komplementäre Abschnitte der Hegelschen Phänomenologie –, daß die von der zum System vollendeten spekulativen Wissenschaft sich selbst überlassene schöne Seele (auf sie spielt der Untertitel an) notwendig »in sich gehen – und sich kennenlernen muß«. Hier liegt für ihn (und er wiederholt damit erst einmal das Interpretament vom 19. Jahrhundert als Jahrhundert des Individualismus) der Ursprung des »ursprünglichen« anthropologischen Denkens. Während die anfängliche Individualität (Ich) in ihrem Anderen (Vernunft) bei sich selber ist, findet sich das ursprüngliche Individuum als gegeben vor, ist sich somit selbst ein Anderes, ein Du, letztlich ein Ding. Indem es seine Herkunft zu ergründen sucht, wird sie ihm zum unvordenklichen Ursprung. Ursprung ist »das Sich-Entziehen des Grundes«. Der dem anfänglichen Denken offenbare Grund west im ursprünglichen Denken nur als entzogener an, und die Kategorien, in denen diese beiden Epochen sich auslegen, können somit nur als analog gedacht werden (Substanz in Analogie zum Ursprung, Subjekt in Analogie zur Seele usf.). Daher versucht nun Scheier die Entwicklungsgeschichte dieses ursprünglichen Denkens logisch zu de- bzw. rekonstruieren. Er unterscheidet dabei – in Analogie zu den Hegelschen Reflexionstotalitäten – drei Phasen, die wiederum – in Analogie zu den drei Hegelschen Termini: Position, Negation, Negation der Negation – in drei Gestalten gegliedert werden. Der ersten, der interpretierenden oder verstehenden Phase werden Schopenhauer, Feuerbach und Kierkegaard zugeordnet; der zweiten Phase vorerst nur Marx und Nietzsche, auf Heidegger wird jedoch allerorten angespielt: ein Wittgenstein-Buch soll in Arbeit sein und die 3. Phase behandeln. Scheier betont, daß es sich nicht um rezeptionsgeschichtliche Verhältnisse handelt. Da er Grundstrukturen des modernen Denkens thematisiert, ist er durchaus frei, sich diejenigen Repräsentanten auszusuchen, an denen sich die behaupteten Verhältnisse am besten nachweisen lassen. In Nietzsches Denken – dem mittleren Terminus der mittleren Reflexionstotalität – hat sich für Scheier die Ursprungsgeschichte des ursprünglichen Denkens, der Abstoß von der abgestorbenen Hülle des spekulativen Wissens, vollendet; es ist »dazu gekommen, das Herz seiner Sache zu erfahren, den Ursprung als Ursprung«. Nietzsches Denken will Geburtshelfer sein des »sich gebärenden Gebärens: des sich schaffenden Schaffens«; die Analogie zum sich setzenden Setzen, zur Fichteschen Tathandlung, ist offenkundig. Da das ursprüngliche Denken allerdings vom Menschen und nicht vom Transzendentalsubjekt ausgeht, kann das Schaffen nur als künstlerisches auftreten, denn Schöpfer ist »der Mensch allein als Künstler«. Dementsprechend muß sich das Nietzschesche Denken dadurch rechtfertigen, daß es »sich als eine Gestalt der Kunst zur Welt bringt«. Scheier entwickelt ausführlich, warum dies nicht das Wagnersche Gesamtkunstwerk sein konnte und warum der Zarathustra damit zum eigentlichen Zentrum der Nietzscheschen Philosophie wird. Zarathustras Lehre ist die vom Willen, der sich selbst will, von der Widerwillenlosigkeit – »die nietzschesche Vergegenwärtigung des schopenhauerschen Nirwana« –, »von der Bejahung des Willens zur Macht, d.h. zum Schaffen, und das ist die sich gebärende und empfangende Seele«. Hiermit übersetzt er die spekulative Identität des Im-Anderen-bei-sich-selbst-Seins ins Diesseitige. Zarathustra selber allerdings »bringt sich nicht mit sich zusammen«, er hat am Ende nur das Warten gelernt. Der Ursprung aber kann nicht zu sich entspringen, das Schaffen sich nicht empfangen; der Gott, den Zarathustra erwartet, »kommt nicht an, kann nicht ankommen«. Die Identität des Ich=Ich, des Subjekt=Substanz, muß fehlschlagen, weil der Wille zur Macht als Individuum da ist, das Individuum aber muß verzweifeln »an der Gewißheit, daß der Ursprung der seine ist«. Bei Voraussetzung absolut Entgegengesetzter, so ließe sich erläuternd Hegel zitieren, ist keine Vereinigung möglich. Damit wird das Individuum sich selbst zum Rätsel, und die Ursprungsgeschichte des ursprünglichen Denkens schlägt in dieser Krisis, die den Ursprung als Ursprung vergegenwärtigt, um in seine Verzichtsgeschichte. Spätestens bei Wittgenstein wird das Rätsel in fröhlichem Positivismus abgeschafft.

Man mag den Versuch, Nachhegelsches Denken mit Hegelschen Mitteln als logische Entwicklung zu konstruieren, problematisch finden; und er ist es in der Tat vorab, weil Scheier den Ort seines eigenen Denkens nicht historisch bestimmen kann – will man ihm nicht unterstellen, er fasse seinen Gedanken als Negation der Negation der Neueren Philosophie; eine solche Negation der Negation wäre, Hegelisch gesprochen, bloße Position, niemals absolute Negativität, Scheier unterschiede sich in ihr von Boeder nur durch die bloße Anmaßung. Wie auch immer, von dem mit wahrhaft bewundernswerter Kenntnis vertretenen Hegelschen »Standpunkt« leuchtet am Nachhegelschen Denken ein Moment auf, das Scheier mit dem Begriff des Ursprungs bezeichnet: Es ist durchweg metaphysisch in dem Sinne, daß es auf ein Anderes bezogen bleibt, dessen es nicht habhaft werden, dessen es sich aber auch schlechterdings nicht entledigen kann.

Darüberhinaus aber ist Scheiers Arbeit solide Interpretation. Er versucht Nietzsches Denken mit dessen Begriffen »nach-zu-denken«. Diese Idee des Sich-in-die-Sache-Versenkens mag hermeneutisch naiv sein, de facto wird mit ungeheurer Akribie dem Konstruktionsprinzip des Zarathustra nachgespürt, eine Fülle von Belegstellen eröffnet noch in den scheinbar selbstverständlichsten Passagen einen unerwarteten Sinn. Des Weiteren wird implizit oder explizit eine Vielfalt von Beziehungen zur Literatur oder zur Musik des 19. Jahrhunderts geknüpft, die, auch wenn diese Beziehungen bisweilen zweifelhaft sein mögen (so erinnert z.B. die Rede von »der versehrend schönen schubertschen Melodie« eher an die Generation derer, die Schubert nur aus dem ›Dreimäderlhaus‹ kannten), allemal anregend ist und von der anscheinend schier unermeßlichen Belesenheit des Autors zeugt. So anmaßend Scheier als Topologe, als Platzanweiser der Geistesgeschichte, sein mag, so bescheiden ist er, was die rein philologischen Ergebnisse seiner Arbeit angeht. Von den Brosamen, die von seinem Tische fallen, könnte so mancher sich eine nahrhafte Mahlzeit bereiten.

Gustav Falke *(Hamburg)*

Alfred Schaefer: *Friedrich Nietzsche. Satyrspiel vor der europäischen Tragödie*, Verlag Arno Spitz, Berlin 1985, 147 Seiten.

Die Bronzestatue eines verzückten Satyrs schmückt das Frontcover zu Schaefers Nietzsche-Buch. Büste und Überschrift spannen gleichsam einen Rahmen, unter dem die schriftstellerische Biographie des für sein Leben zwischen Krankheit und Geniekult philosophierenden Nietzsche betrachtet werden soll. Der ›unzeitgemäße‹ Denker gibt sich als Kritiker des Zeitgeistes einer bürgerlichen Welt, in der er sich nicht zu Hause fühlen konnte. Seine Realitätsflucht trieb ihn zunächst in die Ferne abstrakter Gelehrtenwelten, dann jedoch, von einer frühen Krankheit physisch und psychisch zerrüttet, kehrten sich seine moralkritischen Entwürfe gegen eine Wirklichkeit, deren Entwicklung nicht tatenlos zuzusehen war.

Schaefers Buch ist der Versuch, Nietzsches »Methode des Infragestellens« (7) seismographisch für eine Begegnung mit einem anbrechenden Zeitalter zu deuten. Die Kritik an der Tradition der ›alten Werte‹ geht im *Zarathustra* noch literarisch über in eine Vision von der Zerstörung des Abendlandes. Der Moralist Nietzsche lehrt, auf die Logik ›seines‹ Leibes zu hören. Der Mystagoge Nietzsche im *Zarathustra* lehrt, daß man von sich nicht weit genug sinken kann. Ein Leben zwischen Genie und Wahnsinn, das, wie Schaefer aufzeigt, es in der Gewalt hatte, seine eigene Tragödie zu inszenieren.

Sensibel geworden durch die unheilbare Krankheit, die den Basler Professor für Altphilologie zum Pensionär werden ließ, darf man sich nicht darüber hinwegtäuschen, daß in diesem leidgeprüften Menschen ein Unruheherd haust, der vorwärtsgetrieben wird, wider die angegriffene Seele, das Böse zu erzwingen, und, die Lust hat freien Lauf, es zu bezwingen. Davon künden weit mehr die Briefe an seine Freunde Paul Rée und Overbeck, als die Schriften. Eine unheimliche Gratwanderung am Rande des Wahnsinns, die da aufgeführt wird von der Angst vor dem Selbstverlust und dem willensstarken Entschluß zum Hinausgehen über sich selbst, und das heißt, über seine Krankheit. Nietzsches amoralische Existenzbegründung kann als Experiment mit sich selbst gedeutet werden, das am Ende mit dem Genueser Zusammenbruch scheitert.

Nun hatte Nietzsche allen ›hohen‹ Gefühlen, die von einer christlichen Moralordnung überliefert worden waren, seine Feindschaft angesagt. Es war der tiefempfundene Haß gegen die bürgerlich-wilhelminische Lebensgrundlage, die ihm, dem Kulturkritiker, wie eine Repression vorkam. Ihm blieb nichts anderes als die Daseinsflucht in vorgespiegelte Welten. Das frühe theoretische Konzept aus der *Geburt der Tragödie*, »[...] nur als ästhetisches Phänomen sei die Welt gerechtfertigt«, gewinnt so am Maßstab der eigenen Existenz lebenspraktische Bedeutung. Diesen Satz aber aussprechen konnte Nietzsche nur, da er sich zu seiner intellektuellen Beziehung zu Schopenhauer bekannte. Nach der energischen Absage an den Philosophen blieb nur noch die Wahl zwischen der Selbstverneinung oder der eines neuen Enwurfs für einen selbstschaffenden Denkstil. Man muß nicht Genie sein, um so zu schreiben, wie der im Denken heimatlos gewordene Nietzsche, doch die Ehrlichkeit als ›seine‹ Tugend gilt es wiederzuentdecken. Ist es zu erlangen, so wird den immer schwankenden und wahnsinnsverzückten Lebenssituationen mit noch so zittriger Hand eine Linie gegeben.

Auch davon schreibt der Autor in seinem Buch, das ist der Ansatzpunkt, der die psychologische Persönlichkeit Nietzsche, mehr als die philosophische, für den heutigen Leser so interessant macht.

Aber Nietzsches Texte sperren sich der Rezeption durch mit der Materie nicht vertraute »Leser«, sind eher esoterisch als exoterisch, und Schaefers Nietzsche-Bild trägt dem in gewisser Weise Rechnung. Denn nur Eingeweihten in diese willensmächtige Art des Philosophierens ›mit dem Hammer‹ gibt sich die Spanne preis zwischen der abgöttischen Hingabe an den Willen und seiner Bejahung ›in der schwersten Stunde‹, wenn er sich gegen sich selber kehrt.

Auch so eine lebensphilosophische Maxime, ein Denksystem von seinem höchsten Punkte her zu kritisieren, in der Entscheidung der schwersten Stunde, der Absage an die Willensautonomie, zeigt sich der ›Pessimismus der Stärke‹; er ist als symbolischer Akt zu bejahen, als die selbstzerstörerische Kraft, die den Willen bricht. Allein, wer einen letzten Schritt tun kann von der Selbstvergottung zur Selbstverspottung, ist einer der seltenen Menschen, nach Schaefers Darstellung, dem Ausgewähltheit gebühren kann. Pate für dieses Geniebild des schöpferischen Menschen steht der Satyr der griechischen Tragödie. Der sinnbildnerische Verweis Schaefers auf das Theatermodell der griechischen Tragödie läßt meinen, das Leben sei nicht Traum, sondern Schauspiel. Es deutet aber weiter an, daß Nietzsches Schreiben nicht bloß Ausdruck seiner gedankenschweren Selbstkontrolle ist, sondern mehr noch Inszenierung spektakulärer Selbstverhältnisse. Schaefers Buch sagt darüber zu wenig. Zwar geben die einzelnen sachkundigen Verweise des

Autors auf philosophische Modelle, die in Nietzsches Denken berührt werden, wie der Evolutionismus oder der Skeptizismus, einen Rückhalt für die vorliegende Interpretation der psychisch kontroversen Persönlichkeit Nietzsche. Die aufgezeigten Deutungshorizonte aber greifen zu kurz, gerade dort, wo es, Schaefers eigener Intention nach, darauf ankäme, die Konsequenzen für Nietzsches Denken im Hinblick auf eine europäische Tragödie zu analysieren. So spricht der Autor von Tragödie und meint Katastrophe. Nietzsches Denkweg setzt sich dem katastrophalen Zusammenbruch zur Wehr, nicht einer politischen europäischen Tragödie. Man liest weniger in einer Biographie als in einem psychologischen Essay über die Zerrüttung des Selbst. Das Kapitel über ›das fingierte Ich‹ erzählt von der spielerischen Überwindung einer krankhaften psychischen Situation. Der Charakter Nietzsches wird prototypisch für das psychische Elend so vieler Menschen in unserem Jahrhundert. Schaefer zeigt zwar einen Zusammenhang zwischen dem selbstzerstörerischen Wahnsinn Nietzsches und den Formen und Gesten seiner Überwindungen auf, darin ist uns dieser ›rachesüchtige‹ Mensch psychologisch immer wieder interessant, trotzdem hätte die Übertragung eines Theatermodells, wie es im Rahmen der vorliegenden Interpretation liegt, auf die Persönlichkeitsstruktur des Denkers einen stärkeren Impuls gegeben. So aber hat der Leser keine Ahnung, vor welcher Tragödie Nietzsche handelt. Kann es das Drama des Menschen sein, von dem Max Scheler in *Die Stellung des Menschen im Kosmos* schreibt?

Ralf Blittkowsky *(Hamburg)*

Anacleto Verrecchia: *Zarathustras Ende. Die Katastrophe Nietzsches in Turin.* Aus dem Italienischen übersetzt von Peter Pawlowsky, Böhlau, Wien-Köln-Graz 1986, 410 Seiten.

Verrecchias *La catastrofe di Nietzsche a Torino* (Einaudi, Torino 1978), dessen deutsche Übersetzung nunmehr vorliegt und sofort nach Erscheinen auch hierzulande großes Interesse findet, löste in Italien unter Nietzsche-Verehrern einen Sturm der Entrüstung aus. Wer eine Hagiographie erwartet hatte, sah sich mehr als enttäuscht, startet doch der Autor unter dem Schlachtruf Entmythologisierung einen die biographischen Fakten minuziös recherchierenden und die Persönlichkeit Nietzsches vernichtend bewertenden Angriff auf den Denker, der zudem nicht einmal als solcher akzeptiert und nur als ›Restgröße‹ auf dem Gebiet der Kulturdiagnostik und sprachlichen Stilistik anerkannt wird. Das Buch behandelt Nietzsches Aufenthalt in Turin 1888 / 89, also die Zeit der beginnenden geistigen Umnachtung, und widerlegt die »These eines plötzlich verrückt gewordenen Nietzsche«, indem es den Wahnsinn als »Schlußakt eines langen pathologischen Prozesses« aufweist. Beeindruckend ist Verrecchias genaue und umfangreiche biographische Rekonstruktion, die Nietzsches Lebensgewohnheiten, Bekanntschaften, seine

Korrespondenz und Zeitungslektüre in den Blick nimmt und daraus das Bild eines verwöhnten, verklemmten, eitlen, etwas verlogenen und schließlich anmaßenden und größenwahnsinnigen Kleinbürgers zeichnet. Von der Legende eines heroischen Lebenslaufes verliert sich da jede Spur.

Freilich merkt der Leser, daß Verrecchia Nietzsche geradezu mit einem ›bösen Blick‹ verfolgt und immer wieder seinen ganz persönlichen Antipathien ungezügelten Lauf läßt. Das sich in neurotischen Haltungen und Handlungen manifestierende ›Unbehagen an der Kultur‹ ist ein realer historischer Zusammenhang, in dem nicht nur Nietzsche, sondern offensichtlich auch sein neuester und erfolgreichster Biograph ihre Fehlleistungen vollbringen. Dennoch bringt Verrecchia neue Fakten ans Licht und füllt eine wichtige, bislang offengebliebene Lücke in der Nietzsche-Biographie. So entschleiert er durch die Aufdeckung der Rolle von Nietzsches Turiner Hauswirt, Davide Fino, die teilweise verfälschenden Darstellungen Franz Overbecks über die Turiner Ereignisse (und gerade Overbeck hatte bislang als besonders verläßliche Quelle gegolten). Unter diesem Aspekt handelt es sich um einen wirklichen Meilenstein der Nietzsche-Forschung.

Obwohl Verrecchia selbst sein Werk »vor allem ein Buch der Dokumentation« nennt, kann er es sich neben persönlichen Wertungen (beispielsweise: Nietzsche sei »als Mensch nicht sehr sympathisch«) auch nicht verkneifen, exkursorisch philosophische Urteile zu fällen, die denn doch auf dem Auseinandersetzungsniveau der zurückliegenden Jahrhundertwende stehen: Nietzsches Denken sei »nichts weiter als eine Art Rhapsodie« auf Schopenhauer, es habe sich »nur mit der philosophischen Spreu beschäftigt«. Mit den »vielen Abwegigkeiten seines Geistes« sei Nietzsche »ja nicht einmal im strengen Sinn des Wortes Philosoph« gewesen. Die Norm für einen solch »streng philosophischen Gesichtspunkt« finde sich bei Schopenhauer (den Verrecchia neben Nietzsche, Mommsen und Lichtenberg ebenfalls ins Italienische übersetzt hat). Solche Berufung wird zwar die Herzen mancher Schopenhauer-Adepten erwärmen, liefert aber wohl keinen sachlichen Beitrag zu der im wesentlichen noch immer ausstehenden philosophischen Auseinandersetzung Schopenhauer-Nietzsche.

RMa

Friedrich Nietzsche: *Sämtliche Briefe.* Kritische Studienausgabe in acht Bänden, ed. G. Colli und M. Montinari, dtv und de Gruyter, München-Berlin-New York 1986, zusammen 3458 Seiten.

Am 14. März 1879 schrieb Nietzsche an seinen Verleger Ernst Schmeitzner: »Aus meinen Briefen etwas abzudrucken rechne ich zu den großen Vergehungen. Das thut mir so weh, wie wenig Anderes – es ist der gröbste Vertrauens-Mißbrauch« (IX). Wer jedoch wie Nietzsche zur öffentlichen

Person geworden ist, muß damit rechnen, daß von Biographen und historisch-kritischen Editoren auch die letzten und privatesten Winkel seines Lebens und seiner schriftlichen Hinterlassenschaft ausgestöbert und publiziert werden. Die bis heute nachwirkende Mode der geistesgeschichtlich-biographischen Methode in Literatur- und Philosophiehistorie trägt das Ihre bei, ein solches Vorgehen zu rechtfertigen, ja selbstverständlich zu finden. Ein weiteres Argument, Nietzsches Willen zu ignorieren, mag in der soziologischen These liegen, daß die Norm der Trennung von privat und öffentlich historisch jung und sachlich fragwürdig sei. Feststeht jedenfalls, daß Briefe stets ein Lebens- und Werkbild zu vervollständigen und abzurunden vermögen. Die Frage bleibt nur, *wie* wichtig – jenseits eines leidenschaftlichen biographischen Interesses, das Gelehrte und Adepten für ihren Forschungs- bzw. Verehrungsgegenstand nun einmal aufbringen – die ergänzenden Details, die eine solche Korrespondenz zu Werk und Leben eines ›Großen‹ enthält, zu nehmen sind.

M. Montinari, nach dem Tod von G. Colli einziger Herausgeber der seit 1967 bzw. 1975 bei de Gruyter erscheinenden kritischen Gesamtausgabe der Werke und Briefe Nietzsches, meint jedenfalls in seinem Vorwort, die Briefe seien »eine unentbehrliche Grundlage für die kritische Kenntnis seines Lebens und seiner Zeit« (VII) und überdies ein »zuverlässiges Fundament gegen jede Art Mythologisierung« (VIII). Weiteres heißt es im Vorwort: »Sie liefern uns wesentliche Kenntnisse über die Entstehung seiner Schriften und über seine literarischen Pläne; sie registrieren zuweilen das erste Auftauchen bestimmter philosophischer Gedanken und literarischer Einfälle bis zu charakteristischen Wortprägungen; sie enthalten wichtige Daten über die Publikation seiner Werke (Korrespondenz mit den Verlegern) und einige damit zusammenhängende Fragen der Textkonstitution« (VIII). Im Sinn einer auch quantitativ möglichst vollständigen Quellenlage und unter dem Aspekt einer genetischen Werkbetrachtung kann hier dem Herausgeber durchaus nicht widersprochen werden. Freilich scheint dem Rezensenten die Auffassung K. Schlechtas nach wie vor gültig zu sein, daß Nietzsches Philosophie allein aus den veröffentlichten Schriften gut und vollständig rekonstruierbar ist und daß weder der Nachlaß noch gar die Briefe Anlaß für entscheidende Verständniskorrekturen oder -erweiterungen bieten. Im philologischen Interesse ist die kritische Edition der Briefe von und an Nietzsche, die bislang auf 16 Bände gediehen ist, aber zweifellos zu begrüßen, zumal frühere Ausgaben nicht nur unvollständig und verstreut, sondern überdies auch mit Lesefehlern und Fälschungen behaftet waren. Gewisse Lücken, z.B. hinsichtlich der Briefe Nietzsches an Cosima Wagner, bleiben freilich weiterhin bestehen.

Mit der achtbändigen Taschenbuchausgabe bei dtv wird die vorhandene, erschlossene Korrespondenz nun zudem einer breiteren Leserschaft zugänglich gemacht. Freilich fehlen hier leider die *an* Nietzsche gerichteten Briefe seiner Korrespondenten (auf die allerdings redaktionelle Zwischentexte hinweisen), so daß viele angesprochenen Themen einigermaßen unzugänglich bleiben. Gemäß den Editionsprinzipien von Colli und Montinari wurden nicht nur Briefe und Briefentwürfe aufgenommen, sondern »alle schriftlichen Mitteilungen an andere Personen (und Institutionen), somit nicht nur Briefe, Postkarten, Telegramme, sondern auch Widmungen, Eintragungen in Albumblätter, Mitteilungen auf Zetteln u. dgl.« (VI). Man stößt dadurch natürlich auch häufig auf banale und langweilige Mitteilungen. Die Bände sind, seiten- und textidentisch mit der Kritischen Gesamtausgabe der Briefe bei de Gruyter, chronologisch geordnet: Band 1 und 2 betreffen die Kindheits-, Schul- und Universitätszeit (1850-69), die Bände 3 bis 5 die Zeit in Basel (1869-79) und die drei letzten Bände die nachfolgenden »Wanderjahre« (1880-89). Band 8 schließt mit einem eigens für die Taschenbuchausgabe erstellten Anhang, der die chronologisch gesammelten Nachträge, ein Verzeichnis der Adressaten und Absendeorte sowie ein Gesamtregister enthält.

RMa

II. MODERNE, POSTMODERNE

Jürgen Habermas: *Die Neue Unübersichtlichkeit. Kleine Politische Schriften V* (edition suhrkamp, Neue Folge, Band 321), Suhrkamp, Frankfurt / Main 1985, 270 Seiten.

Die dreizehn Beiträge und Interviews dieses Bandes demonstrieren eindrucksvoll das politische Engagement von Jürgen Habermas, der scharfsinnig und unbeirrbar die neokonservative Kulturkritik in der Bundesrepublik und den USA untersucht und die sich in der Bundesrepublik abzeichnenden Versuche, den Rechtsstaat auszuhöhlen und das Trauma des Faschismus ein weiteres Mal zu verdrängen bzw. euphemistisch umzudeuten, hartnäckig durchkreuzt. Habermas leistet eine klare gesellschaftspolitische und ideologiekritische Analyse neokonservativer Trends in den westlichen Staaten. Er zeigt auf, daß allen neukonservativen Zeitdiagnosen »die affirmative Einstellung zur *gesellschaftlichen* Moderne und die Abwertung der *kulturellen* Moderne« (36) zugrundeliegt. Strukturelle Probleme des Kapitalismus werden teilweise hellsichtig von Leuten wie Daniel Bell oder Peter Berger analysiert, sollen aber zugleich durch rigorose Restaurierungsmaßnahmen im Überbau behoben werden. Anstatt die Krisenursachen in der Funktionsweise der Ökonomie und des Staatsapparates zu lokalisieren, werden sie im »angeblichen Autoritätsverlust der tragenden Institutionen« (33) verortet. Habermas arbeitet drei zentrale Thesen neokonservativer Ideologie heraus: 1. Die Moderne hat sich erschöpft, ihre schöpferischen Impulse sind verbraucht; 2. Deshalb verbreiten sich subjektivistisch-hedonistische Lebensstile; 3. Nur eine Erneuerung des religiösen Bewußtseins und eine Restaurierung von Traditionen kann die Legitimationskrise des gegenwärtigen Standes gesellschaftlicher Dissoziation beheben. Überzeugend weist Habermas solchen Thesen, auf die eine Menge intellektueller Energie verschwendet wird, ihre immanenten Widersprüche nach, die vor allem darin bestehen, daß ästhetische Autonomisierung mit ihrer tabuverletzenden, normzerstörenden Wirkung nicht abgekoppelt werden kann von moralisch-praktischen Gehalten der Moderne. Während aber ein Theoretiker wie Bell noch daran festhält, daß die ökonomischen Widersprüche des Kapitalismus nur durch eine Erneuerung des Sozialvertrages bewältigt werden können, geben in der Bundesrepublik Denker den Ton an, die nicht in »Begriffen einer unzweideutig liberalen Theorie« (39) denken.

Gegen sie und ihre reaktionäre Beschwörung der sozialintegrativen Funktion von Traditionen hält Habermas am Aufklärungspostulat der Moderne fest, während er zugleich darauf aufmerksam macht, daß die Bewahrer von Religion, Familie und Vaterland in Wahrheit Natur und symbolische Strukturen der Lebenswelt rigoros opfern, wenn es um die sogenannten Sachzwänge des Kapitalismus geht. Gegen die konservative Wende, die sowohl auf hartnäckige Krisenerscheinungen, als auch auf die Aufzehrung utopischer Energien, vor allem sozialstaatlicher Utopien mit ihrem Ideal der Vollzeitbeschäftigung, zurückzuführen ist, insistiert Habermas darauf, daß »die Selbstvergewisserung der Moderne nach wie vor von einem Aktualitätsbewußtsein angestachelt wird, in dem geschichtliches und utopisches Denken miteinander verschmolzen sind« (161). Leider wirken Habermas' Bemerkungen, vor allem in dem Titelaufsatz, wenn es darum geht, welche Modelle denn neben den neokonservativen und den sozialstaatlichen, die gleichermaßen nicht mehr funktionieren und die ökonomischen, bürokratischen, sozialen und ökologischen Krisen nicht bewältigen können, denkbar wären, seltsam hilflos und abstrakt. Die ideologiekritische und ordnend-schematisierende Kraft von Habermas' Analysen endet dort, wo eine konkret-phänomenologische Bestandsaufnahme sozialer Prozesse allein weiterhelfen könnte. Habermas' Stellungnahmen zum Thema des »zivilen Ungehorsams« – virulent geworden durch den Widerstand unzähliger Bundesbürger gegen die Stationierung amerikanischer cruise missiles – zeigen, daß Habermas, wie er in einem der Interviews sagt, vor allem darüber nachdenkt, »was man nicht will, wovon man sich befreien will« (73) – und das ist wichtig genug. Zu bedauern ist, daß der Frankfurter Philosoph und Soziologe seine berechtigte Kritik an neokonservativer Ideologie verbindet mit einer streckenweise bestürzend undifferenzierten Polemik gegen Poststrukturalismus und einen einseitig verstandenen Begriff von Postmoderne, der auf eine seiner zahlreichen Bedeutungen, die Zurücknahme von Errungenschaften der kulturellen Moderne, festzementiert wird. Postmoderne, Nietzsche, Derrida, Heidegger werden umstandslos in einen Topf geworfen und als Ideologie der »Jungkonservativen« (54) verkauft, wobei die in dem Band enthaltenen Stellungnahmen Habermas' zu Sloterdijk und Foucault und seine diesbezüglichen Antworten · in den drei sehr erhellenden und lohnenden Interviews seine ganze Hilflosigkeit im Umgang mit diesen Theorien dokumentieren. Habermas versteht durchaus bis zu einem gewissen Punkt den Sinn der »Vernunftkritik«, der Selbstreflexion, Bestandsaufnahme und Subversion der Tradition der Aufklärung und die daraus entspringende Zeitdiagnose, gefällt sich aber, wohl aus letztlich irrationalen Motiven, in einer Rhetorik des Bescheidwissens, die in Windeseile das eigentlich zu Denkende schon wieder festgenagelt und beiseitegeschoben hat, statt es für sich produktiv zu machen und an die eigene Theorie zu vermitteln. Die rigide Ausgrenzungsgeste, die zu Fehlurteilen wie der Zuordnung Derridas zum Lager der Konservativen kommt, riskiert, daß Habermas bei all jenen, die sich ernsthaft mit den inkriminierten Theorien beschäftigen, Sympathien verliert, die er sich aufgrund seiner couragierten Kritik am Geist der Wende gerade erworben hat. Manchmal scheint es, als habe Habermas, festgezurrt im Sattel seines Rationalismus, der ihm wohl auch die Kraft zur Ideologiekritik verleiht, den Ernst der Lage noch gar nicht erfaßt, auf den bereits Adorno mit einem aporetischen Denken geantwortet hatte, das adäquater ist als der Zwang, eine Theorie zu entwickeln, die »im geilen Drang aufs große Ganze« (Benjamin) Geschichtsphilosophie, Ethik, Transzendentalphilosophie, Kulturtheorie und das universale ideologiekritische Lösungsmittel in einem sein will.

Martin Hielscher *(Hamburg)*

Jürgen Habermas: *Der philosophische Diskurs der Moderne. Zwölf Vorlesungen*, Suhrkamp Verlag, Frankfurt / Main 1985, 450 Seiten.

In seinem Nachruf auf Michel Foucault schrieb Habermas, er habe Foucault vielleicht nicht gut verstanden, und in einem Interview gestand er Arno Widman, daß er sich die »fremden Zungen«, die er brauche, um sich zu artikulieren, »auf brutale Art und Weise zu eigen mache«. Er, Habermas, wisse genau, »daß mein Gebrauch mit dem, was die Autoren gemeint haben, manchmal wenig zu tun hat«. Eindrucksvoll belegen diese Selbstaussage die Vorlesungen, die Habermas über Moderne und Postmoderne, Nietzsche, Adorno, Heidegger, Derrida, Foucault u.a. gehalten hat, in denen er versucht, zugleich den Poststrukturalismus, die neu einsetzende Nietzsche- und Heideggerrezeption und die Debatte um die Postmoderne, Vernunftkritik und Leibphilosophie in einer großen Geste zu interpretieren, zu »entlarven« und aufzuheben. Ist vielleicht anzuerkennen, daß Habermas überhaupt versucht, sich mit dieser neuen Phase der »Dialektik der Aufklärung« auseinanderzusetzen, so ist doch bestürzend, wie schnell er glaubt, mit den behandelten Theorien fertig werden zu können und wie oberflächlich er mit ihnen umgegangen ist.

Das Zentrum von Habermas' Interesse bilden Nietzsche und Heidegger; so ist es unbegreiflich, mit welcher Dreistigkeit die gesamte ernsthafte und differenzierte Forschung zu beiden Philosophen in den letzten Jahren ausgeklammert worden ist. Daß Nietzsche den Dreh- und Angelpunkt modernen Philosophierens bedeutet, stellt Habermas mit Recht heraus, daß es sich bei Nietzsche um den vernunftfeindlichen Vertreter eines »dionysischen Messianismus« (121) handele, kann dagegen nur jemand behaupten, der die Sprachreflexion Nietzsches, seine Formgebung nicht wahrgenommen und damit das eigentliche Thema heutiger Nietzsche-Lektüre noch nicht bemerkt hat, geschweige, daß er einmal in die Colli-Montinari-Ausgabe hineingesehen hätte, die solchen Unsinn eigentlich vom Tisch wischen müßte. Habermas' Invektiven gegen Heidegger wirken so, als hätte Habermas noch einmal in Adornos *Jargon der Eigentlichkeit* herumgeblättert, statt sich Heideggers Denken einmal selbst zu nähern – abgesehen von *Sein und Zeit*, das Habermas einigermaßen schätzt und würdigen kann. Daß bei Heidegger u.a. die Kategorie – oder das Wort – »Ursprung« vorkommt, genügt Habermas, um die gesamte Philosophie Heideggers zu denunzieren – statt sich ein einziges Mal mit dem *Gebrauch* dieses Wortes ernsthaft zu beschäftigen, wobei der Anfang damit zu machen wäre, daß man es in Beziehung zu Benjamins Idee vom »Zeitkern der Wahrheit« setzte.

Habermas hält seine Vorlesungen, von denen die über Foucault vielleicht trotz alledem noch die redlichsten sind, letztlich – abgesehen von offensichtlich völlig irrationalen Macht- und Konkurrenzinstinkten – aus politischen Motiven: er hält Nietzsches, Heideggers, Derridas Philosophien für undemokratisch, »irrational«, praxisfern, dem von Habermas so geschätzten Horizont alltäglicher Verständigung gänzlich inkompatibel. Dieser Horizont wird von Habermas behauptet, die aus der *Theorie des kommunikativen Handelns* bekannten Konstrukte werden von Habermas eingebracht, weil sie systematisch das zu lösen versprechen, was er bei den inkriminierten Theorien vermißt. Aber, unter dem Zwang stehend, zu »lösen«, »Aporien auszuweichen«, »auf einen Nenner zu bringen«, die »Problemlösungskapazität« (241), »Autonomie« und »Praxis« als »vernünftig strukturiertes Vermittlungsgeschehen« zu beschwören, bemerkt Habermas nicht, daß er immerfort Postulate, Idealisierungen, bloße Vorstellungen und reines Wunschdenken konstruiert, und daß die eigentliche Leistung der von ihm denunzierten Theorien darin besteht, phänomenologisch zu rekonstruieren, was Vernunft, Verständigung, Geschichte, Gesellschaft *tatsächlich* bedeuten. Der Mangel an phänomenologischer Durchdringung schlägt sich in Habermas' Sprache nieder, die rücksichtslos das den behandelten Philosophien unterstellt, was ihr eigenes telos ist: im Falle Benjamins etwa durch die Uminterpretation von dessen Idee einer Korrespondenz zwischen einem bestimmten Augenblick der Gegenwart mit einem der Vergangenheit in den »kommunikativen Zusammenhang einer universalen geschichtlichen Solidarität« (26).

Daß Habermas' Vorgehen insgesamt »gut gemeint«, demokratisch-praxisorientiert gedacht ist, daß seine Philosophie eben erweisen soll, daß wir an die gelingende kommunikative Verständigung glauben dürfen, macht sie in ihrer eigenen Praxis nicht besser. Statt den immer wieder beschworenen »zwanglosen Zwang des besseren Arguments« einmal plastisch vorzuführen, operiert Habermas mit bloßem Zwang und mit einer denkwürdigen Blindheit gegenüber dem Verhältnis von Denken und Sprache, das das große Leitthema der Philosophie des 20. Jahrhunderts bildet. Habermas denunziert seine eigene Theorie kommunikativen Handelns durch die Rigidität, mit der er Denunziation an die Stelle redlicher Beschäftigung mit dem Denken anderer treten läßt. Statt sich vom *Gehalt* dessen, was ihm fremde Denkstrukturen heraufholen, inspirieren zu lassen, sucht Habermas überall nach der Wunde der »Aporie« und begreift nicht, daß sie nur *für ihn* und seinen zwanghaften Systemanspruch besteht. Ebenso deutlich wird, daß zu diesem Systematisierungszwang die Unfähigkeit gehört, Zwiespältiges, Ambivalentes, Aufschub, Differenz – Aporien vielleicht? – zu ertragen. Immer wieder, etwa wenn Habermas Derrida referiert, ist zu beobachten, wie eine streckenweise recht zutreffende Beschreibung eines Gedankens umschlägt in Denunziation, weil Habermas nicht aushält, daß Derrida etwa das Verhältnis von Schrift und Subjektivität *nicht* vereindeutigt: Habermas holt es nach: die Schrift ist natürlich ein vollkommen »subjektloses Geschehen« (210) – wobei über die Frage, was denn das alles bedeuten könnte, sowieso nicht nachgedacht wird. Der so leibfeindliche Habermas wendet sich sogar Bataille – dem großen Erotiker unter den Philosophen des 20. Jahrhunderts – zu und kommt zum erwarteten Schluß, daß Bataille in Aporien gerät, in einem »Hin und Her« (277) befangen bleibt, weil er versucht, mit den Mitteln der Philosophie über sie hinauszugelangen. Sagt Bataille hier nur, was mit anderen Worten viele Jahrzehnte Habermas' großer Lehrer Adorno zu sagen versuchte, so wird deutlich, daß in einem irrationalen Affekt Habermas die Last der Vergangenheit abschütteln will, um endlich verständlichen, kommunikativen Klartext zu reden. Nur wofür, um welcher Praxis willen, um welcher Erfahrung willen, welchen Zieles über die bloße chimärische Bestätigung hinaus, daß wir uns alle so gut verstehen, bleibt so dunkel, wie Habermas' Sprache abstrakt und leer. Es ehrt Habermas, daß er eine demokratische Philosophie praktizieren will, daß er die Idee des guten Lebens für alle verfolgt, aber die, für die er zu sprechen glaubt, werden ihm kaum folgen können, solange *sein* ›Diskurs der Moderne‹ die Gegenstände und die Erfahrung, um die es doch eigentlich gehen sollte, um des optimistischen Ergebnisses willen schon im Vorfeld ausgrenzt.

Martin Hielscher *(Hamburg)*

Burghart Schmidt: *Postmoderne – Strategien des Vergessens. Ein kritischer Bericht* (Sammlung Luchterhand 606), Luchterhand Verlag, Darmstadt und Neuwied ²1986, 270 Seiten.

Dieser Band kann die Erwartungen, die noch immer jede ausgreifendere Untersuchung zur Postmoderne erweckt, nicht erfüllen. Von Anfang an spricht Schmidt rigoros über *die* Postmoderne oder ungeschickt von dem ›Post‹, macht eine von ihm ideologiekritisch angegangene Größe zu einem Pseudo-Subjekt, das die Verheißungen und Impulse der Moderne vergessen machen will. Der Einsatz Schmidts ist zunächst unvermittelt polemisch, gegen Lyotard gerichtet, darüber hinaus gegen jegliche Infragestellung der Dialektik, der Utopie, der Geschichte, wie wir sie konzipieren. Erst dann holt Schmidt Differenzierungen im Begriff der Postmoderne nach, indem er Standpunkte von Huyssen, Krysinski, Raulet, Schirmacher und sich selbst vom Weltkongreß der Philosophie in Montreal 1983 referiert und kommentiert. Über weite Strecken ist dies das Verfahren des ganzen Buches – gerechtfertigt durch die Bezeichnung ›Bericht‹ –, durch Kompilation, Montage und Kommentar von Zitaten Lukács', Blochs, Adornos, Benjamins, Foucaults, Lyotards etc. zu dem Thema Postmoderne i.e.p., Irrationalismus, Kunst und Mythos, zum Erhabenen etc. aktuelle Begriffe und Themen zu diskutieren und zu einer Unterscheidung zu kommen, was am Begriff der Postmoderne nun akzeptabel ist und wo dieser Begriff eben Ausdruck eines gezielten und verwerflichen Vergessens ist. Mir erscheinen die Bemerkungen, die Schmidt – der weitgehend von Positionen Blochs ausgeht, dessen letzter und langjähriger Assistent er war und dessen Philosophie er gleichsam in die Postmoderne herüberretten will – zum Thema Irrationalismus macht, die interessantesten zu sein, da sie zunächst einmal (gegen Habermas) zu einer Anerkennung der Tatsache des sogenannten Irrationalen vordringen. Im übrigen verliert sich Schmidt in seinen Kommentaren und Übersichtsversuchen so sehr, daß man am Ende vor lauter Zitaten und Verweisen überhaupt nichts mehr faßt. Daß man eine bloße Kompilation von Zitaten verschiedener Philosophen, die nur kurz kommentiert werden, ein ›fiktives Gespräch‹ nennen kann, ist erstaunlich. Noch erstaunlicher ist, daß der Band, der zahlreiche Fehler unterschiedlichster Provenienz enthält und in einem atemberaubend ungeschickten Stil geschrieben ist, ausgerechnet dem Lektor gewidmet ist, der außer dem Auftrag für das Buch offensichtlich keine Zeit mehr daran verschwendet hat.

MHi

Gerd Kimmerle: *Verwerfungen. Vergleichende Studien zu Adorno und Habermas*, Edition diskord im Konkursbuchverlag, Tübingen 1986, 220 Seiten.

Kimmerles Ansatz in seinen Studien, die gleichzeitig Adornos Versöhnungsutopie und Habermas' diskursive Vernunftutopie kritisieren, ist die Perspektive einer »skeptischen Vernunftkritik, die den eurozentristischen Universalitätsanspruch« okzidentaler Rationalität verwirft (7), ohne auf außereuropäische Wahrheiten zurückzugreifen, also eine immanente Kritik, die die »Endlichkeit des menschlichen Wissens« anerkennt (202), die »Destruktion von Ich-Identität in der ästhetischen und philosophischen Moderne« (183) voraussetzt und sich für einen Erfahrungsbegriff stark macht, der sich dem »geschichtlich Neuen« (175) gegenüber offen hält. Ausgehend von solchen Haltungen, die für Kimmerle einzig geschichtlich angemessen sind, werden die Zwänge, Unterstellungen, Fehler und Abwehrmechanismen vor allem Habermas' totalisierender Theorie des kommunikativen Handelns in immer neuen Ansätzen aufgezeigt. Dabei wirft Kimmerle Habermas vor allem vor, in einem rigiden, letztlich undialektischen anthropologischen Entwurf Erfahrung auf Selbsterhaltung zu reduzieren, in »gegeneinander verselbständigte Welthorizonte« (82) einzuteilen und von einer der begrenzten Wissensformen her – der »grenzüberwachenden Vernunft« (83) – die Selbstreflexion des Ganzen als Ganzes zu betreiben, das vorgängig auf Kategorien des Interesses, der totalisierenden Rationalisierung und des moralischen Konsenses festgelegt wird.

Die immanente Dialektik all der Kategorien, die für Habermas – der hinter die *Dialektik der Aufklärung* zurückgeht – verbindlich sind, zeigt Kimmerle in seiner streckenweise etwas redundanten Arbeit eindrucksvoll auf, indem er auf Hegel und Nietzsche zurückgreift. Zweckrationalität, Moral, Sprache und Leiblichkeit werden von Hegel und Nietzsche in ihrer Dialektik, ihrer Geschichtlichkeit, ihren wahnhaften und pathologischen Anteilen weit tiefschürfender behandelt, als sie bei Habermas zur Geltung kommen dürfen, dessen Theorie für Kimmerle das Paradigma »zweckrationaler Selbsterhaltung« darstellt, getragen von einer »a priori konservativen Parteinahme für ein kulturell je schon eingespieltes Verhältnis« (165). Gern wüßte man aber genauer, welches politisches Konzept hinter Kimmerles weitgehend einsichtiger Kritik an Habermas' Theoriekonservatismus steckt.

MHi

Recht auf Einsicht

Peter Engelmann (ed.): Edition Passagen
Bd. 1: *Recht auf Einsicht.* Von Marie-Françoise Plissart (Photographie) und Jacques Derrida (Text), Böhlau, Wien-Köln 1985, 99, 49 Seiten (die weiteren Bände werden im Rezensionstext angeführt).

Ein Photo-Roman. Oder keiner? Photos in einer bestimmten Anordnung; oder gibt es vielleicht doch keine Ordnung? Wenn Du den schönen Band das erste Mal anguckst und durchblätterst, hast Du den eindeutigen Eindruck, daß es um eine Geschichte geht. Du mußt nur noch die Photos der Reihe nach ruhig angucken, Dich ein klein bißchen anstrengen, und Du wirst Dir die Geschichte klar vorstellen können. Du beginnst Dir die Geschichte – das ist doch eine, nicht wahr? – zu erzählen, dann fühlst Du dich plötzlich unsicher. Dir ist es schon fast unheimlich: Wieso? Hab ich etwas vielleicht nicht wahrgenommen? Oder hab ich etwas falsch interpretiert? Du beginnst von vorne noch einmal. Du mußt Dich geirrt haben. Die Photos sind doch nicht geordnet. Ist das vielleicht ein Puzzle? Muß ich selber vielleicht die Ordnung schaffen? Komisch. Und... Dir ist schon schwindelig. Ja. Habe ich überhaupt den ersten Band der *Edition Passagen* in meinen Händen? – fragst Du Dich. »Das Bedürfnis nach *Philosophie* [...]. Das Interesse an *Philosophie* [...]. Das Bemühen um eine Erneuerung der *Philosophie* [...] in der Publikation von Texten, die in neuen Perspektiven den Bestand klassischer Texte und Probleme der *Philosophie* [...]«. So verkündet der Herausgeber, Peter Engelmann die *Edition*. Was hat dieser Photo-Roman, oder der Band, der einem ähnelt, am Ende aber doch keiner ist, dieses Bilderbuch, dieses Bilderrätsel mit den *klassischen Problemen der Philosophie* zu tun? Und gleich auf der ersten Seite seltsame Photos – sie müssen Ausschnitte aus Aufnahmen sein –: Frauenkörper, besser gesagt Frauenkörper*teile*, eine lesbische Szene, sanfte Frauenhände, eine Frauenhand auf dem Geschlechts*teil* eines anderen Weibes. Du kannst nicht leugnen, die Bilder sind *schön* (Was hat das aber mit der *Wahrheit* zu tun?), und die Schönheit liegt – Du hast wenigstens das Gefühl – eben in der Bruchstückhaftigkeit, wie die Schönheit der ganzen Geschichte – ist das überhaupt eine? – in ihrer... Unvollständigkeit, wollte ich sagen, das ist aber sicher nicht das passende Wort.... Der Geschichte fehlt nämlich gar nichts, dessen bist Du ganz sicher, die Geschichte ist vollständig, sie ist aber nicht... eindeutig, wollte ich jetzt sagen, das ist aber wieder falsch, ganz falsch, die Geschichte ist ja wie die anderen, wie *die Geschichte,* wenn Du willst. Ja, Du meinst, Dir fehlt was, ein Glied in der langen Kette der Geschichte, ein Bild von den Photos, das den Schlüssel zur Logik des Ganzen geben könnte; langsam verstehst Du aber, daß es so eine »objektive« *Logik* gar nicht gibt.

Dieser Photo-Roman, der gar keiner ist, erzählt uns fast alles über die neuesten »Strömungen« in der französischen Philosophie, über »das heutige philosophische Denken in Frankreich«, das »eine Neubestimmung der Philosophie auch dadurch« versucht, »daß es seine diskursiven Strategien verändert«. Das uns vorzustellen, wäre sicher nichts geeigneter, als dieses Werk von Marie-Françoise Plissart und Jacques Derrida, der die Photographien der ersteren mit einer Lektüre ergänzte. Dieses Werk in sich – wie es entstanden ist, das weiß ich nicht, ein Kunstwerk, das mit einer Lektüre zu ergänzen sich Derrida qua gezwungen fühlte? oder stammte die Idee selber von ihm?, egal – *zeigt* die wichtigsten *Gedanken* der sogenannten Postmoderne *auf*. Wie jedes Kunstwerk ist es freilich viel mehr als eine Illustration zur Philosophie, es illustriert nicht, es zeigt wirklich auf, und zwingt so zum Denken.

Wie müßte man aber diesen ersten Band der Edition, *Recht auf Einsicht*, interpretieren, nachdem er als »Einführung in die neueste französische Philosophie« aufgefaßt worden ist? Es ist kein Photo-Roman – der Roman ist, wie bekannt, *die* literarische Gattung der Moderne –, da »die im Photo-Roman gegebene Rede [...] jedes Bild auf seine Rolle als Illustration für einen einzigen Sinn reduzierte. Die Möglichkeiten werden (im Photo-Roman) gefiltert, folglich haben Sie kein Recht mehr auf Einsicht. So diskret er auch sei, der Unterzeichner des Diskurses verfügt gänzlich darüber, er zwingt Sie, die Dinge so anzuschauen, wie er sie versteht. Hier, nichts dergleichen« (Derridas Text, p. VII).

Es ist eine geordnete Reihe von Photos, wo, »wenigstens innerhalb der Grenzen, die durch die *Anordnung* auferlegt sind« (V), Du Dir die Geschichte erfinden mußt. Ja, klar. Aber *worin liegt hier das Neue*? Seit Kant wissen wir ja, daß die vernünftige Einheit, die wir unsere Welt nennen und als unsere Welt empfinden, dadurch »entsteht«, daß die transzendentale Apperzeption die sinnlichen Daten anordnet. In der Tat. Das ungelöste Problem der Moderne aber war und ist geblieben eben das Verhältnis des transzendentalen und des empirischen Ich. Und hier ist dieses Problem einfach annulliert. Mein empirisches Ich schafft die Prinzipien der Ordnung innerhalb der Grenzen, die *einerseits* durch die Anordnung der Bilder, *andrerseits* dadurch entsteht, daß ich *meine* Interpretation kommunizieren will: *meine Interpretation muß den Regeln irgendeines Sprachspiels entsprechen*. Meine Interpretation – meine Interpretationen; wer könnte mich daran hindern, daß ich demselben Material verschiedene Interpretationen gebe?, aufzwinge? – ist aber infolge des letzteren auch *vernünftig*. Und das ist die einzige Bedeutung des Wortes Vernunft. Es gibt keine allumfassende rationale Totalität, es gibt nämlich keinen Bezugspunkt, von wo aus sie zu schaffen wäre. Das Material (die Anordnung der Bilder) stellt freilich der Vernunft immer Schranken. Wenn wir aber die Existenzberechtigung der *verschiedenen* rationalen Interpretationen, die ineinander nicht zu übersetzen sind, anerkennen, ist das gar nicht mehr so störend, wie in dem Fall, wo wir die ganze Welt, die ganze Geschichte als eine einheitliche Vernunfttotalität auffassen wollen. Daß diese »postmoderne« Interpretation unserer Nicht-Geschichte (und der Welt, und der *Nicht-Geschichte*) in Wittgenstein verwurzelt ist, will Derrida keineswegs verheimlichen. »Wovon Sie nicht reden können, darüber müssen Sie schweigen. Was Sie nicht im Raum der Repräsentation oder in der Grammatik Ihres Diskurses anordnen können, befindet sich dennoch *da*, auf dieser *Bildtafel*« (XXX).

Als erster Band einer philosophischen Reihe ist dieses Werk zweifelsohne *unheimlich provokativ*. Entweder nimmst Du diesen Band als Anlaß, weiter zu gehen, auch die darauf folgenden zu studieren und *Stellung zu nehmen*, oder Du schiebst all das mit einem mißmutigen Achselzucken beiseite: Das alles ist ja verrückt. Na ja, das sind die Franzosen, wieder eine neue Mode, aber ich lasse mich von diesem Herrn Engelmann und Co. nicht veräppeln. Eins ist aber ausgeschlossen: Anhand der *Edition Passagen* kann *keiner* das heutige philosophische Denken in Frankreich einfach als eine unter den vielen modernen philosophischen Richtungen registrieren und verkästeln. Anhand der *Edition* muß man zur Kenntnis nehmen, daß das Denken »europäischen Typs« am Ende des 20. Jahrhunderts umzuschlagen scheint: an die Stelle des universalisierenden Rationalismus der Moderne – der sich trotz der Angriffe des »Irrationalismus« bis zur Mitte unseres Jahrhunderts unerschüttert fühlte – treten voneinander teilweise oder vollständig unabhängige *Teilrationalismen*.

Und man muß zur Kenntnis nehmen, daß diese, sich dem Rationalismus nicht widersetzende, ihn aber qua »zerstückelnde« Philosophie in Europa vor allem von den Franzosen vertreten wird (der amerikanische Ursprung ist evident). Die deutsche Tradition widersetzt sich dem »postmodernen« Denken, das vermöge seiner Natur essayistisch und »unwissenschaftlich« ist (das philosophische Denken »wird nicht nur seines Ernstes, sondern seiner Produktivität und Leistungsfähigkeit beraubt«. – Habermas: *Der philosophische Diskurs der Moderne*, Suhrkamp, Frankfurt / Main 1985, p. 246. Das ist vielleicht gar kein Zufall, daß die *Edition* in Wien erschienen ist). Es ist aber nicht anders mit der ungarischen (wenn es überhaupt erlaubt ist, über eine ungarische philosophische Tradition zu sprechen), die – im Gegensatz zu dem Ganzen der Kultur in meinem Land – eindeutig durch den deutschen Kulturkreis beeinflußt ist. Ich muß betonen: Der provokative Charakter von Engelmanns *Edition Passagen* hat auch mich selbst das erste Mal dazu gezwungen, mich mit dieser vor mir sprachlich und den kulturellen Traditionen nach ziemlich fremden Philosophie wirklich zu konfrontieren. Daß ich danach mein Vergnügen daran gehabt habe, ist schon eine ganz andere Frage. Diese Tatsache hängt teilweise sicher mit der ausgezeichneten Auswahl der ersten sechs Bände, mit den ausgezeichneten, sehr sorgfältigen Übersetzungen, teilweise aber auch mit dem Umstand zusammen, daß die

Intellektuellen von Ost-Mitteleuropa trotz ihrer philosophischen Traditionen für diese »postmoderne« Philosophie empfindlich sein müssen: *diese letzte Abrechnung mit einer rationalen Geschichtsphilosophie*, und das heißt mit den rationalen »Erlösungsgedanken« oder Utopien, ist ebenso auf 1968 zurückzuführen, wie die totale Krise des aufrichtigen marxistischen Denkens in Ost-Mitteleuropa. Auch wenn die politischen und sozialen Zustände in Ost-Mitteleuropa sicherlich nicht mit dem Marxismus zu erklären sind (eben umgekehrt: der Sieg eines totalisierenden Marxismus ist in Rußland dadurch möglich geworden, daß die russische – und im allgemeinen die echt osteuropäische – Gesellschaft eine monolithische war), hängt die Tatsache, daß die Nachkriegsgenerationen der ost-mitteleuropäischen Intellektuellen so schnell in den Dienst des totalitären Regimes traten, damit zusammen, daß sie sich infolge des Erlebnisses des als die Schwelgerei der Unvernunft aufgefaßten Faschismus der hyperrationalistischen Utopie in die Arme warfen. Und wir müssen heute mit Lyotard behaupten: »We have paid a high enough price for the nostalgia of the whole and the one, for the reconciliation of the concept and the sensible, of the transparent and the communicable experience« (*The Postmodern Condition: A Report on Knowledge*, University of Minnesota Press, Minneapolis, 81f). Ich meine nicht, daß wir Ost-Mitteleuropäer die Opfer eines rationalen Projektes wären (daß Lenin auf den Spuren von Peter dem Großen wandelt, heißt wirklich die Modernisierung Rußlands, aber gar nicht seine Verwestlichung, wie Glucksmann meint, *Edition Passagen*, Bd. 6, 89), die Tatsache aber, daß das Irrationale des Sozialismus sowjetischen Typs uns als etwas Hyperrationales verkauft werden konnte, hat uns nachträglich gegenüber der »Obsession der Totalität« mißtrauisch gemacht: Wir glauben an die Verwirklichbarkeit des Reiches der Vernunft gar nicht mehr. Wir sehen ebensowenig wie diese Franzosen den Zerfall der Idee der Universalität als Katastrophe an (so charakterisiert Engelmann Lyotards Denken), wir wollen auch zu einem neuen Selbstverständnis kritischer Intelligenz kommen. Was uns aber – über meinen eigenen Fall kann ich das ohne Bedenken behaupten – auch gegenüber diesem postmodernen Denken mißtrauisch gemacht hat, sind unsere zweifachen Ängste: die uns klar eingestandene Angst davor, daß wir, indem wir uns vom sogenannten »progressiven Denken« distanzieren, den Gedanken der universalen, »menschlichen Emanzipation« aufgeben, zu Konservativen (meinetwegen Neukonservativen) oder schlicht und einfach Reaktionären werden; und die meist nicht eingestandene andere Angst, die Angst nämlich davor, daß die Einsicht in die wahre Natur des universalen Vernunftgedankens die Existenzberechtigung der allgemeinen Theorie und dadurch des *Intellektuellen* aufhebt. Diese Ängste haben uns dazu bewegt (jetzt denke ich konkret an unsere Gruppe, an die sogenannte »Budapester Schule«, an den Jüngerkreis von Georg Lukács), uns eher mit dem letzten Nachhutkämpfer des universalen Rationalismus, mit Jürgen Habermas auseinanderzusetzen, als die Postmodernen ernstzunehmen. Heute bin ich aber davon überzeugt, daß Habermas' Versuch, den Rationalismus mittels der Kommunikationstheorie zu retten, gescheitert ist (hier habe ich keinen Platz, mich mit seiner Theorie auseinanderzusetzen. Ich verweise den Leser auf die m.E. beste Kritik von Habermas' Versuch: B. Waldenfels: »Rationalisierung der Lebenswelt – ein Projekt. Kritische Überlegungen zu Habermas' Theorie des kommunikativen Handelns«, in: Waldenfels: *In den Netzen der Lebenswelt*, Suhrkamp, Frankfurt / Main, 94ff). Um den universalen Rationalismus, sei er so sehr »gemildert« wie auch immer, retten zu können, müßten wir einen archimedischen Punkt außerhalb der Welt finden.

Die *Edition Passagen*, vor allem der 2. und der 6. Band von den bisher erschienenen (Band 2: Jean-François Lyotard: *Grabmal des Intellektuellen* – eine Sammlung von den kleineren Essays des Verfassers; Band 6: *Philosophien*. Gespräche mit Michel Foucault, Kostas Axelos, Jacques Derrida, Vincent Descombes, André Glucksmann, Emmanuel Lévinas, Jean-François Lyotard, Jacques Rancière, Paul Ricoeur und Michel Serres) ist ein klarer Beweis dafür, daß *unsere Ängste unbegründet sind.*

Was die Angst vor dem »Reaktionär-Werden« betrifft, die Franzosen bestärkten mich nur in meiner Überzeugung, die nach 1968 langsam entstanden war: eben die welterlöserischen Utopien sind heute am reaktionärsten. Sie koppeln die Lösung der brennendsten Lebensfragen von Leuten, die *heute leben, ein einziges, irdisches Leben haben*, an langfristige, in ihrem Ausgang unsichere Strategien an, in der festen Überzeugung, daß die »Teilprobleme« nur in dem Fall zu lösen sind, wenn die Welt als Totalität sich nicht mehr im Status der »vollendeten Sündhaftigkeit« befindet. Wenn es aber »nur« Teilprobleme gibt, die eigentlich keine *Teilprobleme sind, da es das Ganze, dessen Teil sie wären, gar nicht gibt, dann sind sie teils auch lösbar. Die theoretische Basis der neuen Überzeugung: »Es gibt nur lokale Determinismen, es gibt nur kleine Erzählungen« (Philosophien*, 122), und die praktische Stellungnahme: »Frontale und einfache Kritiken sind immer nötig, in dringlichen moralischen und politischen Fragen sind sie unumgänglich [...]. Frontal und einfach muß die Opposition gegen die derzeitigen Ereignisse in Polen, im Mittleren Orient, in Afghanistan, in El Salvador, in Chile oder in der Türkei sein [...]. Aber es stimmt – und man muß diese beiden Logiken zueinander in Beziehung setzen –, daß die frontalen Kritiken in der Philosophie immer umgekehrt und wieder angeeignet werden können« (*Philosophien*, 58). Und man könnte fast von einem jeden der interviewten Philosophen etwas zitieren, was eben in diese Richtung zeigt. Das ist das Gemeinsame bei ihnen. Aufs Geratewohl: »Es gibt einen Unterschied zwischen Skeptizismus und Pluralismus. Pluralist sein heißt, daß die Wahrheiten immer an Orte gebunden sind und in etwas komplizierter Weise auf dem Feld verteilt sind. Anders gesagt, es gibt *immer* Singularitäten« (*Philosophien*, 162). Ja, Serres ist ein wahrer Pluralist. Und so einer kann nur sein, wer die Idee der Totalität aufgibt.

Die andere Angst scheint aber begründet zu sein. Der Rationalismus (sei seine Form wie auch immer) und sein Gegenpart, der Irrationalismus, entwickeln Theorien, deren Aufgabe ist, die Welt (*Die* Welt), die (als Einheit aufgefaßte) Geschichte (*Die* Geschichte) zu erklären, zu beherrschen und zu erlösen (»Zwischen beiden (Theorie und Bürokratie) ist eine Verwandtschaft oder Komplizenschaft zu vermuten.« *Grabmal*, 53) Eine universale postmoderne *Theorie* ist hingegen *contradictio in adiecto. Die Sprachspiele sind ineinander nicht zu übersetzen, die Determinismen sind lokal.* Allgemeine Theorien sind wirklich obsolet geworden. Und das heißt, daß »Intellektuelle«, »Geister«, »die vom Standpunkt des Menschen, der Menschheit, der Nation, des Volkes, des Proletariats, der Kreatur oder einer ähnlichen Entität aus denken und handeln« (10), die sich »mit einem Subjekt, das einen universellen Wert verkörpert«, identifizieren, komische Figuren geworden sind. Das heißt aber bei weitem nicht, daß es keine Verantwortung mehr gibt. Nur daß sie nicht von einer bestimmten Menschengruppe angeeignet werden darf. Jede Person ist nämlich auch ein Bürger, »sie genießt die damit verbundenen Rechte und hat die damit verbundene Verantwortung zu tragen« (14). *Die Verantwortung für ein bestimmtes, konkretes überschaubares Gemeinwesen.* Und das heißt auch nicht, daß man keine intellektuelle Arbeit mehr verrichten könnte. Nur daß ihre Produkte keine Universaltheorien mehr sind. Sie gehören zur Produktionskapazität des »Daneben« (Lyotard, *Philosophien*, 118).

Es scheint vor allem Jean-François Lyotard der Philosoph zu sein, der auch über die menschlichen und politischen Folgen der Postmoderne sehr viel nachgedacht hat. Seine zwei Bände, die in der *Edition* schon erschienen sind (Band 2, Band 4: *Die Mauer des Pazifik*. Eine Erzählung), und der dritte (*Das postmoderne Wissen*. Ein Bericht), der als 7. Band der Serie erscheinen wird, müssen aber extra besprochen werden.

Mihaly Vajda *(Budapest)*

Manfred Frank: *Die Unhintergehbarkeit von Individualität. Reflexionen über Subjekt, Person und Individuum aus Anlaß ihrer »postmodernen« Toterklärung* (edition suhrkamp, Neue Folge, Band 377), Suhrkamp, Frankfurt / Main 1986, 131 Seiten.

In seiner dritten in der edition suhrkamp erschienenen Arbeit – ebenfalls wie *Der kommende Gott* und *Was ist Neostrukturalismus* aus einer Vorlesungsreihe hervorgegangen – behandelt Manfred Frank den Zusammenhang der Begriffe »Subjekt«, »Person« und »Individuum«, ein Desiderat angesichts der Konjunktur dieses Problemkomplexes, in dem das Verhältnis der konkurrierenden Begrifflichkeiten und theoretischen Kontexte meist ungeklärt blieb. Die Besonderheit der Fragestellung Manfred Franks liegt schon seit Jahren in dem unerschrockenen Versuch, die unterschiedlichsten philosophischen Ansätze aufeinander zu beziehen: (Neo-)Strukturalismus und Sartre, (sprach-)analytische Philosophie und Habermas, Heidegger und die Kritische Theorie – alle letztlich umfangen von Franks verständiger »Mutter-Theorie«, der Hermeneutik Schleiermacherscher Provenienz.

Die »Unhintergehbarkeit von Individualität« lautet Franks Antwort auf die Frage »Was fehlt dem Neostrukturalismus«, als dessen Anwalt *und* Kritiker Frank in Deutschland fungiert: Frank insistiert auf der Möglichkeit, Subjektivität und Individualität nicht als den besonderen Fall des Allgemeinen zu verstehen, gleichzeitig die Nicht-Identität des Zeichens, wie Derrida sie denkt, zu wahren und trotzdem selbstbewußte, sinngebärende Individualität zu konzipieren. Nur präreflexive Selbstvertrautheit und das ihrer irreduziblen Spontaneität entstammende hypothetische Urteil ermöglichen es, der »Idealisierung des Zeichensinns zu einem instantanen und identischen« zu widerstehen: »individuelle Sinnentwürfe« bleiben unableitbar aus »semantisch-pragmatischen Typen« (p. 130).

Unbefriedigend bleibt die detaillierte Auseinandersetzung mit klassischen, aber vor allem analytischen Ansätzen (von Leibniz über Husserl zu Strawson und Tugendhat), welche die unterschiedlichen Modelle nur in ihrem Scheitern gegeneinander abhebt und der es nicht gelingt, der These Franks, der es an systematischer Entwicklung fehlt, größere Plausibilität zu verleihen.

Karin Schulze *(Hamburg)*

Albrecht Wellmer: *Ethik und Dialog. Elemente des moralischen Urteils bei Kant und in der Diskursethik*, Suhrkamp, Frankfurt / Main 1986, 224 Seiten.

Theodor W. Adornos Vorhaben einer großen moralphilosophischen Schrift blieb unverwirklicht. Derart unbelastet von Zwängen bloßer Nachfolgeschaft, vermochte die »zweite Generation« der Kritischen Theorie – ihr Denken gilt einer Rehabilitierung des Vernunftbegriffs –, eine eigene Ethik gleichsam originalphilosophisch zu entwerfen. Indem nun Albrecht Wellmer die philosophischen Grundlagen der so entstandenen »Diskursethik« einer eingehenden und brillianten Kritik unterzieht, rekonstruiert er ohne jede epigonale Berufung auf die Altmeister einige ursprüngliche Intentionen der Frankfurter Schule. Der in New York lehrende Verfasser amalgamiert das Verfahren der immanenten Kritik mit dem der sprachanalytischen Philosophie und gelangt – anders als Adorno – zu einer Begründung der praktischen Vernunft, die im Gegensatz zu J. Habermas und K.O. Apel – einer *Letzt*begründung nicht bedarf.

Um den ethischen Relativismus zu begegnen, hat die Diskursethik den kategorischen Imperativ, das Verallgemeinerungsgesetz der moralischen

Vernunft, in universalen Strukturen der menschlichen Rede zu verankern und so die historisch-relativen Inhalte zu umschiffen versucht. Das Mißlingen dieses Projekts, das dem Verdacht der reinen Selbstbegründung von Beginn an ausgesetzt war, weist Wellmer detailliert nach. Zwei seiner Vorwürfe seien hier einführend erläutert: der des Formal-Idealismus und der des undialektischen Denkens. Als Vehikel der Letztbegründung fungiert in der Diskursethik die auf Kants »Reich der Zwecke« zurückgehende Konstruktion einer »idealen Kommunikationsgemeinschaft« (Apel). Nun seien in einer solch fiktiven Situation endgültiger Verständigtheit absolute kognitive Wahrheit und praktische Richtigkeit zwar gegeben (durch den formalen Modus der Vollkommenheit), doch lasse sich daraus kein Kriterium zur Beurteilung der Wahrheit und Richtigkeit realer historischer Einigungen ableiten – so Wellmers Frontalangriff auf die Konsenstheorie der Wahrheit. Zudem basiere das Modell auf der unhermeneutischen Annahme einer möglichen endgültigen Ausräumung intersubjektiver Differenzen in Sprache und Geschichte – Medien, dic indessen von jenen erst konstituiert werden. Undialektisch nennt der Verfasser die Verankerung der Idealkonstruktion in den Wurzeln der argumentativen Vernunft und die dualistische Konfrontation dieser Einheit von Ursprung (Rationalität) und Ziel (herrschaftsfreier Diskurs) mit ihren praktischen Hindernissen (Machthandeln). Im »zwanglosen Zwang des besseren Arguments« (Habermas) sei nämlich die archaische Gewalt in Wahrheit nicht »verschwunden«, sondern – hegelisch – »aufgehoben«: aus der unbegründeten Übermacht ist die Macht der Reziprozität vernünftiger Begründungen geworden, die jeder diskursiv Unterlegene nach innen wendet. Mit einer solchen »Aufklärung des moralischen Bewußtseins über sich selbst«, dem Eingedenken in die »Naturhaftigkeit« der rationalen Argumentation, begegnet Wellmer ganz im Sinne der »Dialektik der Aufklärung« dem Habermasschen Dualismus Gewalt-Sprache sowie der Ausmalung eines Ideals ›reiner‹ Sprache (p. 143f).

Die genannte Dialektik macht die Behauptung einer »Unausweichlichkeit von Rationalitätsverpflichtungen« gegenüber sprachlich vermitteltem Machthandeln logisch nicht länger begründbar. Nicht kognitiv auf universale Strukturen, sondern praktisch auf eine (in der Barbarei je verwurzelte) »Kultur der Rationalität« habe sich zu berufen, wer partikularistische Beschränkungen menschlicher Handlungs- und Erkenntnisfreiheit kritisiert. Im Falle der moralischen Universalisierung nennt Wellmer den Motor dieser Kultur »fallibilistische Ethik«: Erst wenn eine Handlungsweise *nicht* allgemein gewollt werden kann, verdichte sich ihre Inversion zu einer Norm – die mit jedem neuen Fall sich wandle und darum unaufhebbar »situative Indizes« trage. Der Verfasser reformuliert somit Kants Imperativ in den Kategorien der bestimmten Negation und der Dialektik von Besonderem und Allgemeinem. An Benjamins Satz vom »Zeitkern der Wahrheit« ließe sich denken. Habermas wird die Verkennung dieser Dialektik alltäglicher Moralbildungsprozesse vorgeworfen; er konfundiere sie mit dem (rechts-)systemischen Verfahren der diskursiven Veränderung fixierter Normen. Wie auch hier, so führt Wellmer im letzten Abschnitt von *Ethik und Dialog* zahlreiche Abgrenzungen und Inbezugsetzungen von Handlungs- und Diskurstypen analytisch durch, Habermassche Kategoriefehler bereinigend. Denn nicht um die Destruktion der Diskursethik ist es ihm zu tun, sondern um die Auswechslung ihres unschlüssigen Fundaments. Umwälzende Auswirkungen wird diese Untergrabung in einigen Seitentrakten des Gebäudes zeitigen. Die kognitivistische Psychologie der Kohlberg-Schule beispielsweise hätte ihre Trennung von invarianten Strukturen und kontingenten Erfahrungen, von Kompetenz und Performanz moralischen Handelns ins Theorem *situativ indizierter Strukturen* aufzuheben.

Kraft ihrer Gründlichkeit und Transparenz gerät Wellmers Erörterung zu einer vorzüglichen Einführung in die Kantische und Habermassche Ethik sowie in das Denken der Kritischen Theorie, ja der dialektischen Tradition überhaupt. »Entscheidend ist, daß jede philosophische Wahrheit, einmal ausgesprochen, schon verloren wäre ohne die unabschließbare Mühe einer immer wieder erneuten Aneignung und Übersetzung. Die Bewahrung philosophischer Wahrheiten ist ein produktiver Prozeß« (p. 98). Wellmer selbst realisiert dieses Credo durch die bestimmte Negation des ungenau und unlogisch Gedachten, den eigenen Gegenentwurf »fallibilistische Diskursethik« daraus hervortreibend. Nur so, nicht in der abstrakten Negation philosophischer Sinnentwürfe, läßt sich Neues denken.

Thomas Zabka *(Hamburg)*

Richard Sennett: *Verfall und Ende des öffentlichen Lebens – Die Tyrannei der Intimität*, Fischer Taschenbuch Verlag, Frankfurt / Main 1986, 404 Seiten.

Sennetts bekanntestes Buch ist nun auch als Taschenbuch einem größeren Leserkreis zugänglich. Grund genug, wieder einmal auf dieses Buch hinzuweisen.

Sennett beschäftigt sich nach einem eher theoretisch gefaßten Teil in den beiden nächsten Kapiteln mit einer historischen Darstellung der Öffentlichkeit des Ancien Régime (AR) und ihrer Erschütterung im 19. Jahrhundert. Es schließt sich daran eine Darstellung der Nachkriegsmoderne an, eine Kritik unserer westlichen Gesellschaften, besonders der US-amerikanischen, die in den letzten Abschnitten noch einmal theoretische Erläuterungen zu Sennetts Begriffen von Öffentlichkeit und Intimität enthält. Sein begriffliches Instrumentarium entwickelt Sennett im Anschluß an Trilling, Riesman und m.E. an den französischen Autoren wie Foucault z.B., die nirgends erwähnt, aber doch immer präsent scheinen in Sennetts unbeirrbarer Hartnäckigkeit, den schauspielerischen Inszenierungen, den Anordnungen der Zeichen politische Bedeutung und gesellschaftsgestaltende Kraft zuzusprechen und sie in ihrer eigenen Qualität ernstzunehmen und nicht nur auf einen Ausdruck von etwas reduzieren.

Kernstück seiner Begrifflichkeit ist Trillings Unterscheidung von *persönlicher Aufrichtigkeit* und *individueller Authentizität*. »Unter Aufrichtigkeit versteht Trilling die Fähigkeit, die privaten Gefühle und Anschauungen der Öffentlichkeit auszusetzen; unter Authentizität versteht er jene Haltung, mit der jemand die eigenen Versuche, zu empfinden, einem anderen Menschen direkt aussetzt« (44, 45).

Die Darstellung des Ancien Régime ist für die Strategie von Sennetts Argumentation von Bedeutung, ist aber, wie ich meine, gleichzeitig eine ihrer Achillesfersen. Die Darstellung der Öffentlichkeit des AR nämlich gerät Sennett so positiv, daß sich mir der Eindruck nicht nur von *einer* Öffentlichkeit, sondern von *der* Öffentlichkeit *überhaupt* aufdrängte. Vielleicht zeigt sich hier, daß die Sennettsche Begrifflichkeit nicht differenziert genug ist. Sennett weist auf den Verfall der schauspielerischen bzw. expressiven Fähigkeiten hin, weiß aber nichts zu sagen zu den Inhalten, die bei bestehender expressiver Fähigkeit zur Diskussion gestellt werden können, außer daß die strukturelle Dimension des Expressiven nicht vernichtet werden darf.

Will Sennett zunächst das AR als Folie benutzen, um zu zeigen, daß diese Gesellschaft über eine – wichtige – Struktur mehr verfügte als die Gesellschaften, die im Anschluß daran entstanden, so gerät ihm die historische Skizze doch so affirmativ, daß das AR zum *normativen Maßstab* schlechthin gerät.

Die inhaltliche Offenheit der Struktur des Expressiven wird hier zum Verhängnis, weil über die Aufmerksamkeit für die Struktur die Frage nach den Inhalten unbeachtet bleibt und sich unbemerkt ein bestimmter als der einzig richtige durchsetzt. Sennett spürt diese Gefahr selbst (293), geht ihr aber nicht weiter nach.

Denkt man nun auf der Suche nach Rettungsmöglichkeiten für eine Öffentlichkeit für uns über die von Sennett dargestellte des AR nach, so fällt nichts Imponierendes ins Auge, dem man eine Verbesserung unserer Welt zutrauen mag. In dieser Situation kann ein Ausflug zu Habermas' *Strukturwandel der Öffentlichkeit* ganz hilfreich und erholsam sein, wenn nämlich die von Sennett so favorisierte Öffentlichkeit als ›repräsentative‹ im Gegensatz zur bürgerlichen bezeichnet und wie folgt erläutert wird: »Diese repräsentative Öffentlichkeit konstituiert sich nicht als ein sozialer Bereich, als eine Sphäre der Öffentlichkeit, vielmehr ist sie [...] so etwas wie ein Statusmerkmal« (19, 20). Anders als die bürgerlichen Parlamentarier, die ihr

Volk vertreten und für es repräsentieren, *sind* die Fürsten das Volk und repräsentieren ihre Herrschaft, statt *für* das Volk, *vor* dem Volk.

Solchermaßen durch die Habermas-Lektüre vor Romantizismus bewahrt, lohnt es sich doch, zu Sennetts Buch zurückzukehren. M.E. gewinnt das Buch dort Stärke und Aussagekraft, wo es versucht, die Konsequenzen des Verlusts der expressiven Dimension für unsere westlichen Gesellschaften aufzuzeigen.

Unsere Welt ist Sennetts Meinung nach dominiert von der Anschauung, daß zwischenmenschliche Nähe ein moralischer Wert an sich ist und umgekehrt, daß sich alle gesellschaftlichen Mißstände auf deren Anonymität, Entfremdung und Kälte zurückführen lassen (293). Hier setzt Sennetts Besorgnis und Kritik an.

Diese moderne Überzeugung, die alles Politische ins Psychologische verkehrt, ist für den Autor das Ergebnis von Kapitalismus und Säkularismus. Im 19. Jahrhundert entwickelte sich die Vorstellung von der beängstigenden Unpersönlichkeit des Staates. Der Schlachtruf »vom Vorrang des Menschen vor den Maßnahmen« (Junius) kam auf, erwies sich aber, recht betrachtet, als ein Mittel politischer Befriedigung und Unterdrückung.

Ergebnis der Durchsetzung dieser Überzeugung ist, daß in unserer politischen Kultur – Sennett bezieht sich in seinen Beispielen vor allem auf die USA – Öffentlichkeit mit Unpersönlichkeit und diese mit Leere gleichgesetzt wird. »Aus Angst vor der Leere begreifen die Menschen das Politische als einen Raum, in dem sich ›die Persönlichkeit als solche‹ Ausdruck verschaffen soll. So werden sie zu passiven Zuschauern des Politikers, der sie mit seinen Absichten und Empfindungen abspeist, statt über sein Handeln zu sprechen« (295). Öffentlichkeit wird also zum Ort der Offenbarung der individuellen und kollektiven Identität, nicht aber zum Ort der Auseinandersetzung mit den individuellen und klassenspezifischen Meinungen. Kollektivität wird zum Selbstzweck, sie hat nicht mehr die Funktion, auch Divergierendes zu vereinen. Das menschenfreundliche Ideal der Nähe erweist sich somit als ganz und gar nicht menschenfreundlich.

Das Bemühen um Authentizität oder Offenbarung muß dem psychologischen Phänomen des Narzißmus zugeordnet werden. Dem Narziß ist die Außenwelt nichts, sein Selbst ist ihm alles. Mit der Konzentration auf das Selbst wächst jedoch die Gefahr der inneren Leere, wächst die Angst, nichts mehr zu empfinden, nicht mehr zu sein. Nimmt die selbstbezogene Person nichts mehr von außen auf, droht das Selbst zu verarmen. Dieser zerstörerische Zusammenhang von Betonung und gleichzeitiger Verarmung des Selbst ist heute ein alltägliches Phänomen. Die hysterische Neurose wurde abgelöst von narzißtischen Syndromen.

Mit der These nun, der Narzißmus sei die protestantische Ethik von heute, sprengt Sennett die Perspektive Trillings. Nicht konservativ wie viele Autoren gerade auch aus den USA, beklagt Sennett nicht den Verfall der protestantischen Ethik und sieht nicht den Narzißmus als eine zu egoistische – aber funktionierende – Haltung, die der Gemeinschaft schadet. Vielmehr analysiert er den Narzißmus als kapitalistisches Produkt.

An einer neu entstehenden Klasse, dem white-collar-worker, macht er plausibel, wie die narzißtisch organisierte Weltsicht diesen neuen Arbeiter distanzlos, d.h. aber auch widerstandslos, in die Arbeitswelt einbindet. Der white-collar-worker muß seinen Arbeitsbereich oft wechseln, spezielle Fertigkeiten zeichnen ihn nicht aus, er wird vielmehr auf seine Möglichkeiten und seine Flexibilität verpflichtet. Seine institutionelle Bestimmung ist damit gleichzeitig eine seiner Persönlichkeit. Die narzißtische Auflösung der Trennung von Außen- und Innenwelt ist damit erreicht. »Die Folge davon ist, daß der Angestellte die Fähigkeit einbüßt, die für seine Klasse bestimmenden Herrschafts- und Disziplinregeln in Frage zu stellen. Seine gesellschaftliche Stellung wird allzu sehr Teil seiner Person, als daß er noch spielerisch mit ihr umgehen könnte. Die Mobilisierung des Narzißmus durch die Institution untergräbt die Fähigkeit zum expressiven Spiel, d.h. zum Spiel und zur Veränderung der das Handeln leitenden nichtpersonalen Regeln« (368).

Immer dort, wo Sennett an unseren gesellschaftlichen Verhältnissen zeigt, daß wir eine gesellschaftliche Dimension verloren haben, ist sein Buch sehr instruktiv, vor allem weil er deutlich macht, daß die als integrativ empfundene oder ersehnte Nähe einen großen Verlust bedeutet.

Ulrike Dimpl *(Frankfurt)*

Gaston Bachelard: *Psychoanalyse des Feuers*, Edition Akzente, Hanser Verlag, München-Wien 1985, 154 Seiten.

In diesem Buch geht es dem französischen Theoretiker der Wissenschaftsgeschichte um eine exemplarische Analyse der Theorien über das Feuer, die demonstrieren soll, wie als wissenschaftlich deklarierte Theoreme auf ganz andere, psychologisch-poetische Quellen und Intuitionen zurückgehen. In 7 Kapiteln rekonstruiert Bachelard eine Geschichte der Theorien über das Feuer, die er bestimmten Komplexen wie dem »Prometheuskomplex« oder dem »Empedokleskomplex« zuordnet. Sein zentrales Motiv dabei ist, nachzuweisen, daß »am Fundament selbst noch der objektiven Erkenntnis das Wirken unbewußter Besetzungen« (16f) festzustellen ist. Dabei geht es Bachelard durchaus nicht um einen Reduktionismus, nicht um einen Affekt gegen Theoriebildung und Abstraktion, sondern um eine Entmischung unbewußt-vorwissenschaftlicher und abstrakt-wissenschaftlicher Anteile, wobei die Schönheit und Überzeugungskraft des Buches letztlich unklar lassen, ob die Intention nicht vielmehr ein Erweis der »ungeheure(n) poetische(n) Produktivität der Bilder des Feuers« (144) ist. So wie in der »wissenschaftlichen Erfahrung die Spuren kindlicher Erfahrung« (17) anhand der Lektüre von Texten aus der Wissenschaftsgeschichte nachgewiesen werden, werden in diesen Spuren auch die der Vorgeschichte angedeutet: »Vielleicht waren unsere Vorfahren viel empfänglicher für die Lust, viel bewußter gegenüber ihrem Glück, viel weniger empfindlich gegenüber dem Leiden« (39). Daß Liebkosung und Arbeit ursprünglich verbunden gewesen sein müssen, entnimmt Bachelard der Sexualisierung von Erzeugung und Eroberung des Feuers, die auch erklären kann, warum das Feuer so lange und so stark sexualisiert blieb. Die Nachwirkung dieser Sexualisierung mit ihrer gesamten Metaphernbildung, ihrer Wirkung durch die Einbildungskraft, wird von Bachelard anschaulich aufgezeigt, um zugleich – versteht man sein Buch als »Aufdeckung« – seine These einer »dialektischen Sublimierung« zu ermöglichen, die »ihre Freude aus einer systematisch betriebenen Verdrängung schöpft« (133).

MHi

Arno Baruzzi: *Einführung in die politische Philosophie der Neuzeit*, Wissenschaftliche Buchgesellschaft, Darmstadt 1983, X, 242 Seiten (I).

Arno Baruzzi: *Alternative Lebensform?*, Alber, Freiburg-München 1985, 179 Seiten (II).

Die gegenwärtige Diskussion um Moderne und Postmoderne zielt auf das Problem der *Lebensform*. Darum geht es freilich auch schon Aristoteles und der gesamten philosophischen Tradition. Die moderne Technik aber, zumal das heutige Umkippen des kontrolliert gewollten Machbaren ins unkontrollierbar gewordene Gemachte, verschärft das Problem. Das neuzeitliche Paradigma der *Machbarkeit* ist desavouiert. Arno Baruzzi, der bereits mit seinem Werk *Mensch und Maschine. Das Denken sub specie machinae* (W. Fink, München 1973) das Thema der technikbestimmten Lebensform historisch und systematisch verfolgt hatte, rückt in seinen beiden letztveröffentlichten Büchern das Problem in einen breiteren lebensweltlichen Zusammenhang, den der Sozietät und Politik.

I

In seiner *Einführung* will Baruzzi zeigen, »daß die neuzeitlich-europäische Philosophiegeschichte zugleich [...] eine Politikgeschichte« ist, die »unser politisches konkretes Dasein auf den Begriff bringt« (2). In vier Hauptkapiteln werden zentrale Begriffe des Machbarkeitsparadigmas in ihrer Vernetzung erläutert: »Vernunft und Macht« (7-62), »Arbeit und Eigentum« (63-109), »Menschenwürde und Menschenrechte« (110-165), »Staat und Gesellschaft« (166-224).

Die Einheit von *Vernunft* und *Macht*, die in Hegels Denken ihren Höhepunkt erreicht, gründet im griechischen Denken. In der Forderung des Aufeinander-Hörens und des Übereinstimmens in der Rede konvergieren Logosspekulation und soziale Norm der Polis, die der Macht gegenüber in der Spannung steht von Identität und Differenz. Die Macht muß sich, zumindest dem Schein nach, rückbinden an die Vernunft, die ihrerseits nun zweideutig wird: ideale Norm der konkreten Macht einerseits, deren ideologisches Instrument andererseits. Für letzteres stehen die Sophisten, für ersteres der philosophisch scheiternde Platon, der »aus dem Diesseits der Macht in ein Jenseits der Vernunft« (13) emigriert. Vernunft wird also transzendent. Neuzeitlich aber geschieht eine entscheidende Wende: »Wenn die Vernunft als erster Grund versagt, dann gilt es eben, auf eine uns doch menschenmögliche Weise die Vernunft neu einzuführen« (24). Sie wird nun als Setzung, Gründung, Machtspruch des Menschen verstanden, als Prinzip der Immanenz, das seine Zwecke selbst setzt. Die selbstgesetzte Norm ist die, frei, d.h. autonom, d.h. selbstherstellend zu sein. In Macchiavellis Begriffen »verità effettuale« und »virtù« schlägt »die Geburtsstunde jener neuzeitlichen Lehre von der Selbsterhaltung und Selbststeigerung, die sich dann bei Nietzsche vollendet« (19). »Virtù« ist die »Formkraft des Menschen, mit der er die fortuna als die zu formende Materie angeht« (28f) und ein erster Strukturbegriff für das Paradigma der Machbarkeit, das von anderen Philosophen weiter ausgeführt und variiert wird: von Hobbes, Descartes und Leibniz, Locke und Marx, Hegel und Nietzsche.

Die neuzeitliche Verschränkung von Vernunft und Macht äußert sich in dem als *Autonomie* verstandenen Begriff der *Freiheit*, der also anthropozentrisch ist, aber auch dynamisch, voluntaristisch. Hegel vollendet die »Umdrehung der Struktur der Substanz ins Subjekt« (37) und denkt die Realität änigmatisch: »Der Prozeß reißt fort. Jeder Stand ist zugleich Bewegung«, so daß »in dieser neuen Seins- und Lebensauffassung kunstvolle Haltepunkte gesucht« (44) werden müssen: politisch im Staat, philosophisch im wissenschaftlichen System. Im sich selbst wollenden Subjekt werden Notwendigkeit und absolute Freiheit kongruent, intensivieren so aber nur den machtstrebenden Willen, der behauptet, vernünftig zu sein. Als »Wille zum Willen« rotiert er schließlich ziellos und schlecht-unendlich in sich selber. Dies ist die mit Nietzsche (worin Baruzzi die Heideggersche Interpretation übernimmt) angesetzte Vollendung des Machbarkeitsparadigmas. Den nihilistischen Willen zum Willen exemplifiziert Baruzzi am Phänomen der heute sich offenkundig entwertenden *Arbeit*, die gesamtökonomisch mittlerweile weitaus mehr zerstört, als sie aufbaut, und demnach sinnlos in sich selber kreist.

In schlechter Unendlichkeit strebt Arbeit nach *Besitz*, der nur in abstrakter Allgemeinheit faßbar wird: als *Geld*, das »die verkörperte, vergegenständlichte Begierde« (70) darstellt. Die vom Gelderwerb bedingte, auf Gelderwerb zielende Arbeit gerät neuzeitlich zur bestimmenden Dimension der Lebenswelt. Angesichts der Möglichkeit einer authentischen Lebenspraxis, die bei den Dingen des Lebens verweilen, mit ihnen symbiotisch existieren kann, erweist sich die verfehlte Lebensform des homo faber. Ihre Protagonisten sind Locke und – trotz seiner kritischen Gegenhaltung – Marx. Dessen Verhaftetbleiben am Machbarkeitsparadigma sucht Baruzzi durch einen (neo)aristotelischen Ansatz zu überwinden. Die Güterlehre des Aristoteles bietet eine Orientierungsnorm, indem sie zwischen *Gütern*, die innerhalb der »praxis« zum Gebrauch, und *Werten*, die nur dem Besitz oder Tausch dienen, unterscheidet. Indem Marx die neuzeitliche Tendenz, »Güter in Werte zu verwandeln« (77), akzeptiert und somit der Wertvorstellung verhaftet bleibt, bleibt seine Kritik der warenproduzierenden Gesellschaft unvollendet. Der »Fortgang vom Sein in das Gelten« bedingt, daß »im Besitz des jeweiligen Gegenstandes im Grunde kein Besitz vorliegt, sondern nur der Anlaß, von Gegenstand zu Gegenstand weiterzutreiben« (91). Der für Marx wie für Nietzsche zentrale Wertgedanke, der sich selbst nicht relativierend zurücknimmt in die Dimension der Aristotelischen Praxis, ist selbst ein Phänomen der Entfremdung, das diese nicht aufhebt.

In der zweiten Hälfte des Buches geht es um die Selbstbezüglichkeit des Menschen im Hinblick auf Menschenbild, Recht, Staat und Gesellschaft. »Der Mensch ist Mitte der Welt und doch ortlos« (113). Der Ort, das Selbstverständnis, wird zur künstlichen, voluntaristischen Setzung. Diese geschieht unter dem Wertaspekt. Höchster Wert ist die äußerlich als Recht positivierte Autonomie, deren gesellschaftliche Objektivation der Rechtsstaat ist. Auch hier verselbständigt sich das Prinzip der Machbarkeit. Baruzzi kritisiert die moderne Tendenz zur verknöchernden Rechtspositivierung, die das Sittliche im Sinne Hegels stets verfehlt und niemals die Praxis wirklicher politischer Tugenden ersetzen kann. Dies gilt auch für die Vertragstheorien der neuzeitlichen Staatsphilosophie, die Vernunft und Freiheit in ein »Kreisverhältnis der Macht« einspannen und methodisch den Ansatz für Totalitarismen verschiedener Art ermöglichen. Im Regelkreis des rationalisierten Sozialverbands tendiert die neuzeitliche radikale Autonomie dahin, in Unterwerfung umzuschlagen. Vor dem Hintergrund der Gestell-Kritik Heideggers sieht Baruzzi im Willen »die unentwegte Methode, alle Menschen in die Totalität des Willens hineinzunehmen« (209). Auch für die Wissenschaft heißt Vernunft, sich als Macht zu begreifen und der Macht zu dienen. Hegels Definition der bürgerlichen Gesellschaft – sie sei ein Zweckverband für »die Erhaltung und Steigerung von Eigentum« (170) – bleibt nicht nur unvermindert gültig, sondern ist auch noch auf den ›realen Sozialismus‹ übertragbar. Dem rastlosen Machtwillen verpflichtet, bereitet diese mundan einförmige Industriegesellschaft »Schwierigkeiten, überhaupt als ein Aufenthalt verstanden zu werden«. Die »Ruhelosigkeit der ständigen Besitzergreifung« bedingt, daß der Mensch »nicht in Praxis, sondern in Arbeit und Technik lebt« (217).

Die in dieser philosophischen Strukturgeschichte formulierte Kritik am neuzeitlichen Willen – an der Koinzidenz von Macht und Vernunft, an der Entfremdung durch Arbeit und Besitzstreben, am juristischen und sozialtechnologischen Machbarkeitswahn – ist von der Sache her die *Kritik einer falschen Lebensform*. Im Zusammenhang mit der Moderne-Postmoderne-Diskussion wird heute allenthalben eine solche Kritik versucht. Die gegenwärtige Alternativ-Kultur in unserer Gesellschaft zeigt die Aktualität der Fragestellung.

II

Dieser Aktualität, auch den verzweigten Inhalten der gegenwärtigen Diskussion, wendet sich das zweite Buch Baruzzis zu, das deutlicher noch als das erste auf Heidegger und Aristoteles Bezug nimmt. Auch *Alternative Lebensform?* teilt sich in vier Großkapitel. Sie behandeln »Autonomie und Effizienz« (9-32), »Machbarkeit und Lebensform« (33-93), »Güter und Machbarkeit« (94-125) und »Die Frage nach der Lebensform« (126-163).

Zu Beginn wird »die Machbarkeit im Zusammenhang mit dem neuzeitlichen Willen des Menschen zu Autonomie und Effizienz« (8) erläutert. Beides bedingt einander und erfährt seine höchste Steigerung in der Kybernetik. Die Machbarkeit ist »abgrundtief und gar bodenlos« (24) und stößt in den mittlerweile lebensbedrohenden Nebenfolgen der modernen Technik an die Grenzen ihrer Effizienz *und* ihres lebenspraktischen Sinns: »In den verschiedenen Grenzerfahrungen mit der Natur und der Erde machen wir die höchste Erfahrung über die Autonomie selbst: sie hat Grenzen zu wahren, um autonom zu bleiben« (31). In der Forderung nach Autonomie, die unter den modernen lebensweltlichen Bedingungen dem Sog der Machbarkeit verfällt und darin zur grund-, grenzen- und orientierungslosen Selbstproduktion des rastlos-nihilistisch wollenden Subjekts verkommt, ist also ein anderes, gegenläufiges Moment mitgedacht: das Selbstsein des Menschen im Sinn der Aristotelischen Praxis, die Selbstvollzug, gewaltfreies Vollbringen des eigenen Lebens bedeutet.

Inwiefern das Prinzip der Machbarkeit diese Praxis, d.h. eine menschengerechte Lebensform verunmöglicht, inwiefern es aber auch kaum transzendierbar ist, erläutert das zweite Kapitel, das ausführlich auf Kritik- und Veränderungskonzepte der grünen und alternativen Bewegungen von heute eingeht. Diese »bleiben im Tal der Machbarkeit« (8), indem sie statt einer grundsätzlichen Alternative zur Technik bloß »eine alternative Technik« fordern, »die innerhalb der Technik, ohne diese zurückzulassen, eine Modifikation der Technik vornimmt« (46). Diese Alternative ist nicht radikal genug, wenn man sie an Heideggers Gestell-Kritik mißt, deren innere Norm, die Praxis eines authentischen Lebens, das Nichtstun fordert, eine als »Gelassenheit« bezeichnete »Haltung des gleichzeitigen Ja und Nein zur technischen Welt« (43). Praxis – im Gegensatz zu Poiesis, Technik und Machbarkeit – ist das gewaltlose Seinlassen der Dinge und Bezüge. Im bios theoretikos des Aristoteles ist solche nichttuende Praxis vorgedacht. Heidegger zeichnet sie als Möglichkeit innerhalb der voluntaristisch verzerrten Welt der Technik, deren durchgehende Festlegung auf Zweck und Mittel »der Optik der Gewalt unterliegt« (85), so daß der moderne Terrorismus, der die vermeintliche Sekurität dieser Welt am augenfälligsten bedroht, nur deren absurde, aber verständliche Konsequenz ist. Ihr praxistötendes Prinzip ist der »Anspruch, alles auf der Erde als Mittel zu gebrauchen und zu verbrauchen« (90; von hier aus wird klar, daß die Kritik von Marx, der Kritischen Theorie und Heidegger sachlich auf dasselbe zielt und daß ›warenproduzierende Gesellschaft‹, ›verwaltete Welt‹ und ›Gestell‹ sachlich dasselbe meinen).

Im dritten Kapitel stellt Baruzzi die Aristotelische Güterlehre dem Machbarkeitsprinzip gegenüber, das neuzeitlich generell »Güter in Werte umgewandelt« und »Werte anstelle von Gütern gesetzt« (106) hat. Dadurch sind die meisten Orte unserer Lebenswelt »ein Nirgendwo im Sinne der Ortslosigkeit und Unbewohnbarkeit geworden« (125). Dies gilt insbesondere für die politische und wissenschaftliche Utopie, die auf Machbarkeit setzt und zuletzt die »Utopie der Machbarkeit« (124) entdecken muß. Im letzten Kapitel wird schließlich noch einmal zusammenfassend die philosophische Frage nach der Lebensform aufgeworfen. Baruzzi erinnert an ihre erste klassische Formulierung bei Platon, der vier Lebensformen unterscheidet (Begierde-, Erwerbs-, politisches und theoretisches Leben), und bei Aristoteles (der Praxis, Poiesis und Theoria einander gegenüberstellt). Theoria interpretiert Baruzzi als höchste Form der Praxis, und diese setzt er gleich mit Heideggers Gelassenheit, indem er »das Seinlassen als die Grundformel für Praxis« (147) bezeichnet, die ihrerseits ein Tun oder auch Nichttun ist, »das ganz bei sich selbst bleibt und sich so in sich selbst vollzieht und das Leben vollbringt« (156). Schwierig bleibt die Frage nach den »Möglichkeiten von Praxiserfahrung« (154) in unserer durchgängig von Machbarkeit durchdrungenen Lebenswelt. Offenkundig sind sie nur punktuell gegeben, in jenen *Augenblicken*, deren konkret-endliche Authentizität nicht nur für sie selber gilt, sondern die auch ausstrahlt auf das insgesamt entfremdete, verzweckte Leben: »Der Augenblick der Praxis ist der Einblick in das, was ist. Im Augenblick erfahren wir Sein, ein Ganzes, Welt. Wir erfahren dies eben im und als Augenblick« (162). Somit stellt Baruzzi seinerseits die antike Frage nach den Lebensformen sachgemäß nur noch im Singular: »Leben heißt Praxis und ist damit Lebensform« (160). Sie schließt Machbarkeit nur ein als den sie umhüllenden Widerspruch. »Bei der Frage nach der Lebensform ist die Seinsfrage angesprochen. Sie [...] bestimmt die neue Ethik« (159). Sie beantwortet auch »die Frage nach dem Zusammenhang von Leben und Gewalt« (142).

Zusammenfassend läßt sich sagen: Die neuzeitliche Philosophie bringt eine Lebensform auf den Begriff, die immer ausschließlicher vom Prinzip der Machbarkeit durchdrungen wird und sich so als Lebens-Unform zu erkennen gibt. Ihr entschiedenster Diagnostiker, der gleichwohl noch in ihr befangen bleibt, ist Heidegger. Er ist radikaler als die derzeitigen alternativen Veränderungskonzepte, die eine ›sanfte‹ Machbarkeit im Auge haben. Die gegenwärtige Not der desavouierten technischen Welt ermöglicht heute aber einen neuen Blick zurück zur antiken praktischen Philosophie, insbesondere zur Aristotelischen Praxis, die auch in der modernen / postmodernen Lebenswelt in der Struktur des Augenblicks erfahrbar ist.

Reinhard Margreiter *(Imst)*

Ute Guzzoni: *Wendungen. Versuche zu einem nicht identifizierenden Denken*, Alber, Freiburg-München 1982, 124 Seiten (I).

Ute Guzzoni: *Veränderndes Denken. Kritisch-ontologische Stücke über das Verhältnis von Denken und Wirklichkeit*, Alber, Freiburg-München 1985, X, 108 Seiten (II).

Möglicherweise wird – zu einem noch ausstehenden Zeitpunkt philosophiehistorischer Wertung – der vom späten Heidegger unternommene ›Absprung aus der Metaphysik‹ als die wichtigste Zäsur im Denken unseres Jahrhunderts beurteilt werden. Die Rede von ›Gelassenheit‹, ›Ereignis‹ und ›Geviert‹ zielt auf eine gewaltlose, unentfremdete Lebensform, die ihre Konturen aus der Negation der gegenwärtigen Lebenswelt und aus der Entdeckung einzelner, gelingender Lebensvollzüge auch jetzt, mitten im Zeitalter des ›Gestells‹, gewinnt. Bereits heute wird die lange Zeit unbeachtet gebliebene Affinität zwischen der Zeitkritik Heideggers und derjenigen der Kritischen Theorie endlich erkannt, und die Bemühungen des postmodernen Differenz-Denkens in Frankreich weisen zumindest teilweise in dieselbe Richtung. In dieser Sache stößt man jedoch auf nicht unerhebliche hermeneutische Schwierigkeiten sowohl im Sich-verständlich-machen als auch im Sich-selbst-verständlich-werden. Ute Guzzoni spricht daher mit Bedacht von »Wendungen« und »Versuchen«, wenn sie mit ihren beiden letzterschienenen Büchern ein radikales nichtidentifizierendes, nichtgegenständliches Philosophieren vorführen will. Sie knüpft dabei an ihre 1981 veröffentlichte Arbeit *Identität oder nicht. Zur Kritischen Theorie der Ontologie* (Alber, Freiburg-München) an.

I

Die ›technische‹, ›verwaltete‹, ›identische‹ Welt ist es, die unserem Dasein ein entfremdende Allgemeinheit überstülpt, die offenkundig das Maß des

Lebendigen verfehlt und in die sich niemand mehr einzuhausen vermag. Das gewaltsam dichotomische, klassifizierende, subsumierende Denken der Metaphysik ist der Grundzug der abendländischen Geschichte und insbesondere noch unserer geschichtlichen Gegenwart und verstellt die Möglichkeit des authentischen Lebens. Dieses ist nicht herstellbar, nicht konstruierbar durch die Setzung eines machtwollenden Subjekts. Unsere auf vermeintliche Sicherheit und festen Grund abzielende Lebensform, Denkweise und auch zumindest die Oberflächenstruktur unserer Sprache sperren sich dagegen. Ein postmetaphysisches Denken und Sprechen trägt daher immer auch noch Züge des metaphysischen mit sich herum (so wie andererseits die Metaphysik schon, nach Derrida, eine doppelte, über sich selbst hinausweisende Sprache spricht) und bleibt so dem Mißverständnis ausgesetzt, somit in der Schwebe zwischen Mißlingen und Gelingen. So stehen auch in den sieben assoziativ miteinander verknüpften Texten der *Wendungen* »zwei Weisen des Sprechens in- und nebeneinander« (14), deren Zusammenspiel »durch den fehlenden Anspruch auf Allgemeingültigkeit, durch das Hineinsprechen in ein Hier und Jetzt« (8) dazu hinführen soll, uns »in das Schweben selbst einzugewöhnen« (14). Schweben ist eine Näherungsformel für den nichtverstellten, nichtmetaphysischen Weltvollzug. Und Wendung bedeutet: das Innehalten, die augenblickshafte Besinnung im Vollzug des Gewohnten, »das Sich-Umwenden auf einem Weg, an einem Punkt, wo Wovonher und Woraufhin sich treffen« (7). Ein solches Umwenden ermöglicht z.B. die Betrachtung bildender Kunst, wie Guzzoni anhand des Cézanne-Gemäldes »Le Cabanon de Jourdan« ausführt (17-26). Der Text ist eine ontologische Meditation über das »Zusammenspiel von Etwas und Nichts« (17) im Raum: die Dinge sind und zeigen sich nur im Zusammenspiel mit dem, was sie nicht sind, und dem, was sich (zunächst und zumeist) nicht zeigt.

Der dritte Text (27-49) thematisiert die verborgenen Zusammenhänge von Lichtmetaphysik und Kantischer Subjektivität, die beide das Phänomen der Differenz ausgrenzen und so das wirkliche Leben verfehlen, das »keine Hierarchie des Erkennens und Seins, keine Aneignung und Unterwerfung des ganz Anderen« zuläßt, sondern »eine ursprüngliche Mannigfaltigkeit« darstellt, die »ein Zulassen des je Eigenen in seinem eigenen Licht« fordert (30). Das transzendentale Subjekt und die kategorial geordneten Objekte sind Verfehlungen der Wirklichkeit von Ich und Welt, die vielmehr »als ein nichthafter, durchbrochener, offener Raum« zu denken ist, nicht als »Dimension des Ständigen und lückenlos Seienden fixiert und identifiziert« (40). Im »Augenblick des Andersseins, das vor sich selbst erstaunt und in diesem Erstaunen verhält« (43), erfahren wir die Unwahrheit der Subjekt-Objekt-Dichotomie.

Der vierte Text (50-61) spricht, ausgehend vom Mythos über Odysseus und die Sirenen, vom Gewaltcharakter der abendländischen Vernunft gegenüber Sinnlichkeit und Sinnen. Das Vernunftprinzip der Selbsterhaltung enthüllt sich als Angstreaktion gegenüber der Möglichkeit, »auf eine von Grund auf andere Weise in der Welt zu sein«. Diese bestünde in einem »Eingelassensein in das vernehmend-verstehende Miteinander und Wechselspiel mit den sinnlichen Dingen« (54). Die Verhärtung des vernünftigen Subjekts ist zugleich seine Entfremdung und Unwahrheit: »Indem Verstand und Sinnlichkeit getrennt voneinander existieren [..,] sind sie bloße Abstraktionen« (61).

Dieser Unwahrheits-, Entfremdungs- und Gewaltcharakter des Subjekts zeigt sich auch in seiner hermetischen Vereinzelung. Dies ist das Thema der beiden folgenden Texte (62-70, 71-84), die über das »Zweisein« und »Miteinandersein« handeln. Im Zwei- und Miteinandersein erfüllt sich das authentische Leben, nicht aber als zu erreichender kontinuierlicher Zustand, sondern punktuell, augenblickshaft, somit als Ereignis radikaler Zeitlichkeit, konkreter Endlichkeit. Es gibt auch kein Aufgehen des einen in den anderen. Ihr Verhältnis spielt in einem »Zwischenraum, durch den sie zugleich voneinander getrennt und aufeinander bezogen sind« (71). Es ist »das Zugleich von Beisichsein und Außersichsein als Beim-Anderen-Sein« (63). Und es gibt »kein Verbindliches, an dem beide sich ausrichten könnten, sie vermögen sich nur aneinander und durcheinander zu binden« (82). Was Guzzoni hier zeichnet, sind Grundzüge einer Phänomenologie der Liebe und zwischenmenschlichen Verständigung, die bei Heidegger zwar angedeutet, aber keineswegs ausreichend zur Sprache gebracht werden.

Im letzten Text (85-109), der die bisherigen Überlegungen noch einmal zusammenfaßt und präzisiert, wird resümierend die Frage gestellt, wie denn dieses »Anderssein« gegenüber der Metaphysik erfahren werden könne. Guzzoni spricht erneut von der Wendung gegenüber der abendländischen Geschichte, die »eine Geschichte der Aneignung und des Angeeignetwerdens« (85) gewesen sei: »ihren Aneignungsverhältnissen, ihrem subjektzentrierten Raum, ihrer sich formierend aufzwingenden Positivität« (88) sei der Rücken zu kehren. Das »Doppelverhältnis von [...] Aktivität und Passivität« sei »in gewandelter Weise zu bedenken« (107), indem das »Tun als ein schonendes Sich-Einlassen verstanden« werde (108). Die traditionelle Dichotomie von Subjekt und Objekt, Vernunft und Sinnlichkeit, Allgemeinem und Besonderem sei zugunsten einer neuen Wirklichkeitsauffassung zu verlassen, welche die Welt als Spiel, als Verhältnis, als »Ereignis der Konstellation« (91) einer offenen Pluralität von Seienden begreift. Deren wechselseitige Anerkennung beruhe »im Zugleich von Sich-Beziehen und Sich-Unterscheiden« (92). Ein nichtidentifizierender Begriff des Besonderen, ein nichtsubsumierender Begriff des Allgemeinen sei aufzufinden, um den »Bereich, in dem wir eigentlich bereits sind, ohne uns doch schon genügend dort aufzuhalten« (111), näher zu entdecken. Die von vornherein nicht festgelegte, nicht normierte interagierende Pluralität des Menschen in ihm selbst, der Menschen untereinander und des Zusammenspiels von Menschen und Dingen wird so zur ontologischen Grunderfahrung, die jene Wendung gegenüber der Tradition fordert, in der »sich das menschliche Subjekt-Verhalten aus der Subjekt-Haltung heraus- und abwendet und anfängt, im Gespräch und als ein Gespräch zu sein« (99). Das Reden über dieses Gespräch bleibt »willentlich mehrdeutig und mehrschichtig« und hofft »auf ein Hören [..,] das sich auf das Gesprochene einläßt und es dann nicht allein beim Wort nimmt« (32).

II

In *Verändemdes Denken* wird dieser neue ontologische Diskurs unter anderem auf die Welt der Sozietät, Politik und Geschichte ausgeweitet. Die vier Texte dieses Buches befassen sich mit einer nochmaligen Kritik am Subjekt (1-26), Krieg und Frieden (27-52), mit der falschen Dichotomie Körper und Geist (53-74) und der Frage nach einer zeitgemäßen Ethik (75-102). Gegenüber der Hegelschen Deutung des Flugs der Minerva ist nach Guzzoni »Philosophie *nicht* als notwendig Nachträgliches zu verstehen, sondern als Vorzeichnung und Ausdenken von noch und erst Möglichem« (VIII). Es gelte, »Wirklichkeit auf ein in ihr Aufgespartes und Verweigertes hin zu verstehen und zu verändern« und »der konstellativen Vieldeutigkeit eines mitspielenden Sich-Einlassens auf die Welt« (IX) gerecht zu werden.

Im Subjekt begegnet uns, so Guzzoni, »das maßgebende neuzeitliche Verständnis des Menschen von sich selbst und seinem Bezug zur Welt« (1). Es ist dies ein Bezug der Herrschaft »in der vierfachen Weise des In-Besitz-Nehmens, des Vorstellens und Begreifens, des Bearbeitens und Produzierens des Gebrauchens und Verwertens« (5f), wobei aber »das Subjekt gegenüber der von ihm selbst aufgerichteten kategorialen und gesellschaftlichen Subjektivität zum bloßen Objekt herabgesetzt wird« (11). Dagegen könnte man »in den offenen Raum eines freien Sich-aufeinander-Einspielens gelangen« (18), in dem das enthärtete Subjekt »sich eingebunden weiß in eine Welt von Verhältnissen und Bezügen, statt ihr als bestimmender Ausgang gegenüber zu stehen« (25).

Die traditionelle Ontologie des Isolierens und Gegenüberstellens von Seiendem wird im zweiten Aufsatz mit dem im Krieg gipfelnden Gewaltcharakter des menschlichen Zusammenlebens zusammengedacht. Daß »das Verhältnis von vernünftiger Allgemeinheit und substantieller Einzelheit zu dem traditionell bekannten Verhältnis von Frieden und Krieg in einen unmittelbaren Bezug gesetzt werden kann« (29), leuchtet ein. Dem »permanenten Kriegszustand« des einzelnen mit der Natur, mit seinesgleichen und mit sich selbst liegt »die zwiespältige metaphysische Ausgangslage« des abendländischen Denkens zugrunde: »die Nivellierung durch die Subsumption« und »die paradox damit einhergehende Isolierung jedes Einzelnen« (38). »Der Widerstreit der Einzelnen untereinander ist die Kehrseite der ihnen angetanen, sie unterwerfenden und beherrschenden Identität« (36). Diese Identität versucht »die ängstigende Vielheit, Veränderlichkeit und Endlichkeit des Seienden und seiner selbst in den begreifenden Begriff zu bekommen« (31). Jedoch wie weitgehend auch immer die Verfügbarkeit fortschreitet: der Rest des Unverfügbaren in unserer Erfahrung wird nicht gemindert. Die Tatsache seiner Uneinholbarkeit widerlegt den Krieg als uns artgemäße Lebensform. Diese besteht allein im gewaltlosen Sich-einlassen auf das konkrete Weltspiel. Es ist die Lebensform des Friedens.

Der falsch scheidende und zu falscher Identität die Dinge einsammelnde Logos, wie er sich in der philosophischen Tradition herausgebildet hat ist nach Guzzoni »*die* Grundverfehlung des abendländischen Denkens« (60). Dies zeigt sich auch in der mißverständlichen Dichotomie von Körper und Geist, die im dritten Aufsatz behandelt wird. Eine schiefe Ontologie bedingt aber auch eine schiefe Ethik. Dies thematisiert der letzte der vier Texte. Woher nehmen wir die Norm des Handelns? Guzzoni verweist auf die freilich oft geleugnete sachliche Verschränkung von Ontologie und Ethik. Aus dem, was wir sind, ergibt sich das, was wir tun. Die identifizierende Vernunft geht davon aus, daß sie »einer Welt von Objekten gegenübersteht, die es auf rationale Weise zu gestalten und zu beherrschen gelte«, und begreift sich nicht »aus einem Miteinandersein und einem Eingespieltsein in die Welt« (77). Doch »die Besinnung auf unseren Aufenthalt auf der Erde und unter dem Himmel, in Nähe und Ferne, Enge und Weite, Dauer und Wandel« (92) entdeckt uns den authentischen Sinn von ethos und äthos, woraus sich die je konkrete Norm des Weltverhaltens ablesen läßt: »Das Wie unseres Handelns ergibt sich allein, indem wir uns einlassen in das geschehende Wechselspiel der Welt« (100).

Guzzonis radikales postmetaphysisches Philosophieren versucht also konsequent, jenes ›denkendere Denken‹ des späten Heidegger aufzunehmen und weiterzutreiben, mit dem dieser sich von der Metaphysik *und* der Seinskonzeption verabschiedet. Zu fragen bleibt, ob ein solches imstande ist, als Ganzes die technisch-rationale Lebensform und ihre in der traditionellen Philosophie sich äußernde Ideologie ablösen zu können, oder ob seine Kraft nur so weit reicht, die allerschlimmsten Verfehlungen des Subjekt- und Willensdenkens zu entschärfen, ohne dabei das ›Gestell‹ als solches aufzuheben. Hinzuweisen bleibt darauf, daß Guzzonis Bücher nicht einen isolierten intellektuellen Entwurf darzustellen, sondern durchaus für eine sich langsam verbreiternde Strömung gegenwärtigen Philosophierens repräsentativ sind (vgl. W. Schirmacher: *Technik und Gelassenheit. Zeitkritik nach Heidegger*, Freiburg-München 1983 und A. Baruzzi: *Alternative Lebensform?*, Freiburg-München 1985).

Reinhard Margreiter *(Imst)*

Walter Biemel: *Zeitigung und Romanstruktur. Philosophische Analysen zur Deutung des modernen Romans*. Alber (Reihe Typoskript), Freiburg-München 1985, 376 Seiten.

Philosophische Analysen von Literatur sind bis heute so problematisch wie psychoanalytische. Beide Deutungsweisen neigen dazu, das, was Biemel in seiner Einleitung »rein ästhetisch-formale Forderungen« (15) nennt, zu unterschätzen. Sie fühlen sich den literaturwissenschaftlichen Ansätzen, die gleichwohl immer kryptophilosophische Vorannahmen voraussetzen, überlegen, rekurrieren auf ein Wissen, das ihnen das literarische Werk jeweils nur zu verkörpern scheint und das der Philosoph oder Psychoanalytiker direkt, ohne Umweg über die Reflexion der literarischen Form, der Gattungstradition und auch der Rezeptions- bzw. Forschungsgeschichte benennen zu können glaubt. Das ist die Stärke und die Schwäche solcher Interpretationen. Ohne den Ballast der Geschichte und der schon vorhandenen Deutungen gehen sie direkt einem Werk auf den Grund, während die Schwäche darin liegen mag, daß philosophische und psychoanalytische Interpretationen jenen Grund dort vermuten, wo er von Anfang an nicht gewesen ist.

Philosophen von solcher Interpretationskraft und solchem Gespür für die literarische Form wie Walter Benjamin oder Michel Foucault, unter den Lebenden Maurice Blanchot, sind die Ausnahme. Das zeigt auch Walter Biemels Arbeit, die sich den Strukturen des Zeitigens in 5 ausgewählten Romanen widmet: Stifters *Nachsommer*, Flauberts *Madame Bovary*, Manns *Zauberberg*, Faulkners *A Fable* und Vargas Llosas *La casa verde*. Ist die Tatsache an sich schon bemerkenswert, daß sich der an Husserl und Heidegger geschulte Phänomenologe Biemel dem Roman zuwendet und damit die Bevorzugung von Hölderlin, Kafka und Celan für philosophische Erörterungen bricht, sich der eher verachteten Gattung des Romans annimmt, so erfreut zudem die Auswahl, auch wenn sie von Biemel nicht näher begründet wird.

Das Problem von Biemels Zugriff ist die große Allgemeinheit seiner These vom Erzählen als Zeitigen und seiner Ansicht über Genese und Funktion des Erzählens überhaupt: »Einen Menschen im Lichte der Zeit-Thematik sehen bedeutet, seine Weise des Zeitigens zu begreifen, zu verstehen, wie er Zukunft vorwegnimmt, sich zu seiner Gewesenheit verhält und damit Gegenwärtiges zugänglich macht. Der Roman zeigt das Geschehen der Zeitigung der Personen« (19).

Biemel widmet sich weniger den historischen Wandlungsprozessen, die einen Roman vom anderen unterscheiden und den Formen des Erzählens und des Zeitigens, die jenen Wandel ausdrücken, auch wenn er diese Strukturen bemerkt und im allgemeinen stimmig kommentiert. Ihn interessiert eher die jeweilige Form der Zeitigung als solche: im *Nachsommer* ist es die »bewahrende Zeit«, in *Madame Bovary* die Zeitigung als Entwurf mit der immer wieder eintretenden Enttäuschung der Erwartung, im Falle des *Zauberbergs* liegt der Akzent auf der Wandlung der Zeiterfahrung selbst, der ihr innewohnenden Möglichkeiten, zu Faulkners *Legende* prägt Biemel den an sich brauchbaren Begriff der »Polypräsenz«, der das Verfahren des Erzählers kennzeichnet, alle möglichen Perspektiven in der Zeit zugleich einzuholen und im Erzählen zu vermitteln, im Falle von Vargas Llosa schließlich bezeichnet er die in *La casa verde* zum Ausdruck kommende Form der Zeitigung als Zeitigung der Fatalität, Wiederholung des Immergleichen.

Biemel kommt zu diesen Ergebnissen durch ein Verfahren, das über weite Strecken ein mehr oder weniger subtiles Nacherzählen der Romanhandlung mit Einblicken in die Romanstruktur verbindet. Er macht im einzelnen kluge interpretatorische Beobachtungen, insgesamt fehlt der Studie aber jeglicher »historisch-kritische« Zugriff, wie man sagen könnte. Der jeweilige Roman ist ihm Ausdruck der Intention des Erzählers, eine bestimmte Form der Zeitigung, des Zeit- und Welterlebens der Personen vorzuführen, und irgendwie drückt sich darin auch die jeweilige literarische Epoche insgesamt aus. Eine Romananalyse gewinnt jedoch erst Relief, wenn sie im Spannungsfeld anderer Diskurse vorgenommen wird: sei es, daß der jeweilige Roman im Kontext anderer zeitgenössischer Prozesse verstanden wird, sei es, daß er in seinem Bezug auf die Romantradition analysiert wird oder verschiedene Diskurse in seinem Inneren aufgezeigt werden. Biemels Verfahren ist »affirmativ« oder »naiv« in einem höheren Sinne, insofern, als er die Romane und das in ihnen Gesagte und Dargestellte für sich nimmt, ohne es in seiner Vermittlung zu sehen, und dadurch zu seinen sehr allgemeinen Ergebnissen kommt. Stifters bedächtige, überrealistische Erzählweise, die Biemel mit Bezug auf den Inhalt als Zeitigung des Bewahrens interpretiert, läßt sich wohl kaum ohne einen Blick auf den verborgenen Terror, das Quietistisch-Entsagungsvolle und Zwanghafte der Darstellung und der dargestellten Welt begreifen. Biemel entgeht in seinem liebevoll-euphemistischen Zugriff diese Eigenschaft des Stifterschen Erzählens vollkommen. Damit wird aber die Interpretation der Stifterschen Zeitigung des Bewahrens als Ausdruck der oder einer Intention des Autors insgesamt fragwürdig. So ist es auch weitgehend mit den übrigen Analysen Biemels. Sie sind anregend und in manchen Details zufriedenstellend, aber doch eher Prolegomena für andere Arbeiten. Die Literaturwissenschaft ist auf solche Anstöße hin und wieder angewiesen, und es wäre auch in diesem Falle zu wünschen, daß mancher Forscher die Fragen, die Biemels Arbeiten aufwerfen, als Anregung begreift, sich neu mit der Zeitproblematik im modernen Roman zu beschäftigen.

Fraglich bleibt bei alledem aber, ob der Roman tatsächlich ein Medium sein kann, um die ganze Differenzierungen der Zeiterfahrung, die der Musik einerseits, dem philosophischen Denken andererseits zugänglich ist, auszudrücken. An Biemels Ergebnissen fällt auf, daß sie doch sehr stark im Bereich dessen bleiben, was einem bei der Romanlektüre ohnehin in die Augen springt. Daß etwa Vargas Llosa seine Romanhelden permanent, von einem Satz zum anderen, die Zeitebene wechseln läßt, wird höchstens den bornierten Leser verwirren, der immer noch eins nach dem anderen zu hören erwartet. Daß ein solches Verfahren dazu dient, zu demonstrieren, inwieweit die Vergangenheit die Figuren in Bann hält und verstrickt und gerade deshalb auch jederzeit »präsent« ist, wird der sensible Leser schnell begreifen. Das heißt, das Zeitigen ist Mittel zum Ausdruck, nicht Romanthema als solches.

Bei aller Beredsamkeit von Thomas Mann und Proust ist das, was ihre Romane interessant macht, vielleicht gar nicht die Erörterung oder Darstellung der Zeitproblematik, weil diese in der Zeit des Lesens, die ja die Zeit der Vergegenwärtigung der Romane und ihres Inhaltes ist, wiederum zur homogenen Zeit der Lektüre wird, die Zeit somit als »beredet« und »gelesen«, aber nicht eigens erfahren wird.

MHi

Musikalischer Schrecken

Heinz Gramann: *Die Ästhetisierung des Schreckens in der europäischen Musik des 20. Jahrhunderts*, Verlag für systematische Musikwissenschaft, Bonn 1985, 282 Seiten.

Über die Musik schrieb Schopenhauer in dem berühmten Musikparagraphen 52 seines Hauptwerks *Die Welt als Wille und Vorstellung*, sie drücke nicht »diese oder jene einzelne und bestimmte Freude, diese oder jene Betrübnis, oder Schmerz oder Entsetzen [...] aus; sondern die Freude, die Betrübnis, den Schmerz, das Entsetzen«. Heinz Gramann ist in seiner Studie der Frage nachgegangen, wie die europäische Kunstmusik vor allem nach 1945 – also nach Auschwitz und seit der Atombombe – das Entsetzliche unserer Zeit ästhetisch widerspiegelt. Der erste Teil dieser interessanten Untersuchung ist einer allgemeinen Grundlegung wesentlicher Merkmale des Schreckens und seiner Ästhetisierung gewidmet. Gramann führt aus, wie spätestens seit Baudelaire die begriffs- und bilderlose Wahrnehmungskategorie des »Choks« als spezifisches Phänomen der technischen Moderne in die künstlerische Sprache der Literatur eindringt. Im Anschluß an die Literaturtheorie Karl Heinz Bohrers und seine am Frühwerk Ernst Jüngers entwickelte Kategorie des »Wahrnehmungsschreckens« analysiert Gramann dann im zweiten Teil seiner Studie, wie in der Musik nach 1945 Schock- und Geräuschgesten zum klingenden Ausdruck einer eigendynamischen und dem Menschen entfremdeten Technik werden. So symbolisierten beispielsweise in Krzysztof Pendereckis *Threnos* für 52 Streichinstrumente – diese 1960 entstandene Komposition ist den Opfern von Hiroshima gewidmet – plötzliche, mechanisch-starre und aggressive Vierteltoncluster die katastrophisch-technische Vernichtung des Menschlichen. Gramann faßt nach seiner aufschlußreichen Analyse von musikalischen Werken des »Scheiterns« noch das »wechselhafte Gesicht des ›Scheiterns‹« in dem »Versuch einer rezeptionsästhetischen Modellbildung« zusammen. So seien beispielsweise die »Verfremdung ins ›Technische‹, ›Entstellung‹ des Ausdrucks« und die »Aufhebung der Zeitstruktur, Verräumlichung« (p. 225) charakteristische kompositorische Merkmale von musikalischer Ästhetisierung des Schreckens überhaupt.

Michael Schmidt *(Freiburg)*

Walter Schulz: *Metaphysik des Schwebens – Untersuchungen zur Geschichte der Ästhetik*, Neske, Pfullingen 1985, 527 Seiten.

Mit sprachlicher Klarheit und gedanklicher Präzision werden in diesem Buch die Probleme der philosophischen Ästhetik behandelt und in Beziehung zu den bildenden und sprachlichen Künsten gebracht. Der Nach-Denkende, aber auch der künstlerisch Tätige sieht sich selbst in dem Prozeß, der dargestellt wird, so daß der kritische Standpunkt, der sich dieser Gedankenreihe gegenüberstellt, subjektiv sein wird – also von vornherein eine Bestätigung der Thesen des Verfassers.

Walter Schulz geht im ersten Teil von der Frage aus, wie sich der Geist der Zeit in Bezug auf die Ästhetik auswirkt. Der ästhetischen Erfahrung wird der gesellschaftlich-soziologische Gesichtspunkt entgegengesetzt, der »nach Meinung der avantgardistischen Bewegung (!) als zentral für die Auslegung erachtet wird«. – »Spezifisch philosophisch wird die Deutung dann, wenn sie die ästhetischen Verhaltensmöglichkeiten des Subjekts ins Zentrum stellt« (p. 109). Kunst kann als Schein eines höheren Seins verstanden werden, ist womöglich selbst metaphysisch oder wird, wie bei Arthur Schopenhauer, als ein Quietiv des Willens erkannt. In der neueren Kunst geht das Bild, weil das Subjekt Priorität hat, von einer Imagination aus, wie es bei Sartre heißt – also in der älteren Kunst nicht? Nach Ernst Bloch gibt es drei Stadien der künstlerischen Verwirklichung: die Inkubation, die Inspiration und endlich die Idee der Gestaltung (p. 76). Adorno wird mit dem Begriff vom »authentischen Kunstwerk« referiert (p. 87), ohne daß dies näher bestimmt wird. Moderne Kunst hat sich selbst zum Thema oder wird zum Programm: l'art pour l'art steht der Tendenzkunst gegenüber.

Im zweiten Teil diskutiert Walter Schulz die Grundbegriffe seiner Analyse. Das Selbstbewußtsein und das »Ich des endlichen Menschen« und das Phänomen des »Sich-ein-Bild-Machens« werden erörtert. Weltvertrauen schwindet, Weltangst herrscht, sind gegensätzlich und verschränken sich doch. Aber:

»Kunst hat die Aufgabe zu verwesentlichen [...], sie soll nicht auf das Zufällig-Reale festgelegt werden, sondern sie hat dies zu idealisieren [...]. Es scheint so, als ob die Form das Ideelle und Geistige, die Materie demgegenüber das Chaotische und Amorphe sei [...]. Wie auch immer: Form und Material sollen im Kunstwerk vereint sein [...]. Wenn die Idee des Werkes fraglich wird, dann wird aber nicht nur die Objektivität und die Gegenständlichkeit der Kunst problematisch, sondern auch die Funktion des Subjekts verschiebt sich« (p. 183).

Im dritten Teil, dem Kern des Werkes, wird die Entwicklung der Metaphysik bis zur klassischen Ästhetik dargestellt. Gegenüber dieser ontologisch ausgerichteten Metaphysik entfaltet sich das nachidealistische Denken und mit ihm die »Transzendentalpoesie« der Romantiker. Durch diese geistesgeschichtliche Entwicklung sind Kunst und Schönheit fortan nicht mehr ontologisch fundiert, und über Kunst läßt sich Verbindliches nicht mehr ausmachen. Der Geniebegriff, den Kant entwickelte, verweist auch in der nachidealistischen Philosophie auf »Höheres«. So kann die Kunst durch Schelling von der Natur her, durch Hegel vom Geist, von Schopenhauer jedoch als Loslösung des Intellekts vom Willen gedeutet werden. Bei Nietzsche und Freud ist sie »Trieb«, bei Heidegger »ein Ins-Werk-Setzen der Wahrheit« – so viele Köpfe, so viele Meinungen! Aber wie steht dieser Wandel der Denk-Geschichte in Beziehung zur gleichzeitigen Kunst-Geschichte?

»Eine fraglose Deutung der Kunst scheint nicht mehr möglich. Insbesondere kann die Tendenz, das ästhetische Bewußtsein gegen die Wirklichkeit abzudichten, jederzeit aufgehoben werden durch die Rückführung auf die gesellschaftlichen, biologischen und anthropologischen Faktoren.« Und damit hätte sich ein entscheidender Paradigmenwechsel vollzogen. Angesichts der zeitgenössischen Kunst ist aber auch die Sicherheit des Subjekts fragwürdig geworden, zumal der Bezug zur objektiven Welt nicht mehr eindeutig ist. Kunst und Denken kommen ins »Schweben« – und dies ist ein Zeichen der Unendlichkeit (p. 273).

Die Frage des vierten Teils lautet: Kann Philosophie zum Maßstab der Ortung der Kunst, wie in der Epoche der ontologischen Metaphysik, herangezogen werden, stehen sich Philosophie und Kunst selbständig gegenüber oder befinden sie sich in einer Wechselbestimmung zueinander? Mit der »Zweideutigkeit« der Metaphysik, die Schulz herausstellt, werden die Strukturprobleme der gegenwärtigen Kunst erkennbar. Die Kunst übernimmt die Funktion der Philosophie und der Religion. Tatsächlich ist die Kunst nicht nur ein Medium der Welterfahrung und damit ein Teilbereich der Wirklichkeit, sondern Erkenntnis von Welt und Mensch, obgleich in älteren Zeiten die Erkenntnis durch dogmatische Erklärung und später durch naturwissenschaftliche Beweise vermittelt wurde. Der fünfte Teil beschäftigt sich mit dem Welt- und Selbstbezug im Roman des 19. Jahrhunderts und der Gegenwart. Das zerstörte Selbstbewußtsein und die Problematik des »Ich« bestimmen den dargestellten Menschen und die Autoren von Erzählungen und Dramen. Wo das Wirkliche nicht mehr auf »Überwirkliches«, auf Sein, Schönheit, Wahrheit, Gott oder Idee verweist, bestimmt die Metaphysik des »Schwebens«, des Unbestimmten und des »Hin-und-Hers« zwischen dem »Ich« und der Welt der Kunst. Aufregend ist in diesem Abschnitt die Deutung von Sterben und Tod in der erzählenden Dichtung, der gegenüber, aber gleich in ihren Aspekten, die Malerei – man denke an Munch, Klinger, Hodler und Käthe Kollwitz – weitere Belege bieten könnte.

Wer, wie ich, von der Geschichte der Kunst herkommt, wird die Begriffe »Kunst« und »Dichtung«, trotz der gerade für den Roman erhellenden Analysen, für zu allgemein und abstrakt empfinden. Auch der stets beibehaltene Begriff »moderne Kunst« umgreift zu wenig differenziert das Kunst-Geschehen der letzten hundert Jahre. Im Roman analysiert Walter Schulz die Menschenschilderung und hat eine entscheidende Basis für seine Argumentation, aber in der Malerei wird weder nach dem dargestellten Menschen noch nach der Funktion der Bilder gefragt, die sie doch zweifellos haben – und sei es nur im gesellschaftlichen Kontext.

Überhaupt hat es die Philosophie als eine (mögliche) Erklärung von Welt und Mensch nicht leicht, die Beziehung zwischen Denken und Kunst aufzuklären. Die Kunst kann, als ein allgemeiner Begriff, durch kategoriale Prinzipien verständlich gemacht werden, kaum jedoch das einzelne Werk. Bildende Kunst geht vom Sehen, von Formen, vom Konstruieren und nicht zuletzt von der Technik aus und steht – nicht nur vordergründig – in einem Lebenszusammenhang. Leben ist ohne Begriff. Der Künstler kann nur »Einzelnes« leisten, er ist kein begrifflich Denkender, sondern ein mit Material Schaffender, der ein Zeichen setzt, um anderen seine Erkenntnis der Wirklichkeit mitzuteilen. Das Bild verlangt das betrachtende Auge und erst danach – wenn es denn sein muß – die Deutung. Auch die Kunstwissenschaft geht bei ihrer Interpretation von ästhetischen Begriffen aus, die sie aber selten aus ihren metaphysischen Hintergründen her versteht. Sie gerät in die Gefahr, das Werk mit solchen Begriffen museal zu »vergittern«. Und manches Mal sind es nur handbare »Griffe«, um das Werk nach Meinung der jeweiligen Verfasser aus den Angeln zu heben, als wüßten sie es viel besser als Michelangelo oder Raffael: werkgerechte Interpretation bleibt oft bloße Absicht. Andererseits erhält die Kunst in den Augen der Philosophen, wenn sie diesen Begriff zu weit spannen, etwas Schemenhaftes. Und: »Die Form bleibt ein Geheimnis des meisten«, meinte Goethe. Aber auch »Kunstphilosophie«, ob geschichtlich oder systematisch betrieben, wirkt ebenso schemenhaft, schematisierend und subjektiv. Und der künstlerisch Tätige findet sich in ihr nicht wieder.

Zweifellos dient das Werk von Walter Schulz dazu, diese komplizierten Wechselbeziehungen zwischen Philosophie, Ästhetik und bildender und sprachlich-darstellender Kunst gründlicher zu durchdenken. Wir werden in Zukunft wohl nicht so leicht über Werke der Kunst reden können – wie bisher. Der Historiker der Kunst wird sich entscheiden müssen, welchen Standpunkt er einnehmen will, um das, was an vergangener und gegenwärtiger Kunst ihm erschließbar ist, in Kenntnis seiner eigenen, zeitbedingten Position, begrifflich korrekt und so verständlich wie dieses Buch, zu beschreiben. Dazu verhilft ihm diese Philosophie, um seine eigene Unbestimmtheit und die »Metaphysik des Schwebens« als eine menschliche Haltung zwischen Ich und Welt zu verstehen und – zu überwinden.

Wolfgang von Löhneysen *(Berlin)*

Walter Myss: *Kunst und Kultur Europas von Daidalos bis Picasso*, 4 Bände, Wort und Welt Verlag, Innsbruck 1981-85 (Bd. I: Kreta Mykene – Wiege unserer Kultur, 1981, 301 Seiten; Bd. II: Die Antike – Mysterium der Schönheit, 1981, 316 Seiten; Bd. III: Abendland der Bilder – Mittelalter – Neuzeit, 1982, 388 Seiten; Bd. IV: Bildwelt als Weltbild – Europas imaginäres Museum und die Zukunft unserer Kultur, 1985, 294 Seiten).

Der Anspruch, der erhoben wird, ist sehr hoch. Es soll eine Geistesgeschichte der letzten 5000 Jahre im Spiegel der Kunst geschrieben werden. Der Verfasser verfügt über ein stupendes Wissen, das achtunggebietend ist. Die Kunst wird von ihm nicht isoliert betrachtet. Er eröffnet dem Leser Dimensionen, von denen er gewöhnlich ausgeschlossen bleibt. An welche Leser wendet er sich? An den gebildeten Leser, der kein Fachmann ist, der aber weiß oder ahnt, daß in der Kunst etwas Entscheidendes geschieht, ohne selbst dies Geschehen entschlüsseln zu können.

Dem allgemeinen Interesse für Kunst kommt Myss' Arbeit dadurch entgegen, daß er bewußt einen Fachjargon vermeidet (besondere Fachtermini sind zudem am Schluß jedes Bandes erläutert, die Bände sind reich illustriert und mit klärenden Zeichnungen ausgestattet, die dem Leser Seh-hilfen geben) und eine Alltagssprache spricht, welche die Angst vor dem Lesen beseitigt, es gibt sie ja so, wie die Schwellenangst bei den Museen. Manchmal, so empfand ich es wenigstens, übertreibt er mit geläufigen Redensarten und wirkt beinahe schnoddrig (»Das Kind mit dem Bade ausschütten«, »den Nagel auf den Kopf treffen«, »pressure groups«, »Kulturrevolution«). Wenn man dieses Werk nur als ein Produkt der Vulgarisation betrachten wollte, täte man ihm unrecht. Es geht nicht um eine bloße Aufarbeitung von wissenschaftlichen Erkenntnissen der Forscher, vielmehr ist es der Versuch, eine neue Deutung des Geschichtsverlaufs zu geben und eine Periodizität dieses

Ablaufs zu zeigen. Innerhalb der 5000-jährigen Geschichte unserer abendländischen Kultur findet Myss drei Zyklen von ca. 1500 Jahren mit den Phasen »Erwachen – Hochstand der Blüte – Niedergang« (Bd. II, p. 11).

Der erste Band behandelt nach der vorgeschichtlichen Megalith-Kultur die Kunst der Minoer und die Kunst von Mykene. Der Verfasser zeigt, wie jeweils in der Kultur eine bestimmte Weltsicht zum Ausdruck kommt. Bei den früheren Kulturen ist das nicht leicht. Die verschiedenen Phasen der Entfaltung sind mit großer Sorgfalt und guter Sachkenntnis dargestellt. Wie es zum Ende der minoischen Kultur gekommen ist, bleibt allerdings offen.

Im zweiten Band ist die Antike das Thema. Die Analyse von Kunstwerken kommt etwas zu kurz. Gewiß, Myss will in die griechische Welt einführen – ausgehend von den Völkerbewegungen, die zur Vormacht der Dorer führte, uns mit der griechischen Mythologie vertraut machen, mit Stätten wie Olympia, Delphi, Epidaurus, der Vasenmalerei, der Entwicklung der Bauten. Systematische Durchblicke ergänzen das Bild (z.B. über die griechische Plastik, Bd. II, pp. 97-151). Aber hier scheint mir, daß über dem geschichtlichen Interesse für den Wandel der Welt im Spiegel der Kunst die Kunstanalyse selbst zu kurz kommt.

Wenn Myss mit neuzeitlichen Begriffen die griechische Welt fassen oder kritisieren will, erscheint mir das unangemessen. Ein Beispiel – es ist zweifelhaft, in der Welt Homers die moderne Leib-Seele Auffassung zu suchen und ihm vorzuwerfen, sie noch nicht zu haben. Wenn Bruno Snell das tut, ist das keine Rechtfertigung. Schillers Deutung, daß diese Einheit bei ihnen da war und bei den Neuzeitlichen verloren ist, trifft den Sachverhalt besser. Die Bedeutung der Götter ist übertrieben reduziert. Die Darstellung der Götter sind keineswegs »bloße Vorstellungen«, in den Götterbildern ist der Gott für die Griechen anwesend, sie sind geradezu Lebewesen.

Ich stimme Myss zu, wenn er sagt, daß wir die griechische Kunst und die Kunst im allgemeinen nicht durch sozialpolitische Ursachen erklären können, wie das gerade heute so häufig versucht wird.

Der Schwerpunkt der Kritik von Myss an der griechischen Kunst besteht darin, daß sie den Sinn des Todes nicht zu fassen vermochte. Hat man die griechischen Tragödien vor Augen, kann diese Behauptung schwerlich gerechtfertigt werden. Geht man allerdings davon aus, daß erst mit der christlichen Deutung des Lebens und des Todes die Wahrheit gefunden wird, dann ist die Aussage verständlich. Aber dann stellt sich die Frage, ob wir das Recht haben, die griechische Kunst, die griechische Welt nur als eine Vorbereitung für die christliche Welt zu deuten und ihr so ihre Eigenständigkeit abzusprechen? Das ist eine große Gefahr. Wenn Myss behauptet, daß die dreimalige Wiederholung des Zyklus »Erwachen – Hochstand der Blüte – Niedergang« »sich nicht auf natürliche Weise, sondern allein aus höherer

Zielsetzung heraus verstehen läßt« (II, p. 10), so weist das in die gleiche Richtung. Es ist ihm natürlich unbenommen, eine konsequent christliche Deutung des Weltlaufs zu versuchen, aber die Gefahr besteht dann, daß von vornherein festgelegt wird, wie der Lauf der Geschichte zu geschehen hat. Wir finden auch bei Hegel eine Zielgerichtetheit der Geschichte. Hegel konnte jedoch sagen, daß für die Griechen die Kunst die höchste Weise war, den noch nicht zu sich selbst gekommenen Geist zur Erscheinung zu bringen. Und in bezug auf den Tod kann der christlichen Deutung entgegengehalten werden, daß sie durch das »ewige Leben« erst recht den Tod als Grundfaktum unserer Endlichkeit verdrängt.

Der dritte Band ist dem Mittelalter und der Neuzeit gewidmet. Der Untertitel lautet »Ein Streifzug durch die Kunst- und Geistesgeschichte Europas von der Völkerwanderung bis zur Gegenwart«. Die Fülle des Zubehandelnden ist auf entscheidende Durchblicke hin gesammelt. Die Bedeutung der Kelten ist im ersten Kapitel gut gesehen (»Völker, die aus dem Dunkel kamen«). Im zweiten Kapitel ist die Bedeutung von Byzanz für die spätere Kunst gezeigt. Im dritten geht es um die missionarische Tätigkeit der Iren – um Karl den Großen und die ottonische Zeit. Besonders gelungen erscheint mir das dem Mittelalter gewidmete Kapitel (III, pp. 139-188). Myss hat recht, wenn er eine Aufwertung dieser Zeit vollzieht, gerade auch im Lichte der Kunst. Es sei besonders auf den Abschnitt »Neue Dimensionen« verwiesen (pp. 176-188), in dem die Wandlung von der »Flächenhaftigkeit« zur »Räumlichkeit« gezeigt ist, ein Wandlungstyp, der auch in der archaischen Kunst (Europa I) und der griechischen Kunst (Europa 2) Parallelen hat.

Eine der reichsten Epochen der europäischen Geschichte, die Renaissance (III, 189-237), ist äußerst gerafft präsentiert, die entscheidende Entdeckung dieser Zeit, die Linearperspektive, ist deutlich gefaßt, und wichtige künstlerische Gestalten werden in Erinnerung gebracht. Myss zeigt auch, wie christliche Elemente in dieser Epoche erhalten bleiben.

Das Kapitel über den Barock (pp. 238-267) enthält auch einen Exkurs über die philosophische Deutung der Kunst, der aber sehr schematisch bleibt. Wenn der Verfasser behauptet, daß im Zeitalter der Aufklärung keine große Kunst möglich war, sollte doch zumindest auf die Musik verwiesen werden. Beethovens Streichquartette – die Myss gut kennt – stellen einen Höhepunkt dar, den wir nicht übersehen dürfen.

Das abschließende Kapitel (pp. 267-310) behandelt die Kunst der Gegenwart, genauer vom Impressionismus bis zur aktuellen Kunst. Die Beurteilung Picassos und Klees finde ich treffend. Es ist erfreulich, daß ein Kunstkenner und Liebhaber der Antike und des Mittelalters, natürlich auch der Renaissance, bei der Gegenwart nicht in Sedlmayrsche Kritik verfällt, sondern gerade auch den Reichtum der Kunst unseres Jahrhunderts versteht und schätzt. In Frage stellen möchte ich die These: »Die Grenzen der rational abgesteckten Diesseits-Bildkunst sind in den Bildern seit über hundert Jahren zu eng geworden« (III, 269). Ich zweifle daran, daß die Grenzen der Bildkunst einer rationalen Begrenzung entspringen und rationalen Erwägungen entsprechen. Gewiß, es gibt immer wieder – auch früher, wie Myss selbst gezeigt hat – theoretische Erörterungen über das Tun des Künstlers. Aber diese Erörterungen sind nicht äußere rationale Zwänge, sondern sie entspringen dem Suchen und Verstehen dessen, was Kunst ist, was in der Kunst geschieht. Manchmal sind diese Erörterungen keineswegs auf der Höhe des Geleisteten, so z.B. bei Malewitsch, mit seinen verschrobenen pseudometaphysischen Überlegungen. Auch bei Kandinsky gibt es Aussagen, die kaum erträglich sind, neben sehr aufschlußreichen. Klee dagegen hat eine gleiche Höhe in seinen Gedanken über die Kunst und seinem künstlerischen Tun erreicht. Ich stoße mich auch an der Kennzeichnung »Diesseits-Bildkunst«. Das entspricht dem von Myss vorgeschlagenen Schema, entspricht es aber auch dem Leben des Kunstgeistes?

Zur Schlußüberlegung: »Man geht nicht zu weit, wenn man alles, was unsere europäischen Kulturen in den 5000 Jahren ihrer Lebenszeit erreichten, in enge Beziehung zum Wachsen des Freiheitsbewußtseins setzt« (III, 309). Diese These ist mir zu global. Ich sehe nicht ein, daß z.B. im Mittelalter ein größeres Freiheitsbewußtsein herrschte als in der Antike. Es handelt sich um einen Wandel der Welt- und Menschendeutung.

Der IV. Band »Bildwelt als Weltbild – Europas imaginäres Museum und die Zukunft unserer Kultur« ist für Myss der entscheidende. In ihm holt er schon früher Gesagtes wieder ein und ergänzt es durch neue Ausführungen – ich muß mich auf den philosophischen Aspekt beschränken, die Grundintention des Werkes.

Die ausführliche Darstellung der Kunstzyklen (Europa I, II und III) soll dazu führen, eine Regelmäßigkeit in der Entfaltung der Kunst sichtbar zu machen, die eine geheime Gesetzmäßigkeit offenbart. Sie speist die Hoffnung, daß wir nicht bloß am Ende einer Entwicklung stehen, sondern zugleich am Anfang einer neuen Phase. Der Verfasser will mit Recht keine konkreten Prognosen stellen, aber doch Hinweise geben auf die Zukunft. Was den Menschen aus der herrschenden Krise retten kann, ist die religiöse Einstellung des Glaubens an die Schöpfung. Die Wissenschaft vermag nicht alles zu erklären, die Kunst vermag ein einheitliches Bild zu geben, wenn sie aus dem Glauben entspringt. Der Künstler soll die »Schöpfung mit allen seinen Sinnen im Geiste ausschreiten« (IV, 235). In ihrer Vollendung ist die Kunst »ein Analogon des Heiligen« (IV, 236). Dazu sind die Leitgedanken zu behalten, »daß uns in den symbolischen Formen der Kunst ein Code zur Verfügung steht, mit dessen Hilfe es möglich ist, den Menschen, der sich diese Bilder schuf, tiefer zu verstehen« (IV, 80). Daß es »ein wirkliches Ziel lebendiger Entfaltung im Geist gibt« (IV, 83) und schließlich, daß die Kunst »sinnlicher

Mittler übersinnlicher Leitwerte zwischen Mensch und Mensch sein kann« (IV, 85).

Bei seinen Analysen der drei großen Epochen sieht Myss vier Phasen: 1. Dominieren der Geometrie; 2. Naturnahe Erfassung der Welt und des Menschen; 3. Erschließung der irdischen Wirklichkeit durch den Verstand; 4. Ermüdung des Formgeistes und Aufbau neuer Paradigmen. Dazu muß ergänzend auf die Ordnungsprinzipien in der Kunstentwicklung verwiesen werden, es sind auch vier: 1. Von der flächenhaften zur räumlichen Darstellung (worauf Wölfflin bei seinen Analysen schon hingewiesen hatte, aber nicht in dieser Universalität); 2. von der Vorstellungs- zur Wahrnehmungswirklichkeit; 3. vom »Denken im Tier« zum »Denken im Menschen« und 4. zunehmende Rationalisierung.

Hier muß gleich eine Kritik zu Punkt 2 vorgebracht werden. Der Gegensatz »Vorstellungswirklichkeit« – »Wahrnehmungswirklichkeit« erscheint mir fragwürdig. Was soll er besagen? Myss verweist auf die entsprechende Entfaltung bei den Kinderzeichnungen. Die Kinder zeichnen zuerst nicht das, was sie sehen, sondern Ideogramme. Aber es ist meiner Auffassung nach unzutreffend, die geometrische Kunst als ideogrammatische Kunst zu bezeichnen. Wenn das Kind in einigen Strichen einen Menschen darstellen will, obwohl er nicht eigentlich sichtbar wird, so ist das etwas ganz anderes als die geometrischen Muster bei der Vasenmalerei. Vielleicht ist in der geometrischen Kunst der Frühzeit der Versuch eines Ordnungsstiftens erkennbar. Es ist darin eine Strenge, die nicht mit den Ideogrammen gleichgesetzt werden darf. Ich finde es unglücklich, die »Vorstellung« der »Wahrnehmung« in dieser Weise gegenüberzustellen (vgl. IV, pp. 150ff).

Unter »Denken im Tier« meint Myss, daß der Mensch sich in der Darstellung von Tiermotiven ausdrückt, er denkt dabei besonders an romanische Kapitelle, und bei »Denken im Mensch« meint er die Einbeziehung von Menschengestalten.

Der geschichtliche Gang ist als Übergang von der Magie zum Mythos und Logos gesehen. Wenn Myss heute von einer Wahrnehmungskrise spricht, so erscheint mir der Terminus unzutreffend. Es geht nicht einfach um eine Wahrnehmungskrise, sondern eine Krise unserer weltlichen Existenz, was an anderer Stelle von ihm ja auch gesehen ist (z.B. die ökologische Problematik).

Das zentrale Thema »Form, Gehalt, Symbol, Gestalt« (IV, 209ff) ist zu flüchtig behandelt, es hätte eine gründlichere Darstellung verdient, wie auch die Raum-Zeit-Thematik. Eine Art Platonismus tritt hier in Erscheinung, der unglücklich ist. Es ist unklar, was die »sinnenhaften Urmuster« besagen und wie innere Form und äußere Form zu denken sind. Daß der Mensch als Symbol-stiftendes Wesen gedeutet werden kann, ist zutreffend, aber die

Ausführungen sind zu essayistisch. Während er selbst in den Kunstanalysen auf das geschichtliche Moment verweist, scheint das nun verdrängt durch eine Kunst, die einem zeitlosen Idealbild nachstrebt.

Zur Kritik der früheren Bände: Der Verfasser bewegt sich, trotz seines umfassenden Wissens, zu häufig in geläufigen traditionellen Gegensätzen. Gerade die Breite seines Wissens und seine hohe Sensibilität sollen ihn eigentlich davon bewahren. Solch ein Gegensatz ist z.B. rational-irrational. Das ist ein Gegensatzpaar, das nicht aus der Kunst stammt und nicht der Kunst entspricht, sondern in einer Vulgär-Philosophie beheimatet ist. Um die Mannigfaltigkeit der Phänomene zu fassen, muß der Autor auf Schemata zurückgreifen, aber dadurch gerät er in Gefahr, gerade den Reichtum, den er uns zeigen will, uns zu entziehen. Ich finde das Anregende dieser Arbeit gerade in der Vielfalt des Gebotenen. Der Leser soll sich davon anregen lassen und nicht gleich nach einer Hilfe suchen, die ihm eine Vereinfachung ermöglicht.

Diese kritischen Bemerkungen sollen der Bedeutung der Arbeit nicht mindern. Myss bezieht eine dezidierte Position, das ist erfreulich. Er läßt sich nicht vom Kulturpessimismus Spenglers beeindrucken und von Sedlmayrs Verlust der Mitte, er stellt sich gegen die Versuche, alles durch die ökonomischen Bedingungen erklären zu wollen. Er verleiht dem Glauben eine Bedeutung gerade für den neuen Anfang, den er in der schwierigen gegenwärtigen Situation sieht. Wir finden bei ihm eine neue Form des Prinzips Hoffnung, die erfreulich ist. Ob die Menschen die vernünftige Haltung einnehmen, die er aufzeigt, und so die Gefährdung, die uns alle bedroht, meistern, wir können es nur hoffen, niemand weiß es mit Gewißheit.

Walter Biemel *(Aachen)*

Kurt Hübner: *Die Wahrheit des Mythos*, C. H. Beck, München 1985, 465 Seiten.

Motiviert durch sein politisches Verantwortungsgefühl, sieht Hübner sich veranlaßt, der einseitigen wissenschaftlich-technologischen Entwicklung unserer Epoche, die zur Zerstörung unseres Planeten führen könnte, die Alternative eines mythischen Weltbildes entgegenzusetzen, welches eine unserer modernen Reflexion abhanden gekommene Ganzheit von Leben und Denken postuliert. Dem Vorurteil, der Mythos besitze keine Wahrheit und sei reines Phantasiegespinst, will Hübner mit philosophisch-systematischer Methodik begegnen, d.h. Resultate jüngster Wissenschaftstheorie auf den durch die Mythosforschung erworbenen Stoff anwenden und somit eine Vergleichsebene zwischen mythischer und wissenschaftlicher Erkenntnisleistung konstruieren.

Das Buch ist übersichtlich aufgegliedert in vier Teile und zwanzig Kapitel, denen im Anhang Anmerkungen, Übersetzung fremdsprachlicher Zitate und Register folgen. Die allgemeinverständliche Abhandlung präsentiert sich dem Leser und der Leserin auch deshalb gut lesbar, weil mit Spannung geschrieben, was leicht über die anfänglich vorhandene innere Abwehr gegen den Umfang des Werkes (465 Seiten), hinweghilft.

Im ersten Teil diagnostiziert der Autor eine tiefgehende Spaltung unserer Kultur in Wissenschaft und Mythos, in der jedoch wissenschaftliche Weltdeutung mit dem Qualitätsstempel ›Objektiv-deshalb-wahr‹ den Sieg davongetragen habe, das mythische Weltbild hingegen ins Getto verbannt worden sei und – bar jeglichen Wahrheitsanspruches – sein karges Dasein fristen dürfe.

Es wird hier die Fragwürdigkeit des Objektbegriffs heutigen naturwissenschaftlichen Denkens deutlich, dessen Definition durch Abgrenzung zum Subjekt geschieht, seine ausdrückliche Klarheit bei Descartes erhält und sich über Newton bis hin zu Einstein weiterentwickelt. Die inzwischen dem modernen Menschen selbstverständlich erscheinende Gottähnlichkeit jener wissenschaftlichen Ontologien wird durch Aufzeigung ihrer historischen Entwicklung relativiert und im Vergleich zum mythischen Denken Hölderlins zumindest in Frage gestellt.

Nach einer sehr umfassenden Darstellung der geschichtlichen Mythosdeutung beschäftigt sich der zweite Teil des Buches mit dem ›Denk- und Erfahrungssystem des griechischen Mythos‹. Seine Erörterung geschieht anhand einer Richtschnur bestimmter Kriterien ontologischer Grundlagen von Natur und Sozialwissenschaften sowie der Psychologie. Ein Vergleich mit letzteren schließt sich an.

Charakteristisch für den Mythos ist nach Hübner unter anderem die numinose Einheit von Ideellem und Materiellem, Traum und Wirklichkeit. Gegensätze verschmelzen zu substantieller Einheit; materielle Natur-gegenstände gibt es im Vergleich zum Naturwissenschaftler für den mythisch denkenden Menschen nicht. Geschichte und soziales Leben des Griechen sind nur mit der permanenten Anwesenheit göttlicher Wesen zu verstehen. Vergleicht man / frau zum Beispiel die von herrschender Wissenschaftlichkeit aufgestellten Naturgesetze sowie in Historie und Gesellschaft beobachtete Regeln mit der Arché (Ursprungsgeschichte: »Irgendeinmal hat ein numinoses Wesen zum ersten Mal [...] eine bestimmte Handlung vollzogen, und seitdem wiederholt sich dieses Ereignis *identisch* immer wieder«, p. 135), im Mythos, so kristallisiert sich in der Weise ein Unterschied heraus, als dem Materiellen die Naturgesetze, dem Ideellen historische Normen zugeordnet werden, die Arché aber in beiden Bereichen west.

Bemerkenswert ist auch Hübners Ausarbeitung des mythischen Raum- und Zeitbegriffs. Als wohltuend erweist sich dabei für den Leser und die Leserin – als Produkt einer Epoche, welche Schnellebigkeit und Sinnlosigkeit zu einem ihrer hervorstechendsten Merkmale macht – die Vorstellung einer Zeit, welche in erster Linie ›Dauer‹, aber keinen ›Zeit*punkt*‹ kennt, der ein ›An sich‹ fremd ist. Der Begriff der Wiederholung trifft jedoch ihr Wesen. »Wiederholung bedeutet im Gegensatz zu einem progressiven einen zyklischen Zeitbegriff, weil in ihm der Anschein erweckt wird, daß die gleiche Zeit in sich zurückkehrt, da gleiche Vorgänge wie früher auftreten, das heißt, weil eben Wiederholungen stattfinden« (p. 155).

Ein Gefühl der Ewigkeit verspürt somit der mythisch Denkende in sich; erst mit Beginn des Zählens erwacht die Empfindung für fortschreitende Zeit. Raum und Zeit sind hier keine abstrakten Größen, da sie ihre Existenz einer tieferen Bedeutung zu verdanken haben. Als ein ontologisches System stellt sich nach Hübners Untersuchung nun auch der Mythos heraus, d.h. er besitzt »ein apriorisches Fundament [...] wodurch definiert ist, was innerhalb seiner Wirklichkeitsdeutung ein Objekt ist« (p. 184).

Der dritte Teil beschäftigt sich mit der ›Rationalität des Mythischen‹. Vorangestellt wird eine Begriffsklärung von Rationalität, welche nicht den Anspruch einer ›exakten Definition‹ hat, sondern sich im Rahmen des allgemein anerkannten Denkens und Tuns bewegt. Der Autor kommt in diesem Abschnitt seines Buches zu dem Schluß, daß jedes andere Zeitalter ebenso vernunftbegabt wie das unsrige gewesen sei, und stellt somit die Fortschrittsidee unserer Epoche in Frage. Ausarbeitungen zur ›Gegenwart des Mythischen‹, welche sich durch das Werk von beispielsweise Hölderlin und Wagner ziehe, durch moderne Malerei, Politik und Christentum, beschließen das Werk.

Für eine ›sachliche Auseinandersetzung‹ mit dem Mythos tritt Hübner ein, wie er betont, nicht aber für ein ›Plädoyer‹. Schade – denn das Buch liest sich teilweise wie letzteres, und es wird auch nicht ganz klar, warum es dieses nicht sein sollte. Spricht hier die Ängstlichkeit eines Wissenschaftlers, auf den zwar einerseits der Mythos ein starkes Fascinosum ausübt, welcher sich jedoch andererseits noch nicht von der Autorität herrschender Wissenschaftlichkeit lösen kann, deren Anspruch Verhaltenheit und Unparteilichkeit ist? Fraglich ist, ob die systemphilosophische Herangehensweise eine wirkliche und wahre Seinsweise des Mythos im Ganzen nicht doch wieder verfälschen könnte und ob mythisches Denken erst dann ernst genommen werden sollte, wenn es Bedingungen der Kriterien wissenschaftlicher Wahrheit zu erfüllen fähig und damit die Legitimation für eine Existenz seiner ›Wahrheit‹ geschaffen worden ist bzw. sein soll.

Astrid Meyer *(Berlin)*

Renate Schlesier (ed.): *Faszination des Mythos. Studien zu antiken und modernen Interpretationen*, Verlag Roter Stern, Frankfurt / Main 1985, 440 Seiten.

Dieser Aufsatzband, bestehend aus sechzehn Beiträgen, von denen einige hier angeführt werden sollen, diskutiert unter illustren Aspekten das Wesen des Mythos sowie der antiken wie neuen Mythologie und verhindert durch seine Vielseitigkeit, das engagierte Interesse und die teilweise spannende Schreibweise der Autor(inn)en Langeweile beim Leser und der Leserin. Eines allerdings ist allen Texten gemeinsam: Sie nehmen die Mythen als ›Denkmodelle‹ ernst, gehen in Konfrontation zu bisheriger Mythenforschung, welche Mythologie ansieht wie Weiblichkeit, »nämlich als etwas, das als Bedrohung empfunden wird und deshalb einem Zurichtungsunternehmen unterworfen werden muß« (p. 8), und gestehen ihnen selber eine ›kritische, analytische Qualität‹ zu – ganz im Sinne der Herausgeberin Renate Schlesier, deren Beitrag sich im übrigen auf eine Auseinandersetzung mit der strukturalistischen Mythendeutung von Lévi-Strauss beschränkt. Das Resultat ihrer Erörterung wird in der Kritik offenbar, strukturalistische Mythenanalyse erschöpfe sich in der Produktion ›künstlicher Einheit‹, die allein in der ethnologischen Reflexion existiere.

Der Mythos als ›Kampfbegriff‹ (Schlesier), als das ›Andere des Logos‹ (Platon), wird von der neuen oder ›skandalösen Mythologie‹ (Marcel Detienne), als unanständig und unsinnig wahrgenommen. Im 19. Jahrhundert konstituierte sich die Mythologie als Wissenschaft. Schockierend, peinlich, überspannt, lächerlich, absurd, empörend – so lauten die Attribute für den Mythos im Blick einer Mythologie, welche sich von Anbeginn als ›Wissenschaft des Skandalösen‹ darstellt. Die Mitteilungen des Mythos werden zur Entartung degradiert und als Ausdruck von Unwissenheit und Leidenschaften deklariert. Der Mythos selbst wird als Sprachkrankheit diagnostiziert. »Alles, was mit der Krankheit einer usurpatorischen Sprache angesteckt scheint, wird verdammt, vom Denken abgeschnitten, als illusorisch abgestempelt und ins Nichts verwiesen« (p. 28). Die Wissenschaft von den Mythen übt sich im Akt des Zerstückelns; als autonome Subjekte möchten sich die verschiedenen Schulen und Wissenschaften wie Anthropologie und Ethnographie im Umgang mit ihnen wiedererkennen, die alles, was jenseits ihrer Vernunftkonstitution sich zeigt, allein als Skandalon empfinden können.

Berücksichtigt wird dieses ›Andere‹, sich außerhalb der wissenschaftlichen Eindeutigkeit Befindende, in einem anregend geschriebenen Aufsatz von Jean-Pierre Vernant, der die ›radikale Andersheit‹ innerhalb griechischen (mythischen) Denkens in der Gestalt der Gorgo erblickt (der Mythos der Gorgo oder Medusa, einer weiblichen Gestalt, besagt, daß, wer ihr ins Antlitz blickt, versteinern wird). Da sich in ihr Tierisches und Menschliches, Männlich und Weiblich, Schönheit und Häßlichkeit vereinen, wird sie einem

Bereich außerhalb der üblichen Klassifizierungen, des herrschenden Ordnungsdenkens, zugeteilt, in den einzutreten nur demjenigen erlaubt ist, welcher Bereitschaft zeigt, sich der Faszination ihrer Monstrosität auszusetzen, und gleichzeitig riskiert, sich in ihr zu verlieren. »Die Gorgo sehen heißt, ihr in die Augen zu sehen und durch das Kreuzen der Blicke aufzuhören, man selber zu sein, lebendig zu sein, um zu werden wie sie, Todesmacht. Gorgo ins Auge fassen heißt, in ihrem Auge .das Augenlicht zu verlieren, sich in blinden und undurchsichtigen Stein zu verwandeln« (p. 418). Ihre Macht ist die der Andersheit, des Anderen in uns, das, einmal zum Vorschein gekommen, einen jeden vor Schreck und Grauen erstarren läßt.

Eine weitere Bearbeitung des Medusaphänomens finden wir in dem gedruckten Vortrag von Klaus Heinrich, welcher das ›Floß der Medusa‹ mit zahlreichen ansprechenden Abbildungen von Kunstfiguren veranschaulicht und damit mehr als andere Autoren sinnliche Anregungen zum Lesen und Verstehen seines Textes bereithält. Mit Interesse kann man / frau sich in diesen durch eine assoziative Erzählweise affizierenden Text vertiefen und sich die mit Hilfe der psychoanalytisch-existentialistischen Begrifflichkeit angefertigte Interpretation des Géricaultschen ›Floß der Medusa‹ zu Gemüte führen. Einbezogen in die Ausarbeitung des Religionswissenschaftlers Heinrich, in der es primär um die Frage von Lösungsmöglichkeiten des medusischen Grauens geht, werden künstlerische Darstellungen von antiken Reliefs bis hin zu Beckmanns Triptychon, wobei immer wieder auf die Geschlechterspannung hingewiesen wird, ohne deren Aufhebung weder politische noch gesellschaftliche Lösungen gefunden werden können. Géricault »zeigt nur, wie die beiden Seiten (auf dem Floß) miteinander nicht vereinbar sind: hier links die medusische Seite [...], in der die Weiblichkeitsattribute gesammelt sind und in der das Grauen noch einmal versammelt ist, rechts eine mann-männliche Hoffnung, der Aufbau dieses Turmes hier, dem das ferne Segelchen entsprechen mag, das auch wieder davonfahren kann [...]« (p. 368).

Bemerkenswert ist auch der Aufsatz von Nicole Loraux »Herakles: Der Über-Mann und das Weibliche«, über dessen Intention sich die Autorin zu Beginn folgendermaßen äußert: »Ich habe mich also dafür entschieden, all das herauszuarbeiten, was beim griechischen Heros der Männlichkeit [...] eine Art enger Beziehung zur Weiblichkeit nahelegt« (p. 168). Nicht nur männliche Attribute konstituieren den Charakter des Helden; auch der weibliche Bereich ist unentbehrlich für die Existenz desselben. Die Lesenden erfahren, daß die Identität eines Heros allein durch die Widersprüchlichkeit seines Wesens wie seiner Taten erzeugt wird.

Da die Aufsätze tief in das Wesen des Mythos eindringen, sei eine Lektüre des Buches in erster Linie denen empfohlen, welche Vorkenntnisse besitzen.

Schaden würden sie allerdings auch denjenigen nicht, die Einblick in mythisches Denken erst gewinnen wollen, da die Auseinandersetzung der Autoren mit dem Mythos Interesse an ihm weckt und zahlreiche Hinweise auf Quellen vorhanden sind.

Astrid Meyer *(Berlin)*

Winfried Menninghaus: *Schwellenkunde. Walter Benjamins Passage des Mythos* (edition suhrkamp, Neue Folge, Band 349), Suhrkamp, Frankfurt / Main 1986, 121 Seiten.

In einem oft provozierenden Miteinander finden sich in den Werken Walter Benjamins die kanonischen Begriffe und Gegenstände der ›klassischen‹ Philosophie und Theologie vereint mit Reflexionen ›profaner‹ Alltagswirklichkeit (Mode, Ware, Reklame) und okkulter Erfahrungsbereiche (Rausch, Magie, Aura). Dies verleiht dem Benjaminschen Denken seine Faszinationskraft, zugleich führt es jedoch auch in Bereiche semantischer Unterbestimmtheiten. Statt sich auf bereits Begriffenes stützen zu können, wird so der Leser Benjamins gezwungen, an jedem Werk, Abschnitt und gar Satz erneut anzusetzen. Dies gilt zumal für Benjamins Rede vom *Mythos*, die Winfried Menninghaus in seiner kurzen Abhandlung als eines der »zentralen Motive« im Benjaminschen Denken zu rekonstruieren sucht.

Ausgehend von sieben Kontrastbestimmungen, in denen Menninghaus Benjamins Rede vom Mythos durch Gegenüberstellung mit den wichtigsten Varianten neuzeitlicher Mythos-Reflexion konturiert, werden Benjamins Konzeption der Raum- und Zeitstruktur des Mythos sowie die Korrelationen seines Mythos-Denkens zu Schönheit, Sprache, Freiheit und Geschichte untersucht. Im Zentrum der Arbeit steht jedoch nicht der Versuch, die Inkohärenzen des Benjaminschen Mythos-Denkens zu einer »falschen Einheit« zu addieren, sondern eine »Entdeckung«, die auf die Lektüre des *Passagen-Werks* zurückgeht: »Benjamin arbeitete nicht zuletzt deshalb so monomanisch am ›Passagenmythos‹ (V 515f), weil sein ganzes Denken selbst eine *Passage des Mythos* ist.« Menninghaus faßt hier die »Passage« nicht allein als *Ort*, sondern als *Handlung* auf und bezieht sich dabei auf die von Benjamin selbst wiederholt angesprochenen ›rites de passage‹, mit denen der ethnologische Sprachgebrauch die Übergangsriten bezeichnet, die »Handlungen, in denen Schwellen zwischen zwei Zuständen, Räumen oder Zeiten überschritten werden«.

Das Werk Benjamins und dessen Analyse wird so zur »mythischen ›Schwellenkunde‹« im Spannungsfeld von Mythos und Anti-Mythos, von der ›Versenkung in die tiefste Traumschicht‹ und einer ›Technik des Erwachens‹. Es stimmt freilich skeptisch, daß die Brücke, die von Benjamins gelegentlicher Rede vom ›Passagenmythos‹ zur Menninghausschen ›Passage des Mythos‹

führt, ein Wortspiel ist. Und diese Skepsis scheint sich zu bestätigen, wenn Menninghaus über Seiten hinweg die Schwellen im Werk Benjamins – von der Türschwelle der ›Tante Lehmann‹ in der *Berliner Kindheit* bis hin zur »Passage als Schwelle« – vor dem Leser auftürmt und selbst die für den schutzsuchenden Emigranten Benjamin unüberschreitbare spanische Grenze als »Schwelle« reklamieren zu müssen glaubt.

Boden hingegen gewinnt die Untersuchung dort, wo Menninghaus durch »konsequent ›lieblose‹ Sichtung seiner [d.h. Benjamins] Schriften unter der Perspektive eines zentralen Begriffs« die Polarisierung des Benjaminschen Denkens nach mythischen und anti-mythischen Elementen darstellt. Dies geschieht zunächst kontrastiv durch Abgrenzung gegen die Mythos-Begriffe der Aufklärung und der Romantik, der Religionsphilosophie Hermann Cohens, gegen den psychoanalytischen Mythos-Begriff Freuds, die tiefenpsychologische Auffassung des Mythos als Archetyp bei C. G. Jung, sowie gegen die surrealistische Mythologie Aragons und den formal-semiologischen Mythos-Begriff der strukturalen Anthropologie von Lévi-Strauss.

Der zweite Schritt der Abhandlung stellt die Frage nach Benjamins Konzeption von Raum- und Zeitstruktur des Mythos und nach dessen Verhältnis zu Sprache, Schönheit, Freiheit und Geschichte. Bei aller programmatischen ›Lieblosigkeit‹ eröffnet Menninghaus damit einen durchaus erfolgversprechenden Weg in und durch das Benjaminsche Gesamtwerk, der die kunst-, sprach- und rechtsphilosophischen Schriften Benjamins ebenso erschließt wie die Großstadtphysiognomien der *Berliner Kindheit um Neunzehnhundert* und des *Passagen-Werks*.

Die Kürze seiner kaum hundertzwanzigseitigen Abhandlung hält Menninghaus freilich von der detaillierten Erprobung seiner »Schwellenkunde« am Einzelwerk ab. An deren Durchführbarkeit darf gezweifelt werden. Menninghaus stellt sich die hier anstehende Frage am Schluß seiner Arbeit selbst: »Liegt der Rang von Benjamins Schriften überhaupt in ihren Grundbegriffen und -motiven, hier dem Mythos-Antimythos-Schema? Oder eher darin, daß sie in der Arbeit am Detail ihre ›identischen‹ Grundmotive vergessen lassen, ja transzendieren?« So liefert seine »Schwellenkunde« denn auch keine spektakulären neuen Antworten auf alte Fragen, sondern erweist sich selbst als Passage Benjaminschen Denkens, als ein durchaus lesbares und lesenwertes Propädeutikum für eine »integrale *Lektüre* seiner Schriften«.

Ulrich Baron *(Hamburg)*

Wider »die eigene Meinung«

Walter Benjamin: Gesammelte Schriften, Band VI. Fragmen*te vermischten Inhalts. Autobiographische Schriften*, ed. Rolf Tiedemann und Hermann Schweppenhäuser, Suhrkamp, Frankfurt / Main 1985, 841 Seiten.

Der zur Buchmesse 1985 erschienene Band VI der *Gesammelten Schriften* Walter Benjamins bietet »Fragmente vermischten Inhalts« (u.a. zur Sprachphilosophie, Ästhetik, aber auch zu Grenzgebieten wie Graphologie, Astrologie oder Spieltheorie) sowie »Autobiographische Schriften«. Aufschlußreich an den Fragmenten ist, wie schon beim Groß-Torso *Das Passagen-Werk*, daß der Autor hier gewissermaßen bei der Arbeit beobachtet werden kann. Die einzelnen Stücke sind oft weit von der, für Benjamin sehr typischen, apodiktischen Strenge der autorisierten Texte entfernt. Sie geben eine Vorstellung von der tastenden, schrittweisen, gelegentlich widersprüchlichen Begriffsbildung des Autors, vermitteln Einsichten in seine Arbeitstechnik und zeigen, wie einzelne Themen oder Problemstellungen oft jahrelang gedreht und gewendet wurden, bis sie dann zu ihrer endgültigen Formulierung in manchmal ganz anderen Zusammenhängen fanden. Ein Beispiel von vielen: Im Fragment »Zur Ästhetik« (fr 96), datiert um 1920, entwickelt Benjamin bereits grundlegende rezeptionsästhetische Fragestellungen, die er dann während der 30er Jahre, besonders in seinen Studien zu Baudelaire, einzulösen versuchte: »Es gilt zu untersuchen, welche Seite des Werkes es eigentlich ist (von Werten abgesehen), die so den späteren heller zutage liegt als den Zeitgenossen.«

Der interessanteste Teil des Bandes wird fraglos von den Fragmenten »Zur Literaturkritik« gebildet. Einmal, weil hier der stufenweise Arbeitsprozeß von der Stichwortsammlung zum fast vollständig durchformulierten Aufsatz am augenfälligsten zu Tage tritt; zum zweiten jedoch auch wegen der ganz ungebrochenen Aktualität der entwickelten Gedanken. Benjamin kritisiert entschieden die »Atomisierung der heutigen Kritik, das Buch außerhalb der Zusammenhänge der Zeit, des Autors, der Strömungen« zu sehen und zu rezensieren. In diese Leerstelle fehlender Orientierung und Einordnung tritt der »persönliche Geschmack«, die, mit einem modernen und wertlosen Begriff, Betroffenheit. Benjamin wendet sich gegen »den schrecklichen Irrglauben, daß das wesentlich zum Kritiker Befähigende die ›eigene Meinung‹ sei. Es sagt überhaupt nichts, die Meinung von jemandem, von dem man nicht weiß, wer er ist, über irgend etwas zu erfahren. [...] Ein großer Kritiker ermöglicht vielmehr anderen, eine Meinung über das Werk auf Grund seiner Kritik zu fassen, als daß er selbst eine gäbe. Diese Bestimmtheit, welche die Figur des Kritikers hat, soll aber möglichst keine private, sondern eine sachlich-strategische sein. Man soll vom Kritiker wissen: wofür steht der Mann«. Unter diesem Gesichtspunkt betrachtet, wissen wir von unseren gegenwärtigen Kritikern eigentlich nur, daß sie für alles und gar nichts stehen.

Gemäß dem ursprünglichen Editionsplan hätte die Benjamin-Ausgabe mit dem nun vorliegenden Band abgeschlossen sein sollen. Jedoch: »Eine nicht ganz kleine Anzahl von verloren geglaubten, unbekannt oder unzugänglich gewesenen Arbeiten Benjamins ist im Verlauf der Editionsarbeiten aufgefunden worden«, lassen uns die Herausgeber wissen und stellen einen VII. Band in Aussicht. Die von Suhrkamp sattsam bekannte Doppelt- und Dreifachverwertung hat aus diesem VII. Band bereits Benjamins Rundfunkarbeiten vorab ausgeworfen. Vielleicht folgt bald die legendäre Leseliste Benjamins als numerierte Vorzugsausgabe in Öl und Essig? Und auch dieser VI. Band bietet mit »Berliner Chronik«, »Moskauer Tagebuch«, »Protokolle zu Drogenversuchen« u.a.m. jede Menge Texte der Kategorie »Was wir schon immer von Benjamin im Bücherschrank hatten, bislang aber nicht zum Antiquar zu tragen wagten«.

Ansonsten ist die philologische Arbeit der Herausgeber, wie bei allen anderen Bänden der Ausgabe auch, über jeden Zweifel erhaben. Daß man den glänzenden Tagebuchautor Benjamin zum »fulminanten Diaristen« macht, ist Klappentextpathos, von dem die Herausgeber gelegentlich überwältigt werden. Wer sich weiterhin an dem alten Streit abarbeiten will, ob die Beziehung Benjamins zum »Institut für Sozialforschung«, besonders zu Horkheimer, ein einseitiges Abhängigkeitsverhältnis war, findet in den Anmerkungen einiges aufschlußreiches Material darüber, wie Horkheimer 1925 entscheidend am Scheitern der Benjaminschen Habilitation beteiligt war. Die Herausgeber finden es »einigermaßen irritierend«, daß Horkheimer Benjamins Exposé der Habilitationsschrift *Ursprung des deutschen Trauerspiels* als »eine Frechheit« desavouierte. Man sollte das Exposé nachlesen, um Klarheit darüber zu gewinnen, auf wessen Seite die Frechheit war.

Klaus Modick *(Hamburg)*

Karl Albert: *Vom Kult zum Logos. Studien zur Philosophie der Religion*, Felix Meiner Verlag, Hamburg 1982, VIII, 132 Seiten.

Mit der Formel ›Vom Mythos zum Logos‹ wird die Deszendenz der Philosophie aus religiösen Ursprüngen zwar richtig, aber nicht vollständig beschrieben. In einer aufschlußreichen Sammlung kleinerer Aufsätze stellt der vor kurzem emeritierte Wuppertaler Philosoph Karl Albert Wilhelm Nestles bekannter These die Ergänzung zur Seite, daß die Philosophie von ihren Anfängen bis heute wesentlich auch von Spuren des religiösen Kultes geprägt und motiviert werde. Dies wird überzeugend und materialreich belegt durch je zwei Fallstudien aus dem antiken (Parmenides, Platon), mittelalterlichen (Anselm, Eckhart), neuzeitlichen (Bruno, Hegel) und dem Denken des

20. Jahrhunderts (Jaspers, Guardini). Vor dem Hintergrund einer sachgerechten Phänomenologie des Kults handelt es sich dabei keineswegs etwa um periphere Momente in den jeweiligen Denkentwürfen, sondern durchaus um Integrales, um anthropologische Normvorstellungen, die jedenfalls in den Problembereich vor allem auch der praktischen Philosophie gehören. Albert geht – immer wieder mit Berufung auf Einsichten der klassischen Religionsphänomenologie (z.B. R. Otto, M. Eliade) – von einem Religionsbegriff veranschlagt, wobei der Kult eine ›andere Zeit‹ und ein ›anderes Sein‹ vergegenwärtigt und für den Menschen einen Ausnahmezustand herbeiführt, der dennoch seinem wahren, unentfremdeten Wesen entsprechen soll. Kult bedeutet demnach eine rituell-handelnde Affirmation der ›ontologischen‹ bzw. mystischen Erfahrung.

Unter dem Aspekt solcher Genealogie unterscheidet Albert zwei bis heute anhaltende Tendenzen der Philosophie: eine Richtung, die theoretisches Wissen, das vornehmlich der pluralen Welt der einzelnen Gegenstände gilt, verfolgt, und eine Richtung, die immer wieder die Einheit in der Vielfalt des Begegnenden anvisiert und diese Einheit nicht nur als logische, sondern vor allem auch als ethische, praktisch-notwendige Forderung versteht. Offenkundig ist, daß Albert damit im Bannkreis der Mystik und des Platonismus denkt und urteilt. In den zehn Kapiteln des Buches werden nun die Spuren des Kultes in vierfacher Weise aufgezeigt. Sie finden sich im Lehrgedicht des Parmenides, dessen Erzählung von der Auffahrt des Philosophen zur Gottheit an Schamanismus und Mysterienkult erinnert (Kap. II), und in »Platons Lehre von der Katharsis«, die eine Rückwendung der Seele in die göttliche Ideenwelt thematisiert (Kap. III). Sie finden sich im Anselmischen Gottesbeweis, dessen Darlegung im ›Proslogion‹ nicht nur rhetorisch den bekannten Dreischritt im Vollzug der mystischen Erfahrung wiederholt (Kap. IV), sowie in Meister Eckharts Ausführungen über das Verhältnis von Intellekt und Gott, über Abgeschiedenheit und Gottesgeburt in der Seele (Kap. V). Sie finden sich in der Auslegung des Aktaion-Mythos als Wesensverwandlung des Menschen im Thanatos, die Giordano Bruno formuliert (Kap. VI), und schließlich bei Hegel, der die Kult-Funktion der Philosophie geradezu explizit macht und in Gott den identischen Gegenstand sowohl philosophischen wie religiösen Bemühens bestimmt (Kap. VII). In Jaspers' »philosophischem Glauben« (Kap. VIII) und Guardinis »Geist der Liturgie« (Kap. IX) prägen die Spuren des Kults aber auch noch Denkkonzepte des 20. Jahrhunderts.

Die von Albert angeführten Namen sind exemplarisch. Zweifellos ließe sich hier mühelos auch Schopenhauer anführen, der zur Illustration seiner Verneinungsphilosophie ja mehrfach auf kultische Phänomene, z.B. auf den Taufkult, Bezug nimmt. Im ersten und letzten Kapitel seines Buches (I, X) stellt Albert allgemeine und zusammenfassende Überlegungen zum Thema an, auf die zu Anfang dieser Besprechung hingewiesen wurde (»Kult, Mythos,

Metaphysik«, pp. 1ff, »Metaphysik des Festes«, pp. 115ff). Alberts Versuch, »die mit dem Kult verbundene metaphysische Erfahrung in ihren Wesensmomenten darzustellen« (p. VII), gewinnt noch an Plastizität, wenn man weitere seiner Veröffentlichungen zum Verständnis heran- und miteinbezieht, z.B. *Die ontologische Erfahrung* (Ratingen 1974) oder *Mystik und Philosophie* (Sankt Augustin 1986). Die Besprechung des letztgenannten Titels folgt in den nächsten Schopenhauer-Studien.

RMa

Hans Grunsky: *Jacob Boehme*, 2. Auflage, Verlag frommann-holzboog, Stuttgart-Bad Cannstatt 1984, 353 Seiten.

Lichtenberg sagte über Jacob Böhme, seine Schriften seien ein Picknick, zu dem der Autor die Worte und der Leser den Sinn beistellt. Der Vorwurf des dunklen Sinns in dunklen Worten wurde seit je gegenüber mystischem Schrifttum erhoben. So anfällig dieses sich aber auch obskurantistischer Vereinnahmung gegenüber zeigt, so sind seine Grundgedanken, insbesondere das ekstatische Erlebnis des großen Zusammenhangs und Zusammenklangs der Dinge, keineswegs obskurantistisch. Die philosophisch relevante Frage ist zweifellos nicht die, *ob* es die mystische Erfahrung gebe, sondern ob und inwieweit sie einer unmißverständlichen Mitteilung im vernünftigen Diskurs zugänglich ist. Schopenhauer, der vom Realitätsbezug der Mystik persönlich tief überzeugt war und übrigens Böhme genauso schätzte, wie dies sein Antipode Hegel tat, ließ freilich die Mystik nicht als Denkaufgabe der Philosophie gelten, sondern nur als deren Horizont und Grenze. Gerade diese transzendentale Grenze aber, die Schopenhauer nach Kantischem Vorbild klar bestimmen will und die auch, radikaler noch, der Schopenhauer-Leser Wittgenstein in seinem Frühwerk postuliert, ist fragwürdig. Daß das Jenseits von gegenständlicher Erfahrung und Vernunft sich freilich auch nicht in die Immanenz des philosophischen Diskurses hereinholen und dort aufarbeiten läßt, ist ebenso unbestritten und zeigt sich beispielhaft im Scheitern der Hegelschen Konzeption des absoluten Wissens.

Zu den schwierigsten mystischen Autoren zählt seit je Jacob Böhme, der, wenn wir absehen von seiner untergründigen Wirkung im Deutschen Idealismus, von der akademischen Philosophie auch kaum je rezipiert wurde. Heute könnte freilich im Zusammenhang mit der Postmoderne-Diskussion, in der es um eine lebensweltliche Relativierung des Vernunftprinzips und in gewisser Weise auch um eine Rehabilitierung des mystischen Anliegens geht, eine neue Böhme-Rezeption beginnen, freilich jenseits der Theologie, die ihm bisher ein, wennschon geringes, Augenmerk geschenkt hatte. Daher ist es erfreulich, daß frommann-holzboog das 1956 erschienene Buch von Grunsky, das als *der* Klassiker der Böhmeforschung gilt, nunmehr neu aufgelegt hat.

Trotz seiner altertümelnden Diktion und des möglicherweise überzogenen systematischen Anspruchs, »das Ganze der Lehre als geschlossenes System sichtbar zu machen« (7), handelt es sich hier um die sorgfältigste und durchdachteste Böhmeinterpretation, deren Niveau weder in der älteren Literatur vorweggenommen noch in der darauffolgenden wieder erreicht worden wäre (dies gilt zumindest für den deutschen Raum. In Frankreich wäre auf die Arbeiten von Kojève zu verweisen). Das Buch gliedert sich in drei Teile: Auf die Biographie Böhmes (13-26) folgt als Hauptteil eine systematische Rekonstruktion des Gedankencorpus' Böhmes (63-304), wobei Grunskys Überzeugung, »daß bei Böhme jedes Wort im streng philosophischen Sinne ernst zu nehmen sei« (7), eine gute hermeneutische Voraussetzung darstellt, das genetisch und thematisch mehrschichtige Werk zur Einheit zu ordnen, auch wenn Detailinterpretationen (z.B. dem behaupteten »wissenschaftliche(n) Nachweis [...], daß der immanente Sinngehalt der Brucknersymphonien tönender Ausdruck derselben Metaphysik ist, die Böhme in philosophische Begriffe faßt«, 91) nicht immer leicht zu folgen ist. Der dritte Teil der Arbeit besteht in einem umfangreichen Anhang (305-353), der eine Übersicht zu Böhmes Werk, ein Literaturverzeichnis, ein Lexikon zu Böhmes Begriffen und fünf graphische Skizzen enthält, welche die dynamische, prozessuale Ontotheologie Böhmes als visuelle Schemata zu veranschaulichen suchen.

Grunskys Leistung liegt nicht zuletzt darin, sich von der bloß geistesgeschichtlichen Einordnung Böhmes, die in der Literatur meist üblich ist, zu verabschieden und die theologische, alchemistische und Paracelsische Terminologie Böhmes, für die wir heute, abgeschnitten durch den mit dem neuzeitlichen Rationalismus eingetretenen kulturellen Paradigmenwechsel, kaum mehr authentisches Verständnis aufbringen, als historisch bedingten Diskurs über allgemeine mystische Grunderfahrungen zu verdeutlichen. Für diese Grunderfahrungen sind heute keineswegs alle möglichen Zugänge verschüttet, im Gegenteil. So sind gerade der ontologische Willenscharakter und »die Bedürftigkeit von Böhmes Ungrund«, worin Grunsky den »fundamentale(n) Unterschied zum Neuplatonismus« sieht (76, 75), und die Anthropologie vom »Verlust und Wiedergewinn der androgynen Ganzheit« (285) mögliche Anknüpfungen für eine postmoderne Auseinandersetzung. Für eine breitere Böhmerezeption wäre aber nicht nur eine besser zugängliche Werkausgabe vonnöten, sondern auch noch eine umfangreich zu leistende Übersetzung der qualitativen und ganzheitlichen Denkweise, der Böhme verpflichtet ist, in die unsere, d.h. eine modern und postmodern vermittelte.

RMa

Gautama Buddha: *Die vier edlen Wahrheiten. Texte des ursprünglichen Buddhismus*, ed. und übertragen von Klaus Mylius, Deutscher Taschenbuch Verlag (dtv), München 1985 (Lizenz des Verlages Philipp Reclam jun., Leipzig 1983), 435 Seiten.

Der historische Buddha hat keine Schriften hinterlassen, und auch die unter seinem Namen überlieferten Predigten sind in ihrer vorliegenden Fassung um Jahrhunderte jünger als er. Weder nach Inhalt noch nach Sprache stimmen sie wörtlich mit dem überein, was Buddha einst gelehrt hat, und selbst um wieviel sie davon abweichen, ist umstritten. Daher gilt, was Edward Conze geschrieben hat: »Die ›ursprüngliche Lehre‹ liegt jenseits unseres heutigen Horizonts«.[1]

Hinzu kommt, daß die in den drei ›Körben‹ (der Lehrreden, der Mönchsregeln und der Metaphysik) gesammelten Predigten Buddhas einen enormen Umfang besitzen und bis heute einerseits nicht vollständig, andererseits in z.T. recht freien Übersetzungen (K. E. Neumann) ins Deutsche vorliegen.

Angesichts dieser Umstände ist die Beliebtheit der Auswahl-Editionen, nicht nur in Deutschland, verständlich und wohl auch gerechtfertigt – vorausgesetzt, man gibt sie nicht als *die* authentische Lehre Buddhas und als frei von persönlichen Vorlieben des Editors aus.

Beide Fehler vermeidet die sehr lobenswerte, 435 Seiten umfassende Ausgabe von Klaus Mylius. Sie greift zudem durchweg auf die ›Originaltexte‹ zurück, d.h. auf die Sprache, in der sie uns am frühesten überliefert sind (Pali); sie berücksichtigt zudem – im Unterschied zu den meisten deutschen Übersetzungen – alle drei ›Körbe‹ und beläßt die Texte auch in dieser Anordnung; sie bemüht sich durch eine Beschränkung auf die »Texte des ursprünglichen Buddhismus«,[2] der authentischen Lehre Buddhas *möglichst nahe* zu kommen (ohne den Anspruch, dieses Idealziel zu erreichen); mit ausführlicher Einleitung, Anmerkungen, Glossar und Hinweisen zur weiterführenden Literatur kommt sie den Bedürfnissen speziell des Anfängers in der Beschäftigung mit dem Buddhismus sehr gut entgegen; und als Vorzug der Edition wird man es auch werten können, daß Mylius sich dem Buddhismus nicht ausliefert, d.h. daß er in seiner Einleitung, die den Charakter einer Einführung in Lehre und Geschichte des Buddhismus besitzt, eine durchaus kritische Würdigung bietet, ohne seine Gedanken andererseits gewaltsam durch einen marxistischen Filter zu zwängen.[3] Vom Dogmatismus beiderlei Arten hält der Her-

1 E. Conze: *Eine kurze Geschichte des Buddhismus*. Frankfurt / Main 1984, p. 16 (Übrigens bietet diese Schrift eine vorzügliche Ergänzung zu der Textauswahl von Mylius!).

2 So der Untertitel des besprochenen Buches.

3 Es ist erfreulich, daß Untersuchungen und Editionen dieses Stiles inzwischen in der DDR möglich sind.

ausgeber sich erfreulicherweise frei. Übrigens verzichtet der ursprüngliche Buddhismus selbst in einem für eine Religion erstaunlichen Maße auf einen solchen Dogmatismus:

> Geht nicht nach Hörensagen [...] nicht nach der Autorität eines Meisters! Wenn ihr hingegen selber erkennt: »Diese Dinge sind heilsam und untadelig, sie werden von Verständigen gepriesen, und wenn ausgeführt und unternommen, führen sie zu Segen und Wohl«, dann [...] möget ihr sie euch zu eigen machen.[4]

Darin liegt m.E. der erste große Vorzug des Buddhismus, daß er nämlich nicht Unterwerfung unter Gebote fordert, sondern sich als ein zur Prüfung einladendes Angebot versteht. Ein weiterer Vorzug besteht darin, daß alle metaphysischen Spekulationen, sofern sie nicht einen unmittelbaren Bezug zu einer heilsamen Praxis besitzen, beiseite gestellt werden zugunsten des Hauptzieles: der Erlösung vom Leiden (das berühmte Gleichnis vom Giftpfeil).[5] Dieser Verzicht auf Metaphysik stellt zugleich einen wesentlichen Unterschied zwischen dem Buddhismus und der Philosophie Schopenhauers dar – ein Verzicht, welcher Schopenhauer an etlichen Stellen seines Werkes besser zu Gesicht gestanden hätte. Hingegen ist das tragende Motiv, die Überwindung eines primär als leidvoll erlebten und verstandenen Daseins, beiden gemeinsam und macht die Beschäftigung mit dem Buddhismus für jeden, der sich durch Schopenhauers Denken angesprochen fühlt, bedeutsam.

Hierzu bietet die vorliegende Ausgabe unter allen lieferbaren Text-Auswahlen m.E. die beste Möglichkeit. Der Leser erhält eine präzise Information über die historischen Hintergründe, eine systematische Darstellung (und – wie gesagt – Kritik) der Hauptaussagen sowie eine Wirkungsgeschichte Buddhas im frühen Buddhismus vorweg, um sich dann verständnisvoll mit den um die zentralen »Vier edlen Wahrheiten« gruppierten wichtigsten Texten befassen zu können. Die Übersetzung ist gut lesbar und – soweit ich das beurteilen kann – sachgemäß, zudem befreit von den für den europäischen Leser schwer genießbaren ständigen Wiederholungen im Original.

Ich möchte sogar das Buch nicht nur als empfehlenswert bezeichnen, sondern als geradezu unverzichtbar für jeden, der in den bei uns gängigen Dogmen und Ideologien nicht sein Genügen zu finden vermag und sich dennoch nicht unkritisch östlich klingenden Heilslehren und Gurus verschreiben möchte. Vieles könnte auch unsere neuzeitlich-abendländische Philosophie, basierend auf dem Ich-Trugschluß des Descartes, aus einer Beschäftigung mit dem Buddhismus (etwa seiner Kritik am Selbst und seiner

---

4 Die Lehrreden des Buddha aus der angereihten Sammlung. (Anguttura-Nikaya). Aus dem Pali übersetzt von Nyanatiloka: überarbeitet und herausgegeben von Nyanaponika. Freiburg / Br. 4. Aufl. 1984. Bd. I. p. 173 (eine der Stellen, die ich in Mylius' Auswahl vermisse).

5 Bei Mylius pp. 141ff.

gelassenen Verweigerung gegenüber jeglichem Theoretisieren) lernen, weshalb nicht zuletzt allen Philosophie-Gläubigen dieses Buch ans Herz gelegt sei.

Wolfgang Weimer *(Düsseldorf)*

IV. SYSTEMATISCHES, HISTORISCHES

Rafael Capurro: *Hermeneutik der Fachinformation*, Alber, Freiburg-München 1986, 239 Seiten.

Rafael Capurros Monographie stellt den Versuch dar, die grundlegende Bedeutung eines hermeneutischen Umgangs bei der Nutzung von im Computer gespeicherten Fachinformationen aufzuweisen. Er konkretisiert dabei seine v.a. von Heidegger her entwickelte Theorie an dem modernen Verfahren der Informationsrückgewinnung, des sog. Information Retrieval. Diese Rückgewinnung gespeicherter Informationen aus Datenbanken bzw. Dokumentationssystemen erweist sich dabei als explizit hermeneutisches Problem, das immer in einer korrelativen Verflechtung von Welt, Mensch und Mitmensch zu sehen ist. Im Zentrum der Untersuchung steht die hermeneutische Kategorie des Vorverständnisses, von der her jede Information, so auch die Fachinformation, zu deuten bzw. zu verstehen ist. Die vorgelegte Untersuchung will »die Möglichkeit einer [...] gegenseitigen Befruchtung von Wissenschaft, Technik und Philosophie zum Ausdruck bringen« (207), wobei Capurro der Philosophie die entscheidende Aufgabe zuweist, die kapselartige Vorstellung des Menschen, ebenso wie die begrifflichen Vorurteile, die in Biologie, Psychologie und KI-Forschung zu Scheinproblemen führen, in Frage zu stellen. Capurros Unternehmung versteht sich also keineswegs nur als Beitrag zur Informationstheorie, sondern stellt diese selbst in eine umfassende kritische Theorie vom Menschen und dessen Verhältnis zur Welt, insoweit es zur Mitteilung bzw. Mit-Teilung kommt. Der Autor entfaltet seine Fragestellung vor einem philosophiegeschichtlichen Hintergrund. Nirgendwo werden Begriffe als historisch unvermittelt und nur technisch-funktional aufgefaßt, was das Buch als wichtige Quelle für die Klärung des Selbstverständnisses von quasi-geschichtslosen Disziplinen, wie der KI-Forschung oder einer ›reinen‹ Informationstheorie, erscheinen läßt. Capurros Untersuchung ist in drei Teile gegliedert, die in zunehmender Differenzierung bzw. Konkretisierung seine hermeneutische Theorie entfalten.

Im I. Teil werden zunächst allgemeine Probleme der traditionellen Hermeneutik erörtert, wobei das Problem des Vorverständnisses als Schlüssel hermeneutischen Denkens herausgearbeitet wird. In Bezugnahme auf Heidegger stellt der Autor fest, daß es beim Verstehen um die Auslegung einer Grundstruktur des Mensch-seins geht, wobei Vorverständnis im Sinne eines gemeinsam ausgetragenen Bezugs zur Weltoffenheit zu verstehen ist, der jeder Interpretation als auch interpretierenden Interaktionsgemeinschaft zugrunde liegt. Nach einem Exkurs über das derzeitige Verständnis des Begriffes der Fachinformation stellt der Autor die wichtigsten der vorliegenden Beiträge zu einer Hermeneutik der Fachinformation dar. Es handelt sich dabei um den ›infologischen‹ Ansatz des Computerwissenschaftlers Langefors, um die Informationshermeneutik Diemers und um den semiotisch-hermeneutischen Ansatz von Henrichs. Schließlich geht Capurro auf unthematische hermeneutische Reflexionsmomente in informationstheoretischen Ansätzen ein. Er erwähnt dabei v.a. Belkins Theorie des mangelhaften Wissensstandes, bei der eine problematische Situation Ausgang jeder Informationsbeschaffung ist. Zuletzt wird Hollnagel erwähnt, der die Mensch-Maschine-Beziehung in einen hermeneutischen Rahmen stellt. Capurro beruft sich ausdrücklich auf Hollnagel, wenn er fordert, daß Computer als Informationssysteme so gestaltet werden sollten, daß sie ein ›ewiger Zweifler‹ in bezug auf sich selbst sind und die Entscheidung über die Korrektur eines möglichen Fehlers immer dem ›operator‹ überlassen (vgl. 70).

Im II. Teil legt der Autor seine eigene Hermeneutik der Fachinformation dar. Zunächst setzt er sich kritisch mit erkenntnistheoretischen Modellen in der Informationswissenschaft auseinander, vor deren Ontologisierung er ausdrücklich warnt. Das Abbild-Modell verwirft er unter dem Hinweis, daß das Modell nur unter Zuhilfenahme metaphysischer Substruktionen funktionieren kann. Durch die Konstruktion eines abbildenden Subjekts wird das Phänomen des Vorverständnisses verdeckt. Das Offenständig-sein in einer gemeinsam ausgetragenen Welt-Offenheit bleibt unbeachtet, obwohl dieses Phänomen für den Autor die Grundlage des Vernehmen- und Mitteilenkönnens von fachlichen Bedeutungsgehalten ist. Das Sender-Kanal-Empfänger-Modell ist, trotz seiner technischen Berechtigung, schon deshalb zu verwerfen, weil es die semantisch-pragmatischen Aspekte und somit auch die Thematisierung des Vorverständnisses ausklammert. Zuletzt verwirft Capurro das auf Poppers Drei-Welten-Theorie (physical world, mental world, world of intelligibles) beruhende ›platonistische‹ Modell, bei dem jeder Weltsphäre ontologische Selbständigkeit zugesprochen wird. Der Autor weist sorgfältig die Widersprüche dieses Modells nach. So gibt es auch nicht, wie Popper meint, eine Autonomie schriftlich fixierten Wissens, vielmehr bleibt es lebensweltlich gebunden und gewinnt seinen Sinn nur aus dieser Gebundenheit. »Entscheidend«, schreibt der Autor, »ist also nicht das Moment der Autonomie, sondern das der Teilhabe des schriftlich fixierten Wissens an einer menschlichen Welt. Wir können dieses Wissen unabhängig vom jeweiligen empirischen Vollzug betrachten, und dennoch sind Bücher und ihre Inhalte nur in Zusammenhang mit einer menschlichen, d.h. sprachlich erschlossenen Welt sinnvoll« (92). Im Anschluß an die Kritik der erkenntnistheoretischen Modelle nimmt Capurro eine hermeneutische Auslegung einiger

Grundzüge des Menschseins vor, wobei er sich ausdrücklich auf Heidegger, H. Arendt und M. Boss bezieht. Er verwirft dabei jede Form des Isolationismus bzw. Autonomismus. Es gibt erkenntnistheoretisch keinen Standpunkt außerhalb der Welt. Wir halten uns immer schon in einer gemeinsamen Welt auf. Alle Perspektiven beziehen sich auf denselben Gegenstand, mit dem wir befaßt sind. Wir sind auf die Dinge selbst, nicht auf ihre Abbilder bezogen. Als Konstituenten des Begriffes des Vorverständnisses werden die Heideggerschen Termini ›Vorhabe‹, ›Vorsicht‹ und ›Vorgriff‹ aufgewiesen. Verstehen gibt es nur in der originären Dimension des mit-teilenden und mitteilenden Verstehens. Verstehen und Handeln werden dabei als gleichursprünglich aufgefaßt, womit ein Gegensatz von Theorie und Praxis vermieden wird. Wenn der Autor den Praxisbezug dennoch besonders betont, so redet er damit keinem naiven Utilitarismus oder Pragmatismus das Wort, vielmehr geht es ihm um einen umfassenden Begriff der Wissensnutzung. Beschlossen wird der zweite Teil von einer Konstitutionstheorie der Fachinformation, wobei als Konstituenten die Fachgemeinschaft, das Fachgebiet und die Fachkommunikation genannt werden. Die Fachgemeinschaft, die sich in einer Fachöffentlichkeit entfaltet und durch ein gemeinsames Vorverständnis charakterisiert ist, bestimmt der Autor als eine »bestimmte, von einer Fachgemeinschaft ausdrücklich mit-geteilte Verweisungsganzheit, wozu z.B. gemeinsame Theorien, Probleme, Geräte, Handlungen, Interessen, Einsichten gehören« (122). Das Fachgebiet ist Korrelat zur Fachgemeinschaft. Letztere läßt sich von einem gemeinsamen Vorverständnis her bestimmen. »So bildet der jeweilige ›corpus‹ an Theorien, Einsichten, Vermutungen usw. eines Fachgebietes kein ›autonomes‹ Reich der Ideen, sondern ist das Korrelat einer Fachgemeinschaft und Teil ihres thematischen Vorverständnisses« (130). Fachinformation wird somit von ihren Konstituenten her als mitgeteilter fachlicher Bedeutungsgehalt bestimmt.

Im III. und letzten Teil konkretisiert der Autor seine Theorie am Information Retrieval. Er betont dabei den Vorläufigkeitscharakter des Verfahrens, der genau den offenen Bezügen entspricht, in die der Suchende eingebettet ist. Beim Information Retrieval wird ein Teil des thematischen Vorverständnisses zum Zweck seiner Wiederfindung verobjektiviert. Die Voraussetzung für ein erfolgreiches Retrieval ist die Teilhabe des Nutzers am Vorverständnis der Fachgemeinschaft. Es gibt also keine absolute Information, vielmehr ist die Information immer relativ zum jeweiligen Mitteilungsprozeß. Besonders Gewicht mißt der Autor der Frage nach der Relevanz des Retrievalergebnisses bei. Diese konkretisiert sich in einem Referenzrahmen, der durch die Suchformulierung bzw. Suchtaktik, den thematischen Horizont der Frage und den konkreten Horizont des Fragenden abgesteckt ist. Zuletzt behandelt der Autor die Sozialisation der Fachinformation. Dabei weist er zunächst auf die Informationskrise unserer Zeit hin, die durch ein Spannungsverhältnis zwischen Forschungs- und Informationsprozeß (Wissensakkumulation contra produktive Nutzung, exponentialer Zuwachs an Veröffentlichungen contra Kurzlebigkeit der Inhalte etc.) charakterisiert wird. Schließlich wird auf die soziokulturellen Implikationen des Information Retrieval eingegangen. Die Einbettung der Fachinformation in ein technisches Sachsystem bedeutet keineswegs deren Universalisierung. Die Fachinformation ist nicht nur an das Vorverständnis der jeweiligen Fachgemeinschaft gebunden, sondern auch an allgemeine kulturelle Vorgaben. Der Gebrauchswert einer Information steigt demzufolge mit ihrer kulturellen Differenzierung.

In seinem Ausblick geht Capurro auf die Notwendigkeit eines hermeneutischen Umgangs mit Fachinformationen vor dem Hintergrund eines veränderten Menschenbildes ein: »Nachdem der Mensch vom Mittelpunkt des Kosmos verbannt wurde und seine scheinbar privilegierte Abkunft im Naturprozeß aufgeben mußte, scheint jetzt eine neue ›Revolution der Denkart‹ in bezug auf [...] die ›Rationalität‹, die als besondere Auszeichnung gedeutet worden ist, bevorzustehen« (204). Capurro warnt vor einem naiven Umgang mit Fachinformationen, völlig losgelöst von ihren technischen, soziohistorischen und lebensweltlichen Bezügen. Ein solcher Umgang entschärft zuletzt auch den Wert der Fachinformation. So kann zuletzt auch das »Paradigma des im Computer gespeicherten und verfügbaren Fachwissens [...] keinen neuen ›Rationalitätsmaßstab‹ darstellen, an dem sich die Gesellschaft messen müßte« (208).

Capurros Monographie ist ein notwendiger Beitrag zur Informationstheorie und zur sozialen und anthropologischen Bestimmung eines computerorientierten Verhaltens des Menschen. Die Konsequenzen seines Buches bringen eine Annäherung an die von Umberto Eco in *Das offene Kunstwerk* dargelegte Theorie. Wie ein Kunstwerk, so kann auch die Fachinformation nicht als isolierte, von Nutzer und Nutzungshintergrund unabhängige Gegebenheit aufgefaßt werde; sie erhält ihren Wert vor dem Hintergrund des Nichtgespeicherten und Nichtspeicherbaren.

Klaus Wiegerling *(Wiesbaden)*

Gottfried Heinemann (ed.): *Zeitbegriffe. Ergebnisse des interdisziplinären Symposiums »Zeitbegriff der Naturwissenschaften, Zeiterfahrung und Zeitbewußtsein«*, Alber, Freiburg-München 1986, 400 Seiten.

Seit Aristoteles in seiner Physikvorlesung die Frage aufgeworfen hat, in welchem Sinne der Zeit Realität zukomme, hat die philosophische Beschäftigung mit der Zeit und ihrem Begriff prekäre Züge angenommen. Was uns nämlich alltäglich vertraut und pragmatisch funktional erscheint, zerfällt unversehens bei genauerer Analyse oder gewinnt eine Komplexität, die in einer einheitlichen Theorie nicht mehr bewältigt werden kann. Mehr noch: Unter dem Aspekt des Zeitproblems betrachtet, verlieren herkömmliche

Deutungs- und Erklärungsansätze – gleich ob sie aus den Natur- oder den Geisteswissenschaften stammen – ihre Selbstverständlichkeit, gar ihre Gültigkeit.

Sieht man von der Geschichtsphilosophie und der Geschichtswissenschaft, mithin aber auch von der Entdeckung des spezifisch modernen Begriffs von Geschichte ab, dann haben sich allerdings in der Neuzeit die Philosophie und die Einzelwissenschaften gegenüber dem Zeitproblem eher abstinent verhalten. Man umging seine Thematisierung, entweder indem man auf das in der Aufklärung dominant gewordene lineare Zeitverständnis rekurriert, oder indem man die Zeit selbst gleichsam als eine Konstante betrachtet, die man in der Reflexion vernachlässigen dürfe. So trägt Newtons Vorstellung von der »absoluten, wahren und mathematischen Zeit«, welche »gleichförmig und ohne Beziehung auf irgendeinen äußeren Gegenstand« verlaufe, die mechanische Physik und das von ihr bestimmte moderne Weltbild. Durch Kants Bestimmung der Zeit als fundamentaler Anschauungsform tritt eine erkenntnistheoretische Untermauerung hinzu, die sich dann auf den gesamten Kanon der neuzeitlichen Wissenschaften auswirkt.

Erst in der jüngeren Zeit schwächt sich diese Erstarrung in der Problemstellung auf: Zwar hat schon 1850 Rudolph Clausius mit der Einführung des Entropie-Begriffs – also mit dem zweiten Grundsatz der Thermodynamik – eine Revision der physikalischen Zeitauffassung nahegelegt. Aber erst seit der Relativitätstheorie scheint diese endgültig unumgänglich. Fast noch stärker, nämlich geradezu als Paradigmenwechsel zeichnet sich die Veränderung der Zeitauffassung in der modernen Biologie ab, die evolutions- und systemtheoretische Annahmen verknüpft. Allein der Hinweis auf die möglichen »Eigenzeiten« von Organismen hat hier geradezu revolutionären Charakter. Für die Sozial- und Geisteswissenschaften zeichnet sich ein ähnlicher Wandel ab, in welchem strukturtheoretische und funktionalistische Modelle abgelöst werden. Dabei wirkt sich – etwa in der Biographieforschung oder in Untersuchungen zum Verhältnis von Arbeit und Freizeit – als zusätzlicher Anstoß aus, daß sich nicht zuletzt aufgrund der Veralltäglichung von modernen Technologien die lebensweltlichen Zeitstrukturen verändern.

Während in den angelsächsischen Ländern die Philosophie sich des Zeitproblems schon geraume Zeit angenommen hat – erinnert sei an McTaggerts berühmte Abhandlung *Time* (1927) –, tut sich die deutschsprachige Philosophie vergleichsweise schwer; selbst die Rezeption der Husserlschen Phänomenologie des inneren Zeitbewußtseins erfolgt eher im soziologischen und humanwissenschaftlichen Kontext. Offensichtlich wirkt sich hier das Kantsche Erbe weniger provozierend als vielmehr hemmend aus. Insofern kann weder überraschen, daß die im engeren Sinne philosophischen Beiträge des von Gottfried Heinemann herausgegebenen Bandes *Zeitbegriffe* zunächst in die Auseinandersetzung mit dem Königsberger Weltweisen eintreten. Noch aber verwundert, daß seine Anregungen stärker von seinen naturwissenschaftlich angelegten Beiträgen ausgehen; diese können offensichtlich leichter scheinbar verbindliche erkenntnistheoretische Grundannahmen überschreiten.

Zeitbegriffe dokumentiert die Beiträge zu einem interdisziplinären Symposium »Zeitbegriff der Naturwissenschaften, Zeiterfahrung und Zeitbewußtsein«, das 1983 an der Gesamthochschule Kassel stattfand. Der Band gliedert sie jetzt in drei Abteilungen. In den – *erstens* – »Variationen über den Begriff der Zeit« dominiert der philosophische Zugang. So greift der 1984 verstorbene Werner Hartkopf in seinem »Essay über den Zeitbegriff und das Zeitproblem« in kritischer Abhebung von Kant die Frage nach dem ontologischen Sinn von Zeit auf. Hartkopf weist allerdings die Vorstellung zurück, die Zeit verfüge über einen Substratcharakter; der Begriff bilde vielmehr ein Symbol und bezeichne Prozessualität. Dies aber sei real.

Tendiert Hartkopf – wie er selbst schreibt – »universalphilosophisch« eher zu einem einheitlichen Zeitbegriff, so konstatiert Heinemann sein Auseinanderfallen. Das Wort »Zeit« verbinde, so die inzwischen auch andernorts vorgetragene These, letztlich Fragmente, nämlich den modalen und den relationalen Zeitbegriff, sowie (mindestens) noch einen »epochalen« Zeitbegriff. Diese Fragmente müssen ihrerseits noch auf drei Ebenen, nämlich als Ordnung der Zeit, als Zeitstruktur der Realität und als Bewegung erörtert werden.

Die Auseinandersetzung mit Kant führen Ulrich Sonnemann und Michael Wetzel weiter: Jener wirft Kant vor, daß er Zeit letztlich auf eine Raumvorstellung reduziert, so aber ihr »Wesen« verkennt. Zeit sei nämlich, so Sonnemann, »Anhörungsform«; ihre Phänomene zeigen sich akustisch, etwa als Rhythmus, als Musik, sogar als Sprache. Wetzel teilt die Kritik an der Kantschen »Verräumlichung« von Zeit, versucht jedoch über die Bestimmung der »Intensität« eine Beziehung zwischen Kant einerseits und den Theorien der materialen Zeit andererseits herzustellen, wie sie etwa von Georges Deleuze entwickelt wurden.

Neben Kant avanciert A. N. Whitehead zum zweiten Bezugsautor der Beiträge von *Zeitbegriffe*: So stellt etwa Ernest Wolf-Gazo ausführlich die ontologische Zeitvorstellung vor, die Whitehead 1926 in seinem Vortrag »Time« an der Harvard-Universität entwickelt hat. Wolf-Gazo kommt dabei zu dem Schluß, daß Whitehead Zeit als die fundamentalste »Form von Kreativität«, ja als das »Schöpferische schlechthin« begreift. Klaus Binder diskutiert in einem stilistisch originellen, nämlich collagenartig aufgebauten Text »Nachträglichkeit und Antizipation. Zeitstrukturen lebendiger Erfahrung nach Ernst Bloch«. Harald Pilot bezieht schließlich die Fragestellung auf das Problem von personaler Identität. Aber weil so wohl noch ein zusätzliches

Element begrifflich-theoretischer Ungewißheit eingebracht ist, gerät sein fast fünfzig Seiten langer Beitrag in das Fahrwasser von Überlegungen zur Theorie des Handelns und des Willens; Zeitfragen tauchen höchstens als temporale Erweiterung eines (vermutlich von Mead inspirierten) Modells der Perspektivenübernahme auf.

Zweitens: Die »naturphilosophischen Zugänge« eröffnet Herbert Breger mit der geradezu aufregenden Wiederentdeckung von Zeitvorstellungen, die im 16. und 17. Jahrhundert etwa von Paracelsus – der sowohl das Problem der Individualzeit wie auch das der Reproduzierbarkeit von Experimenten erfaßt – und Helmont, einem entscheidenden Verfechter der Nichtmeßbarkeit von Zeit, entwickelt wurden. Ihre Vorstellungen wurden zwar durch das mechanistische Weltbild – dessen Durchsetzung parallel mit dem Verschwinden des Interesses an einer Verlängerung menschlichen Lebens erfolgt – verdrängt, gewinnen aber heute bemerkenswerte Aktualität. Das zeigt sich in Wolfgang Friedrich Gutmanns instruktiver Studie »Prozeß und Zeit in Evolution und Phylogenese«. Diese weist zunächst auf den Paradigmenwechsel in der modernen Biologie hin; zunehmend wende man sich dort von der kausalmechanischen Vorstellung ab und dem Prozeßdenken zu. Allerdings lassen sich die Diskrepanzen zwischen den Einsichten der Naturwissenschaften und ihrem methodologischen Selbstverständnis kaum übersehen; dieses gehe nämlich immer noch von statischen und starren Konstruktionsprinzipien aus. In der Sache selbst kommt Gutmann – wie auch die anderen naturwissenschaftlich orientierten Autoren der *Zeitbegriffe* offensichtlich stark durch Rupert Riedl, Ilya Prigogine und Maturana beeinflußt – zu den zwei Grundannahmen, daß einerseits Geschichtlichkeit ein Konstruktionsprinzip von Organismen bilde und andrerseits dabei gelte, daß niemals deren »hochgradige Autonomie und Autopoiesis« verloren gehe. Inhaltlich anschließend plädiert daher Michael Ewers für die Ablösung des mechanischen Zeitbegriffs durch den der »biologischen Zeit«; erst mit diesem werde man dem Faktum gerecht, daß man in der Biologie mit Systemen zu tun hat, für welche eine Vielzahl von Zeitordnungen gelte.

Bernulf Kanitschneider untersucht schließlich noch das erkenntnistheoretische Dilemma – nämlich die Alternative zwischen »epistemischem Idealismus« und der »spekulativen Lösung retrokausaler Wirkungen« –, das durch Einsteins Erkenntnisse in der Physik entstanden sei, während Jan Robert Bloch – allerdings wenig konzise – die Neuansätze innerhalb der Naturwissenschaften, insbesondere das Prozeßdenken, unter der Überschrift »Vom Stillstand zum Prozeß« auf das Tableau marxistischer Annahmen projiziert.

Ein wenig den Charakter eines Gemischtwarenladens hat – *drittens* – die Abteilung »Anthropologische Zugänge« gewonnen: Die Auseinandersetzung mit dem im Mythos und der mit ihm verbundenen sozialen Praxis enthaltenen Zeitkonzept (Manfred Gies), eine Abhandlung über Eugen Rosenstock-

Huessys Münsteraner Vorlesung »Die Gesetze der christlichen Zeitrechnung« von Dietmar Kamper stehen hier neben zwei soziologischen Texten: Ursula Pasero diskutiert die spezifischen Zeitstrukturen, die insbesondere für Hausfrauen entstehen; allerdings drängt sich bei ihren Überlegungen auf, daß der feministische Argumentationshintergrund möglicherweise die Einsicht in strukturelle Bedingungen von »Hausarbeit« schlechthin verhindert, weil er diese allzu schnell gleichsam auf ein »Frauenproblem« verengt. Wolfram Fischer entwickelt – ausgehend von empirischen Untersuchungen zur Zeiterfahrung bei chronisch Kranken – skizzenhaft ein Raster von Zeitkategorien, mit welchem sich lebensgeschichtliche Temporalstrukturen erschließen lassen.

In seiner Gesamtheit vermittelt der leider immens teure Band auch für den Nichtspezialisten einen – gemessen an der Breite der Gesamtdiskussion: immer noch bescheidenen – anregenden Einblick in die Komplexität, aber auch in die Dringlichkeit der Fragestellung. Er macht deutlich, daß die weitere Bearbeitung unserer fundamentalen philosophischen wie einzelwissenschaftlichen Fragestellungen von einer Klärung des Zeitbegriffs abhängen. Dazu bietet *Zeitbegriffe* eine Fülle von Materialien und eine Vielzahl von Anknüpfungspunkten. Daß er »Ergebnisse« verspricht, muß freilich als glatter Euphemismus gewertet werden. Am Ende läßt das Buch nämlich den Leser in der Situation zurück, die sich schon Augustinus eingestehen mußte: »Was also ist die Zeit? Wenn mich niemand darnach fragt, dann weiß ich es; soll ich es aber einem Frager klarmachen, dann weiß ich es nicht.«

Michael Winkler *(Erlangen / Nürnberg)*

Hans Köchler: *Philosophie – Recht – Politik. Abhandlungen zur politischen Philosophie und Rechtsphilosophie*, Springer, Wien-New York 1985, 112 Seiten.

Das in der Reihe »Veröffentlichungen der Arbeitsgemeinschaft für Wissenschaft und Politik an der Universität Innsbruck« als Nr. 4 erschienene Werk stellt eine Zusammenfassung früherer Arbeiten des Verfassers dar. Die Gliederung erfolgt in drei Themenbereiche: Die Problematik des Rechtspositivismus – Demokratie und menschliche Selbstbestimmung – Völkerrecht und Internationale Beziehungen.

Im ersten Teil zeigt Köchler das Problem der Rechtsgeltung bei Kelsen auf, nach dessen Auffassung die Geltung einer Norm an ihre Wirksamkeit gebunden sei. Insbesondere stellt sich der Autor gegen diesen Bedingungszusammenhang. Kelsen bezeichnet damit die Relativierung der Geltung des Sollens durch die auf der Seins-Ebene stehende Effektivität, mithin die *normative Kraft des Faktischen*. Köchler gelingt es, darin den Widerspruch zwischen »positivistischer Grundüberzeugung von der Unüberbrückbarkeit des Unterschieds von Sein und Sollen« mit der »Bindung des Geltens an die Wirksamkeit« (p. 6) nachzuweisen, indem er in diesem Gegensatz eine *qualitativ* »norm*erzeugende* Kraft des Faktischen« erkennt und auf diese Weise die bei Kelsen unter dem Titel der *Formalität* der Rechtserzeugung eben formale Abgrenzung der norm*ativen* Faktizität in methodische Inkonsequenz auflöst.

An Hand Kelsens begrifflicher Darstellung der Sein-Sollen Relation und seiner Anwendung der Logik auf den normativen Bereich weist Köchler auf das aus pluralistisch demokratischer Sicht unannehmbare Ergebnis des *Wegformalisierens* von Handlungs- und Norminhalten in deren Beziehung zur Wirklichkeit hin: eine Rechtsordnung, die kein »ethisch-politisches Wertmaß« (p. 13) (inhaltliche generelle Normen) und somit jeden beliebigen Inhalt als Recht zuläßt. Das selbe Ergebnis erreicht der Autor durch eine wissenschaftssystematische Kritik der Kelsenschen »Grundnorm« als rein formaler Akzeptanzforderung.

Im zweiten Abschnitt identifiziert Köchler die historische Idee der Repräsentation als Legitimationsmechanismus, der dem Individuum in vielerlei Hinsicht Entscheidungsfreiheit nimmt, den Entscheidungsträger aber unbenommen seiner Eigeninteressen berechtigt, das von ihm selbst getragene politische Umfeld zu verdichten. Der Verfasser sieht die politische Ideengeschichte Europas gekennzeichnet durch eine »jeglicher empirischer Betrachtungsweise entgegengesetzte idealistische Komponente der Repräsentationslehre« (p. 35) und erklärt sich diesen »ideologischen Anachronismus« (p. 38) durch Machtinteressen von Gruppen. Tatsächlich kann diese historisch begründete Darstellung auch auf die heutige repräsentative Demokratie angewendet werden, deren Machtträger ihr Handeln nur allzu gerne im Gemeinwohl rechtfertigen und sich dadurch der empirischen Willensbildung verschließen. »Der Einzelne tritt gegenüber dem Ganzen in den Hintergrund, die Individualexistenz verwirklicht sich durch Teilhabe an diesem Ganzen« (p. 39), wobei das Ganze im Sinne einer zum »Übersubjekt hypostasierten Gemeinschaft« (p. 40) zu verstehen ist. Das Volksganze, den »Volksgeist« anerkennt Köchler aber nicht als reale Größe, sondern als »Summe der Interaktionen zwischen den einzelnen Individuen« (p. 39) und damit als real nur im übertragenen Sinn. Mit diesem »nominalistischen« Ansatz verdeutlicht der Autor die Partizipationsfeindlichkeit der Repräsentationstheorie, die weithin auch das heutige Demokratieverständnis überlagert und auf diese Weise nur schrittweise und zögernd die Entwicklung erweiterter Mitwirkungsmodelle ermöglicht. Schließlich vermindert der Ausbau direkt demokratischer Instrumente den Entscheidungsbereich der Machtträger, so daß sich die politische Überlebensfähigkeit der Repräsentationsidee (auch) mit der politischen Ökonomie der Repräsentanten erklären läßt. Wer in dieser Argumentation eine »Anwendungskrise« des Repräsentationsgedankens sieht, wird von Köchler auf »Systemkrisen der westlichen Demokratie« verwiesen (pp. 72ff), deren Alternative in einem direkt demokratischen politischen

System liege, das insbesondere durch Regionalisierung und das Institut eines regionsbezogenen imperativen Mandats gekennzeichnet sein sollte.

Das dritte Kapitel besteht aus einer Untersuchung des Verhältnisses zwischen Völkerrechtsprinzipien und Menschenrechten sowie der Frage der Friedlichen Koexistenz.

Köchler stellt die Widersprüchlichkeit der völkerrechtlichen *Prinzipien* der Effektivität und der Souveränität mit Menschenrechts*normen* dar. Allerdings basiert seine Argumentation auf der Qualifikation des »derzeitigen Normensystems der Menschenrechte« in den beiden Menschenrechtspakten der UNO als *ius cogens* (p. 80). Es wird zwar hinlänglich anerkannt, daß fundamentale Menschenrechte Ius Cogens sind und damit absolute Geltung (Sollen, Wirksamkeit; Verdroß & Simma, *Universelles Völkerrecht*, [3]1984, p. 53 FN 86) haben, jedoch bestehen über Details Zweifel (Frohwein, »Ius Cogens«, in: Bernhardt (ed.), Encyclopedia of Public Int. Law, 7 (1984), p. 329). In Anbetracht der geringen Zahl an Ratifikationen der Weltpakte erscheint Köchlers Formulierung daher gewagt.

An Hand der Staatenpraxis versucht der Autor, den pragmatischen Charakter des Effektivitätsprinzips bei der Anerkennung von Staaten und Regierungen darzulegen, der auch von Völkerrechtlern häufig mit dem Satz »International Law is International Politics« betont wird. Beim Institut der Anerkennung bleibt anzumerken, daß im Gegensatz zur Darstellung Köchlers oben p. 81 »eine Rechtspflicht zur Anerkennung nicht nachweisbar ist« (Verdroß & Simma, loc. cit., p. 604). Zudem darf darauf hingewiesen werden, daß nicht die »uneingeschränkte Verbindlichkeit der Souveränität eine Intervention zur Herstellung menschenrechtskonformer Zustände als völkerrechtswidrig zurückweist« (p. 83), sondern durch das Gewaltverbot (Art. 2 Abs. 4 Satzung der Vereinten Nationen) ausgeschlossen wird, d.h. bloß die territoriale Integrität geschützt wird; die Tatsache der Menschenrechtsverletzung hingegen gehört nicht zur Domaine Reservé und damit nicht zu jenen Angelegenheiten, die der alleinigen Regelung eines Staates überlassen sind (Verdroß & Simma, loc. cit., pp. 302ff).

Köchler weist aber zu Recht auf Unzulänglichkeiten der Implementierung der Menschenrechte im Völkerrecht hin. Ob nun Menschenrechte jemals gänzlich über einzelstaatliche bzw. regionale Rechtsordnungen hinaus die Hürde der Pluralität der verschiedenen Gesellschaftssysteme auf dem Weg zur universellen und absoluten Geltung oder Wirksamkeit überwinden werden können oder nicht, Köchler zeigt jedenfalls mit seinen Denkanstößen einen gangbaren Weg friedlicher Koexistenz und kulturphilosophischer Toleranz.

Stefan Huber *(Innsbruck)*

Annemarie Pieper: *Ethik und Moral. Eine Einführung in die praktische Philosophie* (Beck'sche Elementarbücher), Verlag C. H. Beck, München 1985, 195 Seiten.

»Absicht des Buches ist es, mit Grundproblemen der praktischen Philosophie im allgemeinen, der Ethik im besonderen vertraut zu machen. Dabei geht es vorrangig darum, im Sinne einer ethisch-praktischen Propädeutik an die von der praktischen Philosophie behandelte Themenvielfalt heranzuführen, nicht aber um eine Untersuchung von Spezialproblemen« (p. 7). Durchgängig beginnt die Darstellung bei der Alltagspraxis und ihrem Niederschlag in der Alltagssprache und lenkt von dort unter Einbeziehung der historischen und der aktuell vorliegenden Diskussion zu einer systematischen Erörterung.

Die Untersuchung hebt an mit der Klärung der Aufgabe der Ethik als einer praktischen Wissenschaft mit ihren Teildisziplinen und je gesonderten Methoden. Einen präzisen Aufriß erfahren dabei die Fragen der Anwendung in der Medizin, im Sozialwesen, in Wirtschaft, Wissenschaft und Ökologie. Ethik als praktische Wissenschaft findet neben sich andere praxisbezogene Wissenschaften: Psychologie, Soziologie, Theologie, Jurisprudenz und Pädagogik. Gerade zur Pädagogik hat sie ein besonderes Verhältnis, »da Moralität und Erziehung wechselweise aufeinander zurückverweisen: Der Mensch ist nicht schon von Natur aus ein moralisches Wesen, sondern muß zur Moralität erzogen werden« (p. 75).

Glückseligkeit, Freiheit und Determination, Gut und Böse stellen »Grundfragen« der Ethik dar, auf die sowohl die theoretische Erörterung als auch die alltägliche Argumentation zurückverweisen. Die Ethik als Wissenschaft hat sich weiterhin auch ihrer Ziele und Grenzen zu vergewissern. »Die Ziele der Ethik sind allesamt Modifikationen des ihr wesentlichen Gesamtziels: Freiheit als das Unbedingte im menschlichen Wollen und Handeln zu erweisen« (p. 103). Unter dieser Zielsetzung geht es ihr »um eine reflexive Aufklärung von Praxis und Geltungsansprüchen hinsichtlich ihrer moralischen Berechtigung [...], um eine Einübung in die kritische Beurteilung« und darum, »auf die fundamentale Bedeutsamkeit von moralischer Kompetenz und sozialer Verantwortung aufmerksam zu machen« (p. 103f). Es hängt an ihrer Zielsetzung, daß die Ethik ihre Grenzen an der Durchsetzung von Moralität in der Praxis findet, sie ist »eine auf Praxis hin offene Theorie« (p. 105), es ist ihr unmöglich, Menschen moralisch zu machen, will sie Freiheit nicht aufheben.

Ein eigenes ausgedehntes Kapitel widmet die Verfasserin den Grundformen moralischer Argumentation. An sprachanalytischen Untersuchungen orientiert, werden in einem ersten Zugriff faktische Muster vorgestellt, in einem zweiten Teil geht es um Methoden ethischer Begründungen: die logische, diskursive, dialektische, analogische, transzendentale, analytische und die hermeneutische Methode. Ein Aufriß von Grundtypen ethischer Theorie beschließt das Buch.

Einführungen in die Philosophie, die Geschichte etc. waren einst Aufrisse, Gesamtpläne einer Disziplin. Sie vergaßen die Randfragen zugunsten der Grundprobleme. Mitnichten wurden sie nur von Studienanfängern gelesen, brachten sie doch Ordnung in die Vielfältigkeiten und verteilten sie doch die Gewichte aus der Sicht des Kundigen. Die Verfasserin dieser Einleitung, Professorin für Philosophie in Basel, knüpft an diese fast vergessene gute Tradition an: Dieses Elementarbuch ist eine rechte Einführung.

Karl Helmer *(Duisburg)*

Wolfgang Röd: *Die Philosophie der Neuzeit 2. Von Newton bis Rousseau* (Geschichte der Philosophie, Bd. VIII, ed. W. Röd), C.H. Beck, München 1984, 498 Seiten.

Als vierten Band einer auf zwölf Bände projektierten Philosophiegeschichte, die 1976 begonnen wurde, und als dritten von ihm selbst als Autor dabei verfaßten Band legt Wolfgang Röd, der sich als Fachmann für Descartes einen Namen gemacht hat, eine Darstellung der kontinentaleuropäischen und englischen Philosophie des Zeitraums zwischen 1720 und 1795 vor, also der Epoche von Aufklärung und Französischer Revolution. Das Eingangskapitel ist Isaac Newton und das Schlußkapitel den französischen Revolutionsdenkern gewidmet. Dazwischen gelten einzelne Kapitel den ›großen‹ Philosophen Locke, Leibniz, Berkeley, Hume und Vico sowie überblicksmäßig auch ganzen Strömungen: so der englischen Moral- und Religionsphilosophie, den französischen ›philosophes‹ von Montesquieu bis Holbach, den deutschen Aufklärern und der schottischen Philosophie nach Hume.

Besonderes Augenmerk wird den Methodenfragen geschenkt, deren Betrachtung nicht nur für die historische Dimension auch gegenwärtiger Methodendiskussionen von Bedeutung ist, sondern – begreift man Philosophiegeschichte als Reservoir von Fragestellungen und Antwortmöglichkeiten in systematischer Hinsicht – auch durchaus für die Heuristik gegenwärtiger Wissenschaftspraxis. So wird z.B. die Common-sense-Philosophie bei Röd viel deutlicher und ausführlicher abgehandelt als in vergleichbaren Philosophiegeschichten.

Röds Bemühen, Philosophie als allgemeine Theorie der Erfahrung zu begreifen und, anstelle bloßen Doxographierens, historische Denkansätze unter verhaltenem aktuellem Interesse rational zu rekonstruieren, prägt Aufbau und Diktion des Buches und bedingt auch die Zurückweisung gängiger Topoi über den in Frage stehenden Zeitraum, der in mehrfachem Sinn als höchst heterogen zu bezeichnen ist. Er ist nach Röd weder durch eine einheitliche Methodenkonzeption ausgewiesen, noch läßt er sich bzw. lassen sich die einzelnen Denker aufspalten und einteilen in Rationalisten und Empiristen.

Ablehnung erfahren auch die nationale Schubladisierung sowie eine Relativierung der Philosopheme auf Soziologie, da »die genuin philosophischen Fragen [...] sich nicht angemessen im Rahmen einer soziologischen Deutung bewältigen lassen«. Es sei »die Erweiterung des Geltungsbereichs philosophischer Theorien und die bewußte Verbindung von Theorie und Praxis«, worin dic cigentliche Bedeutung der Aufklärungsphilosophie bestehe. Kant, der aus diesem Kontext nicht wegzudenken ist, wird im vorliegenden Band freilich ausgespart, da für ihn und den Deutschen Idealismus ein eigenes Buch (Band IX) vorgesehen ist.

Was an der einigermaßen trocken, aber verläßlich und niveauvoll verfaßten Darstellung allenfalls auszusetzen wäre, ist eine gewisse Übervorsicht Röds bei der Annäherung an fundamentalpraktische Fragen der Philosophie und ist die Beschränkung seines Aktualitätsinteresses auf Wissenschaftstheorie. Das in der Aufklärungsphilosophie ausformulierte Machbarkeitsparadigma der Moderne, das heute augenfällig sowohl seine problematischste Zuspitzung (Stichwort Weltzerstörung) wie auch eine Fülle noch recht unkoordinierter Kritik erfährt (Stichwort Postmoderne), wird von Röd nicht thematisiert, die Frage nach den praktischen Folgen der Rationalisierung aller Denk- und Lebensbereiche bewußt offengelassen. Nicht nur die ›Dialektik der Aufklärung‹ wird ausgeklammert, sondern auch die Frage, ob Philosophie »als Ausdruck einer Krise oder als deren Ursache oder als Versuch der Krisenbewältigung« zu verstehen sei.

Simon Rabl *(Bozen)*

Wolfgang Ritzel: *Immanuel Kant. Eine Biographie*, de Gruyter, Berlin-New York 1985, XIV, 738 Seiten.

Der Pädagoge und Philosoph Wolfgang Ritzel, Direktor des Institutes für Erziehungswesen in Bonn, legt mit diesem Werk bereits seine dritte biographische Arbeit vor. 1959 schrieb er ein Buch über Rousseau (2. Aufl. 1971), 1966 veröffentlichte er eine Lessing-Biographie (2. Aufl. 1978), und nun wird die Reihe dieser Biographien mit einem groß angelegten Werk über Immanuel Kant fortgesetzt. Es gliedert sich in Vorrede, Einleitung, drei Bücher, Schluß und Anhang.

In der Vorrede (pp. VII-X) versucht der Verfasser das Projekt seines 700 Seiten starken Kantbuches zu erklären und seine persönliche Beziehung zum Werk und zur Person Kants darzustellen. Er erinnert an das Erscheinen des opus postumum und an die neue Situation, als auf einmal dem Kant des corpus criticum der »Vorlesungs-Kant« gegenüberstand.

Die Einleitung (pp. 1ff) beschäftigt sich zuerst mit prinzipiellen Fragen eines biographischen Werkes und dann mit der Herkunft, der Kindheit, der Jugend Kants und mit seinen frühesten Schriften. Das erste Buch (pp. 47ff) mit dem Titel »Die Laufbahn« handelt von Kants Lehrtätigkeit und von seinen im Zeitraum von 1759 bis 1770 entstandenen Schriften.

Nach Umfang und Gehalt bildet das zweite Buch (pp. 219ff), dessen Thema »Das kritische Geschäft« ist, den Schwerpunkt der Darstellung. Dort skizziert der Verfasser zuerst in einer Einleitung anhand der Dissertation von 1770 den Problemhorizont und stellt dann in drei Kapiteln (1. Das Erkenntnisproblem, 2. Praktische Vernunft, 3. Der Übergang) Kants kritische Philosophie dar.

Das dritte Buch (pp. 519ff) schließlich, mit dem Titel »Das Doktrinale Geschäft«, geht in seiner Einleitung näher auf Kants Widersacher, Weggenossen und Schützlinge ein und ist weiterhin in vier Kapitel (1. Die »Menschengeschichte« und das »Recht des Menschen«, 2. Tugendlehre und Religionsphilosophie, 3. Der Streit der Fakultäten, 4. Das Opus postumum) gegliedert.

Den Schluß des Werkes (pp. 687ff) bilden biographische Berichte über Kants letzte Lebensjahre. Der Verfasser gibt hier die Eindrücke wieder, die Johann Friedrich Abegg an der Mittagstafel des 75jährigen Denkers gewann, und zeichnet dann das Bild nach, das Freunde Kants von seinen allerletzten Lebensjahren entworfen haben. Vervollständigt wird das Werk durch einen Nachweis der Zitate (pp. 699ff), durch ein chronologisches Register von Kants Schriften und Vorlesungen (pp. 725ff), durch ein Namensregister (pp. 729ff) und ein Sachregister (pp. 733-736). Überblickt man das vorliegende Werk, so stellt man fest, daß hier nicht eine Biographie üblichen Zuschnitts vorliegt. Nicht ein detailliertes Curriculum vitae wird hier geboten, in dem in differenzierten Angaben über das Leben Kants die Gestalt dieses Denkers dem Leser nahegebracht wird. Der Verfasser möchte auch nicht in der Art vieler einschlägiger Monographien zuerst die Vita und dann das Werk darstellen, so daß »die beiden Reihen – die Lebensgeschichte des Denkers und die Ausbildung seiner Philosophie – unvermittelt nebeneinander herlaufen« (p. 1). Was hier versucht wird, ist vielmehr, Leben und Werk als Glieder eines Ganzen darzustellen. Es geht dem Verfasser darum, »gewisse Koinzidenzen der Lebensgeschichte des Denkers und der Genese seines Werkes« (p. 1) nicht nur zu konstatieren, sondern auch zu begreifen, d.h. der Gegenstand dieser Art von Biographie ist die »produktive Existenz« (p. 2), die Vita und Werk jeweils als Moment im Sinne einer »dialektischen Konjunktion« (ibid.) in sich enthält.

Dazu, meint der Verfasser, ist es notwendig, daß man »die singuläre, für sich genommen gleichgültige Lebensgeschichte mit dem durch eine allgemeine Bedeutung und Wahrheit ausgezeichneten Werk« so verbindet, daß »in einer einzigen unverwechselbaren Gestalt das Singuläre aller belanglosen Zufälligkeit ledig, das Allgemeine aber individuell erscheint« (ibid.).

Die zentrale Kategorie in diesem Zusammenhang ist die der »Individualität, das ist die Verbindung von Singularität und allgemeiner Bedeutung und Wahrheit. Was durch den Ausdruck ›produktive Existenz‹ nur bezeichnet worden ist, wird durch die Wendung ›geschichtliche Individualität‹ expliziert« (p. 474). Das bedeutet unter anderem auch für den Verfasser, »daß das Augenmerk nun nicht vorzugsweise dem letzten Wort des Denkers gilt«, sondern daß »als Teile eines Lebenswerkes [...] die frühen Entwürfe die nämliche Beachtung wie die endgültigen Formulierungen« (p. 2) verdienen. Daraus folgt eine weitere Richtlinie, und zwar meint der Verfasser, daß man gut daran tut, »in der Beschäftigung mit dessen [Kants] Werdezeit [...] von dem abzusehen, was erst die Folge gezeitigt hat« (p. 3), d.h. der Fixierung auf das corpus criticum zu entgehen und nicht mehr den »Streit der Fakultäten« als Kants letztes und die Dissertation von 1770 als sein erstes Wort zu betrachten.

Es würde den Rahmen dieser Rezension bei weitem sprengen, wollte man die prinzipielle Durchführbarkeit dieses Projekts – nämlich Allgemeines und Singuläres im vorhin angedeuteten Sinne zu verbinden – diskutieren. Geht man allerdings von der Unaussagbarkeit der Individualität aus (individuum est ineffabile), d.h. daß die Wirklichkeit selbst in ihrer anschaulichen und individuellen Gestaltung prinzipiell nicht Inhalt einer Wissenschaft sein kann, so bleibt eigentlich – nach Auffassung des Rezensenten – nur die Möglichkeit, im Rahmen einer historischen Betrachtung diesem Spannungsverhältnis gerecht zu werden. Die hierzu notwendigen Begriffe hätten dann als historische individuellen Inhalt, aber dennoch als wissenschaftliche allgemeine Bedeutung.

Hierzu müßten dann aber die soziokulturellen Daseinsbedingungen des 18. Jahrhunderts entfaltet werden, die im vorliegenden Werk keine Beachtung gefunden haben. Vor diesem Hintergrund muß der sehr hoch gegriffene Anspruch als nicht eingelöst betrachtet werden. So detailreich und sorgfältig das Buch auch sonst gearbeitet ist, die angekündigte Verknüpfung von Leben und Werk bleibt der Verfasser seinen Lesern schuldig.

Dieser Kritikpunkt soll aber nicht die wichtige Tatsache in den Hintergrund drängen, daß das vorliegende Buch einen wesentlichen Beitrag zur Kantdiskussion darstellt. Besonders überzeugen kann der Verfasser dort, wo er den Verschlingungen der transzendentalphilosophischen Thematik mit der anthropologischen und den sich daraus ergebenden Aporien nachgeht und wo versucht wird zu zeigen, daß es nicht so ohne weiteres möglich ist, »den

Grund der Wissenschaft und die Wissenschaft selbst oder Kritik und Metaphysik so überzeugend zu unterscheiden wie das Fundament eines Hauses und seine Stockwerke« (p. 650). Dies ist auch im Zusammenhang mit dem Problem der »Lücke im kritischen Geschäft« (p. 646) zu sehen, das für den Verfasser einen zentralen Stellenwert einnimmt.

Dem Buch ist nur zu wünschen, daß es möglichst bald in einer wohlfeilen Paperback-Ausgabe vorliegt, so daß es auch für diejenigen Leser greifbar wird, die keinen direkten Zugang zu einer öffentlichen Bibliothek haben – denn bei einem Preis von DM 198.-- dürfte sich die Verbreitung dieses Buches wohl in engen Grenzen halten.

Anton Hütter *(Innsbruck)*

Franco Volpi: *Heidegger e Aristotele*, Daphne Editrice, Padova 1984, 225 Seiten.

In seinem 1967 in der Akademie der Wissenschaften und Künste in Athen gehaltenen Vortrag schreibt Heidegger: »Die Kunst entspricht der ›physis‹ und ist gleichwohl kein Nach- und Abbild des schon Anwesenden. ›Physis‹ und ›téchne‹ gehören auf eine geheimnisvolle Weise zusammen. Aber das Element, worin ›physis‹ und ›téchne‹ zusammengehören, und der Bereich, auf den sich die Kunst einlassen muß, um als Kunst das zu werden, was sie ist, bleiben verborgen« (M. Heidegger: *Denkerfahrungen*, Frankfurt / Main 1983, 139). Für wen bleibt dieser Bereich »verborgen«? Zumal für unsere technische Zivilisation, die sich mehr und mehr, über alle Grenzen hinweg, ausbreitet und somit sich *jeder* Möglichkeit einer *selbst*kritischen Distanz beraubt. Und dennoch: wir sind dem nicht ausgeliefert. Heidegger wird öfter bekanntlich vorgeworfen, er verfalle mit seiner Auffassung des »Seinsgeschickes« im pessimistischen Mystizismus und ergreife die Flucht in die Antike durch seinen »Schritt zurück«. Nichts von alledem. Wir lesen im selben Vortrag: »Schritt zurück heißt: Zurücktreten des Denkens vor der Weltzivilisation, im Abstand von ihr, keineswegs in ihrer Verleugnung, sich auf das einlassen, was im Anfang des abendländischen Denkens noch ungedacht bleiben müßte, aber dort gleichwohl schon genannt und so unserem Denken vorgesagt ist« (ibid.).

Das Thema Heidegger scheint indessen im deutschsprachigen Raum und insbesondere in der Bundesrepublik weiterhin von aller Art von Vorurteilen belastet zu sein. Man braucht nur an die klischeeartigen Ausführungen von Jürgen Habermas in seinen Vorlesungen »Der philosophische Diskurs der Moderne« (Frankfurt / Main 1985) zu denken, um das Groteske dieses Mißverständnisses (falls der Versuch eines Verständnisses unterstellt wird) zu exemplifizieren. Und Aristoteles? Er gilt inzwischen für viele als »Urvater« bzw. »Urheber« der heute herrschenden Technologie, nämlich der Informationstechnologie. Die Bestrebungen der »Künstliche-Intelligenz-Forschung«, etwa in der Herstellung von »Expertensystemen«, haben in der aristotelischen Logik ihr Rezeptbuch gefunden.

Franco Volpi lädt uns mit seinem schlicht betitelten Buch *Heidegger und Aristoteles* zu einer Begegnung dieser Denker ein, die, ganz außerhalb von diesen Klischees, zur Sache selbst führt. Der Dialog Heideggers mit Aristoteles ist zwar ein lebenslanger Dialog gewesen, aber der Verfasser betont mit Recht drei Höhepunkte, nämlich (1) die frühe Anwesenheit des Aristoteles in Heideggers Seinsfrage, indem diese durch den scholastischen Filter Brentanos und Braigs zu ihm drängt und zu Aristoteles führt; (2) die (etwa zehnjährige) Periode des Ausbrütens von *Sein und Zeit*, als die entscheidende Zeit des Dialogs, die sich in den Marburger Vorlesungen sowie in *Sein und Zeit* selbst niederschlägt; und schließlich (3) die Anwesenheit Aristoteles' nach der »Kehre«. Dementsprechend fällt der Schwerpunkt von Volpis Ausführungen auf den zweiten Höhepunkt, der mit der Überschrift »Wahrheit, Subjekt, Zeitlichkeit« gekennzeichnet ist. Heidegger begegnet Aristoteles ausgehend von den in der Husserlschen Phänomenologie offen gelassenen Frage nach der ontologischen Konstitution des menschlichen Lebens (bzw. der »Lebenswelt«). In dieser Begegnung, die auf eine kategoriale Differenzierung hinausläuft, öffnet sich der Blick für die Kantische Frage nach der Einheit des Kategorialen, die, sofern sie auf ein endliches Subjekt zurückgeführt wird, den Zusammenhang zwischen Subjektivität (bzw. »Dasein«) und Zeitlichkeit offenbart. Damit kündigt sich zugleich die zentrale »These« Heideggers bezüglich des metaphysischen Seinsverständnisses im Sinne von Anwesenheit, mit der dazugehörigen Privilegierung der zeitlichen Dimension der Gegenwart an. Gegenüber einer kategorialen (bzw. »gnoseologischen«) Wahrheitsauffassung sucht Heidegger (Husserl folgend) in Aristoteles die Spuren einer präkategorialen »fundierenden« Wahrheit, wobei, solange man den Bereich eines endlichen Subjektes nicht verläßt, eine solche »Fundierung« auf die Einheit von sinnlicher Wahrnehmung und Verstand bezogen bleibt.

Der Verfasser erläutert in klaren Umrissen die Kernpunkte der Heideggerschen Analysen aus *De interpretatione* sowie aus ausgewählten Stellen der *Metaphysik*. Es geht dabei u.a. darum zu zeigen, inwiefern die Struktur des prädikativen »logos« nicht nur in die Frage nach der »Wahrheit«, sondern vor allem in die nach dem »Wahr-sein«, also nach einem ontologischen vorprädikativen Sinne von Wahrheit mündet. Die »psyche« ist »in« der Wahrheit, d.h. sie ist in der Weise des »Entbergens« (»aletheuein«). Während es bei der prädikativen Wahrheit um die Wahrheit bzw. Falschheit der Aussage geht, geht es bei der ontologischen Ebene um das »Vernehmen« bzw. »nicht Vernehmen« (»noein« / »agnoein«) des Sich-Entbergenden. Mit anderen Worten, das Sein, temporal vorverstanden als »Anwesenheit«, ermöglicht erst die Prädikation des »Wahren« und »Falschen«. Dieses temporale Vorverständnis des Seins bildet, wie der Verfasser richtig bemerkt, die eigentliche »Entdeckung« Heideggers, die ihn zu einem kritischen Durchgang durch die Geschichte der Metaphysik führt. In einem zweiten Schritt erläutert Volpi die gewisse Parallelität zwischen den ontologischen Bestimmungen von »Dasein«, »Zuhandenheit« und »Vorhandenheit« (als die drei Seinsmodi, die Heidegger in *Sein und Zeit* eingehend erörtert) und den aristotelischen Unterscheidungen zwischen »praxis«, »poiesis« und »theoria«, wobei, nach Ansicht Volpis, die Korrespondenz »praxis« / »Dasein« zunächst ungewöhnlich erscheint. Hier zeigt der Verfasser, wie mir scheint, den entscheidenden Durchbruch Heideggers in seiner Kritik der bisherigen Vorherrschaft einer kognitiv-theoretisch orientierten Bestimmung des Menschen. Hier liegt auch der Anknüpfungspunkt Heideggers am »praktischen« Denken Aristoteles' in der *Nikomachischen Ethik* (bes. im VI. Buch), wobei man erneut die erstaunliche produktive (!) Parallelität, die aus diesem Dialog hervorgeht, feststellen kann, z.B. in Bestimmungen wie »Gewissen« / »phronesis«, »Sorge« / »orexis«, »Entschlossenheit« / »prohairesis«, »Befindlichkeit« / »pathe« bis hin zur Deutung des »Verstehens« im Sinne des »nous praktikos«.

Im Hinblick auf die Frage nach der Zeit, den dritten Schwerpunkt von Volpis Analysen dieses zweiten Höhepunkts in der Begegnung zwischen Heidegger und Aristoteles, ist die (christlich-)kairologische gegenüber der »chronologischen« Erfahrung der Zeitlichkeit für Heidegger bedeutsam.

Heidegger reift schrittweise, so Volpi, zu seiner Auffassung, daß die Zeitlichkeit *die* Struktur menschlichen Lebens darstellt. In diesem Reifungsprozeß setzt sich Heidegger kritisch mit der naturalistischen Auffassung der Zeit bei Aristoteles auseinander, indem er, aufgrund einer Analyse der Bestimmung der Zeit in der *Physik*, die aristotelische Definition als die Frage nach dem Zusammenhang zwischen der Zeit und der (zählenden) »psyche«, d.h. also als die Frage nach der ontologischen Bestimmung der »psyche« nachweist. Der Rezensent kann hier nur auf den analytisch »glasklaren« Text des Verfassers hinweisen, der diese schwierige Aus-einandersetzung zwischen Heidegger und Aristoteles in einer so zentralen Frage meisterhaft bewältigt. Von der aristotelischen (»vulgären«) Auffassung der Zeit führt dann der Weg zur Analyse der »Zeitlichkeit« sowie der »Temporalität«, von wo aus erst das »primus« und »posterius« der Bewegung in ihrer Dimensionalität (wozu auch das »nunc« gehört) erfaßt werden können. So gelangt Heidegger, von Aristoteles ausgehend, zur Zeitlichkeitsstruktur des »Daseins« (in *Sein und Zeit*). Die Anwesenheit Aristoteles' nach der »Kehre«, so der Titel des letzten Teils des Buches, weist zunächst auf die Heideggersche Radikalisierung der Metaphysik (etwa in der »Physis«-Schrift), indem das (metaphysische) Projekt einer »Fundamentalontologie« verlassen wird, hin. Der Verfasser vertieft aber die Anwesenheit Aristoteles' in den Jahren 1929 bis 1931, in denen die Fragen nach dem »Ort« des »logos« im

Ereignis der Wahrheit (seine weltbildende Kraft), nach dem Sein als Anwesenheit und als Wahrheit (Sein als »energeia«) bis hin zur entscheidenden Entdeckung des Seins als »physis« (wie es die »Vorsokratiker« vermutlich erfahren haben) und seines »Einfangens« in der »techne« im Vordergrund stehen. Das Phänomen der Technik wird vom »späten« Heidegger insofern radikal in Frage gestellt, als es die (anfänglich positiv bewertete) Operationalität des »Zuhandenen« in beinahe monströsen bzw. zerstörerischen Dimensionen erreicht. Demgegenüber betont aber Heidegger, daß »techne« bei den Griechen das eigentliche »Gegenüber« der »physis« darstellt, d.h. das, wodurch die »physis« in ihrer Offenheit und »Verborgenheit« aufgenommen wird, sowie das, wodurch die »physei onto« so in ihren »Formen« (»eidos«, »idea«) erkannt werden, daß man etwas Entsprechendes gegenüberstellt. Dieses »Gegenüber« von »techne« und »physis« bedeutet aber (noch) nicht den Verlust der »physis« in ihrer »überwältigenden« Dimension. Was Heidegger in der »Physis«-Schrift leistet, so mit Recht der Verfasser, ist eine (im doppelten Sinne des Wortes) »epochale« Auslegung des Aristoteles, nämlich eine »Über-Setzung« von Fragen, die längst überholt schienen, während sie in Wahrheit unserer modernen Auffassung von Natur und Technik buchstäblich zugrundeliegen. Darauf weist Volpi ausdrücklich im Schlußkapitel hin. Gerade für eine Analyse der »Moderne« bietet der Dialog Heidegger / Aristoteles entscheidende Anhaltspunkte.

Zwei kritische Bemerkungen schließen diese Arbeit: (1) Vollzieht tatsächlich das Wesen der modernen Technik den originären »impetus« des griechischen »logos«? Und (2) inwiefern ist dem »Finitismus« Heideggers zuzustimmen, daß die Zeit den »logos« formt (und nicht umgekehrt, wie für die Griechen)? Volpi deutet an, beide Fragen gewissermaßen vereinigend, daß es einen ›polyvalenten logos‹ gibt, den es gegenüber einem ›eindimensionalen logos‹ wiederzugewinnen gilt. Müßte man nicht auch von einer ›polyvalenten techne‹ (bzw. Technik!) sprechen? Wie steht es aber dann mit der Frage nach der Kunst? Ist nicht Eros ein großer Dämon, der zu verdolmetschen weiß? Heidegger im Dialog mit Platon?

Rafael Capurro *(Stuttgart)*

Thomas Rentsch: *Heidegger und Wittgenstein. Existential- und Sprachanalysen zu den Grundlagen philosophischer Anthropologie*, Klett-Cotta, Stuttgart 1985, XXI, 343 Seiten.

Klett-Cotta setzt seine Initiative philosophischer Dialogvermittlungen fort – nach Hermann Mörchens »Untersuchung einer philosophischen Kommunikationsverweigerung« zu den Antipoden Heidegger und Adorno nun also Thomas Rentschs gewichtige Konfrontation Heideggers und Wittgensteins.

Das Buch trägt den Untertitel »Existential- und Sprachanalysen zu den Grundlagen philosophischer Anthropologie« und zielt damit auf eine Disziplin, von der Heidegger sich abgrenzte und zu der Wittgenstein dem Anschein nach gar nichts beigetragen hat. Rentsch faßt den Begriff der »philosophischen Anthropologie« freilich so fundamental, daß er mit Heideggers Vorbehalten nicht kollidiert und als Schnittpunkt der zentralen Intentionen Wittgensteins gelten kann. Die Abhandlung parallelisiert Heidegger und Wittgenstein folglich in der ganzen möglichen Breite dieser Gegenüberstellung.

Sein Programm exponiert Rentsch als das der Entwicklung einer »existentialen Grammatik als sprachkritischer Durchführung einer transzendentalen Phänomenologie der menschlichen Grundsituation« (254). Dieser Titel formuliert eine Synthese, deren »Elemente« im wesentlichen die »Existentiale« des »Daseins« aus *Sein und Zeit* sind und die Phänomenologie der Sprachspiele aus Wittgensteins Spätphilosophie.

Nach einer in die Problematik einführenden Diskussion des sprachanalytischen Behaviourismus Gilbert Ryles, der zu den ersten Rezipienten von *Sein und Zeit* gehörte und biographisch die mögliche Synthese von Sprach- und Existentialanalytik verkörperte, bildet Rentschs Heidegger-Interpretation den ersten Schwerpunkt des Buches. Sie zielt auf die Herausarbeitung derjenigen Bestimmungen, welche die »Ganzheit« der menschlichen »Grundsituation« transzendental in den Blick bekommen: der »Existentiale«. Rentsch kann sie, gemessen an seiner eigenen Auflistung (313f), fast vollständig *Sein und Zeit* entnehmen und findet nur das Existential »Leiblichkeit / Sinnlichkeit« (das Heidegger in späteren Schriften immer wieder gestreift hat) sowie das »Paraexistential« »Natur« unberücksichtigt.

Dieses letztere ist leider nicht auf der sonstigen Höhe von Rentschs Problembewußtsein gedacht, – ein kurioser Gemüsegarten, in dem, in Anlehnung an Oskar Becker, all das Platz findet, was dem ersten Anschein nach in den »Existentialen« nicht berücksichtigt ist: von den Phänomenen der Psychoanalyse (»Triebhaftigkeit« und »Unbewußtes« – die nichts mit »Natur« und »Biologie« zu tun haben, sondern, auf Heideggers Niveau rekonstruiert, dem Existential »Mitsein« zufielen) über »Primitiv-Archaisches«, »Prähistorisches« (defiziente Modi von Geschichtlichkeit) bis zur »Getragenheit« (Becker) durch »kosmisch-leibliche Geschehnisse« und Zyklen, die sehr weitgehend der *Sprachlichkeit* des Menschen unterliegen (wie die Psychoanalyse weiß) und, wo dies, als bloßes »Leben«, nicht der Fall zu sein scheint, doch als privative Modi des »Daseins« auszulegen wären und nicht objektivierend-verdinglichend (vgl. SZ 49f).

Ein entscheidendes Defizit von Heideggers Existentialanalytik sieht Rentsch darin, daß sie einer »sprachphilosophisch naiven Hermeneutik« (16) entspringe, die sich aber mit Wittgenstein therapieren lasse. Rentsch stützt seine Kritik, wenn ich recht sehe, *mit* der »geheimen« immanenten Tendenz der Existentialanalytik *gegen* Heideggers Begriff des »vorprädikativen Verstehens« (SZ 359), den Rentsch jedoch als »Vor*sprach*lichkeit« mißversteht (303). Es müsse vermieden werden, »ein künstliches Konkurrenzverhältnis von Sprach- und Existentialanalytik vorschnell zu etablieren« (303). Heideggers Existential des »Verstehens« berechtigt Rentsch zu dieser Warnung, sollte aber als fundamentale Sprachlichkeit des Daseins (SZ 161!) auch seinen Verdacht ausräumen, »Sprachformen« würden in *Sein und Zeit* von »Lebensformen« fundiert oder gar im Rekurs auf diese »erklärt« (316). Die »Existentiale Grammatik«, die Existential- und Sprachanalytik synthetisieren, jene mit dieser läutern soll, bringt dann auch sprachlich, material wenig –, und systematisch gar nichts Neues.

Dennoch bleibt festzuhalten: Heideggers *Verfahren* ist ein anderes als das Wittgensteins. Wo Heidegger – ich vereinfache stark – die Intention der überlieferten Begriffe an den Phänomenen mißt, die sie mehr verfehlen als treffen, und die »Sprache« dieser Phänomene dann oft eigenständig, innovativ in adäquatere Begriffe übersetzt, da analysiert Wittgenstein Wortfelder, sucht er benachbarte Wendungen, um sie, in »eidetischer Variation«, wechselweise sich erhellen zu lassen und abwegige Implikationen augenscheinlich zu machen (weil die Phänomene nie unmittelbar mit den Begriffen identisch sind, die man für »sie« geprägt hat, sondern »sprachlich« sind in einer Weise, die stets erneut die »entsprechende« Arbeit des Begriffes erfordert, läßt sich sagen: Heidegger sieht mehr auf das Phänomen, Wittgenstein mehr auf die überlieferte Sprache, und wo jener das Gesehene nur mühsam, mit gewagten Sprachinnovationen, auf den Begriff bringen kann, da bezahlt dieser seine Fixierung mit einem Defizit an Problembewußtsein). Rentsch stellt Wittgensteins Verfahren jedoch zurecht neben dasjenige Heideggers; es ist bekanntlich das Spiel mit den Sprachspielen, das Wittgenstein jedoch erst im Zusammenhang mit der (möglicherweise durch seine SZ-Lektüre 1929 geförderten) Destruktion der Vorhandenheits-Ontologie des *Traktats* konzipieren konnte.

Das Wittgenstein-Kapitel dürfte das interessanteste und ertragreichste in Rentschs Buch sein – unverzichtbar für jeden, der sich intensiv mit Wittgenstein auseinandersetzt. Rentsch läßt die reduktionistischen Lektüren gleich hinter sich, liest den *Traktat* als Antwort auf die Frage: Was ist der Mensch? (177) Auch Wittgenstein, so kann Rentsch zeigen, hat an der Destruktion des Subjekt-Objekt-Schemas gearbeitet, das den Menschen zum dinghaften Seienden mit einer die »Außenwelt« repräsentierenden »Bewußtseins«-Kapsel macht, – eine *scheinbare* Selbstverständlichkeit, die gar nicht mehr begreifen läßt, daß sich auf jene Frage überraschende (und alles andere als »schöngeistige«) Antworten mit weitreichenden Konsequenzen geben lassen.

Zielt ein verdinglichungskritischer Ansatz in die angegebene Richtung, dann sind damit Konsequenzen für alle Gebiete des philosophischen Denkens gegeben; Rentsch kann daher Philosopheme Wittgensteins herausarbeiten, die bis hin zur Thematisierung von Zeitlichkeit und Tod Intentionen Heideggers bestätigen. Beide Philosophien aber, so Rentsch, haben damit nur das Problembewußtsein der theologischen Transzendentalienlehre eingeholt:

> Was Heidegger und Wittgenstein geleistet haben, ist die einerseits transzendental-*existentiale*, andererseits transzendental-*sprachkritische* Reformulierung der theologischen Systemgedanken. Sie haben damit in der Philosophie nach der Phase einer reduktionistischen Aufklärung wieder den Fragehorizont der mittelalterlichen Theologie erreicht. Wir behaupten hiermit eine *Übersetzbarkeit* dessen, was diese Theologie lehrte, in die Existentialontologie wie auch in die transzendentale Sprachkritik (210).

> Und nun ist es das Erstaunliche und Wesentliche, daß sich die Rückgewinnung einer Perspektive der Authentie, in der solche Fragen wie die nach Gott wieder möglich bzw. ihrem Status gemäß beurteilbar werden, im Zuge einer radikalisierten Metaphysikkritik und Transzendentalphilosophie ereignet. Wenn es wahr ist, daß die verdoppelte Welt der Metaphysik die verdinglichte Welt des Szientismus bereits latent in sich barg – und das kann als die Überzeugung Heideggers und Wittgensteins angesehen werden –, dann konnte nur ein Philosophieren, das ineins radikale Metaphysikkritik und Szientismuskritik war, den Teufelskreis neuzeitlicher Illusionen und Desillusionierungen durchbrechen. Angesichts der Gleichursprünglichkeit von Metaphysik und Atheismus kann für die Rückgewinnung theologischer Perspektiven nur ein Philosophieren Anknüpfungsmöglichkeit sein, das Szientismus, szientistische Metaphysikkritik und Metaphysik hintergeht und somit die Aufklärung selbst abschließt (›vollendet‹) und überwindet zugleich (237f).

Dennoch, so Rentsch, ist die »Phänomenologie der menschlichen Grundsituation«, wie sie Heidegger und Wittgenstein erarbeitet haben, unzureichend (319). »Alle aufgewiesenen Formen [Existentiale], auch in ihrem Zusammenhang, zeigen den Menschen in einer Situation *ohne Kunst, Ethik und Religion* [...]. Aber gibt es nicht ein Existential ›Sinnbedürftigkeit‹? [...] Wir haben von ›Vernunft‹ gar nicht gesprochen« (320), resümiert Rentsch. Was fehlt, könne nur eine »Religionsphilosophie als Phänomenologie des Unerklärlichen und der Unverfügbarkeit der menschlichen Grundsituation« leisten, die »transzendentale Anthropologie und existentiale Grammatik schließlich mit einer religionsphilosophischen Dimension« verbinde (326).

Doch zumindest die »Anerkennung der Unverfügbarkeit [...] des Mitmenschen« als Voraussetzung »nicht-instrumenteller [...] Interpersonalität« und die Erfahrung der »unerklärlichen Präsenz sich zeigenden Sinns«, »entgegenkommender Schönheit«, die nach Rentsch den Bereich von Ethik und Ästhetik begründen (325), sind von Heidegger reflektiert worden.

Hier macht sich negativ bemerkbar, daß Rentschs Heidegger-Exegese sich fast ausschließlich auf *Sein und Zeit* beschränkt (das eben seiner Intention nach »weniger« als eine komplette Anthropologie ist und doch wesentlich »mehr«) und daß sie, so zuverlässig und genau sie im Detail zumeist ist, den Fragehorizont Heideggers, wie mir scheint, doch verkennt.

Insbesondere die »Seinsfrage«, die den Rahmen einer philosophischen Anthropologie überschreitet, geht in Rentschs Rekonstruktion unter. Rentsch unternimmt den Versuch, »das Reden von ›Sein‹ weitgehend zugunsten der Rede von ›Welt‹ bzw. ›Leben‹ kritisch zu reformulieren (deutlicher: zu eliminieren)« (155). Nun begreift »Sein« aber neben den »Existentialen« auch die »Kategorien« des nicht-menschlichen Seienden unter sich, und diese können, nur weil allein bezüglich des *Menschen* die *Rede* von »Kategorien« sinnvoll ist, nicht dem *Existential* »Welt« untergeordnet werden. Nur weil es Existentiale gibt, ist die Rede von Kategorien möglich; aber diese werden dadurch nicht selbst zu (heimlichen) Existentialen (SZ 88). Rentschs Schlußfolgerung ist also unzutreffend: »Wenn nur Dasein sinnverstehend ist, dann wird die Frage nach dem Sinn von Sein zur Frage nach dem Sein des Daseins« (157). Und man kann Heideggers Kritik an der Verdinglichung, am *sachfremden* Denken in kategorialen Strukturen – von der »Vorhandenheit« bis zum »Ge-stell« – nicht verstehen, wenn man den Graben zwischen Kategorien und Existentialen zuschüttet.

Schon im Hintergrund von *Sein und Zeit* steht das Desiderat, den Vorrang des Seienden vor dem Sein (das »vergessen« wird – ontologisch und vorontologisch) zu brechen und die Angewiesenheit des Menschen auf das Sein im »destruierenden« Durchgang durch die Geschichte der Metaphysik in die Erinnerung zu heben. Die »Seinsfrage« zielt schon auf das »Sein-lassen«, auf die Bewußtmachung, – nicht nur *mit welchem* Seienden wir jeweils zu tun haben, sondern *wie* wir damit umgehen, welchem »Anspruch« wir dabei entsprechen. Geht dieser Anspruch auf ein »Seinlassen« oder auf ein »Stellen«, Berechnen, Ausbeuten?[1] Es gilt, diesem Anspruch nicht blindlings anheimzufallen, sondern ihn *als solchen* zu erfahren, als »Sein«, das im Andrang des Seienden immer Gefahr läuft, vergessen zu werden, den Andrang selbst aber durchstimmt. Das Denken des Seins, die »Gelassenheit« ist die zeitgemäße Form von »Vernunft«, die Rentsch bei Heidegger vermißt; was sich ihm geschichtlich jeweils als »Anspruch« eröffnet, ist »Sinn«, der jeder Fixierung zum ethischen oder religiösen »Wert« (320) widerstrebt.

Jens Hagestedt *(Hamburg)*

---

1 Es ist deutlich, daß der »Welt«-Begriff aus *Sein und Zeit* hier nicht einschlägig ist.

Wilhelm Baum: *Ludwig Wittgenstein* (Köpfe des 20. Jahrhunderts, Bd. 103), Colloquium-Verlag, Berlin 1985, 95 Seiten.

In knapper, gut lesbarer Form wird hier die Biographie Wittgensteins einschließlich der geistesgeschichtlichen Problemstellungen und Zusammenhänge dargestellt. Gelegentlich würde man sich ein Mehr an kritischer Distanz und ein näheres Eingehen auf systematische Fragen wünschen. Als Einführung scheint die Monographie aber durchaus geeignet. Der Autor hat über seinen Gegenstand seit 1977 bereits kleinere Arbeiten veröffentlicht und hat in einem Privatdruck (Innsbruck 1984) Auszüge aus Wittgensteins »Geheimen Tagebüchern« ediert, ein Nachlaßmaterial, das Baum von Wittgensteins Cousin, dem Ökonomen F. A. von Hayek, übernahm, der in den 50er Jahren eine unausgeführt gebliebene Wittgenstein-Biographie plante. Übernommen hat Baum auch Hayeks Vorbehalte gegenüber den Nachlaßherausgebern, und er kritisiert ein durch diese und durch die Wittgenstein-Gesellschaft in Kirchberg am Wechsel »kanonisiertes« Bild des Philosophen.

Es scheint ein besonderes Anliegen Baums zu sein, den religiösen und mystischen Hintergrund von Wittgensteins Denken herauszuheben. Diesbezüglich wird die Bindung an ein »tolstojanisches Christentum« herausgestellt. Obwohl die religiöse Dimension aus den Hauptwerken allein kaum rekonstruierbar ist und auch in der älteren Rezeption so gut wie keine Rolle spielt, wird sie durch das biographische und Nachlaßmaterial hinreichend plausibel gemacht. In dem seit einiger Zeit begonnenen Flirt zwischen Analytischer Philosophie (die damit Kants Ansicht, durch Selbstbescheidung des Wissens dem Glauben Platz zu machen, zu folgen scheint) und religiös-apologetischem Denken beruft man sich tatsächlich heute in vielem auf Wittgenstein. Eine Dokumentation darüber bietet eine Reihe von Beiträgen im Aktenband des 8. Internationalen Wittgenstein-Symposiums 1983 (W. L. Gombocz (ed.): *Religionsphilosophie*, Wien 1984.

RMa

John Blackmore, Klaus Hentschel (ed.): *Ernst Mach als Außenseiter: Machs Briefwechsel über Philosophie und Relativitätstheorie mit Persönlichkeiten seiner Zeit. Auszug aus dem letzten Notizbuch (Faksimile) von Ernst Mach* (Philosophica, Bd. 3), Wilhelm Braumüller, Wien 1985, XVIII, 208 Seiten.

Machs Briefwechsel und Auszüge aus seinem Notizbuch, in diesem Buch veröffentlicht, ermöglichen es, daß wir mit vielen seiner Auffassungen vollständiger als bisher bekannt werden. So befinden sich hier anders ausgelegt als in seinen Büchern seine Ansichten über Animismus und Religion, über Buddhismus (und die Verwandtschaft seines Phänomenalismus mit der großen asiatischen Religion), über die formale Gleichheit der beiden Weltsysteme Ptolemäisch und Kopernikanisch und über die Schwierigkeiten bei der Annahme des letzteren, über Psychophysik, über die philosophischen Auffassungen Humes, Kants, Lichtenbergs (natürlich im Zusammenhang mit seiner Erkenntnistheorie) sowie die Erläuterungen seiner Beziehungen zu James, Höffding, Planck, Einstein, Petzoldt und anderen Philosophen und Physikern seiner Zeit. So ist dieses Buch geeignet, uns eine noch bessere Einsicht in die Machsche intellektuelle Biographie zu bieten.

Wofür ich mich in diesem Buch besonders interessierte, waren folgende drei Themen: Machs Argumente für den (erkenntnistheoretischen) Phänomenalismus, seine Argumente gegen den Atomismus und sein Verhältnis zur Relativitätstheorie.

Sowohl aus Machs veröffentlichten Werken als auch aus diesem Briefwechsel kommt immer wieder zum Vorschein, daß der erkenntnistheoretische Phänomenalismus seine zentrale Ausgangsthese war bzw. ein Mittel zur Erwerbung neuer Ansichten über die physikalische Wissenschaft seiner Zeit. So wie der Mensch zum Gehen gleichermaßen beide Füße braucht, so sind auch für die Erklärung der Naturphänomene das Physische und das Psychische als gleichermaßen gerechtfertigt vorauszusetzen. Aus Scheu davor, in die Metaphysik zu geraten, hat es Mach abgelehnt zu erklären, was davon das Primäre sei, so wie er auch die Annahme jenes Dritten verworfen hat (45-46, 47-48). Die Weltelemente sind neutral, und erst von der Betrachtungsweise hängt ab, ob sie als psychische oder physische Ereignisse angeordnet werden.

Deswegen schien es Mach notwendig, seine Elemente mit Begriffen des Raumes und der Zeit zu verknüpfen. Damit ist der Unterschied zwischen primären und sekundären Gegenstandsqualitäten endgültig entfallen (der für die physikalische Wissenschaft bis zu dieser Zeit typisch war). Dies stellte nun den ersten entscheidenden Schritt im Aufbau der Relativitätstheorie dar und trug zu jener für die heutige Physik methodisch außerordentlich bedeutungsvollen Streichung des Unterschiedes zwischen Beobachter und beobachtetem Gegenstand bei. Mach war derjenige, der sowohl den Menschen überhaupt als auch den Forscher mit seinem Denken nur als einen Teil des zu erforschenden Naturganzen begriffen hat. Dabei lag die Machsche Grundintention darin, die physikalische Wissenschaft von metaphysischen Zutaten zu befreien (die, nach ihm, in der Ökonomie der Forschung überflüssig seien), die Wissenschaft zu operationalisieren und mit Biologie und Psychologie zu vereinigen. Obwohl die Wissenschaft sich nie ihrer metaphysischen Grundlage entledigen kann (Heidegger: *Die Zeit des Weltbildes*), scheint mir doch der Machsche Ansatz über die Beziehung zwischen Wissenschaft und Metaphysik von Vorteil zu sein, ihre Koexistenz heutzutage möglich zu machen. Mach schlägt nämlich den Wissenschaftlern vor, sich daran zu gewöhnen, ohne Metaphysik auszukommen, und die Philosophen dürften ihre Ergebnisse nach Belieben für eigene metaphysische Schlußfolgerungen verwenden, jedoch von den Naturforschern nicht verlangen, diese Schlußfolgerungen aufzunehmen (44-45, 50). Für Mach ist die Empfindung kein metaphysischer Begriff, auch keine letzte Einheit im Sinne des erkenntnistheoretischen Empirismus, sondern ein neutrales Element, als operativer Stützpunkt in der Strategie der Naturerkenntnis klug gewählt. Auch die Empfindung ist aber nicht unmittelbar gegeben, sondern durch die Wirkung des Erkenntnissubjektes aus ihrem natürlichen Wahrnehmungsganzen ausgeschieden und dem bestimmten Ziel der Forschung jeweils angepaßt. Das ist jene Neuheit des Machschen Phänomenalismus, die nicht nur viele seiner Zeitgenossen, sondern auch viele heutige Physiker und Philosophen zu begreifen nicht imstande sind. Und so erklärte Mach resigniert, daß er sich nicht mehr an Philosophen noch an Physiker wenden werde, sondern an besonnene Menschen, und daß er selbst die Ausdrücke »metaphysisch« und »antimetaphysisch« nicht mehr gebrauchen werde (77). Es ist bemerkenswert, daß auch Nietzsche einen dem Machschen ähnlichen Phänomenalismus vertreten hat (unter anderem im *Willen zur Macht*, Kapitel »Wille zur Macht als Erkenntnis«), und daß Mach das überhaupt unbekannt blieb (wie man aufgrund des hier veröffentlichten Briefwechsels folgern kann). Das heißt, daß er Nietzsches Werke nicht gelesen und daß keiner von seinen Korrespondenten ihn darauf hingewiesen hat.

Seinem Phänomenalismus gemäß verwarf Mach auch den Atomismus in der Physik. Er anerkannte, daß ihm der psychologische Standpunkt, auf dem er zunächst stand, die Atomistik unerträglich machte (45). Die Aufgabe der Naturwissenschaft wollte er nicht darin sehen, ein unveränderliches Partikel aufzufinden, das als Erklärung der bestimmten physischen Phänomene dienen würde. Machs Ablehnung des Atomismus wurde durch die weitere Entwicklung der Physik bestätigt, die durch die Logik ihrer Forschungspraxis nacheinander alle sog. Elementarteilchen aufgelöst hat.

Der Atombegriff ist jedoch nicht ganz entbehrlich. Mach hat ihn, so wie die Begriffe der Materie, Kraft und Masse, als Denksymbol für relativ stabile Ansammlungen der (sinnlichen) Elemente aufgefaßt. Diese Begriffe sind nur ökonomische Gedankendinge, mit denen die Forscher bei der Deutung bestimmter Tatsachen operieren. Das Ziel der Erkenntnis liegt darin, durch die Gedanken die Tatsachen zu kopieren, und Atome, Kräfte und Gesetze sind nur Denkhilfsmittel zur Erlangung des Zieles, und ihr Wert ist nur so groß, wie sie zur Realisierung des Zieles beitragen.

Mach zweifelte an den Grundlagen der ganzen Newtonschen klassischen Mechanik, und aufgrund der Analyse dieser Mechanik kam er zu dem Schluß, daß die Newtonschen Begriffe des Raumes, der Zeit, Bewegung, Masse, Trägheit, Gravitation u.a. wesentlich verändert werden müßten. Diesen Wechsel der physikalischen Grundbegriffe führt Einstein in seiner Relativitätstheorie durch, und deshalb muß Mach als Einsteins unmittelbarer Vorläufer bezeichnet werden (der heutige vorsichtige Physiker wird doch nüchtern vorgehen, wenn er, im Sinne der methodologischen Offenheit, auch die Newtonschen Begriffe in Reserve hat, weil auch sie ihre Rolle in der Deutung der physischen Phänomene haben können oder einst vielleicht wirklich wieder erhalten werden). Deswegen scheint mir der Text von Machs Vorwort zur Optik (1913) (hier wieder veröffentlicht auf pp. 169-170), in dem Mach seine Verwandtschaft mit der Relativitätstheorie ablehnt, nicht mit seinen übrigen Erklärungen über die Theorie im Einklang zu stehen, auch nicht mit jenen seiner Korrespondenten (vielleicht hat der Sohn Ludwig dazu beigetragen, daß hier die Formulierungen Machs so ausgefallen sind).

Zum Schluß muß ich sagen, daß der hier veröffentlichte Briefwechsel und die Auszüge aus dem Notizbuch kein wesentlich neues Bild von Mach als Menschen und von seiner Physik und Erkenntnistheorie darbieten und die heutigen Forscher nicht zwingen, ihre Ansichten über Mach wesentlich zu ändern.

Miodrag Cekič *(Belgrad)*

Klaus Wiegerling: *Husserls Begriff der Potentialität. Eine Untersuchung über Sinn und Grenze der transzendentalen Phänomenologie als universaler Methode*, Bouvier, Bonn 1984, X, 182 Seiten.

In seiner transzendental-phänomenologischen Untersuchung versucht K. Wiegerling die für jedes Philosophieren überhaupt grundlegende Frage nach der »Möglichkeit« im Rahmen eines ganz bestimmten philosophischen Denkens, nämlich der Phänomenologie E. Husserls, zu stellen, um sie durch eine rein problemorientierte, systematische Betrachtung zu beantworten. Neben einer detaillierten Analyse des Begriffs der Potentialität und seines Korrelatbegriffs der Aktualität möchte der Autor aber darüber hinaus die Grundposition der transzendentalen Phänomenologie selbst vom Gesichtspunkt des Verhältnisses von Aktualität und Potentialität her beleuchten, um schließlich den Anspruch der Phänomenologie, universale philosophische Methode zu sein, kritisch zu überprüfen und die Grenzen desselben aufzuzeigen (4). Mit dieser Absicht werden in vier aufeinander aufbauenden Abschnitten die wichtigsten und für die Phänomenologie entscheidenden Konstitutionsstufen des Bewußtseins untersucht: die intentionale (noetisch-noematische) Gegenstandskonstitution, die zeitlich-genetische Konstitution des Bewußtseinslebens sowie die intersubjektive Konstitution der objektiven Welt. Dabei legt der Verfasser großen Wert auf eine kritische Beleuchtung der phänomenologischen Analysemethode, insbesondere des Verhältnisses von phänomenologischer »Auf-« und »Ausweisbarkeit« der Konstitutionsphänomene. Methodisches Ziel des phänomenologischen Philosophierens ist die »Absage an jegliches spekulative Denken« (5).

Den Anfang der eigentlichen Untersuchung bildet die Ermittlung der Grundbedeutung des Potentialitätsbegriffs. Im Ausgang von einer Schlüsselstelle aus Husserls *Cartesianischen Meditationen* stellt Wiegerling als entscheidendes Element der Potentialität ihren Charakter, motivierte, »inhaltliche Möglichkeit« zu sein (im Gegensatz zur motivierten, leeren und vollkommen unbestimmten Möglichkeit), heraus (6f). Jedes intentionale Bewußtsein besitzt einen noematischen Inhalt, durch den es auf Gegenstände bezogen ist. Dieser Bezug auf »Inhaltlichkeit« besteht jedoch nicht bloß in einer reinen, gegenwärtigen Aktualität des Bewußtseins. Vielmehr vollzieht sich in jeder aktuellen Phase des intentionalen Bewußtseinslebens die »Mitgeltung« von selbst nicht aktuellem, »potentiellem« Inhalt, und nur dadurch kann überhaupt alle Aktualität des intentionalen Bewußtseins inhaltlich voll bestimmt sein (10f). So findet z.B. in jeder sinnlichen Wahrnehmung immer schon eine Transzendenz des momentan rein, reell Gegebenen durch Potentialität dergestalt statt, daß der vermeinte Wahrnehmungsgegenstand durch eine selbst nicht reell gegebene Horizontstruktur mitbestimmt ist: nur in dieser Inhaltlichkeit konstituierenden und implizierenden Horizontpotentialität (16) kann der Gegenstand als Gegenstand auftauchen. Freilich kommt alle Potentialität und in ihr selbst sich vollziehend zum Zuge. Hier wie noch an anderen Punkten der Untersuchung weist Wiegerling auf die notwendige Korrelationsstruktur des Bewußtseins als eines der entscheidenden Grundelemente der phänomenologischen Philosophie Husserls hin (11, 15, 33, 40).

Zu dieser vielschichtigen Korrelativität des Bewußtseins gehört insbesondere die durchgängige Korrelation von »Noesis« und »Noema« als universale Struktur der Intentionalität. Wird zunächst die gegenständliche, noematisch-implikative Seite untersucht, so wendet sich Wiegerling sodann explizit der »noetisch-stiftenden Seite der Potentialität« zu (36). Potentialität wird nun als funktionale Leistung und damit als Teilmoment der konstitutiven Gesamtleistung der fungierenden Intentionalität begriffen: jede intentionale Sinnstiftung ist durch einen Horizont von »Verweisungen«, durch ein »Mehrbewußtsein« mitbestimmt, womit sich das noetische Leisten als Transzendieren und Synthetisieren erweist. Ihre Form findet diese Verweisungsleistung der Potentialität in der Antizipation. Im Gegensatz dazu ist die Aktualität des Bewußtseinslebens auf »Ausweisung«, d.h. auf anschauliche Sinnpräsenz aus. Auch hier gilt wieder: »keine Verweisung ohne Ausweisung« und umgekehrt (82). Nur durch diese Korrelationseinheit von fungierender Aktualität und Potentialität wird alle intentionale Sinnstiftung erst möglich. Durch eine Analyse der Horizontintentionalität arbeitet Wiegerling die verschiedenen Arten der Horizontverweisung heraus: extensives (Außenhorizont) und intensives Verweisungssystem (Innenhorizont) sowie die Totalitätsverweisung (universaler Erfahrungshorizont) (43f u. ff).

Im Anschluß daran wendet sich Wiegerling der Konstitutionsschicht des Zeitbewußtseins zu, um die Bedeutung der Potentialität für Zeitlichkeit und

Zeitigung zu untersuchen. Er betritt damit den Bereich der genetischen Phänomenologie: es geht hier um die gezeitigte, zeitliche Genesis sowohl aller noematischen, gegenständlichen Inhalte als auch aller noetischen Leistungen des Bewußtseins, sowie um die Selbstzeitigung der transzendentalen Subjektivität. Ursprungsort aller Zeitigungsfunktion ist die sogenannte »lebendige Gegenwart«. Hier verläuft die passive Synthesis des inneren Zeitbewußtseins: zeitliche Retention und Protention ermöglichen Sedimentierung, Wiedererinnerung und Erwartung, schließlich die Einheit des Zeitbewußtseins und des zeitlichen Bewußtseinsstroms überhaupt (100f). Doch ist diese zeitlich-formale Einigung nichts ohne eine untrennbar mit ihr verbundene inhaltliche: als Gesetzlichkeit aller passiven inhaltlichen Synthesis erweist sich das Prinzip der »Assoziation« (95). Damit ergibt sich folgende Bedeutung der Potentialität für die ursprüngliche Zeitigung: im retentionalen Rückgriff und protentionalen Vorgriff findet ständig eine zeitliche und assoziative Verweisung auf Nicht-Gegenwärtiges statt, d.h. es liegt »die Implikation zeitlicher Extension des Erfahrenen an jedem Punkt aktuellen Gegenwärtigens« vor (109). Bei der Analyse des inneren Zeitbewußtseins taucht jedoch eine grundsätzliche Schwierigkeit auf, die für die phänomenologische Ausweisungsmethode eine unüberwindliche Grenze darstellt: die lebendige Gegenwart wird von der Reflexion als eine selbst vorgegenständliche, präreflexive, anonyme und vorzeitliche Gegebenheit bestimmt; als solche ist sie aber nicht mehr gegenständlich ausweisbar (zur Selbstgebung zu bringen), sondern nur noch aufweisbar in reflexiver Nachträglichkeit. Ihre faktische Vorgegebenheit kann nur in völliger Passivität hingenommen werden (106 / 08).

Ausgehend vom Begriff der »Monade« versucht Wiegerling im vierten Hauptteil durch Explikation der »Einführung« als einer Weise intentionaler Implikation die Korrelativität von »ego« und »alter ego« und im weiteren die Konstitution der Monadengemeinschaft als transzendentaler Intersubjektivität darzulegen. Die Faktizität des »Fremden« zeigt sich dabei wiederum als bloß auf-, nicht ausweisbar, d.h. als »Grenzwert« (129). Nach einer knappen, aber sachlich fundierten Erörterung der Lebensweltproblematik und im Verfolg der Frage nach Wahrheit, Wirklichkeit und Evidenz versucht Wiegerling den an die Phänomenologie Husserls gerichteten Solipsismus-Vorwurf auf ein prinzipielles »Mißverstehen des phänomenologischen Konstitutionsbegriffes« zurückzuführen. Zum einen liegt dem Begriff des wirklich, objektiv Seienden notwendig die transzendentale Intersubjektivität als transzendentales »Wir« zugrunde. Zum anderen ist Wirklichkeit nicht nur Idee, sondern immer auch faktisch Vorgegebenes und als solches Bestätigung und Begrenzung der Idee: »in seiner prinzipiellen Rückbindung an das faktisch Vorgegebene erweist sich Husserls transzendentaler Idealismus deshalb als transzendentaler Realismus« (158f).

Der Verfasser greift sodann noch das von Husserl nur spärlich behandelte Problem der Freiheit auf. Spontaneität, Aktivität, Vermöglichkeit, Wahl und Autonomie hält er als die Grundbestimmungen des phänomenologischen Freiheitsbegriffes fest (166). Als Potentialität läßt sich Freiheit im Sinne einer »bewußt ergriffenen Freiheit als aus Freiheit begrenzten Freiheit« (eingeschränkt auf inhaltliche Möglichkeit) verstehen (166). Diese Begrenztheit der Freiheit auf Inhaltlichkeit, Apodiktizität und Selbstverantwortung wird freilich im Anfang der Entscheidung für die Phänomenologie und ihre Epoché durchbrochen, denn »nur in dieser Durchbrechung läßt sich die ursprüngliche Freiheit der transzendentalen Subjektivität überhaupt in den Blick bringen« (164). Da Freiheit im strengen Sinne aber nur im reinen Vollzug wirkliche Freiheit ist, kann sie nicht gegenständliches Aktkorrelat sein und überschreitet damit ebenfalls die Grenze der phänomenologischen Ausweisungsmethode: Freiheit ist nur als geforderte Idee aufweisbar (165 / 66).

Im Lichte der Grenzphänomene der transzendentalen Phänomenologie, als da sind: Faktizität als Voraussetzung und Grenze der phänomenologischen Eidetik, lebendige Gegenwart und freier Akt als Grenze des phänomenologischen Korrelativismus, Anfang der personalen Entscheidung zu absoluter Selbstverantwortung als Grenze eines Lebens in Apodiktizität, urteilt Wiegerling abschließend, daß der Universalitätsanspruch »eben in der Beschränkung der Phänomenologie und ihrer Methode auf auszuweisende Inhaltlichkeit liegt« (174). Die darin steckende ethische Motivation des phänomenologischen Philosophierens kommt vor allem in dessen »uneingeschränkt kritischer Funktion« zum Ausdruck. »Phänomenologe zu sein heißt so zuletzt, [..v]or allem Mensch zu sein, Mensch, der in radikaler Weise die höchste menschliche Bestimmung zu verwirklichen trachtet« (175).

Karl-Bernhard Beils *(Mainz)*

Über die Aktualität Diltheys

Alfredo Marini: *Alle origini della filosofia contemporanea: Wilhelm Dilthey. Antinomie dell'esperienza, fondazione temporale des mondo umano, epistemologie della connessione*, La Nuova Italia Editrice (Pubbl. del Dipt. di Filosofia dell'Universita di Milano, n 3), Firenze 1984, XX, 290 Seiten.

Wer das Buch von Marini zur Hand nimmt, könnte den Eindruck gewinnen, daß seit C. Antonis *Vom Historismus zur Soziologie* aus dem Jahre 1940 in Italien nichts Nennenswertes mehr über Dilthey geschrieben worden ist. Das ist natürlich nicht der Fall. Mindestens zwei Namen wären zu nennen, die mit der Arbeit an Dilthey verknüpft sind. Zum einen Franco Bianco (Rom), der seit dem Jahre 1962 in mehreren bedeutenden Monographien und Aufsätzen Diltheys Denken gegen den vorschnellen Historismus-Vorwurf verteidigt (zuletzt: *Dilthey e il pensiero del Novecento*, Milano 1985). Zum anderen Giuseppe Cacciatore (Neapel), der 1976 in einer zweibändigen Monographie Diltheys Historismus in die Perspektive der praxisorientierten Gesellschaftstheorie zu integrieren versucht (*Scienza e filosofia in Dilthey*, Napoli 1976). 1985 hat Cacciatore eine Aufsatzsammlung über Theorie und Praxis der Historiographie Diltheys vorgelegt, deren Einleitung eine präzise Vorstellung vom Stand der italienischen Dilthey-Forschung im Verhältnis zu ihrem deutschen Hintergrund vermittelt (*Vita e forme della scienza storica*, Napoli 1985).

Statt an diesen Forschungsstand anzuschließen, versucht Marini, sein Bild Diltheys als des Vaters der zeitgenössischen Philosophie in rein immanenter Interpretation der Texte zu zeichnen. Er entwickelt dabei eine essayistische Denk- und Darstellungsweise, die aus zahllosen kleineren und größeren Zitaten die Denkmotive Diltheys zu einem Muster verwebt, das den Reichtum des Philosophen Dilthey gegenüber einseitigen historistischen oder hermeneutischen Interpretationen eindrucksvoll dokumentiert. Charakteristisch für diese Betrachtungsweise ist ihre Weigerung, eine nennenswerte Entwicklung innerhalb des Diltheyschen Denkens anzuerkennen. Marini gibt sich damit als dezidierter Antihistorist, der die Hauptmotive seines Denkers schon in dessen Jugendschriften ausgebildet findet. Das Bild, das so von Diltheys Philosophie entsteht, läßt sich als idealtypisch bezeichnen. Es ist gleichsam die »Idee« Dilthey, die hier evoziert werden soll und deren Allgegenwart in der zeitgenössischen Philosophie vorausgesetzt wird.

Versucht man aus dem ersten, umfangreichsten Essay des Buches, der unter dem Titel »Kritik, Grundlegung, Analogie« alle einschlägigen philosophischen Themen Diltheys montiert, die leitende Idee herauszufinden, so bietet sich die transzendentale Funktion an, die der psychologische Strukturbegriff des Bewußtseins bei Dilthey übernimmt. Zu Recht betont Marini die Bedeutung, die dem Begriff der »transzendentalen Erfahrung« in diesem Zusammenhang zukommt, doch bleibt er die über die Texte Diltheys hinausgehende Explikation des Konzepts weitgehend schuldig. Insbesondere hätte man gerne gewußt, in welcher Form der transzendentale Erfahrungsbegriff die »transzendentale Methode« der Neukantianer, mit der sich Dilthey auseinandersetzt, transformiert und weiterentwickelt. Das würde auch verständlich machen, auf welche Weise und mit welchem Recht Dilthey den Empirismus, dem sein Denken zweifellos stark verhaftet ist, mit dem transzendentalen Standpunkt vermittelt. Denn erst wenn diese systemgeschichtliche Aufgabe befriedigend gelöst ist, wird man Diltheys Denken als unverzichtbaren Bezugspunkt des 20. Jahrhunderts anerkennen müssen.

Im zweiten Kapitel, das den suggestiven Titel »Psychologische Theorie und Psychiatrie« trägt, unternimmt Marini den vielversprechenden Versuch,

Diltheys Bewußtseinstheorie durch ihre Verbindungen zu den psychopathologischen Untersuchungen des 19. Jahrhunderts aufzuhellen. Leider beschränkt sich Marini im wesentlichen auf die Wiedergabe dessen, was man in Diltheys Rede über »Dichterische Einbildungskraft und Wahnsinn« nachlesen kann. Dabei hätte sich hier die Gelegenheit geboten, einen eingehenderen historischen Vergleich mit den einschlägigen Texten, zum Beispiel mit Griesingers *Pathologie und Therapie der psychischen Krankheiten* anzustellen. Und noch eine weitere Gelegenheit läßt sich Marini entgehen, nämlich die zu einem über bloße Andeutungen hinausgehenden Ausblick auf das psychische Modell Sigmund Freuds.

Vom dritten Essay, der über den Begriff der Philosophie und ihre Geschichte handelt, hätte sich der Leser gerne Aufschluß darüber erwartet, in welcher Weise das Eindringen des geschichtlichen Bewußtseins in die Philosophie durch den quasi psychoanalytischen Strukturbegriff des Seelenlebens bedingt ist. Ein deutlicher Hinweis darauf findet sich in Diltheys Geschichte der Metaphysik, die in der Absicht geschrieben ist, den metaphysischen Standpunkt aufzulösen. Daß das keineswegs argumentativ-systematisch geschehen kann, sondern nur in einem Prozeß der »unendlichen Analyse«, darüber war sich Dilthey nicht im Zweifel: »Daher kann der Standpunkt der Metaphysik von dem, welcher in die Wissenschaften eintritt, gar nicht durch bloße Argumente zur Seite geschoben, sondern er muß von ihm, wo nicht durchlebt, doch ganz durchdacht und solchergestalt aufgelöst werden« (GS I, 126). Die Form dieser Auflösung prägt Diltheys Begriff von Geschichte der Philosophie, und nur wenn man diesen Zusammenhang berücksichtigt, wird die Differenz zu Hegel verständlich, die aufzuhellen Marini sich bemüht.

Der letzte Essay mit dem Titel »Zeit und Philosophie« versucht in das Koordinatensystem des Zeitbegriffs die Positionen von Dilthey, Husserl, Heidegger und Nietzsche einzuzeichnen. Die Konstellation, die hier entsteht, bleibt jedoch vage, da es Marini versäumt, hinter den Analogien die begrifflichen Differenzen und systematischen Verschiebungen herauszuarbeiten. Dazu hätte es bei diesem gewaltigen Thema freilich auch viel umfangreicherer Untersuchungen bedurft, als sie im Rahmen der essayistischen Darstellungsform möglich sind.

Das Buch schließt mit einem umfangreichen »Anhang«, in dem zentrale Stellen der Psychologieabhandlung Diltheys kommentiert werden. Diese Form der Textexplikation, die den Arbeitsstil des Seminars bewußt beibehält, eignet sich freilich nur bedingt zur Veröffentlichung, zumal ihr der Reichtum an Sachinformationen fehlt, der die guten Kommentare früherer Zeiten auszeichnet.

Es ist zweifellos ein Verdienst des Buches von Marini, in Dilthey einen Knotenpunkt der Bewußtseinsphilosophien des 20. Jahrhunderts ausgemacht zu haben. Und es ist ihm auch darin zuzustimmen, daß Dilthey einen Transzendentalismus ganz eigener Art entwickelt hat, der darin besteht, gegenüber den Letztbegründungsprogrammen ein offenes Denken zu entfalten, das die Antinomien der Selbstbesinnung ernst nimmt und in Motive für die Entwicklung neuer, unsystematischer Denkformen verwandelt. Fraglich bleibt allerdings, ob die These Marinis zutrifft, daß die essayistische Form die einzig angemessene Behandlungsweise des Diltheyschen Werkes darstellt. Denn ihr gelingt es schließlich doch nicht, über die Suggestion eines Gesamtbildes hinaus die problemgeschichtlichen Argumentationsstränge freizulegen, die von Dilthey zur Gegenwartsphilosophie führen. Immerhin macht das Buch deutlich, daß das Interesse am philosophischen Profil Diltheys auch in der italienischen Forschung dominierend geworden ist.

Ferdinand Fellmann *(Münster)*

Selbstanzeige Marini

Das Buch versammelt vier in den Jahren 1979-83 konzipierte Aufsätze und das Protokoll einer Seminarübung über Dilthey. Die Leitbegriffe und die gesamte Optik der Arbeit beziehen sich auf die Überzeugung des Verfassers, Dilthey sei in Hinsicht auf seine Stellung zu Nietzsche, Husserl, Heidegger und zum seinerzeit herrschenden Neukantianismus wieder neu zu lesen und neu zu interpretieren. Das enthält freilich eine polemische Intention *versus* die traditionellen hermeneutischen Schablonen des sogenannten »Historizismus« und »Psychologismus« und wohl auch der »genialen Einsichtsfähigkeit im Einzelnen«, die zusammen mit der These von der vermeintlichen Unfähigkeit Diltheys, die Hauptfragen der Philosophen bis heute bestimmt haben. Vor allem kann man, zumal nach den letzten Veröffentlichungen in den *Gesammelten Schriften*, dem alten Genealogiemärchen nicht mehr glauben, Dilthey sei plötzlich durch Ebbinghaus *und* Husserl (ein absonderliches Paar!) zum Studium Hegels *und* zur Hermeneutik (wieder ein absonderliches Paar!) wie Saul auf dem Weg nach Damaskus bekehrt worden. Dilthey wird heute allzu sehr unterschätzt, und eine gebührende Wiederaufwertung seiner philosophischen Leistung wird erschwert durch eine weitverbreitete unzureichende Auffassung von »Geschichte« und »Bewußtsein«, »Psychologismus« und »Historizismus«.

Das Verständnis, *daß und inwiefern* Dilthey noch aktuell ist, bedarf der Einsicht, daß die »Philosophie« eben *nicht* an ihr Ende gekommen ist, daß »Geschichte« und »Bewußtsein« noch eine andere Bedeutung haben könnten als die übliche, abschätzige. Dies alles wird freilich im angezeigten Buch nicht thematisch behandelt: nur kleine Schritte in diese Richtung werden gemacht, denn es könnte sich dabei herausstellen, daß die ganze geschichtliche Konstellation umgedacht werden muß.

Seinerseits vertritt der Verfasser keineswegs die Meinung etwa der Romantischen Schule (und Hegels und Comtes), es gäbe hinter der vordergründig vorhandenen noch eine »höhere Geschichte«, aber auch nicht die Meinung der Historischen Schule, Geschichte sei einfach da: es bleibe nur übrig, sie zu erzählen. Er nimmt vielmehr an, Quellen und Dokumente und Texte seien wirklich da *und* man brauche immer wieder die Anstrengung des Verstandes, um etwas davon zu verstehen: »geschichtliche« Zusammenhänge (Personen, Ereignisse, Perioden) seien deswegen immer wieder zu testen und aus der bisherigen historischen Betrachtungsebene heraus – bzw. über sie hinaus – immer wieder zu rekonstruieren.

Der klassische *Historizismus* – wenn nicht in der Version von Meinecke, so doch sicher in der Croce'schen, »absoluten«, ebenso wie in der Marxistischen, »materialistischen« Version (diese beiden waren in Italien viel verbreiteter und einflußreicher als die erstere) – ist schon lange zu einer Tradition von bloß kanonischen Einstellungen und Interpretationen herabgesunken, wodurch freilich die Stimmen und der »Drang der Zeiten« (der vergangenen wie der laufenden) nur überdeckt und abgestumpft werden mußten. »Historizismus« als eine solche Praxis und als ideologisch angewendete Stellungnahme hat übrigens prinzipiell mit Geschichte und sogar mit Historiographie überhaupt kaum zu tun, jedenfalls so wenig wie etwa »Rationalismus« mit Vernunft, sogar mit gesundem Menschenverstand überhaupt zu tun hat. Auch was die Theorie der (Geistes-)Wissenschaften anlangt, könnte man sozusagen nach den langen neopositivistischen Fastnachtszügen wieder zum Aschermittwoch der Erkenntnistheorie zurückkehren: die wesentliche, Diltheysche Problemstellung scheint da schon in neukantischem Zusammenhang sehr verschiedenen theoretischen Richtungen den Weg bereitet zu haben. Wer heute seine Werke *liest* (und vor allem die der »mittleren Periode«), kann ohne weiteres den Duft der damals noch offenbleibenden Möglichkeiten des Denkens spüren. Ähnliche Betrachtungen galten wohl auch für solche Stichworte wie »Bewußtsein« und »Psychologismus«. Es hat also Sinn und kann auch sehr lehrreich sein, auf seine philosophische Erfahrung gerade aus späteren phänomenologischen, ontologischen und hermeneutischen Entwicklungen her wieder zurückzublicken.

Außerdem glaubt der Verfasser, Geschichte der Philosophie solle sich mit individuellen (wenn auch nicht mit »absoluten«) *Ur-Stiftungen* nicht minder als mit dauernden (wenn auch nicht mit »ewigen«) *Problemgehalten* auseinandersetzen lernen: diese und jene mögen sich nämlich mit allerhand ideologischen, methodologischen oder wissenschaftlichen Federn der Kultur bekleiden, doch werden beide bei allem sonst möglichen und erdenklichen »Mitmachen« mit dem unumgänglichen Gewebe des Lebens den kontrastiven Sinn ihrer unabdingbaren Eigenart beibehalten. Dilthey mag auch nichts Neues erfunden und kein einziges objektives Problem gelöst haben: er hat jedoch seinerzeit wie kaum ein anderer als Knotenpunkt der deutschen Philosophie gewirkt und hat aus der näheren und ferneren Tiefe der *Ge-*

schichte der Philosophie eine ganze Reihe echter philosophischer Probleme den jüngeren Generationen vermittelt.

Da er aber einen zureichenden Sinn für *Einmaligkeit* und *Ewigkeit* besaß, so waren sein sogenannter »Historizismus« und sogar sein »Psychologismus« konkret und wesentlich. Sie bestanden hauptsächlich darin, daß Dilthey vor allem (was heute fast unerhört klingen könnte!) gerade eine gute Kenntnis der Geschichte der Philosophie besaß: nämlich eine solche, die meist wohl nur anhand der Quellen und durch Untersuchung von Archiven, nicht also aufgrund von schulmäßiger Parteinahme, errungen werden kann, und zweitens, daß er eine Theorie der Geisteswissenschaften nicht ohne Kenntnis (obwohl auch nicht ausschließlich aus einer solchen) der betreffenden spezifischen und konkreten Praxis zu formulieren gewagt hätte. Und weiter darin, daß er seine Aufgabe, sich selbst und sein Denken hauptsächlich als Verwalten eines großen, zusammenhängenden Erbes der Menschheit, als Verantwortung für dieses Erbe in der Gegenwart und als aktuelle Funktion der werdenden Selbstbesinnung großer »historischer Mächte« (deren eine ohne Zweifel die Philosophie ist) betrachtet hat.

Heißt »Historizismus«: geschichtlich leben und denken, so war Dilthey ein Historizist, heißt »Historizismus«: sich aus dem Fluß herausbegeben und zu jedem Ding sagen: das müsse man aber »historisch« betrachten (i.e.: »Werfen wir das wohl in den Fluß mit hinein!«), so war er es eben nicht. Was der geschichtliche Sinn von etwas sei, war für ihn fraglich und frag-*würdig*. Aber so etwas, besonders in seiner »psychologischen« Analogie angewendet, würde noch heute in manchen Kreisen als »wahrer Irrationalismus« oder »Mangel an historischem Sinn« beurteilt. »Bewußtsein« und »Individualität« sollten demnach immer bloß private Willkür und filzigen Eigensinn bedeuten, und Geschichte sollte demnach immer die »alte Geschichte« sein: Abraham-Isaak-Jakob [...] bis zu Woody Allen; oder auch: Moses-Jesus-Mohammed [...] bis zu Kaddafi; oder auch: Marx-Lenin-Stalin [...] bis zu unserem Genossen Vize-Sekretär; oder überhaupt: Athen-Rom-Florenz [...] bis zu »unserem lieben Winkel«!

So hat sich Dilthey auch nicht in die Esoterik eines eigenen Systems zurückgezogen: der einzig gültige Interpretationszusammenhang, den er sich bewußt für das eigene Werk (oder besser: Wirken) und für sein eigenes Denken ausgewählt hat, ist eben der geschichtliche »Wirkungszusammenhang« selbst. Von daher kommt die »unpräzise« Terminologie, von daher die innere Freiheit unter der akademischen Toga, von daher der Reichtum an Ansätzen, von daher das »làthe biòsas« der gelegentlichen Beiträge für die Akademie der Wissenschaften, von daher die positive, optimistische, wenn auch nicht radikale Neigung dazu, Begriffe mehr zu de-konstruieren als zu konstruieren. Denn das impliziert bei ihm zugleich unmittelbar ein starkes Gefühl für das *Wesen* des Sinnes sozusagen *unter*halb der festen Formulierungen, ein *Wesen*, zu dem man immer wieder zurückkehren kann.

Die unglückliche Tatsache, daß das schönste Buch über Dilthey, das je in Italien geschrieben worden ist,[1] nur die Zeit bis zu den 70er Jahren behandelt, also leider auch *nicht* die große, fruchtbare Zäsur zwischen dem *Leben Schleiermachers*, Bd. 1, und der *Einleitung in die Geisteswissenschaften*, Bd. 1 (die zwei aus der Distanz sich gegenseitig integrierenden Hauptrichtungen des »mittleren Dilthey«), kann uns doch nicht dazu veranlassen (und auch Bianco selbst ist natürlich weit davon entfernt), über diese zentrale Strecke Diltheyschen Wirkens mit den Daguerreotypien solcher Kompilatoren wie T. K. Österreich, mit den Ideal-Daguerreotypien sich auf Werte beziehender Theologen wie Ernst Troeltsch, oder gar mit den Äquivokationen banausischer Psychologen wie Ebbinghaus zufrieden zu sein. Diese sind aber – zusammen mit der inhaltlichen Einseitigkeit der ersten Reihe seiner *Gesammelten Schriften* die *eigentlichen Schöpfer* des noch heute in Deutschland wie in Italien üblichen Diltheybildes gewesen.

Gleich auf der ersten Seite seines Buches unterstreicht Bianco die wesentliche Kontinuität des Diltheyschen Denkens als Ausdruck eines tieferen Impulses seiner Jugendjahre und die Möglichkeit, die verschiedenen Motive seines Lebenswerkes als Variationen eines einheitlich zusammenhängenden Themas in der Polaritäts-Frage von *Leben und Erkennen* aufzufassen.[2] Der Verfasser ist im Geiste Georg Mischs gerade dieser Möglichkeit nachgegangen, nur war sein Interesse nicht auf die *biographische* Einheitlichkeit des Lebens und Wirkens Diltheys gerichtet, sondern auf eine einheitliche Produktivität seiner wesentlichen philosophischen Äußerungen und Stellungnahmen, so wie sie sich zwingend ergibt, sobald man sie von dem höchsten Standpunkt gegenwärtigen deutschen Philosophierens aus betrachtet. Als einen solchen »höchsten Standpunkt« schätzt der Verfasser das Denken Nietzsches, Husserls und Heideggers ein. Das will natürlich nicht sagen, Natorp, Hartmann, Cassirer oder Jaspers seien nicht »hoch« genug: im Gegenteil, dieselbe Forschung könnte auch ohne weiteres nach anderen Richtungen hin fruchtbar fortgesetzt werden. Nur ist von den engstirnigen Gemeinplätzen der Dilthey-Historiographie Abstand zu nehmen. Sinnvoll ist vielmehr jeder Beitrag, der durch eine erweiterte, historische Analyse

---

1 Es ist hier das schon lange vergriffene Buch von Franco Bianco, *Dilthey e la genesi della critica storica della ragione*, Marzorati, Milano 1971, gemeint. Diese Arbeit ist ein gutes Beispiel für einen »*Bildungs*essay« in völligem Ausgleich zwischen Wirkungs- und Seelenseite des »Lebenszusammenhangs« und könnte wohl auch den Titel »Der junge Dilthey« tragen. Das Buch ist natürlich in seinen chronologischen Grenzen vollkommen am Platz, zumal schon die damalige Unverfügbarkeit so vieler wesentlicher Manuskripte (die erst heute dank F. Rodi zu lesen sind) es sogar hätte abraten dürfen, den »mittleren Dilthey« ausführlich zu behandeln.

2 Idem, op. cit., p. 9 (genau von einem »fast leidenschaftlichen Impuls« hatte Dilthey selbst gesprochen).

Elemente für die Schaffung eines neuen, planetarischen, psychologischen und soziologischen Interpretationszusammenhangs vorbereitet bzw. Momente einer neu auszubildenden, ausgreifenden Geschichtskontextualität in den Blick bringt.

Durch vier Essays und eine Seminarübung wird natürlich keine fertig abgeschlossene Darstellung geliefert: die Essayform zeigt vielmehr sofort aller Welt ihre schwache Seite und überläßt sich wie ein Bettler der guten Gesinnung des Lesers. Ein Sophist darf sie ohne Mühe zerschlagen, ein stumpfes Ohr kann nicht mitsingen, ein Anfänger mag durch sie irregeleitet werden, der Erfahrene und Eingeübte kostet sie sanft und geduldig, nur auf das Brauchbare achtend. Wer aber im Geiste der Wahrheit liest, der kann (wohl auch anders) *mit*denken.

Geschichtlich (im Sinn der Diachronie) werden hier nur Dilthey und Nietzsche, Husserl und Heidegger berührt, aber eigentlich wird dauernd an die gesamte Erbschaft der »deutschen Bewegung« und an deren Bestimmung in der neukantischen Epoche gedacht. Jene große geistige Erfahrung bleibt natürlich auch für den Verfasser die letzte maßgebende Synthese des europäischen Geistes: der »Humanität« Lessings und Mozarts, Schillers und Goethes, Herders und Humboldts fühlt er sich gerade als Italiener besonders verwandt. Wie ein »Kuß der ganzen Welt« ist aber die »deutsche Bewegung« eben auch der ganzen Welt zugeeignet. Problemgeschichtlich werden in erster Instanz Psychologie und Geschichte, Metaphysik und Erkenntnis, *Wissenschaftlichkeits*frage und die Frage nach Natur- und Geisteswissenschaften behandelt. Aber sie versammeln sich um drei typische Probleme des Plexus Erkenntnistheorie-Anthropologie-Wissenschaftstheorie, die (wie im Titel angezeigt) näher zu bestimmen sind als »Antinomien der Erfahrung«, »zeitliche Grundlegung der menschlichen Welt« und »Epistemologie des Zusammenhangs«.

Dem gründlichen Leser werden folgende Hinweise gegeben: Der erste Essay[3]

---

3 Dieser erste Aufsatz (pp. 1-95) wurde schon als Einleitung zur ersten, vergriffenen italienischen Übersetzung von Diltheys Akademie-Vorträgen: »Ideen über eine beschreibende und zergliedernde Psychologie« und »Über vergleichende Psychologie. Beiträge zum Studium der Individualität« in: A. Marini: *Psicologia descrittiva, analitica e comparativa Con un saggio di A. M., W. Dilthey: critica, fondazione, analogia*, Bde. I, II, Unicopli, Milano 1979, p. 1-415 veröffentlicht. Diese Vorträge befinden sich jetzt, zusammen mit der Übersetzung von: *Frühe Aphorismen aus der Berliner Zeit* (vor 1860); *Erkenntnistheoretische Fragmente* (1874-79); *Frühe Entwürfe zur Erkenntnistheorie und Logik der Geisteswissenschaften* (vor 1880); *Ausarbeitung der deskriptiven Psychologie* (ca. 1880); 2 Rezensionen zu Chr. Sigwart (1881): Beiträge zur Lösung der Frage vom Ursprung unseres Glaubens an die Realität ed. Außenwelt u. s. Recht (1890); *Erfahren und Denken. Eine Studie zur erkenntnistheoretischen Logik des 19. Jahrhunderts* (1892); Leben und Erkennen. Ein Entwurf zur erkenntnistheoretischen Logik und Kategorienlehre (ca. 1890-92), in W. Dilthey: *Per la fondazione delle scienze dello spirito. Scritti editi e inediti 1860-1896*, a cura di A. Marini, Franco Angeli, Milano 1985, pp. 1-616 (aus den Bänden

»Critica, Fondazione, Analogie« faßt anhand dieser drei Stichworte die zentrale Problemstellung Diltheys in 27 Paragraphen zusammen. Durch die Diltheysche Vertiefung des kritizistischen Ansatzes wird die Grundlegung der Wissenschaften über die Verbesserung des Kantschen Formalismus und des naturwissenschaftlichen Vorurteils auf psychischem *und* geschichtlichem Boden gesucht. »Seelischer Zusammenhang« und »Wirkungszusammenhang« machen aber gemeinsam eine transzendentale Korrelationsebene aus, die man im ganzen nur durch eine Methode der Typologie und der analogischen Betrachtung behandeln kann; untergeordneterweise kann man jedoch eine unbegrenzte Mannigfaltigkeit von Methoden gebrauchen, darunter wohl auch die mathematisch-naturwissenschaftlichen. In den Paragraphen 3 und 25 wird eine Reihe geschichtlicher *und* theoretischer Analogien zusammengefaßt (wie z.B. zwischen psychologisch-geschichtlicher und grammatikalisch-systematischer Genesis; Geschichte und Philosophie überhaupt; geschichtlicher und philologischer Methode; Fichte-Schleiermacher und Hegel-Bauer; »Enthaltensein« des Urteils in der Erfahrung und logischer Gebundenheit desselben; »Kunst« und »Wissenschaft«; innerer und äußerer Erfahrung; Verstehen und Erklären; Hermeneutik und Erkenntnis u. dergl.), die sich gegenseitig ganz oder teilweise decken.

Da aber das theoretische Modell der Korrelation zum «Höchsten formalen Prinzip» des Lebens (das wechselseitige Verhältnis vom Teil und Ganzem) zurückführt, so ergibt sich, daß *in* allen Analogien die Beziehung Analogie-Anomalie selbst miteinbezogen ist. Dadurch wird auch die Frage einer »allgemeingültigen Wissenschaft« streng bestimmt. Die Sachlage wird von Dilthey selbst in der *Entstehung der Hermeneutik* (1896-1900) in Form dreier Aporien kurz dargestellt, die der Verfasser als beispielhaft für den eigentlichen Standpunkt des Philosophen betrachtet. Dieser Standpunkt liegt seines Erachtens auf dem höchsten Forschungsniveau der kontinentalen Philosophie in diesem Jahrhundert, soweit sie sich noch im langen Schatten der humanistischen Erbschaft zu bewegen weiß. Auf *diesem* Niveau der Problematisierung stellen die Untersuchungen Husserls und Heideggers »nur« geniale Lösungsversuche dar.

Im zweiten Essay »Teoria psicologica e psichiatria. La norma sociale e gli esperimenti della natura«[4] zeigt der Verfasser die Beziehung zwischen der

---

V. XVII, XVIII, XIX der *Ges. Schriften*). Darin werden also die Texte gesammelt, die in den ursprünglich geplanten Büchern IV und V des dann nicht mehr veröffentlichten »Zweiten Bandes« der *Einleitung in die Geisteswissenschaften* hineingehörten. Der Band enthält außerdem vom Verfasser eine »Introduzione« (pp. 11-37) und einen deutschen »Indice-Glossario« (pp. 519-616).

4 Das Kapitel stammt aus einem paper für die Tagung »Fenomenologia: filosofia e psichiatria«, die an der Universität Mailand durch das Dipartimento di Filosofia und das Istituto di Clinica Psichiatrica am 17. März 1981 veranstaltet worden war. Die erste Fassung befindet sich unter dem Titel »Le ›incertezze‹ di Dilthey: morfologia ed ermeneutica« in: C. L. Cazzullo u. C. Sini (ed.): *Fenomenologia: filosofia e*

überreichen methodologischen Problematik Diltheys und einem Spezialfeld der Geisteswissenschaften, das dicht an der Grenze zum Organischen liegt, indem er den Aufsatz über *Dichterische Einbildungskraft und Wahnsinn* analysiert. Dilthey war nicht (wie etwa Freud) um die »Wissenschaftlichkeit« einer neuen, vermeintlichen Spezialwissenschaft besorgt, die sich um solch ungewöhnliche Gegenstände kümmert wie Träume, Fehlleistungen und Neurosen. Er fragte vielmehr nach der Wissenschaftlichkeit von Wissenschaft überhaupt, und seine besondere Topographie des Bewußtseins entspringt ganz anderen Voraussetzungen als den praktisch-dialektischen, die Freud im Dienste seiner Entlarvungshermeneutik des Unbewußten benötigte. Dilthey kann keineswegs als ein typischer Kultur- bzw. Ideologiekritiker dargestellt werden, und das unterscheidet ihn ganz klar auch von Nietzsche oder Marx. Seine Einstellung zu praktischen Fragen bleibt immer eine Frage der praktischen »Philosophie« und wird auf keinen Fall zu einer praktischen Bestimmung der Philosophie selbst. Erst Husserl konnte durch seine Epoché-Reduktionsmethode eine beschreibende, positive Wissenschaft mit der ideologischen Infragestellung des Sinnes von Welt (Sein) überhaupt verbinden (welche unthematische Voraussetzung später anscheinend Heidegger selbst herausgefordert und zudem »irregeleitet« hat). Diltheys Bedenken galten vielmehr der Beziehung zwischen positiver Erkenntnis und Hermeneutik, zwischen Natur und Geist und letztlich der Verbindung zwischen transzendentaler Methode der Philosophie und speziellen, empirischen Methoden der Wissenschaften. Somit stellt er aber ein *komplexes* wissensanthropologisches Modell auf, worin neben der Zentralstellung des Sehens und der Einbildungskraft auch die methodologischen Spezialfragen von Typologie, Beschreibung, Vergleichung und Versuch ihren Platz finden. Die leitende Bestimmung bleibt aber auch in diesem Fall die unumgängliche und doch ewig undurchsichtige Beziehung zwischen dem Begegnen von *Sache* und dem Verstehen von *Wort*.

Der dritte Aufsatz »Storia della filosofia e nuovi modelli scientifici« wurde 1985 in dem von F. Bianco herausgegebenen Sammelband *Dilthey e la filosofia del Novecento* mit wenigen Änderungen veröffentlicht.[5] Gegen das weitverbreitete Bild von der philosophischen Jahrhundertwende als einer Art »zertrümmerter Hegelscher Welt« wird hier versucht, am Beispiel Diltheys

---

psichiatria, (mit Beiträgen von: M. Beluffi, E. Borgna, A. Bovi, B. Callieri, D. Cargnello, I. Carta, P. D'Alessandro, U. Galimberti, C. Liberti, A. Marini, C. Muscatello, F. Parenti, E. Pasini, A. Petterlini, V. Rapisarda, M. Ruggenini, V. Vitiello), Masson Italia Editori SpA, Milano 1984, pp. 115-35.

5 Der Band: F. Bianco (ed.): *Dilthey e il pensiero des Novecento*, (mit Beiträgen von K. Acham, K.-O. Apel, H. Boeder, G. Cacciatore, F. Calabrò, H.-G. Gadamer, A. Izzo, A. Marini, G. Marini, O. Marquard, E. W. Orth, M. Perniola, O. Pöggeler, M. Riedel, F. Rodi, G. Schmidt, F. Tessitore, G. H. von Wright), Franco Angeli, Milano 1985, versammelt die Beiträge zum gleichnamigen durch die Universität La Sapienza und das Goethe-Institut Rom veranstalteten Internationalen Dilthey-Kongreß in Rom (18.-21. Mai 1983). Der ursprüngliche Titel des Aufsatzes (pp. 277-302) lautete: »Dilthey tra Hegel e Heidegger: storia della filosofia e scienze umane dopo la metafisica e prima di una teoria generale della conoscenza«.

einige kreative und zukunftsweisende Züge dieser Zeit herauszuarbeiten. Die »Welt Hegels« (vorausgesetzt, daß es eine solche je gegeben hat) wurde schon durch Schopenhauer »zertrümmert« und nicht erst durch Kierkegaard und die Linkshegelianer; jedenfalls enthielt diese »Welt« (im Kopfe Diltheys) auch Fichte und Goethe und die gesamte »Romantische Schule«. Außerdem vergißt der Verfasser nicht, daß Dilthey (so gut wie auch Brentano) ein Schüler von Trendelenburg gewesen war und daß sich auf dieser neu-aristotelischen Fluchtlinie später auch Heidegger befindet. Die Frage nach Analogie und Anomalie berührt sich hier mit der Diltheyschen Definition der Gegenwart als »ein Chaos von Harmonien und von Dissonanzen«: eine Definition, die unmittelbar an Schopenhauer erinnert. Aber Dilthey beabsichtigt bekanntlich gar nicht, eine ausführliche Kritik der Hegelschen Geschichtsphilosophie zu entwickeln, sondern vielmehr eine »methodologische Miniaturisierung« von metaphysischen, im Denken der »deutschen Bewegung« tief beheimateten Begriffswerkzeugen (wie z.B. dem schon erwähnten Begriff von Teil und Ganzem bzw. von »Zusammenhang«). Hiermit hängt aber auch die Funktion des Sehens und der Phantasie (in einem Schopenhauer und Husserl verwandten Sinn) zusammen (pp. 145f).

Der vierte Essay[6] entstand eigentlich als eine Studie über den Zeitbegriff bei Nietzsche, doch schon die oberflächlichste Prüfung der Frage bei Nietzsche muß den Leser, der schon Dilthey, Husserl und Heidegger kennt, von der engen Verwandtschaft und zentralen Stellung der Frage bei den genannten Denkern überzeugen: ihr Abstand von der Hegelschen Dialektik ist nicht kleiner als ihr Abstand vom Kantschen Formalismus. So unterschiedlich ihre Stellung zur »Geschichte« auch sein mag, so ist ihre wesentliche Auffassung von Zeitlichkeit doch dieselbe und hat denselben Hintergrund (siehe den Schluß von Goethes *Faust II* und Kants erste Deduktion *»von unten«*). Im besonderen: Ohne die systematische zeitliche Grundlegung der menschlichen Welt durch Dilthey wäre die zeitliche Bestimmung der Sorge in *Sein und Zeit* nicht möglich gewesen, und wenn ja, dann hätte sie eben nicht dieselbe geschichtliche Bedeutung, die sie tatsächlich hat. Aber die Konsequenzen daraus müßte man dann auch praktisch in Lehre und Forschung ziehen. Wer Dilthey nicht gründlich kennt, kann Husserl und Heidegger nur technisch-theoretisch oder mythologisch beurteilen.

Die Seminarübung im »Anhang«[7] ist ein Kommentar zu den Seiten 148-53

---

6 Die erste Fassung wurde für den durch die Gemeinde Rapallo organisierten »Convegno di Studi Nietzscheani« (Rapallo. 2.-4. Dez. 1981) mit einigen Abweichungen unter dem Titel »Il problema del tempo etc.« publiziert. Siehe A. Monti (ed.): *Nietzsche: Verità-Interpretazione. Alcuni esiti della rilettura*, (mit Beiträgen von: S. Barbera u. G. Campioni. L. Bonesio. A. Bosi. F. Costa, A. Marini, F. Masini, P. Miccoli. A. Monti u. C. M. Tenti-Monti. A. Negri. G.-G. Pasqualotto, G. Penzo, A. Ponsetto. I. Schüßler. C. Sini). Tilgher. Genova 1983. pp. 101-43).

7 Titel: »Dieci pagine di ›Ideen‹. Psicologia e teoria della. conoscenza: l'emergere di un modello epistemologico relazionale per le scienze dello spirito«. Es handelt sich

und 171-75 der *Ideen über eine beschreibende und zergliedernde Psychologie* (*Gesammelte Schriften Bd. V*) und versucht zu zeigen, wie reich an entscheidenden Gedanken dieser Text Diltheys für einen gut unterrichteten und vorbereiteten Leser sein kann. Beispielhaft findet der Verfasser jedenfalls die knappen Definitionen der »4 Eigentümlichkeiten der Psychologie« (*Ges. Schriften V*, 172f) und die Bestimmung der viereckigen Beziehung »Psychologie-Geisteswissenschaften-Erkenntnistheorie-Erfahrung« (*Ges. Schriften V*, 146-53).

Der Verfasser hat übrigens nicht versucht, sich eine Patentbewilligung über seine Dilthey-Interpretation anzumaßen. Das Buch will nur sagen: 1) es lohnt sich, Dilthey *wieder zu lesen* (dabei könnte es sich sogar herausstellen, daß Dilthey auf seine ersten Leser noch wartet), und 2) man sollte es dann tun, wenn man einmal die geschichtlichen und philosophischen Voraussetzungen der gängigen Worte über die Auflösung sowohl von »Geschichte« als auch von »Philosophie« untersuchen will.

Alfredo Marini (*Milano*)

---

um die Wiedergabe einer Übung an der Staatlichen Universität Mailand, 1982-83.

Die Autoren

Cartwright, David, Ph.D., geb. 1950, Professor der Philosophie in Whitewater, Wisconsin, ist Leiter der amerikanischen Sektion der Schopenhauer-Gesellschaft. Studium der Philosophie, Germanistik und Geschichte in Madison und Laramie. Aufsätze in den wichtigen amerikanischen Zeitschriften und im Schopenhauer-Jahrbuch.

Goedert, Georges, Prof. Dr. phil., geb. 1936, lehrt Philosophie in Luxemburg. Wichtigste Aufsätze: »Schopenhauer und Nietzsche« (Nietzsche-Studien 1978); »Nietzsches Immoralismus – seine ambivalente Beziehung zu Schopenhauer« (Schopenhauer-Jahrbuch 1984). Bereitet ein Buch zu Schopenhauer und Nietzsche vor, das 1988 bei Königshausen & Neumann (Würzburg) erscheinen wird.

Grenz, Friedemann, Dr. phil., geb. 1944, war Ordinarius für Germanistik in Port Elizabeth, später Ordinarius für Philosophie in Umtata, Transkei. Seit die Regierungen in Südafrika ihm Lehrverbot erteilten, beschäftigt er sich mit Fragen der künstlichen Intelligenz. Wichtigste Veröffentlichungen: »Adornos Philosophie in Grundbegriffen«, Frankfurt 1974, »Gestalt bei Schiller«, 1980.

Hielscher, Martin, Dr. phil., geb. 1957. Studium der Literaturwissenschaft und Philosophie in Hamburg. M.A. 1985 mit einer Arbeit über »Die Negation des Romanhaften in Wolfgang Koeppens Nachkriegsromanen und in ›Jugend‹«; 1987 Promotion mit einer Arbeit über »Zitierte Moderne«. Lehrbeauftragter am Literaturwissenschaftlichen Seminar der Universität Hamburg; erhielt 1987 den Hamburger Förderpreis für Literatur. Schreibt regelmäßig für das Deutsche Allgemeine Sonntagsblatt, die Spuren, den Raben und andere Zeitschriften. 1988 erscheint seine Erzählung »Beckmann lernt schießen« bei Nautilus.

Jansen, Dorothée, geb. 1964, lebt in Düsseldorf, arbeitet als Schauspielerin und studiert Germanistik und Philosophie. Veröffentlichte »Das Ende der Metaphysik auch in der Musik« in Jazz Podium 12/87.

Koneffke, Jan, geb. 1960, lebt seit 1980 in Berlin. Studium der Philosophie und Germanistik an der FU Berlin, insbesondere bei Michael Theunissen. Magisterabschluß mit einer Arbeit über »Erinnerung und ästhetische Schönheit des Vergänglichen«. Veröffentlichungen von Lyrik und Prosa in Anthologien, Zeitschriften, Funk und Fernsehen. 1987 Leonce-und-Lena-Preisträger der Stadt Darmstadt für Lyrik. Ein Lyrikband ist im Erscheinen.

Margreiter, Reinhard, Dr. phil., geb. 1952. Gymnasialprofessor, Vizepräsident der Internationalen Schopenhauer-Vereinigung, Rezensionsredakteur der Schopenhauer-Studien, Obmann des Forums für offenes Philosophieren (Innsbruck), Schatzmeister der Österreichischen Schopenhauer-Gesellschaft. Studium der Philosophie, Geschichte und Germanistik in Innsbruck und Mainz; Anfang der 70er Jahre literarische Veröffentlichungen (Gedichte, Erzählungen) in Zeitschriften, Anthologien und dem Österreichischen Rundfunk; Mitarbeit in der Studentenbewegung und der linken Untergrundpresse; 1977 Promotion bei Gerhard Frey und Friedrich Goreth; 1983-85 Leiter der Ortsvereinigung Innsbruck der Frankfurter Schopenhauer-Gesellschaft; philosophische Publikationen: »Ontologie und Gottesbegriff bei Nietzsche« (1978), »Allverneinung und Allbejahung« (1984), »Zur Aktualität der Religionskritik Schopenhauers« (1984), »Nietzsches ontologische Erfahrung« (1985), »Begegnungen mit Nietzsche« (1986), »Identität und Sittlichkeit« (1987), Artikel über Nietzsche und Jakob Böhme in Kröners »Lexikon der philosophischen Werke« (1987), Rezensionen (im Philosophischen Jahrbuch, Philosophischen Literaturanzeiger, Philosophy and Phenomenological Research u.a.).

Paetzold, Heinz, Prof. Dr. phil., geb. 1941, lehrt Philosophie und Komunikationstheorie in Hamburg und Amsterdam. Wichtigste Bücher: »Neomarxistische Ästhetik« (1974), »Ästhetik des deutschen Idealismus« (1983), »Modelle für eine semiotische Rekonstruktion der Geschichte der Ästhetik« (1986).

Penzo, Giorgio, Prof. Dr. phil., geb. 1926, lehrt Philosophie in in Padua. 1983-84 Leiter der Italienischen Landesvereinigung der Schopenhauer-Gesellschaft. Wichtigste Veröffentlichungen: »Max Stirner. La rivolta esistenziale« (1971); »Il Nichilismo das Nietzsche a Sartre« (1984); »Jaspers: Existenza e transcendenca« (1985); »Il comprendere in Karl Jaspers e il problema dell'ermeneutica« (1985); »Nietzsche e il nationalsocialismo« (1987).

Schirmacher, Wolfgang, Dr. phil., geb. 1944, Professor der Philosophie, lehrt am Philosophy and Technology Studies Center der Polytechnic University und im Media Studies Program der New School for Social Research in New York. Studium der Philosophie, Neuen Deutschen Literaturwissenschaft und Soziologie in Göttingen, an der FU Berlin und in Hamburg. Promotion zum Dr. phil. mit einer Arbeit über das »Ereignis Technik«. Lehrtätigkeit an der Universität der Bundeswehr und der Universität Hamburg. 1980 bis 1982 Schriftführer. 1982 bis 1984 Präsident der Schopenhauer-Gesellschaft in Frankfurt. Seit 1985 Präsident der Internationalen Schopenhauer-Vereinigung. Wichtigste Buchveröffentlichungen: »Zeit der Ernte: Studien zum Stand der Schopenhauer-Forschung« (1982), »Technik und Gelassenheit: Zeitkritik nach Heidegger« (1983), »Insel-Almanach: Schopenhauer« (1985).

Schmidt, Michael, Dr. phil., geb. 1957, Mitarbeiter der Musikredaktion des Deutschlandfunks; Dipl. Musiklehrer. Studium der Musik mit Hauptfach Klavier in Köln und Freiburg. Promotion 1987 mit einer Arbeit über »Ekstase als musikalisches Symbol«. Seit 1980 Teilnahme an philosophischen und wissenschaftlichen Tagungen als Referent sowie publizistische Tätigkeit für Zeitungen und Rundfunk. Veröffentlichungen in Zeitschriften und Sammelbänden. 1982 bis 1984 Leiter der Ortsvereinigung Freiburg der Schopenhauer-Gesellschaft.

Spierling, Volker, Dr. phil., geb. 1947, absolvierte eine Schriftsetzerlehre und promovierte bei Ernesto Grassi über Schopenhauer. Er leitet heute das von ihm gegründete »Seminar für Philosophie« in Tübingen und ist Herausgeber von Schopenhauers »Philosophischen Vorlesungen« in 4 Bänden. Wichtigste Veröffentlichungen: »Schopenhauers transzendentalidealistisches Selbstmißverständnis« (1972), »Materialien zu Schopenhauers ›Welt als Wille und Vorstellung‹« (1984), »Schopenhauer im Denken der Gegenwart« (1987).

Van Dooren, Wim, Prof. Dr. phil., geb. 1934, lehrt Philosophie an der Technischen Universität Delft und an der Universität Utrecht. Studium der Philosophie, Theologie und Germanistik in Amsterdam, Utrecht und Göttingen; 1965 Promotion über Hegels Totalitätsbegriff. Zahlreiche Studien über Hegels Philosophie, über Anarchismus, vor allem »Bakunin« (1985), zur Geschichte der Philosophie, insbesondere der Philosophie der Renaissance. 1982 bis 1984 mit Maarten van Nierop Leiter der Niederländischen Landesvereinigung der Schopenhauer-Gesellschaft.

Weimer, Wolfgang, Dr. phil., geboren 1949 in Düsseldorf. Besuch des humanistischen Gymnasiums in Düsseldorf; seit 1967 Studium der Philosophie und Geschichte in Köln. Zivildienst. Promotion 1977. Referendariat in Düsseldorf. Seit 1979 Studienrat in Duisburg. Lehrbeauftragter für Philosophie an der Gesamthochschule / Universität Wuppertal 1979-1986. 1984-86 Leiter der Ortsvereinigung Duisburg der Schopenhauer-Gesellschaft. Verheiratet, zwei Kinder. Publikationen: Bücher und Aufsätze zur Philosophie Schopenhauers; Science-Fiction-Kurzgeschichten.

Wenzel, Wilfried, geb. 1923, ist Mitglied der Frankfurter Oper. Studium an den Universitäten Frankfurt und Köln Philosophie; Musikwissenschaft und Germanistik. Seine Lehrer waren Hans-Georg Gadamer, Max Horkheimer und Theodor W. Adorno. Studien über die Hermeneutik Diltheys und über Ludwig Marcuse. Zur Zeit mit Problemen der künstlerischen Arbeit beschäftigt. 1982 bis 1984 war Wenzel Leiter des Frankfurter Gesprächskreises der Schopenhauer-Gesellschaft.

Zuschriften und Anfragen bitte an:
Internationale Schopenhauer-Vereinigung,
Geschäftsstelle,
Hallerstraße 72,
D-2000 Hamburg 13,
Tel. 040 - 418 518

Personenregister

Die Register beziehen sich nicht auf den Rezensionsteil

Begriffsregister

Passagen Verlag

Edition Passagen
Herausgegeben von Peter Engelmann

1 **Recht auf Einsicht**
Von Marie-Françoise Plissart (Photographie) und Jacques Derrida

2 **Grabmal des Intellektuellen**
Von Jean-François Lyotard

3 **Apokalypse**
Von einem neuerdings erhobenen Ton in der Philosophie.
No Apocalypse, not now (full speed ahead, seven missiles, seven missives)
Von Jacques Derrida

4 **Die Mauer des Pazifik**
Eine Erzählung
Von Jean-François Lyotard

5 **Schreiben wie eine Katze...**
Zu E. T. A. Hoffmanns »Lebens-Ansichten des Katers Murr«
Von Sarah Kofman

6 **Philosophien**
Gespräche mit Michael Foucault, Kostas Axelos, Jacques Derrida, Vincent Descombes, André Glucksmann, Emmanuel Lévinas, Jean-François Lyotard, Jacques Rancière, Paul Ricoeur, Michel Serres

7 **Das postmoderne Wissen**
Ein Bericht
Von Jean-François Lyotard

8 **Positionen**
Von Jacques Derrida

9 **Melancholie der Kunst**
Von Sarah Kofman

10 **Jenseits vom Subjekt**
Von Gianni Vattimo

Passagen Verlag

Edition Passagen
Herausgegeben von Peter Engelmann

11 **Ethik und Unendliches**
Vom Emmanuel Lévinas

12 **Schibboleth**
Von Jacques Derrida

13 **Postmoderne für Kinder**
Briefe aus den Jahren 1982-1985
Von Jean-François Lyotard

14 **Derrida lesen**
Von Sarah Kofman

15 **Das Andere selbst**
Habilitation
Von Jean Baudrillard

16 **Das Vergessen der Philosophie**
Von Jean-Luc Nancy

17 **Der Enthusiasmus**
Kants Kritik der Geschichte
Von Jean-François Lyotard

18 **Mémoires**
Von Jacques Derrida

19 **Erstickte Worte**
Von Sarah Kofman